जातियों का लोकतंत्र

जाति और चुनाव

अरविन्द मोहन

राजकमल पेपरबैक्स

राजकमल पेपरबैक्स में
पहला संस्करण : 2024

राजकमल पेपरबैक्स : उत्कृष्ट साहित्य के जनसुलभ संस्करण

राजकमल प्रकाशन प्रा. लि.
1-बी, नेताजी सुभाष मार्ग, दरियागंज
नई दिल्ली-110 002
द्वारा प्रकाशित

शाखाएँ : अशोक राजपथ, साइंस कॉलेज के सामने, पटना-800 006
पहली मंजिल, दरबारी बिल्डिंग, महात्मा गांधी मार्ग, प्रयागराज-211 001
1, अनमोल सोराबजी सन्तुक लेन, धोबी तलाव, मरीन लाइंस, मुम्बई-400 002
वेबसाइट : www.rajkamalprakashan.com
ई-मेल : info@rajkamalprakashan.com

विकास कंप्यूटर एंड प्रिंटर्स
ट्रॉनिका सिटी-201 102
द्वारा मुद्रित

मानचित्र : https://www.mapsofindia.com/https://wikimedia.org से साभार

मूल्य : ₹350

Jatiyon Ka Loktantra : JATI AUR CHUNAV
by Arvind Mohan

ISBN : 978-93-6086-576-4

जातियों का लोकतंत्र

जाति और चुनाव

जाति और चुनाव

क्रम

भूमिका

जाति भारत में चुनाव समझने की कुंजी है। यह बयान वे लोग भी स्वीकारेंगे जिनको अपनी जाति का ज्यादा गुमान नहीं होता या जिनकी कोई जाति नहीं है। ऐसे आम तौर पर विदेशी ही हैं। इसमें ज्यादा पढ़ा-लिखा या जाति को न मानने का दावा करने वाला समूह भी है और जाति के बन्धन तोड़कर शादी-ब्याह करने वाला समूह भी। पर लगभग हर हिन्दुस्तानी के लिए हर बड़े काम में जाति को याद करना जरूरी सा है—जन्म-मरण, शादी-ब्याह से लेकर हर काम में। साथ खाने, साथ पीने, किसी के हाथ का पानी पीने या न पीने जैसे काम भी इसमें शामिल हैं। और कानूनी रूप से छुआछूत गैरकानूनी है तब भी यह सब चलता आ रहा है। ये बातें भारत में मौजूद उन दूसरे धर्मों को मानने वालों पर भी लागू होती हैं जो जाति न मानने का दावा करते हैं और जिनके यहाँ हिन्दू समाज में जाति व्यवस्था से पीड़ित होकर बहुत लोग गए हैं। अगर उम्मीदवार अपनी बिरादरी का निकला तो बड़े से बड़े जाति-तोड़ो वाले का मन भी डोल जाता है, विचारधारा कुछ समय के लिए सुन्न पड़ जाती है।

और इस हिसाब से जब हम चुनाव को समझने में जाति को आवश्यक कारक मानते हैं तो इससे जाति और चुनाव दोनों के महत्त्व को समझना आसान हो जाता है। जाति तो हिन्दुस्तानी समाज की सबसे बड़ी सचाई है, रहस्यमय चीज है। और हम धर्म बदल सकते हैं, मुल्क बदल सकते हैं, जाति नहीं। और अगर देश के अधिकांश लोग चुनाव में अपनी जाति को याद करते हैं, चुनाव मैदान में उतारने वाले प्रत्याशियों की जाति को याद करते हैं तो साफ है कि चुनाव को बहुत महत्त्व दिया जाने लगा है। यह चीज हमारे चुनावी लोकतंत्र के लिए एक शान की चीज हो सकती है कि लोग उसे शादी-ब्याह और हर बड़े महत्त्वपूर्ण मसलों जितना महत्त्व देने लगे हैं पर बहुत लोगों के लिए यह अब शर्म की चीज है कि मतदाता उम्मीदवार की योग्यता, उसकी पार्टी की विचारधारा और कार्यक्रमों, चुनाव घोषणापत्रों और काम के आधार पर वोट देने की जगह जाति पर वोट दे रहे हैं। पर यह सचाई है कि चुनावों में विचारधाराओं, कार्यक्रमों का प्रभाव दिनोदिन कम हुआ है और उसी रफ्तार में जाति

का जोर खुलेआम होने लगा है। जो चीज पहले 'पिछड़े' बिहार में दिखाई देती थी वही सबसे विकसित और पढ़े-लिखे केरल समेत हर राज्य में भी दिखने लगी है।

यह बात इस तथ्य से हल्का कटती है कि हर चुनाव में आधे जनप्रतिनिधि चुनाव हार जाते हैं। ज्यादातर जनप्रतिनिधि अपने पुराने क्षेत्र से ही चुनाव हारते हैं। जिस क्षेत्र से उनका परिचय प्रतिनिधि होने के चलते ज्यादा गहरा होता है, जहाँ उनके द्वारा काम कराया गया होता है, जहाँ उनके पास काम करने वाले कार्यकर्ता पहले से ज्यादा हो चुके होते हैं और जो पहले की तुलना में ज्यादा साधन-सम्पन्न भी हो चुके होते हैं। ऐसे क्षेत्र से आधे जनप्रतिनिधियों की हार बताती है कि लोग लोकतंत्र में काम को सबसे ज्यादा महत्त्व देते हैं। यह बात सापेक्ष रूप से सही है पर इसका पता जब खुद जनप्रतिनिधि को या उनको टिकट देने वाली पार्टी को नहीं रहता (जबकि आजकल इस बात की जासूसी या सर्वेक्षण भी खूब कराए जाने लगे हैं) तो बाहर से चुनाव समझने की कोशिश करने वालों को इसका आभास कहाँ से होगा। और अगर ऐसे मजबूत हो चुके उम्मीदवार को लोग अपनी-अपनी जातियों के नये समीकरण के सहारे उखाड़ फेंकते हैं तो जाहिर तौर पर जाति को ताकतवर और लचीला भी मानना होगा। अगर जाति को आधार बनाकर वोट देने वाले मतदाताओं के समूह का एक हिस्सा अपने प्रतिनिधि को उसके कामकाज से आँकता है तो यह लोकतंत्र के लिए शुभ है और जाति के भी लम्बा टिकने का एक कारण बताता है।

लेकिन इससे चुनाव की पढ़ाई या चुनाव को समझने में जाति को आधार बनाने का महत्त्व कम नहीं होता। जनप्रतिनिधि कोई हो, कोई जीते कोई हारे लेकिन उस चुनाव क्षेत्र की जाति का हिसाब स्थायी होता है। हो सकता है कि किसी बार जाति से भी ऊपर कोई मुद्दा निकल जाए और लोग जाति को भूलकर मतदान करें। ऐसा कई बार हुआ भी है कि लोग राष्ट्रीय एकता के लिए, भ्रष्टाचार या महँगाई के सवाल पर या किसी अन्य भावनात्मक मुद्दे पर वोट देते हैं। उम्मीदवार के कामकाज के आधार पर जाति से इतर मतदान की चर्चा हम कर चुके हैं। पर उनका स्थायी हिसाब नहीं हो सकता। जाति की मौजूदगी का हिसाब स्थायी है और उनके मतदान का हिसाब भी स्थायी या लगभग सही स्थिति को जाना जा सकता है।

अपने यहाँ अस्सी के दशक तक उम्मीदवार और उसके निर्वाचन क्षेत्र में जाति का हिसाब प्रकट नहीं रहता था और वोट देने में जाति के सवाल को पूछा नहीं जाता था। पर जब लगभग सारे टिकट जाति (और धर्म) को देखकर बाँटे जाने लगे, मंत्री-मुख्यमंत्री उसे आधार पर तय होने लगे तो इस हिसाब को कब तक छुपाया जाता। शुरू में बिहार-यूपी बदनाम रहे। बाद में भेद खुला कि पूरा मुल्क इसी हिसाब पर चलता है। फिर बाजाब्ता पढ़ाई होने लगी—पोस्ट पोल सर्वे किये जाने लगे कि किस जाति का वोट कहाँ पड़ा। उसके लिए अकादमिक संस्थाओं, पार्टियों और

सरकारों से अनुदान आने लगे। कई संस्थाएँ फर्जी आँकड़े देकर बदनाम हुईं तो कई का यश सही पढ़ाई और सर्वे के चलते बढ़ता गया। अखबारों और टीवी की चर्चाओं में जाति का हिसाब मजे से सार्वजनिक होने लगा।

पर इस अध्ययन या जाति के महत्त्व की सीमा यह है कि कुछ ही जातियों और सम्प्रदायों के बारे में अधिकृत आँकड़े उपलब्ध हैं, बाकी सब 1931 में हुई अन्तिम जातिवार जनगणना को ही आधार बनाकर अनुमान लगाए जाते हैं। अभी जातिवार जनगणना की माँग हो रही है। हर जाति वाला अपनी संख्या ज्यादा बताता है—जाहिर तौर पर ज्यादा टिकट और पद पाने के लिए। दूसरी दिक्कत यह है कि हिन्दुस्तान का कोई ऐसा चुनाव क्षेत्र (लोकसभा या विधानसभा का) नहीं है जहाँ किसी एक जाति के लोगों का बहुमत हो। चुनाव जातियों का गठजोड़ ही लड़ता है जिसमें आम तौर पर अगुआई बड़ी संख्या वाली जाति करती है। अब यह गठजोड़ सत्ता और साधनों के बँटवारे के किस फॉर्मूले से होता है यह जानना लगातार अध्ययन करने वालों की खोज का विषय होता है। और हर एक जाति विचारधारा, व्यक्तिगत सम्बन्धों और क्षेत्रीय निकटता जैसे अनेक कारकों से टूट-फूट होती है—अपने गाँव या कस्बे का उम्मीदवार हो तो लोग बड़ी आसानी से जाति-धर्म भूल जाते हैं। ध्यान देने की बात है कि यह बँटवारा देश से लेकर गाँव तक के स्तर पर होता है और जाति को आधार बनाकर वोट देने वाले अधिकांश लोग इसका हिसाब रखते हैं।

जाति के अध्ययन की तीसरी सीमा जातियों की संख्या और उनके छोटे-छोटे समूह होना है। 1985 में भारत सरकार के एंथ्रोपोलॉजिकल सर्वे द्वारा कराए गए सर्वेक्षण के अनुसार भारत में 4,635 समुदाय के लोग थे जिनमें कुछ तो पूरे भारत में पाए जाते हैं तो कुछ एकदम सीमित इलाके में। और जब इनके चुनावी व्यवहार का अनुमान या अध्ययन करना हो तो राष्ट्रीय से लेकर स्थानीय व्यवहार को देखना जरूरी होगा जो आसान काम नहीं है। और यह बात बार-बार के अध्ययन में आती रही है कि कुछ समूह/जातियाँ चुनावी व्यवहार में एकदम गोलबन्द हैं और अपनी संख्या या आबादी के अनुपात से ज्यादा प्रभाव रखती हैं क्योंकि लोकतंत्र का पलड़ा सिर्फ आपके एक तरफ जाने से ही नहीं झुकता, आपके किसी तरफ से हट जाने और दूसरी तरफ जुड़ने से दोगुना ज्यादा प्रभाव डालता है।

चुनावी लोकतंत्र ने यह भी किया है कि इन हजारों जातियों के बीच आपसी गोलबन्दी या विभाजन किया है। ब्राह्मणों की सैकड़ों उपजातियाँ सिर्फ शादी-ब्याह के मामले में ही नहीं, वोट के मामले में भी एकजुट हुई हैं तो कहीं विभाजन बढ़ा भी है—बिहार में मैथिल और सरयूपारी का विभाजन है तो यूपी में कन्नौजिया-सरयूपारी का। फिर कई जगह आसपास की उपजातियाँ गोलबन्द हुई हैं जिससे उनका वोट और राजनीतिक ताकत बढ़े। वैश्य नाम से अब बिहार वगैरह में बनिया से लेकर कलवार और भड़भूँज तक एक दल को वोट देते हैं। एक बदलाव सत्ता

का सुख भोग चुकी जातियों और पहली बार शीर्ष सत्ता का सुख भोगने की आकांक्षा वाली जातियों के व्यवहार में भी दिखता है। सत्ता में रही जातियों में किसी भी तरह बिखरकर भी सत्ता से चिपके रहने का स्वार्थ दिखता है जबकि सत्ता से वंचित रहा तबका आर-पार की लड़ाई लड़ता है। ऐसी जातियों में ज्यादा गोलबन्दी दिखती है।

इससे भी ज्यादा तकलीफ का काम जातियों के चुनावी आचरण को देश-भर, प्रदेश-भर, किसी एक इलाके या चुनाव क्षेत्र के हिसाब से देखना भी है। जैसे माना जाता है कि इन्दिरा गांधी और अटल बिहारी वाजपेयी को देश-भर के ब्राह्मण वोटरों में बहुमत का समर्थन था (इन्दिरा जी को महिलाओं का कुछ ज्यादा समर्थन मिलता था)। कुछ जातियों का व्यवहार अखिल भारतीय स्तर पर तय होता लगता है तो कई मामलों में हम यह देखते हैं कि एक प्रदेश के नेता की दूसरे वैसे ही प्रदेश में एकदम नहीं चलती। आजाद भारत में सबसे बड़ा जाट नेता माने जाने वाले चौधरी चरण सिंह की पत्नी गायितरी देवी जाटों के गढ़ माने जाने वाले रोहतक में हार गईं। मुलायम सिंह लाख कोशिश करके भी बिहार में पाँव न जमा पाए और लालू यादव यूपी के अहीरों को पसन्द न हुए। पर यूपी के सचिन पायलट राजस्थान के गूजरों के नेता बन गए। कई बार एक से ज्यादा मजबूत नेता उभरने से एक ही जाति के लोगों में अलग-अलग प्रभाव क्षेत्र बन जाते हैं।

फिर जातियों के लोगों की जो संख्या निर्णायक होती है वह भी राष्ट्रीय या क्षेत्रीय स्तर पर प्रभाव डालती है। कांसीराम द्वारा बड़े जतन से बसपा को खड़ा करने के बाद सभी दलितों, और खास तौर से जाटव या चर्मकार लोगों का रुझान उस पार्टी की तरफ हुआ। यह उल्लेखनीय है कि पूरे देश में इसी समाज के लोगों की संख्या सबसे ज्यादा है। ये जाटव, चर्मकार, सतनामी, रविदासी जैसे नाम वाले हैं। अफसोस यह है कि बसपा का मौजूदा नेतृत्व इस तथ्य को नहीं समझ पाया और पार्टी सिमटती जा रही है। दूसरी ओर बिहार और उत्तर प्रदेश में संख्याबल से मजबूत अहीरों के साथ देश-भर के यादव, ग्वाल, राव साहब, गोशी, ग्वाइली, गोवारी, गुआरा, काविन्दन, इडाइयाँ जैसे लोग खड़े दिखते हैं जबकि राज्यों में इनकी संख्या बहुत कम है। नीतीश कुमार के उभार के साथ ही बिहार, यूपी के बाद छत्तीसगढ़, मध्य प्रदेश ही नहीं गुजरात, महाराष्ट्र से भी कुर्मी पहचान वाली जातियाँ सामने आने लगीं। अकेले यूपी से बैसवार, गंगवार, जैसवार, कटियार, सचान जैसे कई समूह शान से अपनी पहचान कुर्मी बताने लगे। यूपी और आसपास के गूजर गोलबन्द हुए और कश्मीर, राजस्थान, पंजाब के साथ दिल्ली और हरियाणा में गूजर राजनीति मजबूती से उभरी। जाटों का उभार उससे पहले था और वे अब सत्ता से चिपके रहने के चक्कर में बिखर-से गए हैं।

फिर यह भी है कि किसी जाति की निष्ठा जीवन भर एक दल या नेता के साथ नहीं रहती। इसमें आराम से अदल-बदल होता है। कभी देश-भर के दलितों

और अल्पसंख्यकों के साथ ब्राह्मणों का झुकाव कांग्रेस पार्टी की तरफ ज्यादा था। आज ब्राह्मणों, कायस्थों और बनियों के लिए भाजपा प्रिय पार्टी है। मुसलमानों के लिए भाजपा विरोध सबसे बड़ा कारक है—मतदान के समय। अब उनका वोट आसानी से सपा, राजद, बसपा, जदयू, एनसीपी, तेलुगु देशम पार्टी वगैरह के लिए पड़ता है जबकि उन क्षेत्रों में कांग्रेसी उम्मीदवार मुँह ताकता रह जाता है। बल्कि केरल में तो जाति और समुदाय का पूरा हिसाब ही वहाँ मोर्चा और संयुक्त मोर्चा के लिए उलट गया है। तमिलनाडु का पिछड़ा और रेशनलिस्ट आन्दोलन ब्राह्मण जयललिता को जिताने में नहीं हिचकता था। पटेल आराम से भाजपा के पक्ष और विपक्ष में आते-जाते रहे हैं। ताकतवर मराठे शरद पवार की मौजूदगी के बावजूद अब सब दलों में दिखते हैं।

और क्षेत्रीय दलों के उभार के साथ एक नेता या एक परिवार का नेतृत्व ही नहीं, एक मजबूत जाति वाली क्षेत्रीय पार्टियाँ भी देश-भर में उभर गई हैं। यह सिर्फ बिहार और उत्तर प्रदेश में ही नहीं हुआ है, आन्ध्र, तेलंगाना, तमिलनाडु, कर्नाटक और ओडिसा तक में हुआ है। इसके साथ ही पश्चिमी उत्तर प्रदेश में चरण सिंह परिवार की पार्टी लोक दल, हरियाणा में देवीलाल परिवार की पार्टियाँ, राजस्थान में मीणा पार्टी जैसी अनेक ताकतवर क्षेत्रीय पार्टियाँ उभरी हैं। निषाद दल, अपना दल, राजभर पार्टी से गठबन्धन करना भाजपा और समाजवादी पार्टी के लिए भी अनिवार्यता बन जाता है। पूर्वी उत्तर प्रदेश के कुछ पॉकेटों में दलित रावत लोग तो कहीं ओबीसी सैंथवार लोगों की चलती है। वाईएसआर रेड्डी परिवार ईसाई है लेकिन मजे से आन्ध्र की सबसे ताकतवर रेड्डी जाति का ही नहीं, प्रदेश का नेता बना हुआ है। नवीन पटनायक जाति छोड़कर खंडायतों के नेता बने हुए हैं और लाख जोर लगाकर भाजपा उनको तोड़ नहीं पाई।

पर आप जब भी जातिवार चुनाव का हिसाब लगाते हैं आपको इस चुनावी व्यवस्था में ब्राह्मण या अगड़े अपने अनुपात से ज्यादा महत्त्व पाते मिलते हैं और दलित तथा ओबीसी, खास तौर से बहुत कम संख्या वाली जातियाँ सबसे कम महत्त्व पाती हैं। ऐसा होना एक व्यक्ति एक वोट के बहुत सीधे गणित को उलटना है। लेकिन स्थिति यही है क्योंकि 70 फीसदी से ज्यादा दलित भूमिहीन हैं। ज्यादातर पिछड़ी जातियों की यही स्थिति है। उनके पास जो हुनर रहा है वह विकास के मौजूदा मॉडल में लगातार दरकिनार हुआ है और उसकी पूछ घटी है। मध्य जातियों के पास अगड़ों की तरह अनुपात से बहुत ज्यादा जमीन-जायदाद न हो पर उनके पास अपने साधन हैं। लेकिन जिस हिसाब से खेती और पशुपालन का महत्त्व कम हुआ है और कुछ खास तरह के उद्योगों और पेशों से आमदनी बढ़ी है वह भी असन्तुलन पैदा करता है। सच्चर कमेटी की रिपोर्ट बताती है कि मुसलमानों की स्थिति भी कई मामले में दलितों से बदतर है।

लेकिन चुनाव का हिसाब देखेंगे तो मुसलमान गोलबन्द और कुशल रणनीति से वोट देते दिखेंगे, दलित नहीं। मुसलमानों की यह कुशलता और गोलबन्दी भी राजनीति का विषय बन गई है और इसके लिए भी उनको निशाना बनाया जाने लगा है। लेकिन इससे बड़ा सच यह है कि हर जाति या समुदाय का नेतृत्व अपने समाज के प्रति मुसलमान नेताओं से ज्यादा निष्ठावान रहा है। समाज पर मुश्किल आने पर सबसे कमजोर माने जाने वाले दलित समाज के सरकारी नेता जगजीवन राम और रामविलास पासवान जैसे लोग भी बैठे न रहते थे और उनकी सक्रियता का असर होता था। उस हिसाब से मुसलमान नेता सिर्फ स्वार्थी ही नहीं, कमजोर भी साबित हुए हैं। बाबरी मस्जिद पर सारी तलवारबाजी के बाद उस मुहिम के नेता कहाँ छुपे यह ढूँढ़ने पर भी पता नहीं चलता। पर उन्होंने यह स्थिति बना ली है कि आप उनको उपेक्षित करके ज्यादा दूर नहीं जा सकते। इस क्रम में उनका प्रतिनिधित्व संसद/विधानसभाओं में घटा है और उनकी आवाज कम सुनी जा रही है। भाजपा ने तो अब दिखावे के लिए भी मुसलमान उम्मीदवार उतारना छोड़ दिया है लेकिन कथित सेकुलर दल भी मुसलमानों से जुड़े मसलों पर जुबान खोलने या मुसलमानों को उनकी आबादी के अनुपात में प्रतिनिधित्व देने से बचने लगे हैं। ऐसा अकेले 'आप' ने नहीं किया है जिसके खिलाफ मुसलमानों का गुस्सा दिखने भी लगा है।

उस हिसाब से दलित वोटों के लिए सभी स्थापित दल ही नहीं, दलितों के अपने भीतर से भी कई समूह ज्यादा सक्रिय और सचेत लगते हैं। दलितों में कांसीराम और उससे भी बढ़कर बाबा साहब की प्रेरणा से चेतना बढ़ी है और यह राजनीति समेत सभी क्षेत्रों में महसूस की जा सकती है। ऐसे में जब कोई केन्द्रीय बल नहीं दिखता तो छोटे-छोटे समूह (जो प्राय: किसी इलाके में प्रभावी किसी दलित जाति के हैं या किसी एक नेता के प्रभाव में हैं) उभरे हैं या अन्य सभी पार्टियों को दलित समर्थन झटकने की सूझ रही है। ऐसा बसपा की साफ गिरती ताकत और साख के चलते हुआ है—बसपा ने अपना अखिल भारतीय आकर्षण तो पूरी तरह गँवा दिया है, अब वह उत्तर प्रदेश में भी साफ तौर पर ऐसी तीसरी पार्टी बन गई है जिसके और गिरने-बिखरने की भविष्यवाणी करना ज्यादा जोखिम का काम नहीं है। देश में दलित मुसलमानों से ज्यादा हैं और उनके लिए आरक्षण का इन्तजाम भी है। लेकिन लगता है कि बाबा साहब आम्बेडकर को ऐसी व्यवस्था से जो आशंकाएँ थीं वह सही साबित हुई हैं क्योंकि इस व्यवस्था ने जगजीवन राम, के.आर. नारायणन, रामनाथ कोविंद, रामविलास पासवान और भोला पासवान शास्त्री जैसे कुछ अपवाद ही पैदा किये हैं वरना ज्यादातर दलित प्रतिनिधित्व खाऊ-पकाऊ रहा है। इनमें कांसीराम, बी.पी. मौर्य और काम्बले जैसे लोग ढूँढ़ना मुश्किल है। इन नामों में से कई के लिए संघर्ष प्रमुख रहा तो कई ने आरक्षण का लाभ लेकर प्रगति की। लेकिन बड़े कद के नेताओं की मौजूदगी भी महत्त्वपूर्ण है क्योंकि सरकारी नीतियों

और कार्यक्रमों पर ही नहीं सार्वजनिक जीवन में भी उनके माध्यम से एक दबाव रहता है और जल्दी से सरकार या कोई समूह दलितों के खिलाफ या उनके लिए बनी वैधानिक व्यवस्थाओं के खिलाफ जाने की हिम्मत नहीं करता।

देश की आबादी में 7.76 फीसदी हिस्से तक सिमट गए आदिवासी समाज के बारे में इतना भी नहीं कहा जा सकता। और उसके अन्दर से इसी चुनावी व्यवस्था या अपने आन्दोलनों के चलते निकले नेताओं के बारे में जितना कम कहा जाए उतना बढ़िया। उन्होंने आदिवासी समाज का भला किया है या अपने आदिवासी होने का निजी मामलों में लाभ उठाया है, यह कहना मुश्किल नहीं है। बल्कि उनके आचरण से यह समझा ही नहीं जा सकता कि आदिवासी समाज कितना समृद्ध, संस्कारी और संघर्षवान है और उसकी परम्पराएँ क्या हैं। और दोष भी अकेले नेताओं को क्यों दिया जाए जब बाकी पूरा देश और दुनिया उनके प्राकृतिक संसाधनों की लूट को ही विकास मानती हो, सारे लोग अपने भोग-विलास के लिए उसको लूटना चाहते हों तो दुनिया और इसके खेमे को कम समझने वाले आदिवासी नेताओं को ही दोष क्यों दिया जाए। आज देश के कम क्षेत्र ही शुद्ध आदिवासी प्रभाव वाले बचे हैं वरना अधिकांश आदिवासी कथित मुख्यधारा में दलितों के जोड़ीदार बना दिये गए हैं या मान लिये गए हैं। पर इधर आदिवासियों में भी जल, जंगल, जमीन के सवाल पर लड़ने की नई चेतना विकसित होती लगती है। चुनाव की राजनीति इस आक्रोश को कैसे सँभालती है यह देखना अभी बाकी है।

साठ के दशक से, जब हमारा चुनावी लोकतंत्र जवान हुआ है, यह एक बड़ा बदलाव दिखता है कि शासन, समाज और लाभ, तीनों में अपनी संख्या से ज्यादा हिस्सा पाने वाली जातियों और समूहों के खिलाफ नीचे वाली जातियों और समूहों में गोलबन्दी बढ़ने लगी और वह चुनावी नतीजों में भी दिखाई देने लगी। आन्दोलन तो आजादी की लड़ाई के दौर में या उससे भी पहले शुरू हो गए थे लेकिन एक व्यक्ति एक वोट वाली प्रणाली ने इसे ज्यादा व्यवस्थित अभिव्यक्ति दी। इस बात को भी लोगों के दिल में उतरने में तीन-चार चुनावों का वक्त लगा कि उनके वोट से सरकार बदल सकती है, उसके भाग्यविधाता बदल सकते हैं। और बताना न होगा कि इस पाँत में सबसे पहले रेड्डी, नायर, वन्नियार, पटेल, मराठा और जाट जैसी जातियाँ आईं जिनके पास जमीन और सम्पदा थी लेकिन अंग्रेजी शिक्षा का अभाव था। जी हाँ, अपने यहाँ अंग्रेजी ज्ञान भी सामाजिक सत्ता के निर्धारक कारकों में एक बन गया है। इन जातियों ने बहुत कम समय में अपने प्रभाव क्षेत्र से ब्राह्मणों और अगड़ों की राजनीतिक सत्ता हथिया ली या उसे चुनौती दी।

पर जल्दी ही यह बदलाव यादव, कुर्मी, कोइरी, ठाकोर, नाडार, ईझवा, कम्मा, कापु और गूजर जातियों के प्रभाव वाले इलाकों तक असर करता लगा। पर ऐसा होने में तीन-चार आम चुनाव निकाल गए। 1967 का गैर-कांग्रेसवाद और संविद

सरकारों का दौर इसी बदलाव की राजनीतिक प्रशासनिक अभिव्यक्ति थी। लेकिन यह एक पड़ाव-सा ही था क्योंकि हर कहीं अगड़े या पहले से गोलबन्द और लाभकर पोजीशन वाली जातियों की तरफ से पलटवार हुआ। इसमें उन्होंने कहीं दलितों को आगे किया (मुखौटे के तौर पर) तो कहीं औरतों को। कभी गरीबी हटाओ का नारा लगा तो कभी समाजवाद लाने का। पाकिस्तान से युद्ध और बांग्लादेश के उदय का भी हमारी चुनावी राजनीति पर असर हुआ। लेकिन कभी एक पक्ष ऊपर तो कभी दूसरा वाला दौर दो दशकों तक चला है। इसमें दक्षिण के राज्यों से लेकर हरियाणा और पंजाब में तो एक तरह का स्थायी बदलाव दिखता है लेकिन बाकी राज्य ऐसा न कर सके।

इन बचे राज्यों में मंडल से बदलाव हुआ—तेजी से बदलाव बल्कि क्रान्ति जैसा बदलाव हुआ। लोकसभा का सामाजिक समीकरण बदल गया, अधिकांश विधानसभाओं का स्वरूप बदला। कई राज्यों में सत्ता का समीकरण भी बदला। बिहार में तो तब से पिछड़ा राज ही जारी है। उत्तर प्रदेश में हुआ बदलाव चार बार एक दलित महिला को मुख्यमंत्री की गद्दी पर ले आया लेकिन वह अभी तक बिहार जितना पुख्ता नहीं दिखता। वहाँ कल्याण सिंह, मुलायम सिंह और अखिलेश यादव ने शासन किया लेकिन बीच में अगड़ा राज भी आया और अब वही टिक गया दिखता है। दूसरी ओर मध्य प्रदेश, राजस्थान, छत्तीसगढ़ में बिना पिछड़ा गोलबन्दी के ही पिछड़ा उभार देखकर सत्ता पिछड़ों को सौंपी गई और अब वहाँ पिछड़ा गोलबन्दी भी बन गई है। ऐसा भूमंडलीकरण और कमंडल की धारा के प्रभावी होने के बावजूद हुआ है।

लेकिन इन ताकतों का असर मानें या कुछ और अब पिछड़ावाद की लहर थमती लग रही है। संसद के अन्दर और विधानसभाओं में अगड़ों की संख्या बढ़ी है। जिन राज्यों में बदलाव नहीं हो पाया (जैसे ओडिसा और पश्चिम बंगाल) वहाँ इसकी सुगबुगाहट भी बन्द हो गई है (मंडल वाले दौर में ऐसा दिखने लगा था)। दूसरी ओर अगड़ा/ब्राह्मण के हाथ से सत्ता के मध्य जातियों और फिर पिछड़ों के हाथ आने के बाद का स्वाभाविक बदलाव का क्रम भी थम-सा गया है। अब अति पिछड़ों, दलितों, अल्पसंख्यकों और आदिवासियों की तरफ विकास नहीं दिखता जबकि अब भी संख्या का हिसाब उनके पक्ष में है। लगभग हर राज्य में इन चार जमातों की ताकत बहुत अधिक हो सकती है, बशर्ते वे एकजुट और गोलबन्द हों। और प्रख्यात समाजवादी चिन्तक सच्चिदानन्द सिन्हा का मानना है कि जब देश की सत्ता दलितों, आदिवासियों के हाथ आएगी तभी बड़े सार्थक बदलाव हो सकेंगे।

इतना ही नहीं हुआ है। संसद और विधानसभाओं का स्वरूप दूसरे तरीके से भी बदला है। इसमें पहुँचने वालों में करोड़पति और अपराधी सदस्यों की संख्या बढ़ती गई है। बहस और विधेयक के बौद्धिक स्तर में गिरावट और उन पर कॉरपोरेट

लॉबियों का असर ज्यादा दिखने लगा है। संसद की हर कमेटी में ऐसे सदस्य दिखते हैं जिनकी निष्ठा समाज और उसके कमजोर वर्ग से ज्यादा व्यावसायिक घरानों या बाजार के प्रति दिखती है। पैसे वाले हर दल, हर जाति समूह पर भी भारी दिखते हैं। जातियों का नेतृत्व भी उनके आगे समर्पित दिखता है। सत्ता के दूसरे केन्द्रों का व्यवहार भी बदला है और दलित आदिवासी या गरीबों के लिए उसमें पहले वाली करुणा या चिन्ता भी कम हुई है।

यह किताब हमारे चुनावी लोकतंत्र और जाति के इसी रिश्ते को समझने-समझाने के उद्‌देश्य से लिखी गई है। पत्रकारिता और चुनाव अध्ययन के चारेक दशक का अनुभव और अध्ययन समेटकर लिखी गई इस किताब में सब कुछ आ गया हो यह दावा नहीं किया जा सकता लेकिन पचहत्तर साल के बदलावों को समझने और कुछ बड़ी प्रवृत्तियों को रेखांकित करने का प्रयास जरूर किया गया है। कई चुनावों में इस लेखक ने अलग-अलग अखबारों में जातियों और प्रदेशों के सामाजिक व्यवहार को बताने वाली श्रृंखला लिखी थी। उस पर आई पाठकों की प्रतिक्रियाओं और सुझावों को भी इसमें शामिल किया गया है। ज्यादातर आँकड़े सीएसडीएस के अध्ययनों से लिये गए हैं पर अधिक आँकड़े देकर विश्लेषण को बोझिल नहीं किया गया है।

किताब को राज्यवार विश्लेषण में बाँटा गया है क्योंकि जातिगत चुनावी आचरण के निर्धारण में वही सबसे प्रभावी इकाई लगा। वैसे तो विधानसभा और पंचायत तक के जातिगत समीकरण महत्त्वपूर्ण होते हैं, संसद के चुनाव के जातिवार समीकरणों पर किताबें भी आई हैं। लेकिन इस लेखक को राज्यवार चर्चा करना सबसे उपयुक्त और सही लगा। ऐसा करना जाति समाजों के चुनावी व्यवहार और जाति के नेताओं के प्रभाव के हिसाब से भी सबसे उपयोगी था। राष्ट्रीय या क्षेत्रीय स्तर पर चीजें ज्यादा सघन या फीकी दिखती हैं। जाति वाले नेता भी अपने प्रदेश या इलाके की तुलना में राष्ट्रीय स्तर पर अपनी जाति के अपेक्षाकृत विरल ताकत के मद्‌देनजर थोड़ा अलग आचरण करते दिखते हैं।

यह अध्ययन देश की चुनाव व्यवस्था के साथ जाति व्यवस्था के बारे में भी कई नई चीजों को रेखांकित करता है। जैसे जातियों और कबीलों के रिश्ते। हिन्दुस्तान की पूरी जाति व्यवस्था असल में कबीलाई समाज के आधार और बदलाव पर टिकी है और हम हजारों साल से जाति की जकड़न की चर्चा करते हैं। पर अब भी कई राज्यों के लोग जाति की चर्चा पसन्द नहीं करते तो कई जातियाँ अभी निर्माण और अपने वर्ण वाली सामाजिक श्रेणी लेने की प्रक्रिया में हैं। अगर भूमिहार खुद को राजपूत या ब्राह्मण होने का दावा करते हैं तो खंडायतों का समाज अभी निर्माण के दौर में ही लगता है। वह खुद को एक जाति मानकर चुनावी जंग में उतरने लायक गोलबन्दी करने को तैयार नहीं है, सत्ता में हिस्सेदारी का दावा तो दूर की चीज है।

और सब होने या लाख दुर्गुण के बावजूद जाति व्यवस्था और हमारे लोकतंत्र का मेल कबीलों की तुलना में ज्यादा बढ़िया बैठा है। कबीलों वाले समाज में सबसे बड़ा कबीला ही राज करता है जबकि जातियों में तो दलितों तक का नम्बर आने लगा है। चुनावी लाभ और सत्ता की भागीदारी के लिए कई छोटी-छोटी जातियों का साथ आना शुरू हो गया है जबकि कबीलों में ऐसा घोषित तौर पर होता नहीं दिखता। फिर चुनावी लोकतंत्र ने जातियों के आपसी व्यवहार को भी प्रभावित किया है वरना ब्राह्मण और दलित एक मंच पर कैसे दिखते। ऐसा 'बेमेल' सा लगता गठजोड़ काफी सारा हुआ है। और नेता भी कुशल खिलाड़ी हैं जो अपनी बिरादरी को साधने के साथ ऐसे समीकरणों के हिसाब से सत्ता की भागीदारी भी साध रहे हैं—कई बार समानान्तर बँटवारा सम्भव न हो तो क्षैतिज बँटवारा भी होने लगा है।

किताब में काफी कुछ समेटने की कोशिश हुई है पर काफी कुछ छूटा भी है। कई तर्क और ब्योरे पसन्द किये जाएँगे तो कई नापसन्द भी। लेकिन यह सब इस लेखक का है। बहुत कोशिश की गई है कि किताब अपने तर्क और तथ्य में पुख्ता हो। फिर भी हुई तथ्यात्मक गलतियों और बौद्धिक चूकों के लिए यह लेखक अकेला जिम्मेदार है।

—अरविन्द मोहन

पूर्व

बिहार : पिछड़ा गढ़ बनाने के लाभ-घाटे

इसे कोई आरोप माने तब भी कहने में कोई हर्ज नहीं है कि अन्य राज्यों की राजनीति अपनी जातियों के लिए जानी जाती है तो बिहार में जातिवाद हावी रहा है। जातिवाद मतलब अपनी-अपनी जाति का, उससे जुड़ी सामाजिक स्थितियों का, उसके लाभ-घाटे का और उस स्थिति को बनाए रखने या बदलने का प्रयास करने का सचेत और सक्रिय भाव। इसमें यह सीमा या कमी भी शामिल है कि कमजोरियों का समाधान या अपने लाभ की स्थिति बनाए रखना! हो या आगे बढ़ना, हर मामले में देखने का नजरिया भी जाति की सीमा में ही रहता है जबकि व्यक्ति उससे पीड़ित होकर ही जातिवाद की शरण लेता है। और इसी चलते कम से कम हिन्दी पट्टी में बिहार में सबसे पहले पिछड़ा उभार दिखा, राजनीति में पिछड़ों की बढ़त दिखी और अब तैंतीस साल का अटूट पिछड़ा राज दिखा रहा है। और इन सबको देखकर यह भविष्यवाणी करने में कोई हर्ज नहीं है कि आगे हाल-फिलहाल पिछड़ा राज जाने की गुंजाइश भी नहीं लगती। लेकिन इसके साथ ही यह कहना भी जरूरी है कि जातिवाद की सीमा के चलते बदलाव की इस लहर का आगे बढ़ना अर्थात अति पिछड़ों और दलितों की तरफ बढ़ना या कमजोर जमातों का राजनीतिक स्वर उभरना उसी रफ्तार में नहीं हो रहा है और आर्थिक विकास की तो यह हालत हो गई है कि कई लोग पिछड़ा राजनीति और विकास के बीच मेल न होने का तर्क ही देने लगे हैं। तीस साल से ज्यादा लम्बे पिछड़ा राज में भी बिहार के पिछड़ेपन के दूर होने के दूर-दूर तक आसार न दिखते हों तो इस तर्क में भी भरोसा करने वाले बढ़ेंगे ही क्योंकि तमिलनाडु और केरल जैसे राज्यों में पिछड़ा उभार के साथ आर्थिक तरक्की के द्वार भी खुले थे।

असल में बिहार खास है। आर्थिक और जातिगत पिछड़ेपन को जोड़ना बहुत सही नहीं है। इतिहास के किसी भी दौर में उसकी आर्थिक हालत आज जैसी न थी। मौर्य काल से इसकी समृद्धि के गुणगान से इतिहास भरा पड़ा है। बल्कि अँगरेजी शासन कायम होने तक बिहार नमक और मेवों (ड्राई फ्रूट) को छोड़कर कोई भी चीज बाहर से नहीं मँगाता था और मलमल, रेशम, शोरा तथा बन्दूक का निर्यात बड़े

N
BIHAR
NEPAL
UTTAR PRADESH
WEST BENGAL
JHARKHAND
West Champaran
Sheohar
East Champaran
Sitamarhi
Madhubani
Supaul
Araria
Kishanganj
Gopalganj
Siwan
Muzaffarpur
Darbhanga
Madhepura
Purnia
Saran
Vaishali
Samastipur
Saharsa
Khagaria
Katihar
Buxar
Bhojpur
Patna
Begusarai
Munger
Bhagalpur
Arwal
Jehanabad
Nalanda
Lakhisarai
Sheikhpura
Kaimur
Rohtas
Nawada
Jamui
Banka
Aurangabad
Gaya

पैमाने पर करता था। मिस्त्र के पिरामिडों में भी बिहारी मलमल से लिपटे ममी मिले हैं। बारूद का आविष्कार होने से पहले शोरा ही दुनिया-भर में विस्फोटक आधार था। पर शायद अँगरेजी हुकूमत की अत्यधिक लूट और 1857 के आन्दोलन का बदला लेना इस राज्य पर भारी पड़ा। तब चली विकास नीति ने बिहार को लूटकर कोलकाता, मुम्बई और मद्रास को समृद्ध किया—लन्दन तो मालामाल हुआ ही। बाद की कांग्रेसी सरकारों और केन्द्र ने भी इसके विकास पर ध्यान नहीं दिया। और इसमें बिहार का अपना नेतृत्व भी जिम्मेवार है, वह जातिवाद और सामन्तवाद भी जिम्मेवार है जिसकी चर्चा सबसे पहले की गई है। लेकिन पिछड़ों के जातिवाद ने अगर अगड़ों के जातिवाद को निर्णायक पटकनी दी है उस समय का भी कुछ दोष है कि अब बिहार की वापसी आसान नहीं है। अगर राज्य से अगड़े देश-विदेश भाग रहे हैं, यहाँ से अपनी पूँजी समेटकर ले जा रहे हैं तो आबादी का बहुसंख्यक पिछड़ा समाज भी इतनी बदहाली में है कि उसे अपना अस्तित्व बचाने भर के लिए राज्य से पलायन करना पड़ता है। जमींदारी उन्मूलन और भूदान तो असफल हुए ही हैं बिहार में मनुष्य और जमीन का अनुपात भी बेहद कम है। गाँव-गाँव, शहर-शहर से पूँजी, प्रतिभा और श्रम का बड़े पैमाने पर पलायन बिहार को आगे नहीं बढ़ने दे रहा है।

पर यह हमारी चर्चा का विषय नहीं है। और सच पूछिए तो अभी तक बिहार की चुनावी राजनीति में यह मुद्दा बना भी नहीं है। पिछले तीन-साढ़े तीन दशक से बिहारी राजनीति के असली सूत्रधार लोग बिहारियों के पलायन की चर्चा शान वाले अन्दाज में करते हैं मानो अशोक के पुत्र महेन्द्र और पुत्री तिष्यरक्षिता का श्रीलंका जाना और मेरे गाँव के सोनू का लुधियाना जाना एक ही तरह की परिघटना है। इस लेखक ने दो बार लालू यादव और नीतीश कुमार के सामने भरी सभा में मजदूरों के पलायन का सवाल बहुत ढंग से उठाया और आश्चर्यजनक ढंग से दोनों ने एक ही जैसा जवाब दिया। जबकि नीतीश कुमार शुरू में इस बात का दावा करते थे कि उनके शासन में हो रहे विकास से बिहार से पलायन घटने लगा है। नीतीश राज में लालू-राबड़ी वाला हाल नहीं रहा लेकिन यह कहना भी जरूरी है कि लालू ने जितना सहा या जिस तरह पिछड़ा स्वाभिमान जगाया वह काम नीतीश को बैठे बिठाए मिल गया। पर लालू जातिवादी हैं और उन्होंने विकास के काम सिर्फ इस आधार पर पीछे किए कि इसका ज्यादा लाभ अगड़ों को होगा। कभी अगड़ा नेतृत्व भी पिछड़ों-दलितों को लाभ दे सकने वाली योजनाओं के बारे में यही नजरिया रखता था। पर ऐसा तमिलनाडु समेत सभी जगह दिखता है। नीतीश कुमार में ऐसा पिछड़ावाद नहीं दिखता।

ऐसा नहीं है कि मुल्क और लोकतंत्र की जरूरत हुई तो बिहार ने जाति से ऊपर उठाकर वोट नहीं दिया है। उसके भी कई अवसर आए हैं लेकिन ज्यादातर चुनाव जाति और जातिवाद के दायरे में ही हुए हैं और उस हिसाब से यह बिहार की राजनीति का तीसरा दौर है। पहला दौर तो 1967 तक का था जिसमें पहले अगड़ा

बनाम अगड़ा और फिर सचमुच का अगड़ा-पिछड़ा संघर्ष चला। 1967 से 1989 तक का दौर अदला-बदली का था लेकिन कोई भी कह सकता था कि आबादी में काफी बड़ी हिस्सेदारी वाले पिछड़ा समाज को सत्ता पर काबिज होने से रोकना असम्भव है। लेकिन इन तीन दौरों के पहले ही बिहार में जो राजनीतिक-सामाजिक आन्दोलन चले उन्होंने इस बदलाव की नींव रख दी थी। और यह बदलाव सिर्फ जातियों का गणित बदलने वाला नहीं है। यह अन्याय के प्रतिकार में उठाने का शऊर देने वाला भी था जिसके चलते तब से अब तक लगातार बिहार में सामान्य राजनीतिक चेतना देश से आगे रही है। भूदान, चौहत्तर का आन्दोलन, नक्सली आन्दोलन से लेकर पंचायत आन्दोलन तक बिहार में सबसे प्रबल सामाजिक चेतना दिखती है। इसी चलते बिहार में जानने-समझने की भूख भी ज्यादा है जो अखबारों-पत्रिकाओं की बिक्री में भी दिखता है और हर नुक्कड़-चौपाल पर चलने वाली बहसों में भी। किसान आन्दोलन, समाजवादी आन्दोलन ने जाति के सवाल को प्रमुखता दी तो यादव, कुर्मी और कोइरी समाज के बीच चला अपना त्रिवेणी संघ आन्दोलन पिछड़ों में चेतना भरने में अगुआ था। समाजवादियों में भी प्रसोपा वालों के लिए जाति उतनी बड़ी चीज न थी, जितनी लोहिया के अनुयायियों के लिए जो पार्टी के अन्दर भी विशेष अवसर के सिद्धान्त को लागू करते थे। शुरू में जेपी के प्रभाव से बिहार में प्रसोपा ताकतवर रही तब भी जाति के मामले में लोहिया की सोच ही प्रभावी रही।

इन सब चीजों का प्रभाव बिहार विधानसभा के सदस्यों में पिछड़ों की निरन्तर बढ़ती संख्या के रूप में हुआ। इस चीज का भी दबाव था कि बिहार में सबसे पहले जमींदारी उन्मूलन का फैसला लिया गया। हालाँकि वह पूरी तरह लागू नहीं हुआ। लेकिन आजादी की लड़ाई और उसके साथ चले सामाजिक आन्दोलनों और किसान आन्दोलन ने इसके लिए दबाव रखा। जो कम्युनिस्ट 15 अगस्त, 1947 की आजादी को झूठी बताते थे, वे भी जमींदारी उन्मूलन के पक्ष में ही नहीं थे, इसके लिए आन्दोलन करते रहे। कहना न होगा कि सामन्ती बिहार में अधिकांश दलित और पिछड़ों के पास जमीन न थी और जिन अगड़ों के पास जमीन थी वे हाथ से काम करना, हाथ से छूना भी अपराध मानते थे। और भले जमींदारी उन्मूलन पूरी तरह लागू नहीं हुआ लेकिन समाज में बदलाव की हवा दिन-ब-दिन प्रबल होती गई। पिछड़ों में यादव आबादी सबसे ज्यादा है और वे खेती के साथ पशुपालन करने के चलते अपेक्षाकृत बेहतर स्थिति में थे, सो इस पिछड़ा उभार की अगुआई उन्होंने ही की। 1952 से 1962 की तीन विधानसभाओं में अगड़ा प्रतिनिधित्व 51.1 से गिरकर 49.1 फीसदी हुआ और पिछड़ों का अनुपात 18 फीसदी से बढ़कर 23.8 फीसदी हो गया। और इसने 1967 में एक बड़े बदलाव का आधार तैयार किया जब विधानसभा में यादव सदस्यों की संख्या राजपूतों के बाद दूसरे नम्बर पर आ गई। अगड़ों का अनुपात गिरकर 44.8 फीसदी हुआ तो पिछड़ों का अनुपात बढ़कर 28 फीसदी हो गया।

असल में राजपूतों की संख्या का ज्यादा होना भी बदलाव की एक प्रक्रिया में ही हुआ था। बिहार में राष्ट्रवाद की शुरुआत के दौर में कायस्थ और मुसलमान, यही दो समूह अग्रणी थे। फिर अगड़ों का दौर आया जिसमें भूमिहार बनाम राजपूत की लड़ाई चर्चित रही और हाल तक इन दो प्रमुख अगड़ी जातियों में शत्रु भाव जारी था। भूमिहारों के नेता श्रीकृष्ण सिंह माने जाते थे जो 1957 की सरकार से मुखिया रहे थे। उनके प्रतिद्वन्द्वी अनुग्रह नारायण सिन्हा थे। दोनों खूब पढ़े-लिखे और आजादी की लड़ाई के नायक थे और व्यवहार में जातिवादी कतई न थे। बल्कि श्री बाबू के सबसे विश्वस्त सहयोगी सरदार हरिहर सिंह थे तो अनुग्रह बाबू के लिए रामचरित्तर सिंह सबसे भरोसे के साथी, जो उनकी जाति वाले न थे। पर माना जाता है कि जाति की प्रमुखता वाले बिहार में श्री बाबू के नाम पर महेश प्रसाद सिंह (जिनकी पुत्रियाँ कृष्णा शाही और उषा सिंह बाद में मजबूत नेता के तौर पर उभरीं) और अनुग्रह बाबू के नाम पर उनके पुत्र सत्येन्द्र नारायण सिन्हा उर्फ छोटे साहब अपनी जाति वाली राजनीति चलाते थे। इसका परिणाम यह हुआ कि 1957 के चुनाव में सबसे ज्यादा राजपूत विधायक जीतने के बाद श्री बाबू और अनुग्रह बाबू सीधे भिड़े। जब अनुग्रह बाबू हारे तब दोनों जाने गले मिलकर देर तक रोते रहे। लेकिन आगे श्री बाबू के न रहने पर इसी राजपूत बनाम भूमिहार लड़ाई का लाभ विनोदानन्द झा को मिला और वे मुख्यमंत्री बने। उनके कामराज योजना में इस्तीफा देने के नाद कृष्णबल्लभ सहाय मुख्यमंत्री बने जिनको लिखने-पढ़ने के काम में बहुत कुशल माना जाता था।

सहाय जी को ही जमींदारी उन्मूलन कानून लाने का श्रेय दिया जाता है जिसके परिणामस्वरूप सारे जमींदार कांग्रेस के खिलाफ मोर्चा खोलकर बैठ गए। इनमें अगुआ थे रामगढ़ के राजा कामाख्या नारायण सिंह जिन्होंने मुख्यमंत्री को ही पटकनी दी थी। इससे पहले उन्होंने अपनी पार्टी बनाई और झारखंड वाले इलाके में कांग्रेस को काफी परेशान किया। बाद में वे स्वतंत्र पार्टी में गए। वे अपने दल को बिहार विधानसभा में विपक्ष की सबसे बड़ी पार्टी बनवाने में सफल रहे। उनको ही बिहार में सबसे पहले चुनाव प्रचार में हेलीकॉप्टर इस्तेमाल करने का श्रेय जाता है। वे राजपूत जरूर थे लेकिन उनको सभी जातियों का वोट मिला और उन्होंने खुलकर कांग्रेस की समाजवादी और जमींदार विरोधी नीतियों का विरोध किया। बाद में उस परिवार के बसन्त नारायण सिंह कई बार हजारीबाग से सांसद हुए, बाद में कांग्रेस के टिकट पर भी लड़े। खैर। पर कृष्णबल्लभ सहाय सरकार बाद में भ्रष्टाचार के लिए बदनाम हुई और कांग्रेस से बगावत करने वाले एक गुट ने ही उसका अन्त किया। लेकिन 1967 का चुनाव बिहार में कांग्रेस और अगड़ों का राज खत्म करने वाला बना, हालाँकि तब तक बदलाव को भाँपकर कांग्रेस ने भी बड़े पैमाने पर पिछड़ों को टिकट देना शुरू कर दिया था। दारोगा प्रसाद राय, रामलखन सिंह

यादव, रामगोपाल यादव वगैरह इसी दौर में उभरे थे। लेकिन यादवों में और पिछड़ों में नेता पैदा करने का मुख्य काम समाजवादियों ने किया जो 1967 के चुनाव में मुख्य विपक्ष बनाकर उभरे और कांग्रेस हराओ अभियान का अगुआ रहे। उसके विधायकों में 40 फीसदी पिछड़ा समाज से थे जिनमें आधे यादव थे।

यह पहली विधानसभा थी जिसमें राजपूत तो नम्बर एक थे लेकिन यादव विधायक नम्बर दो बने थे। कांग्रेस एकदम कमजोर हुई थी और परिणाम हुआ बिन्देश्वरी प्रसाद मंडल का मुख्यमंत्री बन जाना जिसमें उनका यादव होना मददगार हुआ लेकिन ज्यादा मदद जोड़-तोड़ में कुशल होने से हुई। उनकी सरकार को इस बात का श्रेय भी जाता है कि उसमें ओबीसी सदस्य ज्यादा थे। लेकिन अगड़ों ने एक कदम आगे चला और दलित भोला पासवान शास्त्री को आगे करके सरकार बनवा दी। इस सरकार को भी नहीं चलना था और राष्ट्रपति शासन लगा। फिर जब 1969 में मध्यावधि चुनाव हुए तो कांग्रेस ने भी काफी पिछड़ा उम्मीदवार दिए। सरकार बनाने के खेल में सरदार हरिहर सिंह का कुछ समय इस्तेमाल हुआ लेकिन कांग्रेस ने एक प्रतिभावान यादव नेता दारोगा प्रसाद राय को आगे किया। इस सरकार में भी ओबीसी मंत्री ज्यादा हुए। इसके बाद जब विपक्ष की सरकार बनी तो नाई जाति के कर्पूरी ठाकुर मुख्यमंत्री बने। उनकी सरकार में कम्युनिस्ट और जनसंघ दोनों धारा के लोग थे और अच्छा काम हुआ। लेकिन कांग्रेस ने फिर भोला पासवान शास्त्री को आगे करके अपनी सरकार बनवा ली। इस सरकार में दलित और अगड़ों की संख्या ज्यादा थी। दल बदल, पार्टी टूटना-बनना और लोगों के बीच बेचैनी बढ़ती गई। अस्थिरता और सिद्धान्तहीनता का दोष विपक्ष और पिछड़ों पर आया।

सो 1972 के चुनाव के बाद कांग्रेस ने फिर से अगड़ा मुख्यमंत्री बना और दलित तथा मुसलमानों को साथ लेने का प्रयास शुरू किया। शुरू में केदार पांडे मुख्यमंत्री बने और ललित नारायण मिश्र की अचानक हुई मौत के बाद उनके छोटे भाई जगन्नाथ मिश्र को मुख्यमंत्री बनाया गया। चौहत्तर में जब छात्र आन्दोलन चरम पर पहुँचा तो अब्दुल गफ़ूर को मुख्यमंत्री बनाया गया जो अपनी ईमानदारी के लिए विख्यात थे। कश्मीर के अलावा किसी अन्य राज्य में कांग्रेस की तरफ से वे पहले मुसलमान मुख्यमंत्री थे। लेकिन कांग्रेस बिहार में उस तरह का बदलाव नहीं कर पाई कि पिछड़ों और विपक्ष का उभार थाम ले। सतहत्तर के चुनाव में लोकसभा में तो उसका पूरा ही सफाया हुआ। विधानसभा में भी वह बुरी तरह हारी। इस बार कर्पूरी ठाकुर और सत्येन्द्र नारायण सिन्हा का मुकाबला हुआ जिन्होंने जनता पार्टी का अध्यक्ष रहकर टिकट बाँटा था। सदन में भी 27.7 फीसदी पिछड़ों की तुलना में 40.8 फीसदी अगड़े थे। लेकिन सत्येन्द्र बाबू हार गए। लेकिन यह सरकार भी टिकाऊ नहीं हुई और दलित रामसुन्दर दास नये मुख्यमंत्री हुए। 1980 में जब फिर मध्यावधि चुनाव हुए तो कांग्रेस जीती लेकिन अगड़े विधायक पहली बार

40 फीसदी से नीचे (36.5 फीसदी) आ गए और ओबीसी विधायकों की संख्या 29 फीसदी हुई। एक चुनाव और यह स्थिति रही लेकिन 1990 में अगड़ा और पिछड़ा लगभग बराबर हो गए 34-34 फीसदी से कुछ अधिक। सिर्फ एक विधायक का अन्तर रहा जो लालू राज कायम होते ही बिला गया।

1994 में ओबीसी के 43.7 फीसदी विधायक आए तो अगड़ों की संख्या 21.8 फीसदी पर सिमट गई। यह पिछड़ा राजनीति की निर्णायक जीत थी। और इस समय जॉर्ज फर्नांडीस और नीतीश कुमार ने जनता दल से निकलकर समता पार्टी बना ली थी और लालू यादव ने भी अपना अलग राष्ट्रीय जनता दल बना लिया था। पिछड़ा वोट में बँटवारा हुआ तब भी स्थिति नहीं बदली क्योंकि बिहार ऐसा राज्य है जहाँ पिछड़ों की आबादी अगड़ों से काफी अधिक है। अगड़े अपनी आर्थिक ताकत के साथ ही सत्ता पर अपनी पकड़ और शिक्षा जैसे क्षेत्र में आगे होने से भी लाभ पाते रहे थे। लेकिन मंडल की राजनीति और लालू यादव के होशियारी भरे नेतृत्व से न कमंडल वालों की चली, न अगड़ों की वापसी सम्भव हुई।

बिहार में जातिवार जनगणना 1931 में ही हुई थी और झारखंड भी तब शामिल था। इसलिए जातियों का अनुमान बहुत सटीक सम्भव नहीं है लेकिन उत्तर, दक्षिण और मध्य बिहार (झारखंड को छोड़कर) में अगड़ा आबादी 16 से 20 फीसदी है जबकि पिछड़ा 24 से 27 फीसदी और अति पिछड़ा 21-22 फीसदी है। अनुसूचित जाति के लोगों की आबादी अलग-अलग इलाकों में 17 से 21 फीसदी तक है तो मुसलमान 11 से 20.5 फीसदी तक हैं। दलितों में भी रविदासी या जाटव 4.9 से 5.5 फीसदी तक हैं तो दुसाध 5.7 से 6.2 फीसदी तक। मुसहर इनसे काम हैं लेकिन मध्य और दक्षिणी बिहार में उनकी आबादी 3.2 से 3.7 फीसदी तक है और इसमें अगर भुईंया आबादी भी जोड़ लें तो कई इलाकों में ये छह फीसदी तक पहुँच जाते हैं। ओबीसी में यादव 14 से 15.7 फीसदी तक हैं तो कोइरी 5.3 से 6.2 फीसदी तक और कुर्मी 3.5 से 4.4 फीसदी तक। अगर धानुक भी साथ जोड़ लें तो उनकी आबादी 2 से 2.9 फीसदी तक है। प्राय: ये दोनों साथ वोट करते हैं इसलिए इनका प्रभाव काफी हो जाता है। इसी प्रकार कानू (2.5 फीसदी), तेली (2.9 से 3.4 फीसदी) बनिया के साथ गोलबन्द होते हैं तो उसकी ताकत भी बहुत बड़ी बन जाती है। अति पिछड़ी जातियों में ताँती और कहार भी कई जगहों पर ठीक-ठाक संख्या में हैं।

लालू राज में जो तख्तापलट हुआ उसके बहुत सारे पक्ष हैं, बहुत सारी कथाएँ हैं। वह सब अलग किताब का विषय बने हैं और बन सकते हैं। पर जाति और मतदान के विषय के लिहाज से यह हुआ है कि सारे जारी समूहों की गोलबन्दी देखने में आई है। जैसे ब्राह्मणों में मैथिल और सरयूपारीण भेद कम हुआ है। संयोग से दोनों के अपने-अपने इलाके हैं। इसी तरह वैश्य ध्रुवीकरण में बनिया से लेकर कलवार और भड़भूजा तक गोलबन्द दिखते हैं और कई उस्ताद नेता अपने चुनाव

में ऐसा साझा मतदान करा भी लेते हैं। यही हाल कुर्मी और धानुक, अहीर और गड़ेरिया, मुसहर और भुईंया, भर और कहार जैसी जातियों में दिखा है।

दूसरी ओर जब नीतीश कुमार को सारे पिछड़ों का नेतृत्व अहीरों के हाथ से छीनना हुआ तो उन्होंने मुंगेरीलाल आयोग की रिपोर्ट के अनुसार पिछड़ों को दो हिस्सों में—पिछड़ा और अति पिछड़ा में बाँटा और नौकरी से लेकर हर मामले में अहीरों के प्रभुत्व से परेशान पचासों पिछड़ी जातियों (जिन्हें कभी पछपनिया तो कभी पंकहफोड़ना भी कहा जाता है) में नीतीश कुमार की लोकप्रियता जबर्दस्त हो गई। बल्कि उनसे गठजोड़ करके भाजपा ने भी बनियों के साथ इन जातियों में अपना आधार बनाने का प्रयास किया है। नीतीश ने रामविलास से अपनी राजनीतिक लड़ाई को धार देने और उनको दुसाधों भर का नेता बनाने के लिए दुसाध के अलावा बाकी दलित जातियों को महादलित घोषित करके उनके आरक्षण में भी बँटवारा करा दिया। इनके साथ मुसलमानों के सवाल पर चौकस रहकर (भाजपा के साथ सरकार चलाते हुए) नीतीश कुमार ने मुसलमानों में अपना आधार रखा। लालू जी की तुलना में अगड़ों के प्रति कम आक्रामक रुख रखने के चलते उनको अगड़ों, खासकर भूमिहारों का वोट भी ठीक-ठाक मिलता रहा है। और इस प्रकार संगठन बनाने में कमजोर नीतीश कुमार ने लालू यादव और श्री बाबू से भी ज्यादा लम्बा शासन का अपना विजयी फॉर्मूला बनाया। इसमें भाजपा के साथ जाने या बाहर आने से ज्यादा फर्क नहीं दिखता।

लेकिन उनके राजनीति का केन्द्र होने के बाद बिहार में विकास की चर्चा नये तरह से शुरू हुई और विधानसभा का चरित्र भी बदला। मंडलवादी राजनीति भी विकास और सुशासन का काम कर सकती है यह नीतीश ने साबित किया—भले ही उनकी चमक धीरे-धीरे कमजोर पड़ी है। अपने पहले शासन काल में महिलाओं को पंचायत में पचास फीसदी आरक्षण देने, लड़कियों को स्कूल ड्रेस और साइकिल देकर उन्होंने जो हंगामा मचाया वह शराबबन्दी या घर-घर नल का जल और बिजली वाली योजनाओं से नहीं मचा। तब तक सड़कों के काम का यश भी मद्धिम पड़ा और बड़ी सड़कों का श्रेय केन्द्रीय मंत्री नितिन गडकरी लेने लगे। बिहार को शराबबन्दी से राजस्व का नुकसान हुआ है और अब जीएसटी वाला हिस्सा मिलना भी कम हुआ है। खेती की प्रगति एक सीमा पर आकर ठहरती लगती है और उद्योग-धन्धे उम्मीद के अनुरूप आए नहीं। इसलिए नीतीश या पिछड़ा शासन के कुल नतीजों की चर्चा भी होने लगी है। कहना न होगा कि कानून व्यवस्था की बदहाली, प्रशासकीय भ्रष्टाचार और बार-बार राजनीतिक पाला बदलने से भी नीतीश कुमार की प्रतिष्ठा कम हुई है। लेकिन अभी उनके या लालू यादव/तेजस्वी के जनाधार में कमी का संकेत नहीं है। कांग्रेस लगभग हथियार डाल चुकी है और भाजपा ने भी नीतीश के चक्कर में (उनके सहारे पिछड़ा-अति पिछड़ा समाज में घुसपैठ की रणनीति से)

अपना बहुत आधार नहीं बनाया है और अपने सारे पुराने नेतृत्व को ठिकाने लगा दिया है। ऐसे में हाल-फिलहाल बिहार से पिछड़ा राज जाने वाला नहीं लगता।

नीतीश कुमार 2005 में हुए दो चुनावों के बाद जोरदार ढंग से आगे आए थे और तब दिख रहे त्रिकोणीय संघर्ष का तीसरा कोण अर्थात रामविलास पासवान की पार्टी लोक जनशक्ति का पतन-सा हो गया। बाद में भाजपा से चिपके रहकर रामविलास जी ने अपनी केन्द्र की कुर्सी बचाई और भाजपा को भी दलितों के बीच पहुँचाया। लेकिन अन्ततः भाजपा ने उनकी पार्टी का इस्तेमाल करके उसका लगभग सत्यानाश ही कर दिया। 2005 में जब नीतीश कुमार जीते तब विधानसभा में अगड़े विधायकों की संख्या में पाँच फीसदी का इजाफा हुआ, जबकि ओबीसी विधायकों की संख्या में तीन फीसदी की गिरावट हुई थी। इससे पहले राज्य का बँटवारा हुआ था जिसमें आदिवासी और पिछड़ा आबादी वाला मुख्य हिस्सा राज्य से बाहर गया—प्राकृतिक संसाधन तो आगे ही। बल्कि तब तो मजाक चलता था कि बिहार में बस लालू और बालू रह गया है। इस बदलाव से भी बिहार की आबादी में अगड़ों का अनुपात थोड़ा बढ़ा था। लेकिन इससे राजनीतिक बदलाव की सम्भावना नहीं दिखती। हाँ अब यह जरूर हो गया है कि चुनाव से पक्ष और विपक्ष के बीच एक नाजुक सा सन्तुलन बना है जिसमें अगड़े (राजपूतों को छोड़कर) की सत्ता आने की उम्मीद तो नहीं रही लेकिन वे गोलबन्द ढंग से मतदान करके तथा पाला बदलकर किसी भी दल की नैया पार लगा सकते हैं। यह बदलाव तो इसलिए भी हुआ है कि सभी दलों ने इस सवाल को खूब उछालने का काम किया है। अब मुसलमानों को भाजपा से बैर या भूमिहारों की राजद से दुश्मनी जैसी चीज भी कम हो रही है। वरना बाकी जातियों के लिए इस किस्म का नफरत या गोलबन्दी बहुत बड़ा मुद्‌दा नहीं रह गया है।

नीतीश राज में कलक्टर-एसपी की पोस्टिंग से लेकर थानों तक में अपना आदमी रखने का चलन लालू राज या अन्य जातिवादी शासनों जैसा नहीं रहा है। लेकिन चंचल कुमार और स्वजातीय रामचन्द्र प्रसाद सिंह जैसे को आप पास रखेंगे तो यह तमगा साथ जाएगा ही। इसका सांकेतिक महत्त्व अपने पिछड़ा मतदाताओं के लिए भी रहा है। बीच में अगर मुख्यमंत्री बदलने की मजबूरी बनी भी तो नीतीश कुमार ने महादलित जीतन राम माझी को गद्‌दी सौंपी गई। और बिहार की राजनीति आज ऐसी हो गई है कि पार्टी संगठन और अधिकारियों की नियुक्ति का हिसाब लगाना बन्द-सा हो गया है। बल्कि भाजपा पिछड़ा नेतृत्व विकसित करने में लगे और जातिवार जनगणना जैसी माँग के भी समर्थन में आ जाए तो और दलों का क्या हिसाब लगाया जाए। बिहार में आज भी एक कम्युनिस्ट पार्टी की स्थिति ठीक है लेकिन उसका आधार तो दलितों और पिछड़ों में रहा है। जिन दो राष्ट्रीय कम्युनिस्ट पार्टियों में अगड़ा और पिछड़ा सभी थे वे मंडल वाले दौर में अपना सामाजिक या

वैचारिक पक्ष चुनने की दुविधा में मारे गए। कांग्रेस भी मोटे तौर पर लालू यादव के साथ ही रही है और शायद ही कभी थोड़ी बहुत खटर-पटर रही है।

लेकिन बिहार के लिए यहाँ से कहाँ वाला सवाल महत्त्वपूर्ण है। अब न तो पिछड़ों के हाथ की सत्ता दलितों और अति पिछड़ों की तरफ जाती दिखती है, न सत्ता हाथ में आने से पिछड़े राजनेताओं ने राज्य के लिए कोई जिताऊ फॉर्मूला ही ईजाद किया है। बल्कि लालू यादव और नीतीश कुमार को भड़काना हो तो भूमि सुधार पर सवाल पूछकर देखिए। नहर सिंचाई कार्यक्रम की इतिश्री ही हो गई है। उपज खरीद को बाजार के हवाले करके बिहार सरकार ने उससे भी हाथ झाड़ लिया है। अति पिछड़ा नेतृत्व पर आजकल सबका ध्यान है लेकिन उनका पिछड़ापन ऐतिहासिक कारणों से भी है और अपवाद जैसे नेता तो आजादी की लड़ाई और बाद के दौर में भी उभरते ही रहे हैं। हलखोर भोला राऊत को सबसे ज्यादा दफे लोकसभा चुनाव जीतने का श्रेय है तो कर्पूरी ठाकुर तो मुख्यमंत्री की कुर्सी तक आए ही। दलित, मुसलमान और अति पिछड़ा वर्ग में नया नेतृत्व पैदा करना कौन कहे दरबारी न बनाने वाले खुद्दार लोगों को दरकिनार भी किया जाता है। मुसलमानों में सेकुलर राजनीति करने वालों ने भी सिर्फ शहाबुद्दीन और तसलीमुद्दीन जैसों को ही अवसर दिया। यही स्थिति महिला नेतृत्व की है। सारी महिलाएँ धरी रह गईं और राबड़ी देवी को गैर राजनीतिक, गैर-प्रशासनिक वजहों से ही आगे किया गया।

सन्दर्भ

1. *लोकतंत्र का नया लोक,* सम्पा. अरविन्द मोहन, वाणी प्रकाशन, नई दिल्ली में संजय कुमार का आलेख; 'पिछड़ी जातियों की राजनीति का नया दौर'।
2. सिरिल रॉबिन; 'द न्यू स्ट्रांगहोल्ड ऑफ़ ओबीसी पॉलिटिक्स', *राइज ऑफ़ द प्लेबियन्स,* रटलेज, नई दिल्ली।
3. क्रिस्टोफ़ जाफ्रलो, 'इंडियाज साइलेंट रिवोल्यूशन', *परमानेंट ब्लैक,* दिल्ली, 2003
4. रामाश्रय राय, 'कास्ट एंड पॉलिटिकल रिक्रूटमेंट आईबी बिहार', रजनी कोठारी सम्पा. किताब, *कास्ट इन इंडियन पॉलिटिक्स,* ओरिएंट लांगमैन, नई दिल्ली, 1970

पश्चिम बंगाल : नवजागरण का घना रंग

अगर ओडिसा की चुनावी राजनीति में जाति का प्रभाव समाज की एक सुप्तावस्था के चलते दिखाई देता है तो बंगाल में सामाजिक जागृति ने जाति के सवाल को पीछे कर दिया है। कहने को ओडिसा का शासक जमात भी यही कहता है कि हम जातिवाद से मुक्त हैं लेकिन नतीजा एकदम उल्टा दिखता है। बंगाल के बारे में इस तरह की बात करना भी सही नहीं है। आजादी के पहले ही नहीं, बाद में नक्सली और सिंगूर तक के जो आन्दोलन हुए हैं सबका स्वरूप गैर-राजनीतिक रहा है। हर कोई बंगाल आकर यह महसूस करता है कि यहाँ छुआछूत बहुत कम है और जातियों के बीच वैमनस्य भाव भी बहुत कम है। और लम्बे वामपंथी शासन ने भूमि सुधार और अन्य कदमों से बंगाल में चले सामाजिक आन्दोलनों की परम्परा को आगे बढ़ाते हुए जाति को भुलाने या पीछे करने का काम किया, भले ही जाति खत्म नहीं हुई हो। शादी-ब्याह और साझा खान-पान में अब भी जाति का असर दिखता है लेकिन सामान्य कामकाज और उससे भी बढ़कर चुनावी लड़ाई में जाति की भूमिका बहुत मामूली रही है और यह दिन-ब-दिन कमजोर होती गई है।

अगर वामपंथियों ने बंगाल को कांग्रेस से जीता/छीना तो अकाल राहत के जरिये शुरुआत करके बर्गादारी खत्म करने जैसे कार्यक्रमों से। और अगर ममता बनर्जी ने वामपंथियों को हराया तो उनके लम्बे शासन की असफलताओं को आधार बनाकर आन्दोलन किया। चुनाव में इधर बार-बार पिटी भाजपा ने उल्टा रास्ता चुना। किसी भी कीमत पर बंगाल जीतने के लिए अपना सारा जोर लगाने वाली भाजपा ने पिछली बार (2016 में) सम्प्रदायवाद को मुद्दा बनाया तो इस बार (2021 में) जातिगत गोलबन्दी कराने में सारा जोर लगाया। मोदी जी अपनी तरफ से कुछ भी नहीं छोड़ा (बल्कि इन चुनावों को लेकर उनके कई काम प्रधानमंत्री पद की मर्यादा के हिसाब से ठीक भी नहीं थे) लेकिन असली जोर अमित शाह ने लगाया जो 1916 में भाजपा अध्यक्ष थे तो 2021 में केन्द्र के गृह मंत्री और सीएए समेत की बड़े दाँवपेच के सूत्रधार भी।

N
WEST BENGAL
NEPAL
SIKKIM
Darjeeling
Kalimpong
KALIMPONG
BHUTAN
DARJEELING
JALPAIGURI
ALIPURDUAR
Jalpaiguri
Alipurduar
KOCH BIHAR
Koch Bihar
ASSAM
UTTAR DINAJPUR
BIHAR
Raiganj
DAKSHIN DINAJPUR
MEGHALAYA
Balurghat
MALDA
English Bazar
BANGLADESH
JHARKHAND
Berhampur
MURSHIDABAD
Siuri
BIRBHUM
Asansol
PASCHIM BARDHAMAN
NADIA
PURBA BARDHAMAN
Krishnanagar
Purulia
Bankura
PURULIA
Barddhaman
BANKURA
HOOGHLY
Hooghly-Chinsurah
Barasat
PASCHIM MEDINIPUR
Haora
Kolkata
HAORA
NORTH 24-PARGANAS
Jhargram
Medinipur
Alipore
Tamluk
SOUTH 24-PARGANAS
JHARGRAM
PURBA MEDINIPUR
ODISHA
BAY OF BENGAL

बंगाल का 2021 का चुनाव कई कारणों से उनके लिए और बाकी लोगों के लिए भी बहुत महत्त्वपूर्ण रहा। भाजपा की लाख कोशिशों के बाद भी हार और ममता बनर्जी की जीत का अपना राजनीतिक अर्थ है और आगे भी रहेगा। भाजपा और उसके द्वारा संवैधानिक पदों पर बैठाए गए लोगों ने भी सामान्य मर्यादाओं का उल्लंघन करके भाजपा के हक में फैसले किए, बयानबाजी की लेकिन पार्टी आन्दोलन की जगह 'षड्यंत्र' करती ही लगी जिससे आम बंगाली समाज नाराज़ हुआ। बड़े पैमाने पर चुनाव पूर्व दल-बदल होना और चुनाव बाद उनमें से ज्यादातर दलबदलुओं का वापस होना भी सामान्य राजनीतिक दिलचस्पी के लिए महत्त्वपूर्ण है। वाम दलों और कांग्रेस का लगभग समाप्त हो जाना भी कम महत्त्वपूर्ण नहीं है। साम्प्रदायिकता को उभारने की कोशिश और साम्प्रदायिक दलों की भागीदारी ही नहीं स्थानीय मजहबी जमातों का भी सीधे चुनाव में उतरना भी महत्त्वपूर्ण था। बांग्लादेश की आजादी के जश्न में प्रधानमंत्री का जाना और वहाँ आधिकारिक आयोजन से ज्यादा मटुआ संघ के कार्यक्रम में वोट के लिए भागीदारी करना जहाँ लोगों को अखरा तो नागरिकता कानून में संशोधन और हिन्दू घुसपैठियों को नागरिकता देने वाले कानूनी प्रावधान क्षुद्र राजनीति।

लेकिन हमारी दिलचस्पी इस चुनाव में जाति के सवाल को प्रमुख बनाने की कोशिश और उसकी सफलता-असफलता के चलते ज्यादा है। हर चुनाव में साम-दाम-दंड-भेद और साधन से लेकर रणनीति तक में कोई कसर न रहने देना और पूरा जोर लगाकर चुनाव जीतने की कोशिश करना नरेन्द्र मोदी और अमित शाह की टोली का खास गुण है। सो बंगाल में भी यह हुआ। ऐसी कोशिश पहले भी हुई थी (खासकर पिछले विधानसभा चुनाव में) लेकिन तब भाजपा में ज्यादा दम न था और मोदी-शाह ने इतना जोर भी नहीं लगाया था। इस बार तो लगा कि पूरे पाँच साल तैयारी और हर तरह की रणनीति पर काम हुआ था। इसमें बंगाल की राजनीति में जाति, और वह भी कमजोर जातियों की राजनीति को आगे करना था क्योंकि यह आम धारणा-सी बन गई है कि बंगाल के मुख्य राजनीतिज्ञ जातिवाद न होने का नाम लेकर पिछड़ों को सत्ता में हिस्सा देने और उनके आगे आने के रास्ते को रोके हुए हैं। यह धारणा एकदम निराधार भी नहीं है।

लेकिन जाति की राजनीति 365 दिन और चौबीस घंटों की नहीं सचमुच जीने-मरने तक साथ होने से चलती है। तब भी काफी लोगों को लगता था कि पड़ोस के बिहार ही नहीं, सभी राज्यों में पिछड़ों के उभार जैसा बदलाव बंगाल में भी आना चाहिए। और इस हिसाब से भाजपा ने बहुत लम्बी रणनीति बनाई। राज्य में मुसलमानों की 22-23 फीसदी आबादी के मद्‌देनजर उनके एक हिस्से को अपनी तरफ लाना या उनके अन्दर ओवैसी या अन्य धार्मिक संगठनों के जरिये विभाजन कराने की हल्की रणनीति इस बार भी रही और पिछली बार भी।

मुसलमानों के सबसे सम्मानित धार्मिक स्थल फुरफुरा साहेब की राजनीति में भी घुसपैठ की गई।

पर भाजपा ने उससे ज्यादा लाभ की उम्मीद नहीं की थी। इस बार दलितों में सबसे बड़े समूह नामशूद्रों और खासकर उसके मटुआ समुदाय के लोगों को अपनी तरफ लाने की बहुत बारीक और विस्तृत योजना बनाई गई थी जिसे बाद में लोगों ने तिल को ताड़ बनाना ही माना क्योंकि मटुआ इतने हैं भी नहीं। मटुआ समुदाय के शीर्ष धर्मगुरु परिवार तक को अपनी ओर किया गया क्योंकि भारत और बांग्लादेश में आबादी बँट जाने और भारत आए इस समुदाय के लोगों को नागरिकता से लेकर कई तरफ की तकलीफों के चलते इसके अन्दर भी बेचैनी रही है। आबादी के हिसाब से सत्ता में भागीदारी का मसला तो था ही, हालाँकि इस समुदाय का प्रतिनिधित्व कम अनुपात में पहले से रहा है। प्रतिद्वन्द्वी ममता केन्द्र सरकार और भाजपा जितना कुछ करने की स्थिति में न थीं लेकिन उन्होंने मटुआ पॉलिटिक्स में भाजपा के वार का जवाब देने की कोशिश बन्द नहीं की। और चुनाव के बाद भी हिसाब लगाने वालों का अन्दाजा है कि भाजपा को उस हिसाब से मटुआ वोट नहीं मिला जैसी उसने तैयारी की थी, या जिसकी उसको उम्मीद थी।

भाजपा ने गैर-मुसलमान समुदाय के शरणार्थियों को नागरिकता देने का बिल पास कराके खुद को इस मोर्चे पर बाकी दलों से आगे होने का दावा भी पेश किया था। मटुआ लोगों के लिए यह समस्या औरों से ज्यादा चुभने वाली थी भी। और जब प्रतिद्वन्द्वी ममता बनर्जी ने इस समुदाय के धर्मगुरु परिवार में अपने लिए समर्थन बनाया तब भाजपा ने आगे बढ़कर कुछ ऐसे कदम उठाए जो सामान्य शिष्टाचार के उल्लंघन की सीमा तक गए, जैसे प्रधानमंत्री ने अपनी बांग्लादेश की यात्रा (वहाँ की आजादी के पचासवें साल के आयोजन पर) ठीक उसी समय रखी जब मटुआ समुदाय का सालाना बड़ा जलसा होता है। वे सरकारी आयोजनों में रहे लेकिन ज्यादा चर्चा मटुआ समुदाय के आयोजन में जाने की रही। प्रधानमंत्री की टोली में भी इस समुदाय के कई लोग थे। प्रधानमंत्री ने वहाँ के आयोजन में जैसी हिस्सेदारी की वह राजनयिक हिस्सेदारी से ज्यादा प्रबल थी। और इसका क्या चुनावी लाभ हुआ यह समझना मुश्किल है।

असल में जाति के लोगों के बीच खुद से राजनीतिक सत्ता की चाह न जागे और सक्रियता न आए तो बाहर की घुट्टी, और वह भी ऐन चुनाव के समय, से ज्यादा लाभ नहीं होता। बंगाल में जातिगत चेतना बढ़ाने या गोलबन्द होने का इतिहास लगभग नहीं है और एक के मुकाबले दूसरी जाति के गोलबन्द होने या होड़ करने का इतिहास तो है ही नहीं। अपनी आबादी के अनुपात में सत्ता में कम हिस्सा पाने वाली मध्य जातियों की जनसंख्या मटुआ से ज्यादा है और उनकी बसावट के पॉकेट भी काफी अच्छे हैं। लेकिन भाजपा ने इस समुदाय को चुना तो उसमें अपनी केन्द्र

सरकार होने से दिए जा सकने वाले लाभ और डबल इंजन का लुभावना चुनावी झुनझुना दे सकने का लोभ भी कारण थे। जाहिर है यह रणनीति भी नहीं चली वरना मीडिया में जो हिसाब बताया जा रहा था वह करीब सौ सीटों के ऊपर का था।

अब भाजपाई रणनीति की एक हद तक तारीफ करने के बाद भी यह कहना होगा कि उसका मीडिया मैनेजमेंट खराब था क्योंकि राज्य की आबादी में नामशूद्रों का हिस्सा तीन फीसदी के आसपास ही है। उनकी तुलना में अनुसूचित जाति में राजबंसी तीन गुना हैं और उनके प्रभाव के इलाके उत्तर बंगाल भर में हैं जबकि नामशूद्रों की सघन आबादी का कोई बड़ा इलाका भी नहीं है। और एक धर्मगुरु और सुधार आन्दोलन के प्रभाव में होने के बावजूद अभी इस जाति की न तो राजनीतिक गोलबन्दी हुई है और न उसके अन्दर राजनीतिक सत्ता पाने या उसमें अधिक हिस्सेदारी की आकांक्षा ही पैदा हुई है। देश के किसी भी हिस्से में पिछड़ों की राजनीतिक सत्ता कायम होने या शासन में मजबूत हिस्सेदारी की यह पूर्व शर्त है। फिर उस आकांक्षा के अनुरूप आपको पूरे 365 दिन सक्रिय और सचेत होना होता है, अपने समाज की उम्मीदों के हिसाब से त्याग-तपस्या करनी होती है और फिर जब आपका समाज आपको नेता मानने लगता है तब शासन और राजनीति के लोग आपको मान्यता और स्वीकृति देते हैं। मटुआ समाज में नेतृत्व का सवाल एक हद तक सुलझा है लेकिन मौजूदा नेतृत्व के जिम्मे आध्यात्मिक और धार्मिक काम हैं, राजनीतिक और सत्ता के नहीं।

और संयोग से बंगाल के नामशूद्रों में ही नहीं सारे पिछड़ों में यह तत्त्व अभी तक गायब है। एकमात्र ढंग का अपवाद गोरखा समुदाय है जिसने दार्जिलिंग इलाके में अपनी ताकत दिखाई है। वाम शासन से बगावत करने वाला यह समाज पहले वाम मोर्चा और कांग्रेस से अलग था, अब तृणमूल से अलग है। सो भाजपा ने काफी पहले से इस समुदाय की राजनीति को अपने दायरे में कर लिया था और अभी तक गोरखा वोट उसकी झोली में आते हैं। इस तरह के ज्यादा अपवाद नहीं हैं। उत्तर बंगाल में राजबंसी प्रमुख 'उत्तर बंग तपसीली जाति ओ आदिवासी संगठन' नामक मजबूत दलित आदिवासी संगठन रहा है और अलगाववादी कामतापुरी आन्दोलन भी चला है लेकिन कुल मिलाकर इनकी तुलना हम शेष भारत के जाति संगठनों से नहीं कर सकते क्योंकि वह बुनियादी चरित्र यहाँ है ही नहीं। और राजबंसी भी पूरे दलितों का नेतृत्व करें या सबको साथ लेने का प्रयास करें यह भी नहीं दिखता। उनके यहाँ भी देसी और बहेया का विभाजन है। और उनके बीच विभाजनकारी कामतापूरी आन्दोलन ही नहीं कई नक्सली गुटों का अच्छा आधार रहा है—अर्थात राजबंसियों की गोलबन्दी भी जाति के गणित से नहीं हुई है। उत्तर बंग तपसीली जाति ओ आदिवासी संगठन भी मोटे तौर पर गांधी और लोहिया को आदर्श मानकर राजनीति करता है। मामला एकाध जाति की गोलबन्दी से होता भी नहीं है। अन्य

राज्यों में पिछड़ा, दलित ही नहीं अल्पसंख्यकों तक की मोर्चाबन्दी हुई है तब जाकर सत्ता और समाज में बदलाव की बयार बही है।

और ऐसा दबाव न होना ही वजह है कि बंगाल की वाममोर्चा सरकार भी मंडल आयोग की रिपोर्ट को लागू करने में टालमटोल करती रही। कारण शायद यह भी रहा कि बंगाल में मध्य जातियों की मौजूदगी अपेक्षाकृत कम है। वैसे तो जातिवार जनगणना 1931 से बन्द है (तब मध्य जातियों का अनुपात 35 फीसदी आया था) लेकिन इसके न होने के चलते आंकड़ों का अनुमान बंगाल जैसे प्रदेश में ज्यादा गड़बड़ाया है क्योंकि यहाँ विभाजन के बाद बड़ी संख्या में शरणार्थी आए जो प्राय: हिन्दू ही थे। बल्कि शुरुआती दौर में बंगाल के चुनाव में मूलवासी और शरणार्थियों का हल्का विभाजन दिखाई देता था जिसमें जाति का कोई विचार न था। उसके पहले से भी बंगाल में मध्य जातियों का अनुपात कम रहा था। पार्थ चटर्जी जैसे समाजशास्त्री मानते हैं कि खेतिहर समाज के निचले तबके द्वारा इस्लाम कबूल लेने से यह स्थिति बनी है।

और आज भी बंगाल के सामाजिक बँटवारे के जो आँकड़े हैं उनमें 22-23 फीसदी मुसलमान, इतने ही अनुसूचित जाति और छह फीसदी से ज्यादा अनुसूचित जनजाति का हिसाब जोड़ लेने पर अगड़ों और मध्य जातियों का हिस्सा आधे से भी कम रह जाता है। और अगड़ों की पहचान तो अलग-अलग स्तर पर रही है लेकिन मध्य जातियों की कोई साझा पहचान नहीं बनी है, न साझा राजनीतिक ताकत ही बनी है। पर अलग पहचान लेकर भी आदिवासी और दलित सत्ता की राजनीति में मजबूत हिस्सेदारी नहीं कर पाते और मुसलमान तो लगातार सबसे ज्यादा घाटे में रहने वाला समाज है। सत्ता मतलब विधायक, सांसद और मंत्री पद या मुख्यमंत्री की कुर्सी पाने के मामले में मुसलमानों का हिस्सा सदा उनकी आबादी के अनुपात के काफी नीचे रहा है जबकि भाजपा का सारा जोर उनको 'मोस्ट फेवर्ड' बताने पर रहा है और ममता को मुसलमानी रंग में रँगा दिखाने का। इससे कोई ज्यादा बड़ी हिन्दू गोलबन्दी नहीं हो पाई।

पुराने हिसाब से ब्राह्मण 5 फीसदी और महाशय 8 फीसदी हैं। कई लोगों का अनुमान है कि पूर्वी पाकिस्तान और भारत के बीच आबादी की अदला-बदली में यह अनुपात थोड़ा बढ़ गया है। महाशय बाकी प्रदेशों के हिसाब से कुछ अनजान जाति हो लेकिन बंगाल के लिए यह एक प्रमुख और ताकतवर जाति है। महाशयों की आबादी मिदनापुर, पांसकुडा, कोंटाई, तामलुक, सिरामपुर और उलुबेरिया जैसे इलाकों में 15 से लेकर पचास फीसदी तक होने से सभी उनको महत्त्व देते हैं। पर उनसे भी ज्यादा इलाके मुसलमान मतों के प्रभाव वाले हैं पर उन्हें अपेक्षित महत्त्व नहीं मिलता। माना जाता है कि विभाजन के बाद शरणार्थियों के चलते महाशयों समेत कई जातियों की आबादी का हिसाब भी बदला है लेकिन ब्राह्मणों जितना

नहीं। उनकी आबादी का अनुमान अब दसेक फीसदी का है। वैद्य, कायस्थ, ततवा/तांती अन्य प्रमुख जातियाँ हैं पर इनकी आबादी ज्यादा सघन कहीं नहीं है। इनकी तुलना में आदिवासी सन्थाल, कुडमी और ओरांव तथा अनुसूचित जाति पोद और बाउरी के सघन घनत्व वाले इलाके हैं। 24 परगना के पोद अपने को क्षत्रिय कहते हैं और वहाँ उनकी राजनीतिक ताकत को भी सभी स्वीकारते हैं। अनुसूचित जाति में ही गिने जाने वाले राजबंसियों का एक समूह भी खुद को क्षत्रिय कहता है।

असल में मुसलमानों के लिए यह गिनती भी हम बाकी राज्यों और उसके विभिन्न इलाकों में जातियों और समुदायों की आबादी का घनत्व और वहाँ की राजनीति में सीधे रिश्ते को देखते हुए करते हैं। उनकी कुल आबादी पूरे राज्य में एक चौथाई से कुछ ही कम है पर कुछ हिस्सों में यह आधी तक पहुँच गई है। आबादी और गोलबन्द से सत्ता में हिस्सेदारी का यह पैमाना बंगाल में सिर्फ मुर्शिदाबाद, जंगीपुर, बेहरामपुर, रायगंज, बशीरहाट और मालदा जैसे अधिक मुसलमान आबादी वाले इलाकों पर कुछ हद तक लागू होते पाते हैं। पुरुलिया में कुडमी और सन्थाल की उपेक्षा सम्भव नहीं है तो आसनसोल और दुर्गापुर इलाके में गोप और सदगोपों की। डेल्टा इलाकों में कैबर्त और जालीय कैबर्तों की अनदेखी कोई नहीं कर सकता। दक्षिणी पश्चिमी क्षेत्र के विधायकों में अब 60 फीसदी तक मध्य जातियों से आने लगे हैं। और कोलकाता के लिए ही नहीं, झारखंड और बिहार से लगे कोलियरी और औद्योगिक इलाकों में बिहार तथा यूपी के भैया लोगों तथा मारवाड़ियों की उपेक्षा भी सम्भव नहीं है। दार्जिलिंग इलाके में बौद्ध और ईसाई आबादी भी ठीक-ठाक है। कोलकाता की कई सीटों में तो अब भैया निर्णायक स्थिति में आ गए हैं और गोलबन्द ढंग से वोट करते भी हैं। बल्कि भाजपा को बंगाल में पहला आधार इसी जमात ने दिया।

अब ये सब एकजुट होकर वोट देने लगें या अपने समुदाय की तकलीफों को साथ सामने लाएँ और समाधान माँगें तब तो राजनीतिकरण पूरा ही माना जाएगा। पर इसमें खतरा मेरी जाति श्रेष्ठ तो मेरी जाति बहादुर की होड़ और दूसरी जाति को घटिया और खराब साबित करने के चक्कर में समाज को नरक बनने का है। मौजूदा जाति व्यवस्था ने यही किया है और इसका सबसे घटिया पक्ष छुआछूत है। बाकी भेदभाव कैसा होगा इसका भी अन्दाजा इससे मिलता है। बंगाल, महाराष्ट्र और बाद में केरल समेत देश के अलग-अलग इलाकों में समाज सुधार के जो आन्दोलन चले उनमें छुआछूत मिटाना और जातिगत भेदभाव को समाप्त करने का उद्‌देश्य रहा। गांधी का आन्दोलन समाज में भीतरी बदलाव के जरिये यह उद्‌देश्य हासिल करना था तो बाबा साहब संगठन और संघर्ष के जरिये कानूनी रास्ते इसे हासिल करना चाहते थे। जाहिर तौर पर इन दोनों ही रास्तों से पूरी सफलता नहीं मिली है। लेकिन इस बीच चुनाव और सार्वभौमिक मतदान की व्यवस्था ने हर

समुदाय के लिए अपने-अपने ढंग से समाधान निकालने का विकल्प भी दिया है जो कितना असली है या नकली इस पर बहस हो सकती है।

पर बंगाल का समाज और उसकी पिछड़ी जमातों ने अभी तक बाकी देश वाला रास्ता नहीं अपनाया है। इसमें उनकी समझ और अपने अनुभव का भी हिस्सा होगा (अगर सुधार आन्दोलनों से लाभ हुआ है तो यह इसी तरह दिखता है) लेकिन जाति व्यवस्था के ऊँचे तबकों और शासन के व्यवहार से भी इसमें फर्क पड़ा होगा। ज्यादातर बंगाली समाज वोट देने और राजनीति करने में जाति को भुलाए ही रखता है। वहाँ टिकट देने से लेकर मंत्री बनाने तक जाति को नजरन्दाज तो नहीं किया जाता लेकिन उसे जरूरत से ज्यादा वजन नहीं दिया जाता। इसलिए जब आजादी के पहले की सरकारें बनीं उनमें भी बंगाल में योग्य दलित मंत्री बनने की होड़ कर रहे थे। बाद में भी ऐसा ही था। यह चीज बंगाल में बड़े पैमाने पर चले समाज सुधार आन्दोलनों से भी जुड़ती है। यह प्रक्रिया हिन्दुस्तान में और इन आन्दोलनों का प्रभाव अकेले यहीं नहीं है। बंगाल में छुआछूत का अनुपात देश के ज्यादातर हिस्सों से कम होना और औरतों को परदे में रखने का चलन कम होना भी इसी के खाते में जाता है। कहीं शाम की सभा हो या कोई आयोजन हो तो सपत्नीक बंगाली भद्रजन का आना ही सामान्य है जबकि अन्य इलाकों में कोई औरत आ जाए तो उसे ही असामान्य माना जाता है।

लेकिन यह भी सच है कि बंगाल के शासक जमात को यह स्थिति पिछड़ों को बड़ी या उनके अनुपात की हिस्सेदारी न देने के बहाने के रूप में इस्तेमाल करने की सुविधा भी देती है। किसी बड़े नेता से बात कीजिए तो वह जाति के सवाल को टालता दिखेगा। जब फ्रांसीसी शोधकर्ता स्टीफानी तवा लामा रेवाल ने बंगाल विधानसभा के सदस्यों के जातिवार आँकड़े जुटाने और विश्लेषित करने का प्रयास किया तब शासन में बैठे वाम मोर्चा के लोगों ने उन्हें रोकना चाहा। कोई बात तो ढंग से नहीं ही करता था (बाकी राजनीतिक चर्चा तो बंगाल की विशेषता ही है)। जरूरी सूचनाएँ उपलब्ध कराने की भी कोशिश नहीं की गई। विधानसभा द्वारा अपने विधायकों के परिचय वाली पुस्तिका भी नियमित नहीं छपी है और छपी होगी तो इस महिला शोधकर्ता को नहीं दी गई। उन्होंने मुश्किल से ऐसी पुस्तिकाएँ जुटाईं पर तीन विधानसभाओं से जुड़ी पुस्तिका नहीं मिली। और जो परिचय मिला भी उसमें जाति वाली सूचना की जगह किसान या समाज सेवा भरी मिली। और यह कोई अपवाद-स्वरूप हुआ काम न था, पचास फीसदी तक विधायकों ने अपना परिचय ऐसे ही दिया था। 1977 के बाद वाली पुस्तिकाएँ हैं पर विधायकों के सामाजिक बँटवारे का हिसाब पक्का नहीं मिलता। यह कोई षड्यंत्र ही हो यह जरूरी नहीं है। अन्य राज्यों के जनप्रतिनिधि भी पहले जाति से जुड़ी सूचना देने में ऐसा ही व्यवहार करते थे। जाति न बताने को जाति समाप्त करने का एक तरीका माना जाता था जो

भले ही अपर्याप्त हो लेकिन उसके पीछे की सोच को षड्यंत्र नहीं मानना चाहिए। और अगर पहले की कांग्रेसी सरकारें और फिर वाम मोर्चा सरकारें लम्बी चलीं तो उसका कारण अच्छे शासकीय फैसले और सोच थी। वाम मोर्चा ने भी भूमि सुधार, सत्ता के विकेन्द्रीकरण और केन्द्र के सौतेले व्यवहार को मुद्दा बनाकर मंडल और कमंडल की लहर को थाम ही लिया था।

जिस स्टीफानी लामा को अपने शोध के सिलसिले में बंगाल से जुड़े आँकड़े जुटाने में सबसे ज्यादा मुश्किल हुई और कई बार अपमानित होना पड़ा उनका भी निष्कर्ष है कि बंगाल में जातिगत भेदभाव अन्य जगहों से कम है, आपसी व्यवहार में जातिगत पहचान को कम महत्त्व दिया जाता है, बेटी-रोटी का रिश्ता जातियों के अन्दर है लेकिन दूसरों से प्रतिद्वन्द्वी भाव नहीं है। पर वे इस नतीजे पर भी पहुँची हैं कि भद्रलोक सत्ता पर अपने अनुपात से ज्यादा काबिज है और इसमें खास गिरावट नहीं दिखती। लेकिन इसका लाभ भी हुआ है कि विधानसभा और संसद में ज्यादा पढ़े-लिखे लोग जा रहे हैं। उनका हिसाब है कि इनमें शिक्षक और राजनीतिक कार्यकर्ता बढ़े हैं, खुद को किसान बताने वाले या वकील जैसे पेशों के लोग कम हुए हैं। मुसलमानों को सबसे ज्यादा नुकसान की स्थिति में रहना पड़ा है। लेकिन उनका यह मानना है कि सत्ता पर अगड़ों, स्नातकों, शिक्षक और राजनीतिक कार्यकर्ताओं का हिस्सा बढ़ना बताता है कि पश्चिम बंगाल की राजनीति पर भद्रलोक का कब्जा जारी है। दो चुनाव में सारा जोर लगाने के बाद अमित शाह और नरेन्द्र मोदी का भी सम्भवत: यही निष्कर्ष होगा। उनको यह भी पता चल ही गया होगा कि कार्यकर्ता फौज उतारने, संघ की शक्ति लगाने, संसाधन झोंकने और पद के दुरुपयोग भर से चुनाव जीतना सम्भव नहीं है। अगर ऐसा होता तो वाम मोर्चा सरकार कभी हारती ही नहीं क्योंकि हर बूथ स्तर से लेकर ऊपर तक के चुनाव को मैनेज करने में उनका जवाब न था।

सन्दर्भ

1. *लोकतंत्र का नया लोक*, सम्पा. अरविन्द मोहन, वाणी प्रकाशन, नई दिल्ली से द्वैपायण भट्टाचार्य का आलेख; 'पश्चिम बंगाल : स्थिर राजनीति, जड़ शासन'।
2. स्टीफानी तवा लामा रेवाल; 'द रेजिलिएन्ट भद्रलोक : ए प्रोफाइल ऑफ़ द वेस्ट बेंगाल एमएलेज', *राइज ऑफ़ दि प्लेबियन्स*, रटलेज, नई दिल्ली।
3. पार्थ चटर्जी, द *प्रेजेंट हिस्ट्री ऑफ़ वेस्ट बेंगाल*, आक्सफोर्ड यूनिवर्सिटी प्रेस, दिल्ली, 1998
4. हितेश रंजन सान्याल, 'कास्ट मोबिलिटी इन बेंगाल', द *जर्नल ऑफ़ एशियन स्टडीज*, फरवरी 1971

झारखंड : अधबने समाज की पूरी लड़ाई

खनिज सम्पदा से भरपूर झारखंड का गठन भी छत्तीसगढ़ और उत्तराखंड के साथ 2000 में हुआ। और हम झारखंड को उत्तराखंड की तरह असफल राज्य घोषित न भी करें तो यह उस सपने वाला आदिवासी राज्य तो नहीं लगता जिसे लेकर वहाँ के आदिवासी निरन्तर एक लड़ाई लड़ते आए थे। और यह अपनी प्राकृतिक सम्पदा के हिसाब से भी समृद्धि की तरफ बढ़ता नहीं दिखता। बनने में भी यह मध्य प्रदेश, ओडिसा और पश्चिम बंगाल के आदिवासी इलाकों के बिना ही बना है जिसकी माँग अलग झारखंड बनाने के अभियान में निरन्तर रही है। पर इन कमियों और बुनियादी मजबूती के बावजूद यही सच है कि आज देश का यही एक अकेला राज्य रह गया है जहाँ आसानी से आदिवासी हितों की अनदेखी नहीं हो सकती, जहाँ मजबूत आदिवासी पार्टी और संगठन हैं तथा आदिवासियों में अब भी अपने हकों को लेकर लड़ने-भिड़ने का माद्दा है। यह ऐसा इलाका भी है जिसे बहुत कम दिनों में सही नीतियों और नेतृत्व से विकसित किया जा सकता है। यह देश का ऐसा प्रान्त भी है जहाँ सचमुच की भाषाओं, संस्कृतियों और रंग-रूप के लोग साथ रहते हैं। बहुत पहले मार्क्सवादी लेखक रजनी पाम दत्त ने अपनी किताब *इंडिया टुडे* में इसके एक शहर जमशेदपुर को आने वाले समय के समाज का अग्रदूत बताया था जिसमें सभी तरह के लोग खुशी-खुशी साथ रहते हों। झारखंड में अब भी ऐसा प्रान्त बनाने की सम्भावना है।

पर इस सम्भावना को व्यावहारिक रूप देने वाली जिस राजनीति की, जिस राजनीतिक नेतृत्व की जरूरत होती है वह आज के झारखंड में दिखाई नहीं देता। जो राजनीति हो रही है उसमें बड़प्पन के तत्त्व कम बचे हैं। पैसों की लूट मची है। भ्रष्टाचार के मामले सामाजिक अप्रतिष्ठा नहीं बनाते। इसकी वजह यह भी है कि इसके लायक समाज अब भी बनने की प्रक्रिया में है। उसके अन्दर बहुत सारी दरारें हैं जो अलग-अलग तरह के स्वार्थ से आपस में प्रतिद्वन्द्वी भी हैं। लेकिन शुभ यही है कि मूलवासी और सदानी समेत सारे झगड़ों को निपटाने के लिए एक

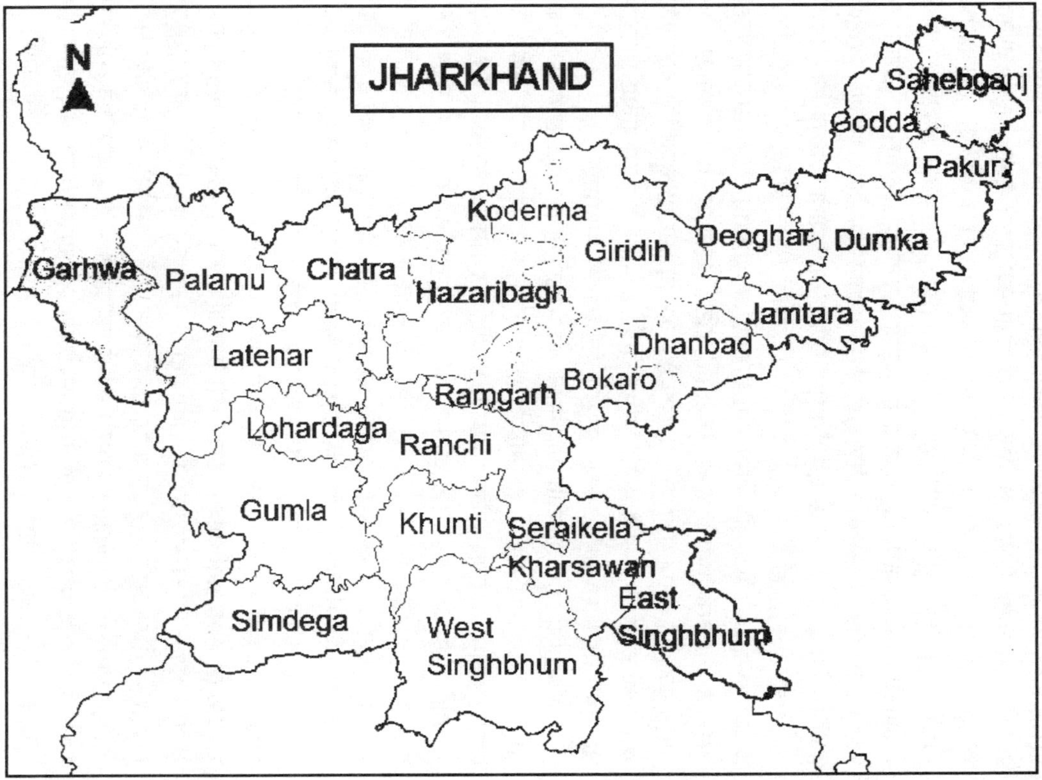

JHARKHAND
N
Garhwa
Palamu
Chatra
Koderma
Hazaribagh
Giridih
Deoghar
Dumka
Sahebganj
Godda
Pakur
Jamtara
Dhanbad
Bokaro
Ramgarh
Latehar
Lohardaga
Ranchi
Gumla
Khunti
Seraikela
Kharsawan
East
Singhbhum
Simdega
West
Singhbhum

'कट-आफ' तारीख तय हो गई है। लेकिन यहाँ अब भी कट-आफ का विवाद है और आप यहाँ मंत्री, मुख्यमंत्री बन सकते हैं, चतुर्थ श्रेणी का कर्मचारी बनाना या जमीन खरीदना मुश्किल है। इसके चलते रोज नया विवाद सामने आता है नये फैसले हो रहे हैं। खतियान के आधार पर फैसले लेने, न लेने का विवाद चलता है। पर सबको साथ रहना है और सबके कुछ बुनियादी हक हैं यह समझ बढ़ती जा रही है। इससे उम्मीद बनती है। जमशेदपुर का ही उदाहरण लें तो वहाँ के साम्प्रदायिक दंगों ने रजनी पाम दत्त की भविष्यवाणी को झुठलाया है। उसी तरह झारखंडी समाज में आदिवासी-गैर आदिवासी, आदिवासी-कुड़मी, आदिवासी-ओबीसी, छोटानागपुर-सन्थाल परगना, सन्थाली-मुंडा/उराँव/हो जैसे विभाजन विस्फोटक स्वरूप ले सकते हैं। जिस नेतृत्व को इन चीजों को सँभालना चाहिए वह चुनावी लाभ के लिए इनको बढ़ाने का खेल करता है। ऐसा सभी राज्यों में होता है लेकिन झारखंड में यह ज्यादा है क्योंकि यहाँ की राजनीति में हैसियत से ज्यादा धन आ गया है, न्यस्त स्वार्थों का दखल है और देसी-विदेशी हित-समूह अपनी गोटियाँ चलते रहते हैं। लेकिन लोकतंत्र अपने मर्जों का इलाज खुद से कर लेता है। चार विधानसभा चुनावों ने कई चीजें सुधारी भी हैं। लेकिन अभी काफी परीक्षा बाकी है। और विश्वास रखिए झारखंड देर-सवेर अपनी सम्भावनाओं के अनुरूप निखरकर सामने आएगा।

झारखंड की इस राजनीति और नेतृत्व को समझने के लिए झारखंड आन्दोलन पर भी गौर करना जरूरी है क्योंकि उसके बगैर मूल वासी बनाम बाहरी या कुड़मी बनाम आदिवासी जैसे बुनियादी विवादों को समझना मुश्किल है। हमेशा से आदिवासी आजादी पसन्द लोग हैं और केन्द्रीय सत्ता से उनका संघर्ष होता ही रहा है। और उनके प्राकृतिक संसाधनों से राजस्व कमाने का लोभ ही केन्द्रीय सत्ता द्वारा उनके जीवन में दखल देने का आधार रहा है। राजस्व बढ़ाने के लिए ही मुगलों और अँगरेजों ने इस वन प्रदेश में लोहार, बढ़ई, कोइरी और कुर्मी जैसी काश्तकार जातियों को बसाया या उनको यहाँ आने को प्रोत्साहित किया। इसलिए आज आदिवासी-गैर आदिवासी की सारी बहस कुड़मी नाम से प्रसिद्ध इन मध्य जातियों के समूह तक आकर ठहर जाती है क्योंकि उनका रहना भी सैकड़ों साल वाला समय है। फिर हर दौर में आए मैदानी लोगों का बसना भी जारी रहा जो व्यापार से लेकर तरह-तरह के कामों के लिए आए हैं। अँगरेजी राज्य में ही नहीं, आजाद भारत में भी प्राकृतिक सम्पदा से भरे इस प्रदेश में खूब कारखाने लगे और खनन का कारोबार बढ़ा जिसमें काम करने के लिए देश-भर से, और खास तौर से उत्तरी बिहार और बंगाल से लोग आए हैं। वे बरसों काम करने वाली जगहों पर बसे हैं, उनके बाल बच्चे वहीं जन्मे, पढ़े और बड़े हुए हैं। इसी बाहरी 'फौज' से घबराई आदिवासी आबादी के स्वर को उसके नेतृत्व ने बार-बार उठाया। अलग आदिवासी प्रदेश कोई समाधान हो सकता है इसका पहला व्यवस्थित साइमन आयोग

के सामने प्रतिवेदन देना था। यह प्रतिवेदन छोटानागपुर उन्नति समाज और किसान सभा नामक संगठनों ने दिया था।

इन संगठनों ने मिलकर 1938 में आदिवासी महासभा का गठन किया जिसमें सन्थाल, हो, उराँव, मुंडा, खड़िया, ईसाई और गैर ईसाई सभी शामिल थे। इस संगठन ने आदिवासी पहचान और अलग आदिवासी प्रदेश की बात को लगातार जिन्दा रखा जबकि अँगरेजी हुकूमत ने कई तरह से इसमें फूट डालने की कोशिश की। एक प्रयास बिहार के बाहर रहे और सीमा से लगे आदिवासी इलाकों के लोगों को भी साथ लेने का था और इसका असर आज भी ओडिसा और पश्चिम बंगाल में झारखंड नामधारी पार्टियों की मौजूदगी है। एक और प्रयास आदिवासी बोलियों और भाषाओं को जिन्दा रखना भी है। अब भी इस इलाके के बहुत लोग जनगणना में अपनी भाषा के साथ अपनी पहचान बताते हैं। 1952 में इस आदिवासी महासभा ने झारखंड पार्टी का नाम लिया जिसको जयपाल सिंह जैसा शानदार नेता मिला। तब आन्दोलन शीर्ष पर आया लेकिन झारखंड वाले इलाके में भी आदिवासी आबादी एक-तिहाई ही रह जाने के चलते उसकी अलग राज्य की माँग नहीं मानी गई। बाद में पंडित नेहरू ने अपने पढ़ाई के समय के मित्र जयपाल सिंह को, जो हॉकी टीम का कप्तान भी रहे थे, को अपनी तरफ कर लिया। इससे आन्दोलन को दोहरा धक्का लगा। 1952 के चुनाव में पार्टी को 39 सीटें मिली थीं जो 1957 में 32 और आगे और कम होती गईं। साठ के दशक में पार्टी टूटने लगी और फिर इसके तीन खेमे हो गए। अलग-अलग प्रभाव क्षेत्र रहा लेकिन कुल मिलाकर आन्दोलन बिखरता गया। पर तब भी यह हालत थी कि झारखंड नाम से जो उम्मीदवार आया आदिवासियों के एक बड़े हिस्से ने उसको वोट दिया। झारखंड आन्दोलन को उसके लोगों ने नहीं, नेतृत्व ने फेल किया था। और लोगों की यह आस्था बहुत बड़ी चीज है जो आज भी इस समाज का मुख्य बल है।

सत्तर के दशक में आन्दोलन में तब एक नया उभार आया जब शिबू सोरेन के नेतृत्व वाले झारखंड मुक्ति मोर्चा ने विनोद बिहारी महतो की अगुवाई वाले शिवाजी समाज, जो मुख्यत: कुड़मी समाज के आधार वाला था, से हाथ मिलाया और सदानी विरोध का उग्र तेवर अपनाया। यह आन्दोलन भी दमदार था और इसमें ए.के. राय की अगुआई वाले मार्क्सिस्ट कोआर्डिनेशन सेंटर के आने से सांगठनिक और वैचारिक बल मिला। लेकिन इसकी सीमा सन्थाल परगना ही रही। यह मुंडा, उराँव और हो लोगों के लिए तो पराई थी ही गैर आदिवासी जमात इसे दुश्मन ही मानता रहा। अन्य आदिवासी जमातों में झारखंड नामधारी अन्य पार्टियों का प्रभाव रहा जिसमें से एक समूह को चर्च का समर्थन रहा तो दूसरे को संघ का। लेकिन लगातार अन्याय सहने वाले आदिवासी समाज के लिए तब अचानक लाभ मिलने की स्थिति बन गई जब बिहार के विभाजन के समय आदिवासियों के लिए आरक्षित

सभी 35.8 फीसदी सीटें झारखंड के हिस्से आ गईं। राज्य में आदिवासी आबादी इतनी नहीं है। और इनमें से ज्यादातर सीटों पर झारखंड मुक्ति मोर्चा या नये संगठन आजसू के लिए लाभ की स्थिति बन गई। इसने राज्य की राजनीति में आदिवासियों को हल्का आगे कर दिया।

और यही चीज लम्बे समय तक मुख्यमंत्री पद पर आदिवासी के आने की गारंटी बन गई। पर उस दौर में झारखंड की जो राजनीति हुई और जिन-जिन सज्जनों ने मुख्यमंत्री पद सँभाला उनमें से ज्यादातर ने शुद्ध रूप से लूट की, अपने आदिवासी होने का नाजायज लाभ लिया, जमकर अनैतिक आचरण किया और हर गलती छुपाने के लिए अपने आदिवासी नाम का दुरुपयोग किया। अब सबको एक ही दर्जे का लुटेरा या भ्रष्ट बताने की गलती नहीं करनी चाहिए पर यह भी हुआ कि जो थोड़ा भला आदमी ऊपर आया उसे बाकी सब ने मिलकर गिरा दिया। तेरह साल में आठ सरकारें बदलीं और एक सरकार का मुखिया तो अकेला निर्दलीय बना रहा जो बाहरी समर्थन से सरकार चलाता रहा। यही मधु कोड़ा बाद में जेल पहुँचे और उनकी सरकार के ज्यादातर लोगों को जेल जाना पड़ा, भ्रष्टाचार के मामले झेलने पड़े जो सम्भवत: अब भी चल रहे हैं। पर पैसों के जोर से मधु कोड़ा ही नहीं उनके तब के ज्यादातर साथी अब भी चुनाव जीतते हैं या अपने परिवार के किसी को आगे करके राजनीति में सक्रिय हैं। कोई पार्टी इनके बगैर नहीं चली है क्योंकि अक्सर सरकार बनाने और चलाने में उनका समर्थन जरूरी रहा है। झारखंड विधानसभा अक्सर त्रिशंकु बनी जिससे जोड़-तोड़ जरूरी-सा बन गया।

जाहिर है इस स्थिति के लिए झारखंडी जनता से लेकर दुनिया-भर के न्यस्त स्वार्थी तत्त्व जिम्मेवार थे। अपने कबीलाई सम्बन्धों से बँधा आदिवासी बहुत छोटे अन्य स्वार्थों के चलते ऐसे उम्मीदवारों को जिताने का दोषी है तो गैर आदिवासी जमात सम्प्रदाय और जाति ही नहीं, आदिवासी विरोध के लिए ऐसे उम्मीदवार जिताती रही। गिनती के विधायक और सांसद इस शुरुआती पन्द्रह वर्षों में चुने गए होंगे जिनके बारे में हम सीना ठोंककर ईमानदार होने का दावा कर सकते हैं। लेकिन बड़ी पार्टियों या क्षेत्रीय दलों के बारे में वैसा दावा करना भी आसान नहीं है क्योंकि उन सबने झारखंड को लूटा और सिर्फ पार्टी फंड जुटाने का ठिकाना माना। भाजपा, कांग्रेस, झामुमो, राजद और अन्य सभी को सिर्फ चुनाव ही दिखता हो यह मानना गलत होगा। उन्हें झारखंड के खजाने भी—सरकारी-गैर सरकारी, भी दिख ही रहे होंगे। और प्राकृतिक संसाधनों से भरा होकर भी अगर यह प्रान्त बिहार से अलग होने से बदहाल बना है तो मुख्यत: राजनेताओं के हल्के और लोभी आचरण के चलते ही। एक समय ऐसा आ गया कि कितने पूर्व मंत्री जेल में हैं और उनके कितने साथी भगोड़ा इसका हिसाब मुश्किल था। यह तब है जबकि यह पूरा मामला चारा कांड के समय से ही देश-दुनिया के मीडिया की नजरों के

सामने है। उल्लेखनीय है कि एक रहे बिहार में भी झारखंड का यही उपयोग था और सत्ता-पैसों के सहारे फिर से राजनीतिक ताकत बढ़ाने का लोभ भी यहाँ की राजनीति की विशेषता बनी हुई है। जब से राज्य बना है तभी से संकट जारी है और इसमें किसका दोष है यह पहचानने की भी कोशिश नहीं हो रही है। ऐसे में कई बार कांग्रेस ने वैकल्पिक सरकार बनवाने में जल्दबाजी न करने का फैसला किया तो इसे भी अच्छा ही मानना चाहिए। इसमें अगर किसी सचमुच की ऊँची मंशा की जगह मधु कोड़ा शासन के समय मिली बदनामी वाला डर हो तब भी शुभ ही मानना चाहिए। आखिर लोकतंत्र में लोकलाज का डर हो तो यह अच्छी बात ही है।

पर इसके चलते भाजपा और झारखंड मुक्ति मोर्चा की साझा सरकार बनी जिसमें बारी-बारी से मुखिया बदलने की शर्त थी। भाजपा की अर्जुन मुंडा सरकार ने कोड़ा सरकार जैसी लूट नहीं मचाई (हालाँकि यह घोषणा करना भी खतरे से खाली नहीं है) पर उसने कोई बहुत साफ-सुथरा और दूरदर्शितापूर्ण शासन दिया हो यह दावा भी नहीं किया जा सकता। मुंडा सरकार क्यों गिरी इस बहस को ज्यादा खींचने की जरूरत नहीं है। अगर सरकार बनने वाले दिनों को याद करें तो साफ लगेगा कि जेएमएम के पास तो कई विकल्प थे पर भाजपा के पास विकल्प नहीं थे। भाजपा कांग्रेस को सरकार बनवाने के खेल से बाहर करने के नाम पर ही जल्दी में थी—उसके वही विवादास्पद सांसद और व्यवसायी दोस्त इस काम के सूत्रधार बने जिनमें से एक पर गुरुजी अर्थात शिबू सोरेन के लिए अपमानजनक टिप्पणी करने का आरोप लगा। पार्टी अपनी सरकार को बचाने के सवाल पर उतनी सचेत और चौकस नहीं थी जितनी वह सरकार बनवाने के समय दिखी थी। सरकार की 'उपलब्धियाँ' गिनवाने में भी पूरी पार्टी एकजुट नहीं दिखी। नई सरकार के खिलाफ जनमत बनने से पूर्व ही मोर्चा खोलकर वह भी अगले चुनाव की राजनीति ही कर रही थी और कोई सैद्धान्तिक सवाल नहीं उठा रही थी।

पर जब हम झारखंड की राजनीति पर बात करें तो निश्चित रूप से सिर्फ सरकार बनवाने और गिराने की चर्चा से ऊपर उठने का प्रयास भी करना चाहिए क्योंकि बारह साल में आठ सरकारें बनवा-बिगाड़कर झारखंड ने खुद ही यह खेल बहुत देख-सुन लिया था। एक भी सरकार ढंग से नहीं चली। बल्कि झारखंड का अनुभव तो छोटे राज्यों के कुल तर्क और प्राकृतिक सम्पदा वाले भूभाग के लोगों के पिछड़ेपन के पूरे तर्क को ही काटने लगा। उसके साथ बने दोनों छोटे प्रदेशों की हालत भी कोई बहुत अच्छी नहीं थी लेकिन कम समृद्ध प्राकृतिक सम्पदा के बावजूद अगर उन राज्यों ने झारखंड से बेहतर विकास किया है तो सिर्फ और सिर्फ स्थायी सरकार के चलते। ऐसी सरकार ज्यादा जवाबदेह भी होती है। पर यह सही है कि झारखंड की वर्तमान दुरावस्था के लिए उसके मौजूदा नेताओं, सभी दलों के, की भूमिका सबसे बड़ी है और थोड़े से अपवादों को छोड़ दें तो सबने लोगों

का भरोसा तोड़ा है। पर कथित राष्ट्रीय दलों के नेताओं का खेल भी इसके लिए समान रूप से जिम्मेवार है। उनके लिए झारखंड चन्दा या पैसा जुटाने वाला खान और सत्ता का सूत्रधार बनने का अवसर रहा है।

हम राजनेताओं को तो बहुत कोसते हैं और इसमें कोई हर्ज भी नहीं है पर झारखंड की पूरी राजनीति और बाईस साल की सभी सरकारों की दुर्गति करवाने में देश–विदेश के कॉरपोरेट हाउसों और पैसेवालों की भूमिका को भी नहीं भूलना चाहिए। बल्कि उसके बगैर इस आदिवासी राज्य की राजनीति को समझा भी नहीं जा सकता। पर वह हमारा विषय नहीं है और छोटे में उसे समझाया भी नहीं जा सकता। पर उसे हर वक्त याद रखना जरूरी है। हर सरकार के बनवाने-गिरवाने में ही नहीं, राज्यसभा से लेकर लोकसभा और विधानसभा के टिकट बँटवारे में उनकी जितनी और जैसी भूमिका होती आई है वह किसी से छिपी नहीं है। दुर्भाग्य से उनकी भूमिका बढ़ती ही गई है। वे नेताओं और सरकारों को जेब में रखकर इस सोने की मुर्गी को लूटने में लगे हैं। पर सिर्फ लूटनेवालों को दोष क्यों दें, जब लुटनेवाले खुद बेहोश हैं। झारखंड की इस दुरावस्था का बड़ा दोषी वहाँ की जनता भी है जो बार-बार गलत जनादेश देती है। असल में झारखंड में सिर्फ शासन, सरकार और राजनीतिक दल ही फेल नहीं हुए हैं, लोग भी फेल हुए हैं। लेकिन उनकी मुश्किल यह है कि उनके सामने विकल्पहीनता की स्थिति है। जब दिल्ली और वाशिंगटन की सरकारें झारखंड जैसे इलाकों का मतलब अपने ऐशो-आराम के लिए संसाधनों की लूट ही मानती हैं तो गरीब आदिवासी अपने भाई-बिरादर को सहारा माने तो क्या गलती है—भले यह भाई या बहन उसके नाम पर धन्धा करते हों।

जब 2013 में भाजपा और झारखंड मुक्ति मोर्चा के बीच हुआ करार डगमगाया और सरकार बनाने-गिराने का खुला खेल हुआ तब तक कांग्रेस मधु कोड़ा वाले प्रकरण में अपना हाथ जला चुकी थी। इसमें लालू यादव की पार्टी राजद भी बहुत बदनाम हुई (कमाई भी हुई ही होगी)। बिहार से लगे उन क्षेत्रों में राजद और जदयू जैसी पार्टियों का आधार रहा है जहाँ यादव, कुर्मी और मुसलमानों की बसावट अच्छी है। फिर राज्य में दोनों कम्युनिस्ट पार्टियों के साथ नक्सल गुटों और एमसीसी का भी अपना-अपना आधार रहा है। कम्युनिस्टों की गिरावट वोट के मामले में हुई लेकिन भ्रष्टाचार का आरोप उन पर कम रहा। पर इन सबकी ताकत दिनोदिन काम हुई है और राजनीति जेएमएम तथा आजसू के अलावा भाजपा और कांग्रेस के बीच सिमटती गई। झारखंड नाम से भी खेमे रहे पर वे व्यक्तिगत प्रभाव वाले क्षेत्रों तक ही सिमटे रहे। और इसमें कांग्रेस और भाजपा साथ नहीं हुए वरना किसी को किसी से परहेज न था। 2013 में भाजपा से 'धोखा' खाने के बाद जेएमएम ने भी लगातार भाजपा विरोधी तेवर रखा और जब तब कांग्रेस के साथ गठबन्धन करते रही है। जेएमएम की दिक्कत उसका सन्थाल परगना आधार और मुख्यत: सन्थालों

की पार्टी होना है। बल्कि खुद को झारखंड का जन्मदाता और उसके मुख्यमंत्री की कुर्सी पर अपना हक मनाने वाले शिबू सोरेन इसी चक्कर में गैर-सन्थाल इलाके के उपचुनाव में बुरी तरह पराजित हुए। तब मुख्यमंत्री की कुर्सी भी गई और उनकी राजनीतिक विदाई का आधार भी बन गया। उनके पुत्र हेमन्त सोरेन अपेक्षाकृत साफ समझ वाले लगते हैं और अभी कांग्रेस के साथ बनी जेएमएम सरकार के मुख्यमंत्री हैं। उनकी सरकार को गिराने के लिए भाजपा खास तौर से अमित शाह की तरह की कोशिश कर रही है (वे सात-आठ गैर भाजपाई सरकारें गिराने और किसी भी तरह से अपनी सरकार बनवाने के लिए खासे बदनाम हैं) पर हेमन्त ने सावधानी से अपने पत्ते चले हैं।

भाजपा की तरफ से पहला मुख्यमंत्री बने बाबूलाल मरांडी की छवि भी अपेक्षाकृत साफ थी और वे प्रशासनिक रूप से भी बेहतर माने जाते थे। पर भाजपा ने उनको चलने नहीं दिया तो वे पार्टी से भी बाहर हो गए थे। लम्बे वनवास और अपने दम भर प्रयास करने पर भी वे ज्यादा सफल नहीं हुए। अब वे फिर भाजपा में लौटे हैं। पर जब बारह साल में आठ सरकारें बदलने का बदनाम-सा प्रयोग कुछ ज्यादा अपयश देने लगा तो भाजपा ने कुशल प्रशासक की छवि रखने वाले रघुवर दास को पहला गैर-आदिवासी मुख्यमंत्री बनाने का प्रयोग भी 2014 में किया। रघुवर ने पाँच साल स्थिर सरकार तो दी लेकिन भ्रष्टाचार मुक्ति और कार्यकुशलता में उन्हें पूरे नम्बर नहीं दिए जा सकते। बल्कि उन्हें भाजपा के एक बागी सरयू राय ने ही हरा भी दिया। पर रघुवर राज की उपलब्धि पाँच साल सरकार चलना भी थी हालाँकि उनको अमित शाह जैसे नेता के अभियानों का सामना नहीं करना पड़ा। पर उनको परेशान रखने के लिए भाजपा और उसके सहयोगी दलों की आपसी खटर-पटर भी काम न थी। पर हम उसके विस्तार में नहीं जाएँगे। लेकिन यह कहने में हर्ज नहीं है कि ज्यादातर गड़बड़ न्यस्त स्वार्थी तत्त्वों और उनके एजेंटों की तरफ से हुई। यह आदिवासी और गैर आदिवासी, अगड़ा-पिछड़ा, हिन्दू-मुसलमान जैसे सामाजिक विभाजनों के दबाव से नहीं हुआ।

झारखंडी समाज में ये विभाजन न हों या ये वहाँ की राजनीति में प्रभाव न रखते हों ऐसा नहीं है। भाजपा वहाँ बहुत साफ तरीके से हिन्दुत्व की राजनीति करती है और राज्य की आबादी में 14.5 फीसदी हिस्सा रखने वाले मुसलमानों और 4.3 फीसदी हिस्सा रखने वाले ईसाइयों को अपना 'दुश्मन' बताकर हिन्दुओं के ध्रुवीकरण की कोशिश करती है। उसका वश चले तो वह सारे आदिवासियों का भगवाकरण कर ले। लेकिन आदिवासियों का भी बड़ा समूह अपने को मूल सरना धर्म का बताता और मानता है। उसे ईसाई बने अपने बन्धुओं या काफी समय से उनके समाज का हिस्सा रहे कुड़मी समाज से सहानुभूति है जबकि ऐसा प्रेम बाहर से आए अन्य लोगों के लिए नहीं है। भाजपा को बाहरी अगड़ों और वैश्य समाज की अनेक छोटी-बड़ी

जातियों का पक्का समर्थन है। जेएमएम को आदिवासी समर्थन के साथ कुड़मी समाज का समर्थन मिलता है। कुड़मियों के आरक्षण और उनके मूलवासी प्रमाणपत्र का सवाल भी राजनीति का विषय बना। लेकिन इससे ज्यादा बड़ा सवाल ओबीसी का आरक्षण बना जिनकी आबादी सत्ताईस फीसदी से ज्यादा है लेकिन उनके लिए 14 फीसदी आरक्षण ही था। अब हेमन्त सरकार ने कुल आरक्षण की सीमा पचास से ऊपर करते हुए सभी तरह की माँगों को पूरा करने का प्रयास किया है। इसकी प्रतिक्रिया राजनीति में क्या होती है यह देखने की चीज होगी।

पर झारखंड के अगड़ों ने, जिनमें कई के पूर्वज बहुत पहले आए थे, अपने ब्राह्मण, भूमिहार, कायस्थ और ब्राह्मण समाज बनाए हैं। मैथिल ब्राह्मण बड़ी संख्या में हैं जो मैथिली एकता के नाम पर विद्यापति को आगे करके संस्थाएँ बनाए हुए हैं। देखादेखी यादव, कुर्मी और अन्य जातियों के संगठन बने हैं। लेकिन इन सबका मतदान इतना खेमे वाला नहीं होता। झारखंड में पहले बंगालियों का प्रभाव उनकी संख्या से ज्यादा था। ऐसा मराठी और तैलंगी समाज (जिसमें लगभग पूरा दक्षिण भारत आता है) के साथ भी था और सिखों के साथ भी। लेकिन ले-देकर जमीन खरीदने, बसावट के अधिकार और कई तरह की घेरेबन्दी का प्रमुख होता है। चुनाव में यही मसले आगे रहते हैं। सो चुनाव में जाति और सम्प्रदाय वाला सवाल कुछ पीछे हो जाता है। पर ऐसा पूरी तरह होता हो यह कहना भी गलत है क्योंकि फिर साम्प्रदायिक ध्रुवीकरण वाले जमशेदपुर और राँची का चुनाव भाजपा के लिए आसान न रहता। पलामू और चतरा राजद और जदयू के लिए आधार न रहते। जेएमएम सिंहभूम और राँची इलाके में कमजोर न होता। और आजसू हो या अन्य झारखंड नामधारी संगठन वे सन्थाल परगना से दूर न होते।

अब ऐसा भी नहीं है कि बीस-बाईस साल की राजनीति में सामाजिक समीकरण बदले नहीं हैं। विधानसभा में ही अगड़ा विधायकों की संख्या 17.2 फीसदी से गिरकर 11 फीसदी पर आ गई है। दूसरी तरफ ओबीसी विधायकों की संख्या बढ़ी है। मुसलमान विधायक भी कम हुए हैं तो अति पिछड़ा भी घटे हैं। लेकिन इससे भी ज्यादा प्रभाव घटना नक्सलियों के साथ हुआ है जिनकी इजाजत के बगैर कुछ इलाकों में पैर रखना भी मुश्किल था। भाजपा के लोग भी उनका 'आशीर्वाद' पाने के बाद ही चुनाव जीतते थे। यह आशीर्वाद शुद्ध रूप से पैसा और प्रभुत्व के रूप में होता था। लेकिन आज उनका प्रभाव गिरा है। मजदूर आन्दोलन के कई समूहों का प्रभाव गिरा है। कई आदिवासी दादाओं का असर भी कम हुआ है। लेकिन झारखंड की राजनीति पर अब भी पैसे का, अपराधियों का, बाहरी ताकतों के दलालों का जितना या जैसा असर है उतना जाति, भाषा, सम्प्रदाय और इलाके का असर नहीं है। लोग अब भी जाति या सम्प्रदाय को सबसे ऊपर न रखें यह अच्छी बात है लेकिन वे शुद्ध राजनीतिक कारणों से भी वोट नहीं देते।

अभी वहाँ का समाज आदिवासी-गैर आदिवासी, अगड़ा-पिछड़ा, हिन्दू-मुसलमान-ईसाई, बंगाली-बिहारी जैसे असंख्य विभाजनों वाला है—आदिवासी कबीलों का विभाजन तो है ही। बल्कि आदिवासी कबीलाई समाज में पहचान वाला खेल ज्यादा चलता है—जातियों से भी ज्यादा। सन्थाल परगना में ही पहाड़ों के ऊपर छिटफुट रह गए पहाड़िया लोग भी सन्थालों के साथ मतदान नहीं करते। और वोट देते हुए समाज के ये टुकड़े भी सामूहिक फैसला नहीं करते। पार्टियों के पास संगठन और विचारधारा तो नहीं ही रह गया है, ठोस सामाजिक समर्थक समूह भी नहीं है। जो कुछ विचार था, संगठन था बार-बार के चुनाव और सरकार बनाने-बिगाड़ने के खेल में वह भी चौपट हो गया है। पैसे से सांसद-विधायक खरीदनेवालों को विचार-संगठन और आधार वाले नेता पसन्द नहीं आते। सो वे क्यों ढंग की राजनीति चलने देंगे। पर लोग, पार्टियाँ, नेता और पीछे-पीछे अधिकारी भी इसी खेल में जुट जाएँ यह दुर्भाग्यपूर्ण है।

सन्दर्भ

1. सिरिल रॉबिन, 'झारखंड : बिटविन ट्राइबल मोबिलाइजेशन एंड ड राइज ऑफ़ द ओबीसी', *राइज ऑफ़ दि प्लेबियन्स,* रटलेज, नई दिल्ली।
2. प्रवीण स्वामी, 'द गिवर्स एंड द टेकर्स', *फ्रंटलाइन,* 15 अप्रैल, 1998
3. कल्याण चौधरी, 'कारविंग आउट ए वनांचाल स्टेट', *फ्रंटलाइन,* 23 मई, 1998

ओडिसा : जाति राजनीति से बेपरवाह

शान्ति और सामाजिक सद्भाव की चादर ओढ़े यह पूरबी प्रदेश राजनीतिक चेतना में बहुत पीछे हो यह कहना मुश्किल है लेकिन चुनावी राजनीति से जाति को दूर रखने में यह अब तक सफल रहा है। पर जाति की राजनीति कभी बन्द भी नहीं रही है। इसका लाभ राज्य को क्या मिला है और शासन में रहे सामाजिक समूहों को कितना, यह हिसाब भी जरूर लगाया जाना चाहिए क्योंकि ओडिसा विकास के किसी भी पैमाने पर बहुत अच्छी स्थिति में नहीं है जबकि राजनीतिक और सामाजिक स्थिरता बनी है, एक ही राज पच्चीस साल पूरे करने जा रहा है। पर एक आंकड़ा देना जरूरी है कि आजाद भारत के पचहत्तर सालों में ओडिसा के मुख्यमंत्री पद पर 22 फीसदी आबादी वाले आदिवासी समाज के दो लोग कुछ-कुछ दिनों के लिए मुख्यमंत्री बने हैं लेकिन 16 फीसदी आबादी वाले दलित समाज के किसी को यह अवसर नहीं मिला है। दलितों के हाथ तो देश के कम राज्यों की ही सत्ता कभी-कभार आ पाई है लेकिन ओडिसा की आबादी में पचास फीसदी से ज्यादा (कुछ लोगों का अनुमान 54 फीसदी का है) हिस्सा रखने वाले पिछड़े समाज का नम्बर अभी तक नहीं आया है। अगड़ा और पिछड़ा के बीच अब भी अपनी जगह तलाश रहे विशाल खंडायत समाज से दो लोग कुछ-कुछ दिनों के लिए मुख्यमंत्री बने लेकिन वे भी अपनी पहचान को लेकर ज्यादा ही सावधान थे। एक को पहचान छुपाने में प्रतिष्ठा लगती थी तो दूसरे को खुद को ब्राह्मण गिनवाने में। खंडायत होने का दावा या उसकी राजनीतिक गोलबन्दी का दौर अभी कोसों दूर लगता है। मात्र दो-तीन फीसदी आबादी वाले करण कायस्थ जाने कितनी बार और 40 से ज्यादा साल से राज करते रहे हैं तो ब्राह्मण भी अपने अनुपात से बहुत आगे हैं। चार मुख्यमंत्री ब्राह्मण रहे हैं। राजपूतों को भी गिनवाने भर का राज मिला है लेकिन सत्ता के खेल में उनकी अनदेखी सम्भव नहीं रही है।

दूसरी ओर जिन नेताओं ने राजनीति में जाति और खास तौर से पिछड़ों को ज्यादा महत्त्व देने की वकालत की राज्य के लोगों ने उन्हें 'कूड़ेदान' में फेंक

N
ODISHA
JHARKHAND
WEST BENGAL
CHHATTISGARH
ANDHRA PRADESH
BAY OF BENGAL
Sundargarh
SUNDARGARH
Jharsuguda
JHARSUGUDA
Baripada
MAYURBHANJ
Kendujhar
KENDUJHAR
Deogarh
DEOGARH
Sambalpur
SAMBALPUR
Baleswar
BALESWAR
Bargarh
BARGARH
SUBARNAPUR
Subarnapur
ANGUL
Angul
DHENKANAL
Dhenkanal
JAJPUR
Jajpur
Bhadrak
BHADRAK
Nuapada
NUAPADA
Balangir
BALANGIR
Boudh
BOUDH
KENDRAPARA
Kendrapara
CUTTACK
Cuttack
Bhubaneswar
Phulbani
NAYAGARH
Nayagarh
Khordha
KHORDHA
Jagatsinghpur
JAGATSINGHPUR
PURI
Puri
Bhawanipatna
KANDHAMAL
KALAHANDI
GANJAM
NABARANGPUR
Nabarangpur
RAYAGADA
Rayagada
GAJAPATI
Chatrapur
Koraput
KORAPUT
Paralakhemundi
Malkangiri
MALKANGIRI

दिया और इतिहास ने उन्हें भुला दिया। इस क्रम में श्रीकान्त जेना और भजमन बेहरा ही नहीं, रवि राय जैसे पुराने और दिग्गज समाजवादियों का नाम भी आता है। लोकसभा का अध्यक्ष रहे रवि राय चासा जाति के थे जो खुद को खंडायत समूह का हिस्सा मानता है। श्रीकान्त जेना विश्वनाथ प्रताप सिंह के मंत्रिमंडल में थे और मंडल वाले दौर में उनको लेकर काफी उम्मीदें लगाई जा रही थीं। बाद में उन्होंने बीजद में नेतागीरी की लेकिन ओबीसी आरक्षण के मामले में पार्टी से निकाले गए। फिर उन्होंने कांग्रेस की सदस्यता ली और वहाँ भी पिछड़ों की वकालत करते रहे पर बात आगे नहीं बढ़ी। अब वे कहाँ हैं यह हिसाब भी मुश्किल है। पर यह बात सभी जानते हैं कि ओडिसा आज बचे गिनती के राज्यों में है जहाँ आज भी मंडल आयोग की रिपोर्ट लागू नहीं है। वहाँ ओबीसी वर्ग के लिए नाममात्र का आरक्षण अभी तक चल रहा है। और खंडायतों को पिछड़ा बताने के लिए अलग प्रशासनिक फैसला हुआ तो राज्य में ओबीसी की जगह नई कैटेगरी ईएसबीसी—इकोनॉमिक एंड सोशियली बैकवार्ड कास्ट बना दी गई। लेकिन श्रीकान्त जेना की बातें आज बहुत लोगों को याद आ रही हैं जिसमें खुद बीजद के मुखिया नवीन पटनायक भी शामिल हैं। श्रीकान्त जेना तब पिछड़ा, दलित और आदिवासी एकता और 2019 चुनाव में पिछड़ा मुख्यमंत्री और दलित तथा आदिवासी उपमुख्यमंत्री बनाने के वायदे के साथ चुनाव में उतरने और कांग्रेस को पुनर्जीवित करने का अपना मंत्र दे रहे थे लेकिन कांग्रेस के लोग यह मानने वाले नहीं थे, उनको भी पता था।

और इस क्रम में वह नवीन पटनायक की तरह के शीर्षासन-प्राणायाम में लगे हैं। उन्होंने पंचायत और स्थानीय निकाय चुनाव में इसी ईएसबीसी श्रेणी के 27 फीसदी उम्मीदवार उतारे, राज्य में जाति आधारित जनगणना कराने का समर्थन किया और अपने मंत्रिमंडल में महिला तथा ओबीसी सदस्यों की संख्या बढ़ाई और इसे चालीस फीसदी करने का दावा किया। वे खुद को भी खंडायत बताने के प्रयास कर रहे हैं। इस पर जाति के सामान्य ढाँचे को जानने-समझने वाले हैरानी जाता सकते हैं लेकिन ओडिसा और पूर्वी भारत को जानने वालों के लिए यह बहुत हैरानी की चीज नहीं है। एक तो नवीन पटनायक का परिवार जाति तोड़ो वाला ही रहा है और उनके पिता बीजू पटनायक तो जाति और आरक्षण के नाम से गरम हो जाते थे। खुद नवीन बाबू ने श्रीकान्त जेना को इसी 'अपराध' में पार्टी से निकाल ही दिया कि वे सिर्फ जाति और आरक्षण की रट लगाते हैं। पर नवीन बाबू के दादा ब्रह्म समाजी थे और इस हिसाब से उनकी पुरानी कोई जाति रही नहीं। और खंडायत जाति ऐसी खुली हुई सामाजिक व्यवस्था है कि उसमें अब भी नई भर्ती जारी है। सो नवीन बाबू को लगता है कि खुद को खंडायत बताकर वे बीस-बाईस फीसदी वोट के बड़े हिस्से को हासिल कर लेंगे।

और यह भी हुआ है कि अगर बीजद इस तरह की पहल न ले तो अब बहुत सम्भव है कि बहुत जल्दी राज्य की राजनीति में कोई और दल खंडायत पहचान को उभारकर चुनाव में एक बदलाव ले आए। इसकी दो वजहें हैं कि पहले की स्थिति से अब बदलाव दिख रहा है और मतदाता चुनाव में उम्मीदवार की जाति के पक्ष पर भी नजर रखने लगा है। दूसरे, कांग्रेस के राज्य की राजनीति में सिमट जाने के बाद अब भाजपा और बीजू जनता दल के बीच सीधी लड़ाई है जिसमें बीजद बार-बार जीतता है। राज्य में मुसलमानों की आबादी इतनी नहीं है कि भाजपा और संघ परिवार उनका डर दिखाकर हिन्दुओं को गोलबन्द कर सके। और ईसाई मिशनरियों के खिलाफ की संघी राजनीति ने भी ज्यादा चुनावी लाभ नहीं दिया है। सो अब ले-देकर उसके पास भी नवीन पटनायक से लड़ने का एक हथियार जाति ही बचा है। उसने पिछड़ों के नाम से राजनीति भी शुरू की है और पिछले विधानसभा चुनाव में पाइका बगावत का प्रसंग जिन्दा करके उसने एक प्रयास किया। उसने इस विद्रोह के दो सौ साल पूरे होने पर 2017 में विभिन्न आयोजन करने के लिए दो सौ करोड़ रुपये खर्च करने के प्रस्ताव पर जैसे ही बीजद ने मामले को हाथ में लिया केन्द्र और भाजपा ने चुप्पी साध ली। बीजद चाहता था कि इसे आजादी का पहला संघर्ष करार दिया जाए क्योंकि इस विद्रोह का इलाका बहुत व्यापक था, इसमें आदिवासियों समेत पूरे ओडिया समाज की भागीदारी थी और यह भगवान जगन्नाथ के नाम पर लड़ा गया था। भाजपा सावरकर की परिभाषा को मानते हुए 1857 को आजादी का पहला आन्दोलन मानती है। सो वह किसी और आन्दोलन को यह खिताब नहीं दे सकती। लेकिन एक दूसरी सचाई मुद्दे के बीजद के हाथ चले जाना भी था।

भाजपा हारने के बावजूद चुप नहीं है। एक बार गिरने के बाद उसका वोट प्रतिशत जिस तेजी से बढ़ा है (2019 में उसे 32 फीसदी वोट मिले जबकि 2014 में 18 फीसदी ही वोट थे) उससे उसको यह राज्य हाथ में आने का अवसर दिख रहा है। कांग्रेस एकदम कमजोर हुई है और बीजद शासन भी 22-23 साल पुराना हो गया है। जरा भी एंटी-इंकम्बेन्सी हुई तो भाजपा के लिए अवसर बन जाएगा। सो उसने जाति का कार्ड खेलने की तैयारी की है। और इसी खतरे को भाँपते हुए तेज-तर्रार मुख्यमंत्री नवीन पटनायक ने अचानक पंचायत और स्थानीय निकाय चुनाव में ओबीसी, जिसे यहाँ ईएसबीसी कहा जाता है, उम्मीदवारों की पूरी खेप उतारी और शानदार जीत हासिल करके भाजपा के सम्भावित हथियार को हड़पने का उदाहरण पेश किया। इन चुनावों में बीजद ने 27 फीसदी उम्मीदवार पिछड़े वर्ग से बनाए थे। उल्लेखनीय है कि महिला आरक्षण की पक्षधर इस पार्टी ने पिछले आम चुनाव में ही महिलाओं को 33 फीसदी टिकट दिया था और उसमें भी अच्छी जीत हासिल की थी। उसने पाँच महिलाओं को मंत्रिमंडल में भी जगह दी। बीजद

ने राज्य में जातिवार जनगणना की माँग की है, सुप्रीम कोर्ट द्वारा आरक्षण की सीमा को पचास फीसदी रखने के फैसले का विरोध किया है और अपने मंत्रिमंडल में चालीस फीसदी स्थान ओबीसी समूह की जातियों के लोगों को दिया है। उत्तर भारत में मंडल और जाति की राजनीति को प्रमुखता देने वाले लोग भी यही स्टैंड लिये हुए हैं।

बीजद, और खासकर इसके आदिपुरुष बीजू पटनायक राजनीति में जाति के एकदम खिलाफ थे इसलिए बीजद के इस बदलाव पर हैरानी भी है। कहा जाता है कि बीजू बाबू के समय ही मंडल आयोग की सिफारिशों को लागू किया गया था लेकिन वे इसका नाम सुनना पसन्द नहीं करते थे। उनके डर से ही श्रीकान्त जेना जैसे नेता चुप्पी साधे रहे जबकि बाहर वे अपनी खंडायत जाति, उसकी संख्या और चुनाव पर खंडायतों के असर के बारे में बहुत कुछ कहते फिरते थे। बाद में कांग्रेस में जाने पर उन्होंने यह वकालत खुले तौर पर भी की। लेकिन इस बार के पंचायत और स्थानीय निकाय चुनाव से ओडिसा में नई शुरुआत तो हो ही गई है। और बात उतने पर ही नहीं रुकी। अभी तक राज्य में खंडायतों में भले ही राजनीतिक गोलबन्दी नहीं दिखती हो लेकिन अन्य पिछड़ी जातियों में मंडल का और आसपास के राज्यों की बदलती राजनीति का प्रभाव हुआ है। अच्छी-खासी आबादी वाले गऊर अर्थात ग्वाला जाति में यह चेतना सबसे मजबूत दिखती है। इसे पास-पड़ोस के राज्यों से आने वाले यादव नेता भी परवान चढ़ा रहे हैं। पर अभी तक इसका रुझान बीजद को समर्थन देने और वहाँ सत्ता की ज्यादा बड़ी हिस्सेदारी पाने की है। लेकिन यह बिहार, उत्तर प्रदेश के यादव मतदाताओं की तरह मुख्यत: भाजपा विरोधी भी नहीं है।

मामला सिर्फ दिखावे लायक स्टैंड भर का नहीं है। इन कदमों से ओडिसा की राजनीति में नई चर्चा भी छिड़ी है कि यह जीत क्या जाति के बिना नहीं हो सकती थी? नवीन पटनायक की एक रुपये किलो चावल की योजना और उसके सफल कार्यान्वयन को लोग अभी तक उनकी जीत का मूल मंत्र मानते थे। यह भी कहा जाता है कि ओडिसा में भगवान जगन्नाथ का बहुत गहरा असर है जो सभी जाति-सम्प्रदायों का बिना भेदभाव पालन करते हैं। बल्कि पढ़ा-लिखा ओडिया इस बात को गर्व से बताता है कि हमारे यहाँ चुनाव में जाति और सम्प्रदाय का मसला ज्यादा नहीं चलता। लेकिन यह कथन गर्व के लायक ही हो यह कहना जरूरी नहीं है। अगर भगवान जगन्नाथ सबके हैं तो अब भी पुरी के शंकराचार्य सबसे अनुदार हिन्दुत्व का उदाहरण पेश करते हैं। उनके लिए तो गैर-ब्राह्मणों का ही मन्दिर प्रवेश नहीं होना चाहिए। वे अब भी छुआछूत के पक्ष में बोलने से नहीं रुकते। और उनके खिलाफ ओडिया समाज में कोई हलचल नहीं होती। यह भी उल्लेखनीय है कि गांधी ने लगभग सौ साल पहले जब हरिजन यात्रा निकाली थी तब भी पुरी विरोध

का एक केन्द्र था। ओडिया समाज में सम्भवत: आज भी सबसे ज्यादा छुआछूत है। और यह तो ऐतिहासिक तथ्य है कि ओडिसा में राष्ट्रवाद की लहर बहुत देर से पहुँची थी। और आजादी की लड़ाई के बहुत बड़े नेता और राज्य के पहले मुख्यमंत्री हरेकृष्ण महताब को कांग्रेस की नीतियों से ठीक उलट नीति वाली स्वतंत्र पार्टी से हाथ मिलाने में कोई गुरेज नहीं हुआ।

और कहने की बात एक है, व्यवहार का मतलब कुछ और ही है। नवीन बाबू के शासन के बाईस-तेईस साल उनकी लोकप्रियता के नाम किए जा सकते हैं क्योंकि उन्होंने बहुत निर्णायक ढंग से चुनाव जीते हैं लेकिन ओडिसा में पहली विधानसभा से ही जोड़-तोड़ की सरकार बनाने का क्रम चला है। अब तक अगर ओडिसा की राजनीति से जाति गायब-सी रही है समाज प्रशासन के कामकाज के अलावा बाकी किस आधार पर वोट देता रहा है या शासन की राजनीति में क्या चीज प्रमुख रही है, यह जानना-समझना जरूरी है। ओडिसा में न तो कांग्रेस बहुत मजबूत रही है, न रजवाड़ों के सहारे पैर रखने वाली स्वतंत्र पार्टी और जनसंघ तथा भाजपा। राज्य में मुसलमानों की आबादी दो फीसदी से भी कम होगी, सो राजनीति को हिन्दू और मुसलमान के नाम पर दो ध्रुवीय बनाना मुश्किल है और जब ईसाई मिशनरियों द्वारा कथित धर्मान्तरण का विरोध करते-करते संघ परिवार ने कन्धमाल में दंगा करा दिया और काफी लोग मारे गए तो उसके बाद हुए चुनाव में भाजपा का डिब्बा ही गोल हो गया। फिर भाजपा ने ओडिसा में धर्म आधारित ध्रुवीकरण से लगभग तोबा ही कर ली।

अब तक मुख्य मसला विकसित तटीय इलाका बनाम आदिवासी-बहुल पश्चिमी ओडिसा रहा है। पश्चिम बहुत पिछड़ा है। और यहाँ की राजनीति में इलाके के प्रमुख रजवाड़ों की भूमिका अभी तक प्रभावशाली है। वे पुराने रुतबे और रिश्ते के चलते अब भी चुनाव जीतते हैं। रजवाड़ों वाले पश्चिमी ओडिसा के आम लोगों के बीच कांग्रेस और बीजद की तुलना में स्वतंत्र पार्टी, गणतंत्र परिषद, जनसंघ और भाजपा की पैठ ज्यादा रही है। यहाँ खनिज हैं और वन सम्पदा भी है लेकिन शासन और नीतियों पर सार्थक दबाव बनाने वाली राजनीति न होने से यह पिछड़ा रहा है। पुराने रजवाड़े के लोग हों या चुनाव जीतकर नया राजा बनने वाले लोग, उन्होंने अपना विकास तो किया लेकिन इलाके का नहीं। तटीय ओडिसा अपनी कृषि आधारित मजबूत अर्थव्यवस्था के चलते हर मामले में राज्य में ज्यादा प्रभावी रहा है। सो मंत्री पद के बँटवारे से लेकर संसाधनों के आवंटन में यह क्षेत्रीय भेद मसला रहा है। भाषा, संस्कृति और संस्थानों के मामले में भी पश्चिम का दबदबा-सा रहा है।

पर ऐसा भी नहीं है कि चुनाव में जातीय ध्रुवीकरण का पक्ष एकदम नदारद हो। दलितों और आदिवासियों में कांग्रेस लम्बे समय तक पसन्द की पार्टी रही।

अनुसूचित जातियों में पण सबसे ज्यादा लगभग चार फीसदी हैं। गांधी के आन्दोलन में यही समूह मन्दिर प्रवेश आन्दोलन से लेकर बाकी मोर्चों पर आगे था। 1948 में कन्धमाल मन्दिर में प्रवेश का आन्दोलन भी इसी समाज ने चलाया और तब इन्होंने पण की जगह हरिजन नाम अपनाया था। फिर गेड (जिनका काम ढोल बजाना है), डोम और धोबा दो-दो फीसदी होंगे लेकिन इनके वोटिंग पैटर्न में कोई खास भेद नहीं रहा। अब यह समर्थन काफी हद तक बीजद को चला गया है—हालाँकि पश्चिम में ज्यादा बदलाव नहीं हुआ है। आदिवासियों की आबादी मुख्यत: पश्चिम में है और उनमें खोंड सबसे ज्यादा पाँच फीसदी हैं। गोंड और सन्थाल आबादी तीन-तीन फीसदी है। इनमें भी वोटिंग का रुझान एक सा है। मुसलमान और ईसाई आबादी चुनाव को बहुत प्रभावित करने वाली नहीं है लेकिन अब वे स्पष्ट रूप से भाजपा को हराने वाले उम्मीदवार को चुनते हैं। अगड़ों में ब्राह्मण लगभग छह फीसदी, कायस्थ-करण दो फीसदी के करीब और राजपूत आधा फीसदी से भी कम हैं। कुल अगड़ा आबादी आठ फीसदी से नीचे ही है लेकिन अभी तक ओडिसा में इसका राज चल रहा है। सरकार, संसद और विधानसभाओं के आँकड़े तो इसकी गवाही देते ही हैं आज की तारीख में प्रदेश की सभी पार्टियों के पदाधिकारियों में भी अगड़ों का ही दबदबा है। बल्कि भाजपा, बीजाद, कांग्रेस, भाकपा और माकपा के प्रमुख कर्ण कायस्थ ही हैं।

ओडिसा में इतने ज्यादा ठहराव और अगड़ों के दबदबे की वजह मध्य जातियों में सामाजिक आन्दोलन का अभाव तो है ही, उसकी सबसे प्रमुख जाति खंडायतों का अपना बिखराव है। 1931 की जनगणना तक खंडायतों को श्रेणियों में गिना गया है और खुद उनके बीच बेटी-रोटी का रिश्ता न चलता था। 16वीं सदी तक ओडिसा के तटवर्ती इलाकों में राज करने वाले खंडायत वर्णाश्रम वाली जाति व्यवस्था में खुद कहाँ हैं यह आज भी स्पष्ट नहीं है—काफी कुछ जाटों और बिहार-यूपी के भूमिहारों की तरह। उसका बड़ा हिस्सा तो खुद को हल उठा लेने वाला क्षत्रिय कहता है। लेकिन एक बहुत बड़ी संख्या ऐसे खंडायतों की है, जिन्हें अलग नाम से भी पुकारा जाता है, जो खुद को पिछड़ों के करीब मानते हैं। श्रीकान्त जेना जैसे लोग इसी आधार पर खंडायत और दलित गठजोड़ बनाने की वकालत करते हैं। खंडायतों की कुल 34 उप जातियाँ हैं। इनमें 1931 की गणना में से खंडायत तो 10.29 फीसदी और चासा 7.96 फीसदी थे। कई लोग उनकी आबादी का हिस्सा राज्य की आबादी में 23-24 फीसदी तक मानते हैं और किसी भी हाल में ये बीस फीसदी से कम नहीं हैं। भूमि सुधार लागू होने के बाद इनमें से बहुत सारे लोग आर्थिक रूप से भी अच्छे हो गए हैं। कटक, पुरी, खुर्दा, केन्द्रपाड़ा, जगतसिंहपुर, जाजपुर, नयागढ़, भद्रक, बालेश्वर और ढेंकनाल खंडायत आबादी की बहुलता वाले इलाके हैं। सो इन इलाकों में इनकी आबादी

चालीस फीसदी तक है। और अगर ये एकजुट मतदान करें तो पूरा खेल पलट सकता है। भाजपा ने इनको ध्यान में रखकर ही पाइका आन्दोलन को याद किया था। सामल, स्वाइल, जेना, नायक, बेहरा, मलिक, साई, राऊतरे, भुजबल, पत्रा और खंडाई जैसे उपनामों वाले ये लोग भले ही शीर्ष पर न हों लेकिन जीवन के हर क्षेत्र में प्रमुखता पाते लग रहे हैं।

इनका मतदान भी बिखरा ही रहा है पर इनके बीच कांग्रेस कभी उतनी लोकप्रिय नहीं रही जितनी होनी चाहिए। राज्य के पहले मुख्यमंत्री हरेकृष्ण महताब खंडायत थे लेकिन वे अपनी पहचान बदलने में लगे रहे। वे खुद ज्यादा दिन कांग्रेस में नहीं रहे। उनके साथ खंडायत गैर कांग्रेसी राजनीति में आए। नीलमणि राऊतरे भी खंडायत थे लेकिन लम्बा असर नहीं रख पाए। इस बीच खंडायत समाज अपनी दुविधाओं और बँटवारों से परेशान रहा। और कभी उसने एक जमात के तौर पर राजनीति नहीं की। उस नाम की राजनीति श्रीकान्त जेना ने की लेकिन जाहिर तौर पर उनको पहले अपने समाज का ही ज्यादा समर्थन न मिला, दूसरों का समर्थन तो बाद की चीज थी। सीएसडीएस के लोकायन कार्यक्रम ने अपने की राष्ट्रीय सर्वेक्षणों में ओडिसा की विभिन्न जातियों के रुझानों का अध्ययन किया था। 1995 से 2000 के बीच हुए पाँच सर्वेक्षणों से यह साफ दिखता है कि खंडायत मत बदल रहा है। कांग्रेस के पक्ष में अगर 1995 में 59 फीसदी खंडायतों का वोट पड़ा था तो सन 2000 में 27 फीसदी और 1999 में 17 फीसदी ही रह गया। दूसरी तरफ बीजद का समर्थन 32 फीसदी से बढ़ाकर 1999 में 58 फीसदी तक आ गया। ऐसा बदलाव दलित वोटों में भी दिखा—आदिवासियों में कांग्रेस का समर्थन उस तेजी से नहीं गिरा। सो जेना अगर खंडायत-दलित गठजोड़ की बात पर अड़े थे तो निराधार न थे। यह गठजोड़ बहुत दमदार बनता। लेकिन उस मोमेंटम को खत्म हो जाने दिया गया।

इसी तरह दूसरी पिछड़ी जातियाँ भी नेतृत्वविहीन रहीं और गोलबन्द न हो पाईं। शायद खंडायतों के साथ वे जा सकती थीं क्योंकि इसी दौर में खंडायतों को सामाजिक और शैक्षणिक पिछड़ा भी घोषित किया गया जबकि मंडल आयोग ने उन्हें पिछड़ा नहीं माना था। जैसा खंडायतों के अपने अन्दर के बँटवारे से लगता है कि वे खुद भी स्पष्ट नहीं रहे हैं कि वे अगड़ा हैं या पिछड़ा या उन्हें किसके साथ जाना चाहिए। अन्य पिछड़ों में अहीर (गउर) नौ फीसदी हैं लेकिन उनकी सामाजिक स्थिति अन्य प्रदेशों के अहीरों से भिन्न है। पारंपरिक रूप से वे ज्यादातर घरेलू सेवक/सेविका का काम करते थे। लेकिन अब खेती और पशुपालन के सहारे उनकी स्थिति सुधरी है। पिछड़ों में राजनीतिक चेतना का प्रस्फोट सबसे पहले इसी जाति के लोगों में दिख रहा है। इसे हर दल और नेता समझने लगा है। केवट, तेली, ताँती भी ठीक-ठाक संख्या में हैं (करीब तीन-तीन फीसदी) लेकिन बिखरे हैं। पुरी

में केवट और ग्वाल मिलकर मजबूत दिखते हैं लेकिन असर बना नहीं पाते। माली, कुम्हार, कुर्मी, कुलटा तो एक-एक फीसदी के आसपास हैं तो इनका प्रभाव और गोलबन्दी देखना तो जल्दीबाजी ही होगी। सो तीस फीसदी से ज्यादा होकर भी यही ओबीसी समाज राजनीतिक रूप से सबसे ज्यादा कंगाल है और अभी तक किसी किस्म का बहुत सार्थक बदलाव नहीं दिखता है। अभी तक उनके मत्थे ही बाकी सारे लोग मौज कर रहे हैं। यह स्थिति दलितों की भी है। इनमें कोई भक्त चरण दास तो सामान्य सीट से चुनाव लड़ने और जीतने/हारने की अपनी जिद चला रहे हैं लेकिन बाकी दलित बहुत कमजोर स्थिति में हैं और राजनीतिक ताकत ही नहीं आर्थिक रूप से भी बहुत कमजोर हैं।

उनकी तुलना में आदिवासी थोड़ी बेहतर स्थिति में लगते हैं। और अगर झारखंड, ओडिसा तथा मध्य प्रदेश के जंगल वाले इलाकों को मिलाकर एक प्रदेश बनता (जैसा कि झारखंड आन्दोलन की माँग रही है) तो कैसा स्वरूप होता इसकी एक झलक पश्चिमी ओडिसा की राजनीति से भी समझ आती है। यहाँ ताकतवर रजवाड़े रहे हैं और उन्होंने मुख्यमंत्री बनाने से लेकर स्वतंत्र पार्टी, गणतंत्र संघ, जनसंघ, भाजपा ही नहीं, कांग्रेस की भी राजनीति की है, मुख्यमंत्री से लेकर सारे प्रमुख पद भी हथियाते रहे हैं लेकिन पश्चिम से आदिवासी राजनीतिक हनक को हाशिये पर करना सम्भव नहीं हुआ। और हेमानन्द बिसवाल होम या गिरिधर गोमांग, दोनों ने भले लम्बा कार्यकाल न पाया हो लेकिन जब राज किया तो पूरे ठसक के साथ राज किया। लेकिन आदिवासी समाज भी बँटा और बिखरा है और इसमें भी राजनीतिक गोलबन्दी नहीं दिखती। जिन दो सज्जनों का नाम ऊपर लिया गया है वे कांग्रेस से प्रशिक्षित और नेता बने थे। वे बिना जनाधार वाले हों यह नहीं कहा जा सकता लेकिन उन्होंने अपनी स्वतंत्र जमीन नहीं बनाई थी। आदिवासी समाज ने भी अपने ऐसी कोई स्वतंत्र ब्लॉक बनाया हो ऐसा भी नहीं है। इसलिए अब चाहे पिछड़ी राजनीति आने की आहटें सुनाई दें लेकिन अभी तक तो लगातार पचीस साल से और पचहत्तर में चालीस साल से उस कारण कायस्थ समाज का राज है जिसकी आबादी दो फीसदी भी नहीं रही। यह स्थिति किसी भी तरह मंजूर नहीं होनी चाहिए क्योंकि एक अनुमान के अनुसार राज्य की खेती वाली जमीन के लगभग आधे हिस्से पर करणों का कब्जा है जो खुद तो शहरों में रहते हैं, बड़े-बड़े पदों पर बैठे हैं और बँटाईदारों से खेती कराते हैं। इसलिए मामला सिर्फ राजनीतिक सत्ता का ही नहीं है। और यह समझ आते ही राज्य के पिछड़ेपन के कुंजी भी दिखाई देने लगती है। अब लोकतंत्र है तो रफ्तार धीमी होगी ही। लेकिन बहुत दिनों तक इतनी एकतरफा व्यवस्था नहीं चल सकती।

सन्दर्भ

1. *लोकतंत्र का नया लोक,* सम्पा. अरविन्द मोहन, वाणी प्रकाशन, नई दिल्ली में नलिनी रंजन मोहंती का आलेख; 'ओडिसा : मंडल और मन्दिर की राजनीति से बेखबर'।
2. सत्यसुन्दर बारीक, 'कास्ट पॉलिटिक्स लूम्स लार्ज इन ओडिसा', *हिन्दू,* 14 दिसम्बर, 2022
3. सागर, 'द ब्राह्मण कायस्थ हेजेमनी', *कारवाँ,* 21 मई, 2019
4. सुरजीत प्रधानी, 'रिलीजन, कास्ट डॉन्ट काउंट इन ओडिसा', *डेक्कन हेराल्ड,* 30 नवम्बर, 2018

छत्तीसगढ़ : खामोश बदलाव की शुरुआत

गहन जंगल, खूबसूरत पहाड़, धनहर माटी और साल-भर पानी वाली नदियों के प्रदेश छत्तीसगढ़ में कभी 36 गढ़ रहे होंगे तो निश्चित रूप से राजनीति भी प्रबल होगी लेकिन ज्ञात इतिहास में यह शान्त रहने वाला प्रदेश ही है। कभी मध्य भारत तो कभी मध्य प्रदेश के साथ नत्थी रहने के दौरान भी यह खामोश रहा। एक बार जरूर बस्तर के शासक और उनके साथ उनकी आदिवासी प्रजा का मिजाज बिगड़ा तो बवाल हुआ लेकिन तब की कांग्रेसी सरकार ने इतना डरावना दमन किया कि आज तक मृतकों की संख्या तक मालूम नहीं है और सारा दोष एक कलक्टर के मत्थे मढ़ दिया गया जो पागल बना भटकते हुए मर गया। लेकिन इसमें प्रवीर भंज देव के साथ आदिवासी सत्ता भी सदा के लिए दब गई। छत्तीसगढ़ के आदिवासी और झारखंड के आदिवासियों के फर्क से इस बात को बेहतर समझा जा सकता है। और भले ही छत्तीसगढ़ में इस नाम से प्रदेश बनाने का सवाल सांकेतिक रूप में उठाया गया हो लेकिन यह अलग प्रदेश भाजपा और अटल बिहारी वाजपेयी की ओबीसी नीति (जो मंडल के बाद जरूरत बन गई थी) के चलते बना। और इसे आदिवासी प्रदेश जरूर गिना जाता है लेकिन यहाँ की सारी राजनीति और शासन अब मुख्यत: पिछड़ी जातियों के हाथ है। हाँ यह जरूर हुआ है कि पहले की तरह अगड़ों का शासन पर दबदबा नहीं रहा और उसमें निश्चित कमी आई है।

पर इस शान्त प्रदेश में 2019 के लोकसभा चुनाव के समय प्रधानमंत्री नरेन्द्र मोदी ने एक बात कही जिसकी अनुगूँज अब भी बनी हुई है। उन्होंने चुनावी सभा में कहा, "नामदार समाज गालियाँ दे रहा है। सारे मोदी चोर हैं कहते हैं। यहाँ का साहू समाज गुजरात में होता तो उसे भी मोदी कहते तो राजस्थान में होता तो राठौर कहते। तो सोचिए सारे साहू चोर हैं क्या?" प्रधानमंत्री के पद पर बैठा आदमी इस किस्म का बयान दे यह तो अपूर्व था ही छत्तीसगढ़ में मोदी जी जिस साहू अर्थात तेली समाज को अपने पक्ष में करने की कोशिश कर रहे थे वह असल में प्रदेश का पिछड़ा या कमजोर नहीं, सबसे ताकतवर और पैसे वाला समाज है। उनकी संख्या

N
Manendragarh-Chirmiri-Bharatpur
Koriya
Surajpur
Balrampur
Gaurela-Pendra-Marwahi
Surguja
Jashpur
Korba
Raigarh
Bilaspur
Mungeli
Janjgir-Champa
Kabirdham
Khairagarh-Chhuikhadan-Gandai
Shakti
Bemetara
Baloda Bazar
Sarangarh-Bhilaigarh
Durg
Raipur
Mahasamund
Rajnandgaon
Balod
Dhamtari
Gariaband
Mohla-Manpur
Kanker
Kondagaon
Narayanpur
Bastar
Bijapur
Dantewada
Sukma
CHHATTISGARH

भी बहुत अच्छी है और वे वोट की राजनीति में सर्वाधिक प्रभावी बन गए हैं। यह अलग बात है कि अपने पन्द्रह साल के शासन में भाजपा ने कभी साहू समाज को आगे नहीं किया, जबकि उसके पास ताम्रध्वज साहू और रमेश बैंस जैसे मजबूत नेता रहे हैं। पर कांग्रेस से पराजित होने के बाद अब भाजपा को साहू समाज की याद आई और उसने एक आदिवासी प्रदेश अध्यक्ष को हटाकर नये सांसद अरुण साव को अध्यक्ष बनाया है जबकि ओबीसी नेता धर्मपाल कौशिक विधानसभा में भाजपा के नेता हैं।

आदिवासी नाम पर बने प्रदेश में मुख्यमंत्री की कुर्सी कभी किसी आदिवासी को न देने और चुनाव के पहले अध्यक्ष पद से आदिवासी को हटाने की वजह यही है कि राज्य के आदिवासियों में अब भी ज्यादा राजनीतिक चेतना और उससे भी बढ़कर गोलबन्दी नहीं है। एक समय दिलीप सिंह जूदेव बहुत मजबूती से उभरते लगे लेकिन उन्हें भी परदे के पीछे भेज दिया गया। राज्य की आबादी में आदिवासियों का हिस्सा 32 फीसदी है और प्रदेश के दक्षिणी हिस्से गोंडवाना में तो गोंड़ों की सघन आबादी भी है। मंडला में बैगा और रायपुर, दुर्ग और धमतरी के आसपास हलबा भी ठीक-ठाक संख्या में हैं लेकिन न तो आदिवासी नाम पर एकजुटता दिखती है, न कथित कबीलाई मानसिकता के तहत एक कबीले के लोगों में। सुन्दरता के उपासक मुड़िया, अहिरवार, मोरवा, मँडिया, उराँव, भतरा, कँवर, कमार, खैरवार, पारथी, खड़िया, नामोशूद्र, महरा वगैरह आदिवासियों के अन्य कबीले हैं लेकिन उनकी संख्या और असर बहुत कम रह गया है बल्कि आर्थिक-सामाजिक और रोग वाले कारणों से वे दया के पात्र बन गए हैं। कई समूहों के बच्चों में रक्ताल्पता और कई तरह की बीमारियाँ जन्मजात हो रही हैं क्योंकि उनका पुराना खान-पान और जीवन बदल गया है। बच्चे बौने रह जाते हैं। कांग्रेस का आदिवासियों से आम तौर पर अच्छा रिश्ता नहीं रहा है और आदिवासी बस्तर की उपेक्षा ने ही उसे पिछड़ा रखा जिसके चलते वह नक्सली गतिविधियों का केन्द्र बना है। भाजपा और खास तौर से संघ ने आदिवासियों के पाँव धोकर उनको हिन्दू बनाने जैसे ऊटपटाँग काम किए लेकिन कभी सम्मानजनक स्थान नहीं दिया। आदिवासी नाम से अजीत जोगी पहले मुख्यमंत्री बने भी तो बाद में उनका आदिवासी और अनुसूचित जाति का होने का दावा ही गलत पाया गया और उनकी विधानसभा की सदस्यता भी चली गई। वे खुद को दलित भी बताते थे और उन्होंने कांग्रेस के अन्दर और उसके विरोध की दमदार राजनीति की पर उनके बाद कोई मजबूत दलित या आदिवासी आवाज नहीं दिखती।

अगर संख्या के हिसाब से प्रभाव देखें तो छत्तीसगढ़ के इलाके पर आजादी के पहले से शुक्ल परिवार का सबसे ज्यादा समय तक और सर्वाधिक प्रभाव रहा है जबकि प्रदेश में ब्राह्मणों की आबादी एक-डेढ़ फीसदी से ज्यादा न होगी। मुख्यमंत्री

भूपेश बघेल के पिता ने तो ब्राह्मणों को बाहर से आया बताकर अच्छा-खासा हंगामा खड़ा कर दिया। इस बयान के लिए वे गिरफ्तार भी हुए। प्रदेश में अगड़ों की संख्या सिर्फ चार फीसदी मानी जाती है। और अगड़े ही नहीं तेली, कुर्मी, लोहार, यादव जैसी जातियों के अधिकांश लोग भी बाहर से आये हैं। पर रविशंकर शुक्ल, श्यामाचरण शुक्ल, विद्याचरण शुक्ल, फिर द्वारका प्रसाद मिश्र और फिर मोतीलाल वोरा ने सबसे ज्यादा समय पूरे मध्य प्रान्त, मध्य प्रदेश और छत्तीसगढ़ के इलाके पर राज किया। यह अजीब हुआ कि प्रदेश बन जाने के बाद शुक्ल परिवार और वोरा जी का असर सिमट गया। और पहले उनको चुनौती मिली भी तो गोविन्द नारायण सिंह, अर्जुन सिंह और दिग्विजय सिंह जैसे ठाकुरों से। और अगर ठाकुर बनाम ब्राह्मण में बात न बनी तभी किसी अन्य को कुछ समय के लिए मौका मिला। दिलचस्प यह है कि ठाकुर बनाम ब्राह्मण की यह लड़ाई कांग्रेस और सरकार में ही नहीं चलती थी, यह मुख्य विपक्षी दल समाजवादियों में भी चलती थी और इसने काफी नुकसान पहुँचाया। पर सरकार में साठ फीसदी तक स्थान अगड़ों के पास रहे। अब यह घटा जरूर है लेकिन अब भी प्रदेश के मंत्रियों में आधे के करीब अगड़ा बनते जा रहे हैं। और पार्टी संगठन में अब भी ब्राह्मण (कांग्रेस में) और ठाकुरों (भाजपा में) का दबदबा है। कांग्रेस में साठ फीसदी अगड़ा पदाधिकारी थे तो भाजपा में 58 फीसदी (सीएसडीएस के अध्ययन के अनुसार)।

पर यह अजीब है कि विधानसभा में एक सबसे बड़ा समूह आदिवासियों का होता है क्योंकि 29 सीटें रिजर्व हैं और कुछ आदिवासी सामान्य सीटों से भी जीतते हैं। सदन में उनकी संख्या चालीस फीसदी तक होती है। और अगर दस अनुसूचित जाति सीटों से ये प्रतिनिधि जोड़ लें तो दलित आदिवासी मिलकर बहुमत बनाते हैं। पर एक बार शुक्ल बन्धुओं को रोकने के चक्कर में अर्जुन सिंह/दिग्विजय सिंह की मदद से अजीत जोगी मुख्यमंत्री बन पाए तो ज्यादा चले नहीं। इसका असली कारण यह था कि उनका कभी भी दलित या आदिवासी राजनीति से कोई लेना-देना न था। वे आईएएस अधिकारी थे। हाँ सत्ता गँवाने के बाद उन्होंने जरूर दलित कार्ड खेलने का प्रयास किया जो चल नहीं पाया। भाजपा को जरूर शुरू में राष्ट्रीय स्वयंसेवक संघ के कामों का लाभ रहा और वह बस्तर, कांकेर, सरगुजा और रायगढ़ की आदिवासी-बहुल संसदीय सीटें जीतती रही। ऐसा वनवासी कल्याण आश्रम के कार्यक्रमों के प्रभाव से हुआ जिसमें आदिवासियों का पाँव धोकर हिन्दू बनाने का कार्यक्रम भी शामिल था। लेकिन एक बार दिलीप सिंह जूदेव के घूस लेने का वीडियो सामने आया तो जैसे संघ का सारा अभियान ही फुस्स हो गया। उधर कांग्रेस ने भी बस्तर के माओवादियों द्वारा अपने कुछ नेताओं की हत्या करने से पैदा सहानुभूति के सहारे कुछ जमीन हासिल की। पर उसने नेतृत्व ओबीसी समाज के भूपेन्द्र बघेल को सौंप दिया।

उसके बाद न तो ऐसा दिखावटी फैसला हुआ, न दलित आदिवासी एकता की दिशा में कोई प्रगति दिखाई देती है। इससे उलट यह हुआ है कि ओबीसी जातियों में राजनीतिक सत्ता की चाह मजबूत होती गई है और वे अपने अनुपात से ज्यादा हिस्से की सत्ता पाने भी लगे हैं। एक बदलाव यह भी हुआ है कि पहले की तुलना में अगड़ों की संख्या निरन्तर नीचे गई है वरना 1962 में तो छत्तीसगढ़ वाले इलाके की नब्बे सीटों में 46 विधायक अगड़े हो गए थे। तब पिछड़े विधायक मात्र आठ थे (1957 में तो मात्र एक पिछड़ा विधायक बन पाया था) जो अब अगड़ों के बराबर होने लगे हैं। पिछड़ों में मंत्री पद पाने और मुख्यमंत्री बनाने की इच्छा जागी है। क्रिस्टोफ जाफ्रलो और झेरईनिनी बरोटेल के अध्ययन से साफ होता है कि मध्य प्रदेश में विधायकों की सामाजिक पृष्ठभूमि तेजी से बदली है (यह अध्ययन अविभाजित मध्य प्रदेश के 1952 से 1998 के बीच के सांसदों और विधायकों से जुड़ा था)। और इस दौरान राज्य की राजनीति भी दो दलीय स्वरूप में उभरी जिसके हाल-फिलहाल बदलने की गुंजाइश नहीं दिखती।

राजनीति का यह स्वरूप तय करने और राज्य की राजनीति को एक तरह की स्थिरता देने (जो इसके साथ बने झारखंड और उत्तराखंड में नहीं दिखती) में सबसे बड़ी भूमिका भाजपा के मुख्यमंत्री रहे रमन सिंह की है। पेशे से आयुर्वेदिक डॉक्टर रमन सिंह जनसंघ वाले दिनों से राजनीति में सक्रिय थे और बहुत सम्भावनाओं वाले माने जाते थे। लेकिन जब उनको एक आदिवासी, ओबीसी और रजवाड़े से आए दावेदारों की जगह भाजपा ने मुख्यमंत्री बनाया तो किसी को भरोसा न था कि वे पन्द्रह साल तक टिकेंगे और राज्य को एक खास तरह की स्थिरता देंगे। उन्होंने कुछ लोक लुभावन कार्यक्रमों के जरिये गरीबों के दिल में जगह बनाई तो उदारीकरण की नीति से राज्य के प्राकृतिक संसाधनों की लूट भी कराई। उन पर भ्रष्टाचार के आरोप भी लगे लेकिन ज्यादा दूर तक नहीं गए। किसी जीवित नदी को बेचने का फैसला पहली बार उनकी सरकार ने ही किया। लेकिन उन्होंने सामाजिक मोर्चे पर न तो ज्यादा जातिवाद किया न अगड़ावाद। खुद ठाकुर होने और अपनी जाति की सीमित संख्या के चलते भी उनके लिए इस तरह की कोशिश से बचना ही था। इस चक्कर में उनके भाजपाई प्रतिद्वन्द्वी तो निपट गए लेकिन एंटी इंकम्बेन्सी ने उनकी सत्ता ली।

और रमन सिंह का रिकॉर्ड तब और बेहतर लगता है जब हम उनकी तुलना राज्य के पहले कांग्रेसी मुख्यमंत्री अजीत जोगी से करते हैं। जब 2003 में भाजपा सत्ता में आई तब अजीत जोगी ही कांग्रेस के नेता थे। भाजपा को बहुत मामूली बढ़त मिली थी और हर किसी ने महसूस किया कि जोगी अपनी सत्ता बचाने के लिए भाजपा में तोड़-फोड़ करना चाहते थे। पर कांग्रेस नेतृत्व ने उन्हें रोक दिया। फिर उन्हें शुक्ल बंधुओं को परास्त करने के लिए महासमुन्द से सांसद बनाया गया।

तभी गम्भीर रूप से बीमार होने के चलते भी उन्हें हल्की सहानुभूति मिली। लेकिन जोगी ने कांग्रेस के अन्दर और बाहर लगातार दाँवपेच चलाया जिसमें उनकी जाति का प्रमाण-पत्र गलत होने जैसा दाँव भी था। उनका परिवार सतनामी था जबकि उनकी नानी ईसाई थीं। जोगी के समय ही लगा कि सतनामी कुछ गोलबन्द हो रहे हैं। उनकी गोलबन्दी और चालीस सीटों पर असर डालने वाला सामाजिक समूह होने का दावा भी जोगी और उनके पुत्र अमित योगी का था। लेकिन अदालती फैसलों, डॉक्टरी मजबूरियों, कांग्रेस हाई कमान द्वारा एक खास स्तर से नीचे न जाने की नीति और सबसे बढ़कर चुनावी नतीजों ने जोगी परिवार और सतनामी जाति की राजनीति को हाशिये पर ला दिया। अब इसकी चर्चा कम सुनाई देती है।

छत्तीसगढ़ विधानसभा, संसद में प्रतिनिधित्व और सरकार के महत्त्वपूर्ण पदों पर यहाँ की राजनीति में आए सामाजिक बदलाव का असर दिखने लगा है पर पार्टी संगठनों पर अब भी पुराना अगड़ा दबदबा कायम है। सीएसडीएस के अध्ययन में यह तथ्य सामने आया है कि भाजपा के प्रदेश पदाधिकारियों में अगड़ों का हिस्सा चालीस फीसदी था (2003 में) तो कांग्रेस में यह अनुपात 36 फीसदी था। भाजपा ने एक मुसलमान और एक सिख को भी पदाधिकारी बनाया था तो कांग्रेस ने आठ मुसलमान, तीन सिख और एक ईसाई को पदाधिकारी बनाया था। वैसे यह बात उल्लेखनीय है कि छत्तीसगढ़ विधानसभा में इन अल्पसंख्यक जमातों की नुमाइन्दगी सदा रही है और उनको सरकार में भी जगह मिली है। पर सबसे ज्यादा कंजूसी आदिवासियों और दलितों को जगह देने के मामले में दिखती है। भाजपा के मात्र 21 फीसदी पदाधिकारी आदिवासी थे तो कांग्रेस के बीस फीसदी ही। दलितों के मामले में भाजपा चार फीसदी पर ही रुक गई तो कांग्रेस ने उन्हें आठ फीसदी जगह दी। दलित और आदिवासी नाम पर बने प्रदेश में उनके साथ होने वाला यह व्यवहार अब भी नाकाफ़ी है।

सन्दर्भ

1. *लोकतंत्र का नया लोक,* सम्पा. अरविन्द मोहन, वाणी प्रकाशन, नई दिल्ली में बाबा मायाराम का आलेख; 'छत्तीसगढ़ : अब भाजपा का गढ़'।
2. सेमुअल बरथेट : 'ट्राइबल्स, ओबीसी, रिफारमिस्ट मूवमेंट्स एंड मेनस्ट्रीम पॉलिटिक्स इन छत्तीसगढ़', *राइज ऑफ़ दि प्लेबियन्स,* रटलेज, नई दिल्ली।
3. योगेन्द्र यादव और संजय कुमार, 'अंडरस्टैंडिंग द छत्तीसगढ़ वोट्स', *हिन्दू,* 11 दिसम्बर, 2003
4. वी. वेंकटेशन, 'छत्तीसगढ़ : द क्वायट एराइवल', *फ्रंटलाइन,* 19 अगस्त, 2000

मध्य

मध्य प्रदेश : मजबूरी में पिछड़ा पॉलिटिक्स

भारत के केन्द्र में स्थित मध्य प्रदेश ने आजादी के बाद से ही जितनी बार और जिस रफ्तार में अपना प्रशासनिक स्वरूप बदला है उसकी आधी रफ्तार में भी सामाजिक-राजनीतिक बदलाव नहीं किया है। परिणाम है कि दलित और आदिवासियों की कौन कहे मध्य जातियों के हाथ आई सत्ता भी समाज और राजनीति में वह बदलाव करती नहीं दिखती जो देश के अन्य प्रान्तों और पूरी हिन्दी पट्टी में दिखाई देती है। 2019 के चुनावी पराजय के बाद कुछ समय तक सत्ता से बाहर रहे शिवराज सिंह चौहान अब चौथी पारी पूरी करने वाले हैं लेकिन न तो उनके पीछे कोई पिछड़ा उभार दिखता है, न उनकी सत्ता को किसी अन्य पिछड़ी जाति से चुनौती मिलती नजर आती है। पर आसपास की पूरी पट्टी में हुए बदलाव और खुद भाजपा की राजनीति के अन्दरूनी बदलाव से यह जरूर हो गया है कि चाहकर भी भाजपा नेतृत्व शिवराज की जगह किसी अगड़े को आसानी से मुख्यमंत्री नहीं बना सकता। पर शिवराज खुद भी जाति से ज्यादा हिन्दू-मुसलमान राजनीति में भरोसा करते दिखते हैं लेकिन उनके मंत्रिमंडल के लोग, भाजपा और संघ परिवार उनको और भी घेरे हुए है कि वे हिन्दू-मुसलमान एजेंडे से बाहर न जाएँ। शिवराज ओबीसी हैं और यह दिलचस्प है कि उन्होंने एक अन्य ओबीसी नेता उमा भारती की जगह ली जो भगवा पहनने और संन्यास लेने के बावजूद अपने लोध समाज और पिछड़े समाज की बात करने में हिचकती न थीं। भाजपा की तरफ से ही बनाए गए तीसरे ओबीसी मुख्यमंत्री बाबू लाल गौर भी अपनी सामाजिक पृष्ठभूमि और पिछड़ेपन को याद करते ही थे।

भाजपा नेताओं की इस दुविधा और सामाजिक असामान्यता के सवाल पर चुप्पी ने राज्य की राजनीति के बदलाव की रफ्तार को जरूर प्रभावित किया है पर इससे वह रुकी नहीं है बल्कि जिस कांग्रेस पर यथास्थिति बनाए रखने और अगड़ा प्रभुत्व बरकरार रखने का मुख्य आरोप आएगा उसके भी अर्जुन सिंह और दिग्विजय सिंह जैसे मुख्यमंत्रियों ने पिछड़ों को अवसर देने के मामले में अच्छी पहल की

MADHYA PRADESH
N
UTTAR PRADESH
RAJASTHAN
GUJARAT
MAHARASHTRA
CHHATTISGARH
MORENA
Morena
BHIND
Bhind
SHEOPUR
Sheopur
DATIA
Datia
Shivpuri
SHIVPURI
GUNA
Guna
ASHOKNAGAR
Ashoknagar
Chhatarpur
Tikamgarh
CHHATARPUR
Satna
SATNA
Sidhi
Singrauli
SINGRAULI
SIDHI
SHAHDOL
Shahdol
Rajgarh
RAJGARH
AGAR MALWA
Agar
RATLAM
Ratlam
UJJAIN
Ujjain
Shajapur
SHAJAPUR
BHOPAL
Bhopal
Vidisha
Raisen
RAISEN
Sagar
SAGAR
Katni
KATNI
UMARIA
Umaria
JABALPUR
Jabalpur
DINDORI
Dindori
NARSINGHPUR
Narsinghpur
Hoshangabad
JHABUA
Jhabua
Dhar
DHAR
Dewas
DEWAS
Harda
HARBA
MANDLA
Mandla
SEONI
Seoni
BALAGHAT
Balaghat
Barwani
BARWANI
Khandwa
Betul
BETUL
Burhanpur

थी। बल्कि अर्जुन सिंह को ही मंडल लागू कराने का श्रेय जाता है जबकि फैसला वी.पी. सिंह ने लिया था। और इन सबके बीच कांसीराम के नेतृत्व में उभरे बहुजन समाज आन्दोलन ने चम्बल के साथ ही विन्ध्य और बुन्देलखंड में अच्छी पैठ बनाई। बल्कि कांग्रेसी दिग्गज अर्जुन सिंह को भी बसपा के एक गुमनाम उम्मीदवार ने पटखनी देकर पस्त कर दिया। लेकिन कांसीराम के न रहने पर और बसपा की नई नेता मायावती के उलटे-सीधे फैसलों ने इस दलित उभार की हवा निकाल दी। कभी प्रदेश में, खासकर विन्ध्य प्रदेश में समाजवादी आन्दोलन भी काफी मजबूत था लेकिन अन्य राज्यों की तरह दलित-पिछड़ा उभार लाने की जगह यह राजपूत बनाम ब्राह्मण की लड़ाई में ही उलझा रहा और अन्ततः जनता पार्टी के प्रयोग के बाद जनसंघ वाले धड़े ने इसे 'निगल' लिया। कांग्रेस के लम्बे शासन में भी हल्का सामाजिक बदलाव दिखता है लेकिन वह समाज में ज्यादा असर वाला नहीं लगता। पुरानी आरक्षण व्यवस्था से भी दलितों और आदिवासियों के सामान्य जीवन पर ज्यादा असर नहीं लगता। इसकी एक सम्भावित वजह इस राज्य में पहले से भी सामाजिक-राजनीतिक आन्दोलनों की पृष्ठभूमि का न होना है।

मध्य प्रदेश की सामाजिक-राजनीतिक परम्परा मुट्ठी-भर अगड़ी जातियों के प्रभुत्व की रही है। छत्तीसगढ़ नाम से अलग हुए इलाके में ओबीसी समाज की तरफ से हल्की चुनौती आने भी लगी थी लेकिन अब बचे मध्य प्रदेश में अब भी ऐसा होता नहीं दिखता। मध्य प्रदेश इस बात से भी हैरान करता है कि यहाँ कभी भारी मतदान होता है तो कभी एकदम कम। शुरू में तो चालीस फीसदी से भी कम मतदान का हिसाब था। इसमें हल्की वृद्धि जरूर दिखती है लेकिन देश के अन्य हिस्सों की तरह मतदान के प्रतिशत में वृद्धि न होना बताता है कि लोगों में राजनीतिक उत्साह काम है, गोलबन्दी कम है और वोट के जरिये अपना-अपना भविष्य बनाने की भावना नहीं आई है। सीएसडीएस का अध्ययन बताता है कि विधानसभा चुनावों में जितना मतदान होता है, लोकसभा में उससे भी कम ही होता है। लोकसभा चुनाव में वोट प्रतिशत साठ से ऊपर सिर्फ एक बार गया है।

लेकिन एक चीज अच्छी हुई है—दो ध्रुवीय राजनीति का विकास। आजादी के बाद से लगातार तीस साल तक कांग्रेसी शासन में रहे इस प्रदेश में 1977 में पहली बार बदलाव दिखा। उसके बाद फिर कांग्रेस ने दबदबा बनाया लेकिन अब बहुत साफ दो दलीय राजनीति आ चुकी है—भले इधर दो दशक से भाजपा का पलड़ा भारी रहा हो। बसपा के अब उभरने की सम्भावना समाप्तप्राय है और समाजवादी पार्टी ने भी उत्तर प्रदेश से लगे इलाकों में जो घुसपैठ की थी वह अब बाहर हो चुकी है। प्रदेश में कम्युनिस्ट पार्टियों का भी नाम पहले आता था लेकिन अब नामलेवा

भी बचा हो यह पता नहीं। और दो ध्रुवीय राजनीति भी किसी दल को मनमानापन नहीं करने देती इसका प्रमाण मध्य प्रदेश है जहाँ मंडल कोई राजनीतिक मुद्दा बने बगैर भी लगातार अपनी उपस्थिति बनाए हुए है और कोई भी पक्ष उसकी अनदेखी नहीं कर सकता। यह जरूर है कि मुद्दा न होने से मंडल के पक्ष में नया दबाव नहीं बनता।

बसपा के प्रभावी न होने या सपा के जरिये मंडलवादी राजनीति के मध्य प्रदेश न पहुँचने के पीछे सिर्फ मायावती की अयोग्यता या मुलायम सिंह द्वारा मध्य प्रदेश में सही नेतृत्व विकसित की असफलता ही कारण नहीं है। इसमें कांग्रेस और भाजपा द्वारा अपने यहाँ पिछड़ों को स्थान देना शायद ज्यादा बड़ा कारण है। यह काम अर्जुन सिंह ने ज्यादा होशियारी से किया तो दिग्विजय सिंह ने भी इस पक्ष की अनदेखी नहीं की। लेकिन भाजपा ने शुरू से ही उमा भारती और बाबू लाल गौर को आगे किया और फिर ये शिवराज चौहान तो जम ही गए। यह कहानी बहुत बार चली कि भाजपा का केन्द्रीय नेतृत्व उनको बदलना चाहता है लेकिन यह हिम्मत कभी नहीं हुई। ऐसा पिछड़ा विरोध या वोट गँवाने के डर से ही हुआ। यह डर भी इसकी वजह हो सकता है कि कहीं राज्य में मंडलवादी राजनीति जोर न पकड़ ले क्योंकि धीरे-धीरे ओबीसी समूह की राजनीतिक ताकत बढ़ती गई है। 1957 की विधानसभा में इस समाज के मात्र 4.7 फीसदी सदस्य थे जो संख्या 2003 तक बाईस फीसदी पर आ गई थी और इसमें धीमी लेकिन निरन्तर वृद्धि दिखाई देती है। पर विन्ध्य और महाकौशल में अगड़ों की अपेक्षाकृत ज्यादा संख्या और मजबूत सामाजिक स्थिति पिछड़ों को आगे आने से रोकती है। और भले ही भाजपा ने नेतृत्व के मामले में पिछड़ों को आगे किया है लेकिन ब्राह्मण-बनिया आधार वाली पार्टी अब भी खुलकर पिछड़ी राजनीति की जगह हिन्दू एकता की राजनीति करती है। और अगर कोई नरोत्तम मिश्र बहुत उग्र हिन्दुत्व की बात करते भी हैं तब मुख्यमंत्री चौहान चुप्पी साध लेना ही बेहतर मानते हैं।

इस संख्या से भी ज्यादा महत्त्व इस बात का है कि राज्य की आबादी में पिछड़ों का हिस्सा चालीस फीसदी से थोड़ा ऊपर है और इस हिसाब से इसमें बढ़ने और निर्णायक होने की सम्भावना है। लेकिन मुश्किल यह है कि मध्य प्रदेश में पिछड़ों में गोलबन्दी और राजनीतिक चेतना की कमी के साथ बिखराव बहुत है। राज्य की सरकारी सूची के अनुसार यहाँ 180 जातियाँ पिछड़ी हैं। और कोई भी एक जाति पाँच फीसदी तक भी नहीं है। पिछड़ों में सबसे ज्यादा यादव होंगे जिनके बारे में अधिकतम पाँच फीसदी होने का अनुमान किया जाता है। कुर्मी तीन फीसदी और लोध तीन फीसदी का अनुमान है। सिर्फ विन्ध्य इलाके में अहीर छह फीसदी हैं पर महाकौशल में साढ़े चार फीसदी और मध्य भारत में तो करीब ढाई फीसदी ही

हैं। सो बिहार और उत्तर प्रदेश की तरह वे भी पिछड़े समाज को शुरुआती नेतृत्व देने की स्थिति में नहीं हैं। सम्भवत: इस वजह से भी उनमें राजनीतिक चेतना और गोलबन्दी का अभाव रहा। मध्य प्रदेश में सामाजिक-राजनीतिक आन्दोलनों का भी कोई धाकड़ इतिहास नहीं है। इन एक सौ अस्सी जातियों में भी किसी तरह की एकता का सूत्र अभी तक विकसित होता नहीं दिखाता। यह जरूर है कि अहीर, कुर्मी, गूजर, किरार, लोध और जाट जैसी ओबीसी जातियों के कुछ पॉकेट विकसित हुए हैं और अब इन इलाकों में इन जातियों की अनदेखी सम्भव नहीं है। चम्बल वाला इलाका पिछड़ों के लिए सबसे मजबूत गढ़ बन गया है हालाँकि यहाँ अब तक सिन्धिया परिवार की राजनीति प्रभावी रही है। लेकिन पुरानी राजभक्ति और राजपरिवार के प्रति निष्ठा और राजनीतिक/लोकतांत्रिक चेतना के बीच का ऐसा द्वन्द्व सिर्फ इसी इलाके तक सीमित नहीं है। काफी सारे छोटे रजवाड़ों के इलाके में भी ऐसा दिखता है।

यह हाल 153 अनुसूचित जातियों का भी है जिनकी संख्या 21.9 फीसदी है। इनमें भी जाटव और बलाई ज्यादा तो हैं लेकिन उनकी भी गोलबन्दी नहीं है। मेहरा और कबार भी महत्त्वपूर्ण दलित जातियाँ हैं लेकिन राजनीति में उनकी ज्यादा पूछ नहीं है। राज्य के बँटवारे के बाद आदिवासी कम अनुपात में रह गए हैं पर साढ़े पन्द्रह फीसदी होकर भी वे खास महत्त्व नहीं पाते। आदिवासियों के भी 165 कबीले यहाँ बसते हैं। इनमें तो भील और गोंड एक-एक-तिहाई हैं लेकिन अपने लिए आरक्षित सीटों के अलावा ज्यादा असर नहीं रखते। वैसे यह दिलचस्प है कि मध्य प्रदेश उन विरले राज्यों में रहा है जहाँ सामान्य सीट से भी दलित और आदिवासी प्रतिनिधि चुनने का उदाहरण पहले से रहा है। बल्कि कई दलित नेता तो कभी आरक्षित सीट से लड़े ही नहीं। यही कारण है कि मध्य प्रदेश की हर विधानसभा में दलितों और आदिवासियों का प्रतिनिधित्व उनकी आरक्षित संख्या से ऊपर रहा है। लेकिन इसका यह मतलब नहीं है कि सत्ता में भी उनको अपने अनुपात से या उससे ज्यादा हिस्सा मिला हो। अब भी पार्टी और सरकार में उनकी उपस्थिति ज्यादातर कर्मकांड की तरह दिखावटी ही है।

पर संख्या और अनुपात में काफी कम होकर भी अगड़े मध्य प्रदेश में सत्ता की मलाई खाने में सदा आगे रहे हैं। ऐसा और राज्यों में भी होता रहा है लेकिन आम तौर पर वहाँ अगड़ा राज खत्म हो गया है या निरन्तर हाशिये की तरफ बढ़ा है। कई राज्यों में अगड़ों ने सत्ता की राजनीति में वापसी भी की है। लेकिन मध्य प्रदेश में अगड़ा राज बरकरार रहा है। उसकी ताकत कुछ कम जरूर हुई है लेकिन अब भी वही सबसे प्रभावी समूह है। शिवराज और भाजपा के दो दशक के राज में भी इसमें कोई कमी नहीं आई है। 1931 की आखिरी जातिवार गणना के अनुसार मध्य प्रदेश वाले इलाके में अगड़ों की संख्या कुल आबादी की लगभग

12.9 फीसदी थी जिनमें ब्राह्मण 5.7, राजपूत 5.3 और 2 फीसदी बनिया थे। लेकिन विधानसभा में अगड़े विधायकों की संख्या पचास फीसदी के करीब तक जाती रही है। अब कम होकर भी ये 35 से 40 फीसदी के बीच रहा करते हैं। इसका साफ मतलब है कि उनमें राजनीतिक चेतना तो ज्यादा है ही गोलबन्दी भी है और सत्ता की भूख भी। सम्भवत: अगड़ा गोलबन्दी भी काम करती है और प्रशासनिक मशीनरी तथा मीडिया भी उसी का समर्थक है। बाबूलाल गौर और उमा भारती मीडिया के उपहास का विषय भी रहे हैं।

मध्य प्रदेश की राजनीति में अगड़ों के वर्चस्व की एक वजह उनके मजबूत पॉकेट विकसित होना है जो हैं तो पुराने लेकिन चुनावी राजनीति ने उनको नई प्रासंगिकता दी है। विन्ध्य प्रदेश में ब्राह्मणों की संख्या करीब पन्द्रह फीसदी है जो देश के अन्य हिस्सों में एक जाति के प्रभुत्व वाली राजनीति के अनुभव के हिसाब से उनके प्रभुत्व के लिए काफी है। वैसे यह दिलचस्प है कि रीवा देश में ब्राह्मणों का सबसे बड़ा गढ़ है। यहाँ ब्राह्मण मतदाता दरभंगा (बिहार) से भी ज्यादा अनुपात में हैं। पर मुश्किल यह है कि विन्ध्य में राजपूत भी अच्छी संख्या (करीब सात फीसदी) में हैं और उनके मजबूत रजवाड़े रहे हैं। सो यहाँ जमाने तक मुख्य राजनीतिक लड़ाई ब्राह्मण बनाम राजपूत रही है। बीच में बसपा के जोर पकड़ने से यहाँ दलितों और पिछड़ों की गोलबन्दी भी दिखी और अर्जुन सिंह तक दोबारा यहाँ पराजित हो गए। दरअसल संख्या का गणित अगड़ों के पक्ष में नहीं है—उनकी गोलबन्दी और प्रभुत्व उनको आगे करते हैं। मध्य भारत में राजपूत करीब नौ फीसदी हैं जो राजपूतों का गढ़ माने जाने वाले राजस्थान से भी ज्यादा अनुपात है। विन्ध्य में 22 फीसदी और मध्य भारत में 19 फीसदी अगड़ा आबादी उनको मध्य प्रदेश की राजनीति में बढ़त देती है वरना महाकौशल और छत्तीसगढ़ (जो अब अलग हो गया है) में तो उनकी आबादी काफी कम रही है। छत्तीसगढ़ में तो अगड़े तीन-सवा तीन फीसदी ही हैं।

पर महाकौशल और छत्तीसगढ़ की राजनीति भी अगड़े चलाते रहे हैं। सिर्फ रायपुर का शुक्ल परिवार ही जाने कितने समय मुख्यमंत्री पद पर काबिज रहा और अब भी भाजपा और कांग्रेस में उनके लोग प्रभावी हैं। मोतीलाल वोरा भी मुख्यमंत्री होने के साथ कांग्रेस की राजनीति में बहुत ताकतवर रहे थे। द्वारका प्रसाद मिश्र और बाद में उनके नौकरशाह पुत्र बृजेश मिश्र का भी अपना जलवा था। गोविन्द नारायण सिंह तो कुछ समय रहे लेकिन अर्जुन सिंह और दिग्विजय सिंह ने न सिर्फ लम्बा शासन किया बल्कि हर तरफ प्रभाव डाला। ऐसा उमा भारती और बाबूलाल गौर नहीं कर पाए। अगर मुख्यमंत्री की ही गिनती की जाए तो राजपूत और ब्राह्मण मुख्यमंत्री सबसे ज्यादा समय तक रहे हैं और कुल मुख्यमंत्रियों में अगड़ों का हिस्सा बहुत ज्यादा है। इस क्रम को शिवराज सिंह बहुत मजबूती से तोड़ते हैं लेकिन

अफसोस की बात यही है कि उनका लम्बा कार्यकाल भी राज्य में पिछड़ा उभार नहीं ला पाया जबकि इसी भाजपा में होते हुए उमा भारती और बाबू लाल गौर ने पिछड़ा ध्रुवीकरण शुरू करा दिया था। शिवराज इस दुविधा में ही रहे कि वे अपने प्रदेश के शासन को प्राथमिकता दें या भाजपा की केन्द्रीय राजनीति को जो हिन्दू ध्रुवीकरण को प्रमुखता देती है।

राज्य को इस बात का श्रेय जाता है कि उसके यहाँ ईसाई या सिख आबादी बहुत कम होने के बावजूद राज्य विधानसभा में इन जमातों का प्रतिनिधित्व रहा है। यहाँ से एक पारसी उम्मीदवार भी जीता है जबकि राज्य में पारसियों की आबादी नगण्य है। यहाँ की लोकसभा सीटों से भी ये जीते हैं और हरि विष्णु कामत, सुशीला नैयर और आचार्य कृपलानी जैसे लोग यहाँ से लोकसभा चुनाव जीते हैं। कलकत्ता के व्यवसायी कमलनाथ तो चुनाव जीतते-जीतते मध्य प्रदेश वाले ही बन गए और मुख्यमंत्री तक हुए। सरताज सिंह जैसा सिख यहाँ से जीतकर केन्द्र में मंत्री बना। लेकिन यह भी सही है कि यहाँ के मुसलमान सबसे ज्यादा राजनीतिक नुकसान में रहे हैं। राज्य में मुसलमानों की आबादी करीब साढ़े छह फीसदी है और भोपाल तथा बुरहानपुर जैसे क्षेत्रों में उनका अनुपात काफी अच्छा है लेकिन धीरे-धीरे उनका प्रतिनिधित्व गिरता गया है। जिस भोपाल को कभी मुसलमान सीट गिना जाता था वहाँ से भाजपा ने एक ऐसी विवादास्पद साध्वी सांसद बना दी जिसके बयान बाद तक पार्टी के लिए शर्मिन्दगी का कारण बनते रहे। मुसलमानों को उनकी अपनी आबादी के अनुपात में प्रतिनिधित्व तो कभी नहीं मिला लेकिन विधानसभा में कभी चारेक फीसदी हिस्सा मिलने का क्रम अब एक फीसदी से कम हो गया है। ऐसा भाजपा की राजनीति के प्रभावी होने से हुआ है। वह खुद तो मुसलमानों को हिस्सेदारी देती नहीं और साम्प्रदायिक ध्रुवीकरण के चलते कांग्रेस ने भी कम मुसलमान उम्मीदवार उतारने शुरू कर दिए हैं।

पर मध्य प्रदेश की सामाजिक राजनीति को रजवाड़ों के बगैर नहीं समझा जा सकता। अब ब्रिटिश राज की समाप्ति के पचहत्तर साल बाद और प्रिवी पर्स वगैरह को भी गए पचास साल से ज्यादा होने के बाद ऐसे रजवाड़ों का असर रह जाना राजनीतिक और सामाजिक पिछड़ापन ही दिखाता है लेकिन यह 'बीमारी' दुनिया-भर में है। रजवाड़े अब भी जाति-धर्म से ऊपर अपने पुराने इलाके में असर रखते हैं। इसमें सबसे प्रमुख ग्वालियर का सिन्धिया घराना है लेकिन लगभग सभी रजवाड़े आज प्रत्यक्ष या अप्रत्यक्ष रूप से चुनावी राजनीति में दिलचस्पी रखते हैं। जब मुल्क आजाद हुआ था तब विन्ध्य इलाके में 35, मध्य भारत में 25 और छत्तीसगढ़ वाले इलाके में बारह रजवाड़े थे। इनमें ग्वालियर जैसा बड़ा रजवाड़ा भी था तो अधिकांश छोटे थे। लेकिन अपने समाज का आदर और बाद में वोट पाने में उनका प्रभाव भी कम नहीं रहा। हाल के वर्षों में जाति और

चुनाव सम्बन्धी अध्ययन करने के अगुआ विद्वान क्रिस्टोफ़ जाफ्रलो का अनुमान है कि मध्य प्रदेश के 296 में से 127 और लोकसभा की 37 में से 20 निर्वाचन क्षेत्रों पर रजवाड़ों का असर रहा है। अधिकांश रजवाड़े अपने को राजपूत बताते हैं लेकिन इससे भी ज्यादा उन्होंने जिस प्रशासनिक व्यवस्था (जागीरदारी) से अपना काम किया उसमें ज्यादातर जागीरदार राजपूत थे। और यहाँ के रजवाड़ों ने किसी मायने में राजस्थान के बड़े रजवाड़ों जैसा राजनीतिक व्यवहार दिखाया तो कई बार एकदम अलग भी। और अपने दल की राजनीतिक सत्ता के लिए निश्चिन्त इन्दिरा गांधी ने यहाँ राजस्थान की तरह पूर्व रजवाड़ों को कांग्रेसी बनाने की पहल भी नहीं की। सिर्फ सिन्धिया घराने के लिए प्रयास हुआ लेकिन महाराज की जगह महारानी विजया राजे सक्रिय हुईं और वह भी बाद में जनसंघ में चली गईं। बाद में भी सिन्धिया परिवार अस्थिर और बँटा ही रहा। पर मध्य प्रदेश के ज्यादातर रजवाड़े हिन्दू महासभा और जनसंघ से लेकर भाजपा जैसे दक्षिणपंथी दलों के साथ ही रहे। पर कांग्रेस की ब्राह्मणों समेत अन्य अगड़ों में बढ़त रही और कभी तो उसके विधायकों में पचास फीसदी से भी ज्यादा (51.2 फीसदी) अगड़े आ गए थे।

पर यह 1962 की बात है। तब से नर्मदा समेत राज्य की नदियों में बहुत पानी बह चुका है। कांग्रेस ही नहीं भाजपा जैसी दक्षिणपंथी पार्टी भी राजनीति में पिछड़ों के महत्त्व को स्वीकार कर चुकी है। पार्टी पदाधिकारियों से लेकर उम्मीदवार चुनने में सामाजिक समीकरण प्रमुख हो रहे हैं और लोकसभा में गया सांसद हो या विधायक, धीरे-धीरे पिछड़ों का हिस्सा बढ़ता जा रहा है। यह जरूर हुआ है कि छत्तीसगढ़ बनने के दशक में भाजपा के उभार के साथ यह क्रम कुछ धीमा पड़ा या उलटा लेकिन अब फिर से चीजें बदलाव की तरफ हैं। सन 2000 में राज्य के विभाजन के बाद पिछड़ी आबादी का ज्यादा अनुपात और बढ़ी राजनीतिक चेतना वाले छत्तीसगढ़ के अलग होने से मध्य प्रदेश एक बार फिर से अगड़ा ताकत को बढ़ाने वाला साबित हुआ। लेकिन लम्बे शिवराज शासन ने चीजों को बराबरी पर ला दिया है। इस बीच दलित और आदिवासी गोलबन्दी में कोई वृद्धि नहीं दिखती। साथ ही बिहार की तरह ऐसा भी नहीं हुआ है कि लगातार पिछड़ा शासन रहने की स्थिति बने जबकि मध्य प्रदेश में पिछड़े और दलित-आदिवासियों की संख्या काफी ज्यादा है। निश्चित रूप से लोकतंत्र और सार्वभौम मताधिकार ने अपना जादू किया है लेकिन कमजोर दलित-आदिवासी-पिछड़ी चेतना के चलते इसका असर देश के अन्य हिस्सों जैसा नहीं हो पाया है।

सन्दर्भ

1. *लोकतंत्र का नया लोक,* सम्पा. अरविन्द मोहन, वाणी प्रकाशन, नई दिल्ली में यतीन्द्र सिंह सिसोदिया और आशीष भट्ट का आलेख; 'मध्य प्रदेश : स्थायी बनती दो ध्रुवीय राजनीति'।
2. क्रिस्टोफ़ जाफ्रलो : 'अनईवन राइज ऑफ़ लोअर कास्ट्स इन द पॉलिटिक्स ऑफ़ मध्य प्रदेश', *राइज ऑफ़ दि प्लेबियन्स,* रटलेज, नई दिल्ली।
3. बी.आर. पुरोहित, *जनरल इलेक्शन्स इन मध्य प्रदेश,* ओरिएंट लांगमैन, बॉम्बे, 1970
4. जे. मनोहर, 'द कांग्रेस डिफ़ीट इन मध्य प्रदेश', *सेमिनार,* फरवरी, 2004

पश्चिम

महाराष्ट्र : मराठा शक्ति का दबदबा

चुनावी राजनीति में हर प्रदेश में कोई न कोई मजबूत जाति दिखाई देती है लेकिन महाराष्ट्र में मराठा-कुनबी की जो और जैसी ताकत है उसे महा-मजबूत कहना ही बेहतर होगा। और ऐसा अनन्त काल से तो नहीं था लेकिन लोकतांत्रिक राजनीति और सार्वभौम मताधिकार ने मराठों को एकदम से आगे कर दिया क्योंकि उनके पास सिर्फ संख्या बल ही नहीं, खेती और आर्थिक ताकत भी थी। एक लम्बे समय तक कुनबी और मराठे एक बिरादरी के माने और गिने जाते थे और खुद को क्षत्रिय बताते थे लेकिन अब इनके बीच हल्की दरार दिखाती है। लेकिन इससे मराठा सत्ता पर ज्यादा फर्क नहीं पड़ा है। और गांधी के आन्दोलन से कांग्रेस में ये और एक झटके में प्रभावी बने मराठे बहुत प्रयास के बाद भी इन्दिरा गांधी के नियंत्रण में नहीं थे तो अब उनका रुझान बदलने के बाद वे किस हद तक भाजपा की सत्ता को स्वीकार करेंगे यह कहना मुश्किल है। पर आज मराठा समाज भी पहले जितना एकजुट नहीं है—वह कांग्रेस, भाजपा और शिव सेना में तो बिखरा ही है, देश के वरिष्ठतम नेताओं में एक, शरद पवार की पूरी राजनीति मराठा आधार पर ही टिकी है। इस एक जाति के प्रभुत्व की राजनीति के अपने विरोधाभास और लड़ाइयाँ भी हैं लेकिन इसने बाकी जातियों और समूहों की राजनीति को बहुत प्रभावित किया है। आबादी में दो-तिहाई से ज्यादा हिस्सा रखने वाली जातियों की राजनीति जहाँ-तहाँ पूरक स्थान भरने की हो गई है। इस चक्कर में आदिवासियों का हाशिये पर जाना बढ़ा है तो अच्छा-भला दलित आन्दोलन सिमट और बिखरकर निष्प्रभावी बन गया है।

असल में मराठों की ताकत के इस गुणगान की वजह उनका संख्याबल है जो 31 से 34 फीसदी तक माना जाता है। देश के किसी भी राज्य में किसी एक जाति का संख्या के हिसाब से ऐसा दबदबा नहीं है—हरियाणा में जाटों की आबादी का अनुपात भी बड़ा है लेकिन उनका प्रभाव क्षेत्र कुछ इलाकों तक ही सीमित है। मराठे पूरे विशाल प्रदेश में हैं और आर्थिक-सामाजिक रूप से भी दबदबा बनाए हुए हैं। आज विदर्भ और कोंकण के कुनबी अपनी अलग पहचान मानते हैं लेकिन

MAHARASHTRA
MADHYA PRADESH
GUJARAT
CHHATTISGARH
TELANGANA
ANDHRA PRADESH
KARNATAKA
GOA
Gulf of Chambhat
ARABIAN SEA
DADRA & NAGAR HAVELI AND DAMAN & DIU
NANDURBAR
Nandurbar
DHULE
Dhule
JALGAON
Jalgaon
NASHIK
Nashik
PALGHAR
Palghar
THANE
Thane
MUMBAI SUBURBAN
Bandra
Mumbai
MUMBAI
Alibag
RAIGAD
AHMEDNAGAR
Ahmednagar
AURANGABAD
Aurangabad
JALNA
Jalna
BULDHANA
Buldhana
AKOLA
Akola
AMRAVATI
Amravati
WASHIM
Washim
HINGOLI
Hingoli
PARBHANI
Parbhani
BEED
Beed
PUNE
Pune
SATARA
Satara
RATNAGIRI
Ratnagiri
SINDHUDURG
Oros
KOLHAPUR
Kolhapur
SANGLI
Sangli
SOLAPUR
Solapur
OSMANABAD
Osmanabad
LATUR
Latur
NANDED
Nanded
YAVATMAL
Yavatmal
WARDHA
Wardha
NAGPUR
Nagpur
BHANDARA
Bhandara
GONDIA
Gondia
CHANDRAPUR
Chandrapur
GADCHIROLI
Gadchiroli

ऐसा दौर था जब वे सब भी खुद को मराठा और सूर्यवंशी/सरणावंशी/यदुवंशी/शेषयवंशी क्षत्रिय कहा करते थे। माना जाता है कि कुनबियों का हिस्सा सात से आठ फीसदी है पर राजनीतिक रूप से उनका व्यवहार मराठों से अलग नहीं रहता। मराठों के अन्दर भी करीब चार दर्जन उपजातियाँ हैं जिनसे बेटी-रोटी के समय तो अलगाव वाला हिसाब रहता है लेकिन वोट और राजनीति के समय नहीं। हाँ, क्षेत्रीय स्तर पर अब कुछ अलग-अलग व्यवहार दिखने लगा है। ऐसा सत्ता का स्वाद चखने के चलते होता है और देश की अन्य मजबूत जातियों की तरह मराठे भी बिना सत्ता के रहने में बेचैनी महसूस करते हैं। इधर मराठावाड़ा के मराठों और विदर्भ के कुनबियों में भाजपा और शिव सेना के प्रति साफ झुकाव देखा जा रहा है और इस चलते राज्य की राजनीति बदल गई है।

और सारे ओबीसी समाज को गिना जाए तो उनकी आबादी 27 फीसदी के करीब मानी जाती है। और इनमें महाराष्ट्र के पाँच और विदर्भ के एक जिले में सघन बसावट के चलते माली, पश्चिमी महाराष्ट्र के दो और विदर्भ के एक जिले में वंजारा (जो पहले घुमन्तू जाति थी) और वंजारी, विदर्भ के तीन जिलों में तेली, उत्तरी कोंकण में अंगारी, उत्तर महाराष्ट्र के कुछ पॉकेटों में लेउवा, पश्चिमी महाराष्ट्र और मराठावाड़ा के कुछ हिस्सों में धाँगर प्रभावी हैं। मंडल के आने के बाद इनकी राजनीति में भी नई चमक आई है और इनमें समर्थन रहने के चलते ही भाजपा ने मंडल आरक्षण का समर्थन किया। इसी आधार से भाजपा और शिव सेना ने पूरे प्रदेश में मजबूती हासिल की है। राज्य में मुसलमानों की आबादी दस फीसदी है जो मुख्यत: शहरों में है। अनेक कारणों से ब्राह्मण भी शहरों में सिमटे हैं और मात्र तीन-चार फीसदी होकर भी अभी तक अपना प्रभाव बचाए हुए हैं। अनुसूचित जाति के मतदाताओं की संख्या और उनकी राजनीतिक चेतना का स्तर काफी अच्छा है लेकिन उनमें न सिर्फ हिन्दू और नव-बौद्ध वाला विभाजन प्रबल है बल्कि उनके यहाँ राजनीतिक बिखराव भी बहुत है।

उनकी तुलना में अनुसूचित जनजातियों के लोग कम (नौ फीसदी) हैं और उनमें राजनीतिक महत्त्वाकांक्षा कम दिखती है। उनके बीच नक्सली प्रभाव के साथ खुद को हिन्दू मानने न मानने का मसला भी प्रबल है। पर वे आर्थिक रूप से बहुत खस्ताहाल हैं और मुम्बई राजधानी वाले प्रदेश में ही रहते हैं यह सहज भरोसा भी नहीं होता। उत्तरी कोंकण, उत्तरी महाराष्ट्र और विदर्भ में उनकी बसावट कुछ ज्यादा सघन है लेकिन अब भी चुनावी राजनीति पर उनका प्रभाव दलितों जैसा भी नहीं है। अभी तक महाराष्ट्र से कोई मजबूत आदिवादी नेता नहीं सामने आया है। दलित बिखराव से परेशान हैं पर उनके यहाँ से दमदार नेता निकले हैं और राज्य की राजनीति में अब भी न तो उनको दरकिनार किया जा सकता है, न उनके योगदान को भुलाया जा सकता है। और कुछ ओबीसी समूहों ने इधर काफी ताकत हासिल

की है। बल्कि भाजपा की यह ताकत तो प्रमोद महाजन और गोपीनाथ मुंडे जैसे पिछड़े नेताओं ने बनाई है। बनियों की आबादी एक-डेढ़ फीसदी है पर वे प्रभावी हैं। कर्नाटक से लगे इलाकों की कुछ सीट लिंगायत असर वाली भी हैं।

अब इतनी ही चर्चा में क्षेत्रफल के लिहाज से सबसे बड़े बन गए इस राज्य के भूगोल और समाजशास्त्र के बारे में जितनी विविधता दिखती है उस हिसाब से पहले राज्य के इतिहास और भूगोल की चर्चा भी जरूरी हो जाती है। अँगरेजी हुकूमत का प्रिय बॉम्बे प्रेसीडेंसी बहुत पसरा हुआ था और आजादी की लड़ाई के समय ही प्रदेश को बाँटने का सवाल उठाया गया था। तब गुजरात भी इसका हिस्सा था और इसी मसले ने महाराष्ट्र के दमदार नेता शंकरराव और सरदार पटेल के बीच भारी अदावत पैदा कर दी थी। सरदार मजाक में उन्हें दूसरा जिन्ना कहा करते थे। लेकिन अन्ततः शंकरराव जी की ही चली और बॉम्बे प्रान्त बाँटा। 1956 में राज्यों के पुनर्गठन के समय भी इलाकों की अदला-बदली हुई पर महाराष्ट्र मौजूदा स्वरूप में 1960 में आ पाया। इसमें बॉम्बे प्रान्त के मराठी भाषी इलाकों के साथ मध्य प्रान्त, बरार और पुराने हैदराबाद रियासत के मराठी इलाकों को साथ कर दिया गया। मध्य प्रान्त और बरार वाला इलाका ही अब विदर्भ, हैदराबाद से आया इलाका मराठावाड़ा, बॉम्बे प्रान्त वाला इलाका पश्चिमी महाराष्ट्र और समुद्र से लगे जिले कोंकण कहलाते हैं। इनमें कुछ-कुछ सांस्कृतिक भिन्नता है लेकिन अब इनकी पहचान एक बन गई है। विदर्भ को अलग प्रान्त बनाने की माँग भी अब शान्त पड़ गई है। आज संघ और दलित आन्दोलन, दोनों के हिसाब से नागपुर महत्त्वपूर्ण हो गया है लेकिन लम्बे समय तक पुणे महाराष्ट्र का सांस्कृतिक-शैक्षणिक केन्द्र था तो मुम्बई प्रशासनिक और व्यावसायिक। राष्ट्रीय आन्दोलन के लिए यही दोनों केन्द्र थे। और अब मुम्बई से पुणे की पट्टी ही राज्य के आर्थिक विकास का इंजन बनी है लेकिन अन्य इलाकों में पिछड़ापन दूर नहीं हुआ है।

मन्दिर आन्दोलन के साथ राज्य की राजनीति में भाजपा दिखाई देने लगी वरना उससे पहले भाजपा या जनसंघ की कोई हैसियत नहीं थी। संघ था, तब भी उसकी राजनीति को महाराष्ट्र में आधार नहीं था। गांधी की हत्या के बाद संघ प्रतिबंधित हुआ और नाथूराम गोडसे के चलते चितपावन ब्राह्मण आम लोगों के गुस्से का शिकार हुए। उनका शहरों की तरफ पलायन तभी हुआ। लेकिन एक बार भाजपा ने शुरुआत की और मुम्बई शहर तथा राज्य के निम्न मध्यवर्ग और मराठों में भी आधार रखने वाली शिव सेना से उसका गठबन्धन हुआ तो उसने अपने पंख फैलाने शुरू कर दिए। एक पूरा टर्म गठबन्धन में शासन कर चुकाने के बाद अब वह राज्य की सबसे बड़ी पार्टी बन चुकी है और अभी चुनावी राजनीति की मुख्य भूमिका में है। वरना इससे पहले कांग्रेस ही कांग्रेस थी—टूट-बिखर कर भी वही शासन में आई, उसके ही लोग शासन में रहे और कांग्रेस वापस सत्ता में आई। कांग्रेस का

स्थानीय नेतृत्व ग्रामीण हितों से पैदा हुआ था लेकिन बहुत कम समय में वह शहरी हितों की तरफ मुखातिब हो गया। और जिस महाराष्ट्र में सरदार पटेल की मनमानी बॉम्बे के बाबुओं को अपना पारसी मुख्यमंत्री बनाने से रोकने में कामयाब हुई वह कांग्रेस को शहरी बनाने से नहीं रोक पाई।

असल में कांग्रेस और हमारे शुरुआती राष्ट्रीय आन्दोलन का चरित्र शहरी ही था, उसे तो गांधी ने सिर के बल पलटा। और इसी दौर में बॉम्बे प्रान्त की राजनीति के मुख्य सूत्र पारसियों, मुसलमानों, ब्राह्मणों, बनियों के हाथ से निकाल कर ग्रामीण मराठों, पटेलों और किसान जातियों के हाथ में जाने में देर नहीं लगी। लेकिन खुद कांग्रेस के सत्ता में आने के बाद विकास की जो दिशा रही उसने पटेलों और मराठों जैसी खेतिहर जातियों के शहरी रंग-ढंग अपनाने में देर नहीं लगाई। महाराष्ट्र में रमाबाई, ज्योतिबा फुले, सावित्रीबाई फुले, जस्टिस रानाडे से लेकर तिलक और गोखले जैसे समाज सुधारकों और नेताओं का असर कम नहीं था। लेकिन जल्दी ही चुनावी राजनीति ने बढ़त ले ली। और जब संख्या और वोट के सहारे सत्ता का खेल हो तब मराठों को रोक पाना किसी के वश में न रहा। यह स्थिति नेहरू दौर में तो थी ही इन्दिरा गांधी के समय तक रही। राज्य विधानसभा में मराठों की मौजूदगी सामान्य सीटों से दो-तिहाई तक बनी रही और जिस तेजी से दलित आन्दोलन और फिर मजदूर आन्दोलन बिखरा उससे कांग्रेस राज के और पुख्ता होने का आधार मजबूत हुआ। इस बीच राज्य में गणना सहकारी मिलों से जुड़ा आन्दोलन/अभियान ताकतवर हुआ तो उससे भी वही मराठी और कांग्रेसी लॉबी ताकतवर हुई। यह पहले से भिन्न व्यवहार करने लगी क्योंकि इसके हाथ में पैसों का स्रोत भी आ गया था। इससे इन्दिरा गांधी को दिक्कत महसूस होने लगी।

राज्य की राजनीति का एक पूरा दौर ऐसा बीता है जब बाकी जातियों और समूहों (दलित और किसान-मजदूर) की राजनीति तो कमजोर हुई लेकिन मराठों की राजनीति में महाबली नजर आने लगे और उनको सीधे इन्दिरा गांधी से टकराने में दिक्कत नहीं हुई। उस दौर में तीन मराठा खेमे थे। यशवन्त राव चह्वाण का खेमा जिसमें उनके समय में भी और बाद में वसन्त दादा पाटील सामने के नेता रहे। बाद में आपसी लड़ाई में वे इन्दिरा गांधी के साथ भी हुए। एक गुट चीनी सहकारी लॉबी का रहा। तीसरा गुट शंकर राव चह्वाण का था जो मराठा होकर भी असल में गैर मराठों के नेता थे और अपेक्षाकृत साफ छवि के थे। इन्दिरा गांधी ने उनका उपयोग मराठा दिग्गजों पर अंकुश लगाने के लिए करना चाहा। इसी चक्कर में ए. आर. अन्तुले जैसे नेता आए। पर कभी दिल्ली की गद्दी का संचालक रहे ये चालाक मराठे कभी लड़ते थे, कभी एकजुट होकर चुनौती देते थे और कभी सरेंडर करके सत्ता में बने रहते थे। कांग्रेस की दो टूट से काफी सफाई हो गई लेकिन कांग्रेस का खुद का सफाया भी इसी से शुरू हुआ। इन्दिरा गांधी के बाद उस कौशल का

कांग्रेसी नेता भी नहीं हुआ। युवा शरद पवार दो कांग्रेसी खेमों को लेकर सरकार के मुखिया बने, कभी कांग्रेस में लौटे कभी आँख दिखाते रहे। लेकिन वे भी मराठों को एक करने और मुल्क की कौन कहे महाराष्ट्र की सत्ता पाने की स्थिति में भी नहीं आए। आज मराठों में हर पार्टी की घुसपैठ हो चुकी है और इसी के चलते एक ब्राह्मण ने पाँच साल राज किया तो तीन दलों का गठबन्धन लेकर एक कायस्थ ने ढाई साल शासन चला लिया। शिव सेना और भाजपा की पिछली सरकार को भी गैर मराठा राज ही गिनना चाहिए क्योंकि तब सिर्फ और सिर्फ बाला साहब ठाकरे की ही चलती थी।

लेकिन यह कहने में हर्ज नहीं है कि आज महाराष्ट्र में भाजपा ही सबसे बड़ी ताकत है। विधानसभा में तो उसकी ताकत ज्यादा है ही बाहर भी वह धीरे-धीरे इतनी मजबूत हो गई है कि सबको पीछे छोड़ दिया है। और जिस शिव सेना के सहारे उसने राज्य की राजनीति में जगह बनाई उसे तो वह लगभग मटियामेट कर चुकी है। 1967 के गैर कांग्रेसवाद के समय ही महाराष्ट्र की राजनीति ने यह सन्देश दिया कि उसे यहाँ कोई विरोध नहीं है। पर तभी मुम्बई के लगभग सभी लुम्पेन तत्त्वों को जुटाकर हंगामा मचाए रहने वाले बाल ठाकरे ने जिस शिव सेना का निर्माण किया उसने शिवाजी का नाम, एंटी-दक्षिण/उत्तर भारतीय भावनाओं और मराठा गौरव का नाम लेकर उन तत्त्वों को समेटने का काम शुरू किया जो कांग्रेस और मराठा दबदबे से त्रस्त रहे थे। भाजपा को भी शुरू में गैर मराठी जातियाँ ही मिलीं। और उसने अस्सी के दशक के अन्त में शिव सेना के साथ जो गठबन्धन किया वह उसे लाभ कर गया। सेना के सहारे ही वह कस्बों और शहरों से निकालकर गाँवों तक पहुँची। शिव सेना ने ही उसकी घुसपैठ मराठों में भी कराई। लेकिन मजबूत और बेहतर केन्द्रीय नेतृत्व, रणनीति और साधनों तथा राममन्दिर आन्दोलन की ऊर्जा ने भाजपा को जल्दी ही बड़ा भाई बना दिया जिसे न मानने की जिद में शिव सेना बर्बाद हुई। संयोग से तभी हुई बाल ठाकरे की मौत ने भी शिव सेना को कमजोर किया। और यह भी हुआ कि नरेन्द्र मोदी के नेतृत्व वाली केन्द्र सरकार ने देश-भर की उन सब बड़ी और ताकतवर जातियों को भाजपा की ओर मुड़ने को मजबूर किया जो सत्ता के बगैर बेचैनी महसूस करती हैं। इनमें ऊँची जातियों की गिनती जरूरी नहीं है पर जाट, मराठे, पटेल, भूमिहार जैसी जातियाँ शामिल हैं।

और अगर महाराष्ट्र भाजपा के पिछड़े नेताओं की मानें तो भाजपा ने पिछड़ों को दबाकर मराठों को आगे करने की रणनीति अपनाई है। सबसे ज्यादा शिकायत भाजपा की बढ़त बनाने और अवसर आने पर गोपीनाथ मुंडे के दावे को ठुकराने से है जबकि उनके साढ़ू भाई प्रमोद महाजन की मौत के बाद उन्हें ही सबसे बड़ा नेता माना जाता था। मुंडे भी अस्वाभाविक मौत का शिकार बने। फिर एक ब्राह्मण को मुख्यमंत्री बना दिया गया। पिछड़ों की यह भी शिकायत है कि मराठों ने, खासकर

उनके मराठा महासंघ ने मंडल आयोग के सुझावों का विरोध किया था। पर पिछड़ों में बदलाव जरूर आया है, भले विधानसभा और लोकसभा में उनके सदस्यों की संख्या में वृद्धि की रफ्तार बहुत धीमी हो। उनका मुख्यमंत्री पद का दावेदार नेता पैदा करना भी इसी बदलाव का परिणाम है। लेकिन उनकी कांग्रेस विरोधी छवि और तेवर उनको दूसरे विकल्प अपनाने से रोकती है।

मुसलमानों की ठीक उलटी स्थिति है। सब देख-सुनकर भी अब उनका बड़ा हिस्सा कांग्रेस को ही वोट देता है। दूसरी तरफ शरद पवार की राजनीति है जिसमें मुसलमानों के लिए जगह तो है लेकिन उनमें उन्हें भाजपा का विकल्प नहीं दिखता क्योंकि रह-रहकर उनके नरेन्द्र मोदी और ठाकरे परिवार के साथ हो जाने की चर्चा रही है। आदिवासी अब भी बेचारा ही बने हुए हैं और संघ का अन्य राज्यों की तरह महाराष्ट्र के आदिवासियों में कोई खास काम नहीं है। उनकी तुलना में नक्सलियों का प्रभाव ज्यादा है। लेकिन हाल के वर्षों में उनका बिखराव बढ़ा है और असर काम हुआ है।

पर ऐसा सबसे ज्यादा दलितों के मामले में हुआ है और इसका दलितों के साथ पूरे समाज को भी भारी नुकसान हुआ है। दलितों की स्थिति ज्यादा चिन्ता पैदा करती है क्योंकि पिछले डेढ़ सौ साल में इसी प्रदेश ने दलित जागरण और उसके आधार पर हिन्दुस्तानी समाज की सम्भवत: सबसे बड़ी कमजोरी के खिलाफ संघर्ष किया था और बहुत कुछ हासिल भी किया था। ज्योतिबा फुले और सावित्रीबाई फुले से लेकर बाबा साहब आम्बेडकर की भूमि यही रही है और साहित्य से लेकर राजनीति तक में दलितों ने बहुत महत्त्व की भूमिका निभाई है। बल्कि राज्य में आज तीसरी-चौथी पीढ़ी के ऐसे दलित बड़ी संख्या में मिल जाएँगे, खासकर महार बिरादरी में, जिनका ज्ञान और कौशल ही नहीं आर्थिक-सामाजिक हैसियत भी बाकी समाज से बराबर या आगे की है। लेकिन बाकी हिन्दू समाज की तरह महाराष्ट्र के दलित (और देश के भी) जातियों में ही नहीं, सम्प्रदाय के आधार पर बँटे हैं। उनकी लगभग पचास उप जातियाँ हैं। महारों की प्रगति बाकी जातियों को चुभती है तो आगे बढ़े महारों को भी लगता है कि उन्हें कब तक बदहाल अन्य जातियों के साथ नत्थी रखा जाएगा।

एक बँटवारा हिन्दू और नव-बौद्धों का है। बाबा साहब के ज्यादातर अनुयायी बौद्ध धर्म अपना चुके हैं और त्रासदी यह भी है कि वे बौद्ध मत के अन्दर भी नव-बौद्ध कहलाते हैं। पर बाबा साहब और उनके बाद के दलित नेताओं का पुण्य प्रताप है कि आज भी दलित वोट और किसी न किसी दलित संगठन को साथ रखना महाराष्ट्र की हर पार्टी के लिए जरूरी-सा बना हुआ है। इतना ही नहीं, देश-भर में दलितों और पिछड़ों के लिए की कानूनी प्रावधान के लिए जरूरी सामाजिक दबाव बनाने, देश-भर में दलित साहित्य की जोत जलाने और अब भी कमजोर

ही सही देश-भर में एक दलित पहचान की पहल करने के चलते महाराष्ट्र का दलित आन्दोलन खास है। यहाँ एक तुलना जरूरी है। महाराष्ट्र मजदूर और किसान आन्दोलन में भी अगुआ रहा है। उन संगठनों में भी बिखराव आया है या कमजोरी आई है। लेकिन दलित समूहों की तरह उनको साथ लेने की मजबूरी कोई भी पार्टी महसूस नहीं करती।

इतिहास, भूगोल और चुनावी राजनीति का हिसाब बताने के बाद आएँ, हल्की चर्चा विभिन्न बिरादरियों के अधिक प्रभाव वाले क्षेत्रों की भी कर लें। मराठों का हिसाब बताने का मतलब तो मुम्बई की सात और पुणे समेत बड़े शहरों की सीटों के अलावा सबकी गिनती बताना हो जाएगा। वैसे विदर्भ और कोंकण की कुछ सीटों पर भी उनकी संख्या कम है। पर एक सीट पर तीस फीसदी या ज्यादा का हिसाब हो तो उस समाज को कौन अनदेखा कर सकता है। उस हिसाब से उत्तर पश्चिम महाराष्ट्र में स्थित दहाणु, नासिक, मालेगाँव, धूलिया, नन्दुरबार, यवतमाल और चन्द्रपुर में आदिवासियों की संख्या काफी अच्छी है लेकिन आरक्षण न हो तो उनके लिए चुनाव लड़ना और जीतना भी मुश्किल हो जाए। उस तुलना में मुसलमान कम हैं और मध्य के इलाके में बिखरे होने के साथ औरंगाबाद, शोलापुर, दक्षिण मुम्बई और दक्षिण-पश्चिम मुम्बई में ज्यादा सघन हैं और उनकी अनदेखी किसी को भी भारी पड़ सकती है। दलित भी नान्देड़, लातूर, उस्मानाबाद, अकोला, नागपुर, चिमुर और चन्द्रपुर में ठीक-ठाक संख्या में हैं। इनमें राजनीतिक चेतना है जिसके चलते लाख बिखराव के बावजूद इनका असर हर चुनाव पर दिखाता है। जैसा पहले गिनवाया गया है पिछड़ी जातियों के भी अपने-अपने कुछ प्रभाव क्षेत्र हैं और दिन-ब-दिन राजनीतिक चेतना के बढ़ाने के साथ ही उनका प्रभाव भी बढ़ता गया है।

सन्दर्भ

1. *लोकतंत्र का नया लोक*, सम्पा. अरविन्द मोहन, वाणी प्रकाशन, नई दिल्ली में सुहास पलशीकर का आलेख; 'सामाजिक शक्तियों का पुन:संयोजन या राजनीतिक बिखराव'।
2. राजेन्द्र वोरा; 'महाराष्ट्र और मराठा राष्ट्र?', *राइज ऑफ़ दि प्लेबियन्स*, रटलेज, नई दिल्ली।
3. सुहास पलशीकर और राजेश्वरी देशपांडे, *महाराष्ट्र : इलेक्ट्रोल कम्प्टीशन एंड स्ट्रक्चर्स ऑफ़ डोमिनेंस*, पुणे विवि, पुणे, 1999
4. सुहास पलशीकर और योगेन्द्र यादव, 'एनसीपी इमरजेज इन इट्स ऑन राइट', *हिन्दू*, 24 अक्तूबर, 2004

गोवा : छोटा होने की पीड़ा

19 दिसम्बर, 2021 को गोवा को आजाद हुए साठ साल हो गए और कायदे से देखें तो इस प्रान्त की आजादी के पचास साल या साठ साल का कोई खास मतलब है भी यह समझ नहीं आता क्योंकि यह 451 साल की गुलामी अर्थात पूरे मुल्क की ब्रिटिश गुलामी से ढाई सौ साल ज्यादा गुलाम रहा था। सैनिक और प्राकृतिक सम्पदा के हिसाब से महत्त्वपूर्ण इस इलाके पर पुर्तगालियों ने 1510 में ही कब्जा कर लिया था और लम्बी गुलामी के क्या-क्या असर हो सकते थे यह शेष भारत से भी ज्यादा गोवा में दिखता है। इस आजादी का जश्न सरकार और बाकी लोगों को तो याद नहीं है लेकिन इसके नायक डॉ. राममनोहर लोहिया, नाथ पै, मधु लिमये और त्रिदीब चौधरी जैसे लोगों के राजनीतिक वारिस पूरे जोर-शोर से लगे हैं। और इस वर्ष तो कई दुर्लभ दस्तावेज और किताबें छपी हैं, कई सेमिनार हुए और ढूँढ़-ढूँढ़कर इसके नायक-नायिकाओं को सम्मानित करने का अभियान भी चला।

पर यह बात सभी भूल से गए हैं कि इन्हीं साठ वर्षों में गोवा की राजनीति ने पूरे 360 डिग्री का चक्कर पूरा कर लिया है और यह भारत के किसी प्रान्त की तरह जाति की प्रबलता का केन्द्र बन गई है। सीएसडीएस के ताजा चुनाव पश्चात् सर्वे से जाहिर हुआ कि गोवा के लोग पंजाब, उत्तर प्रदेश और उत्तराखंड की तुलना में चुनाव में जाति को ज्यादा महत्त्व देते हैं। अब आजादी का सवाल, अमीर-गरीब का सवाल और हिन्दू और ईसाई (जो पहले भी काफी हल्का था) का मसला नहीं रहा।

और यह किस्सा पर्याप्त दिलचस्प है कि गोवा मुक्ति के लिए पहल न करने वाले कांग्रेसी राज्य के पहले आम चुनाव (1963) में जमींदारों, समाज के बड़े और पैसे वालों को टिकट देकर चुनाव जीतने के प्रति आश्वस्त से थे। मुक्ति की लड़ाई लड़ने वाले समाजवादी जमात की संगति वाले महाराष्ट्रवादी गोमान्तक पार्टी के नेता दयानन्द बड़ोदकर ने चुनाव में सचमुच के आम लोगों और कार्यकर्ताओं को टिकट दिए। और जब परिणाम आया तो हर कोई हैरान था क्योंकि किसी मजदूर उम्मीदवार ने अपने जमींदार कांग्रेसी प्रतिद्वन्द्वी को पीट दिया तो शहर के सामान्य

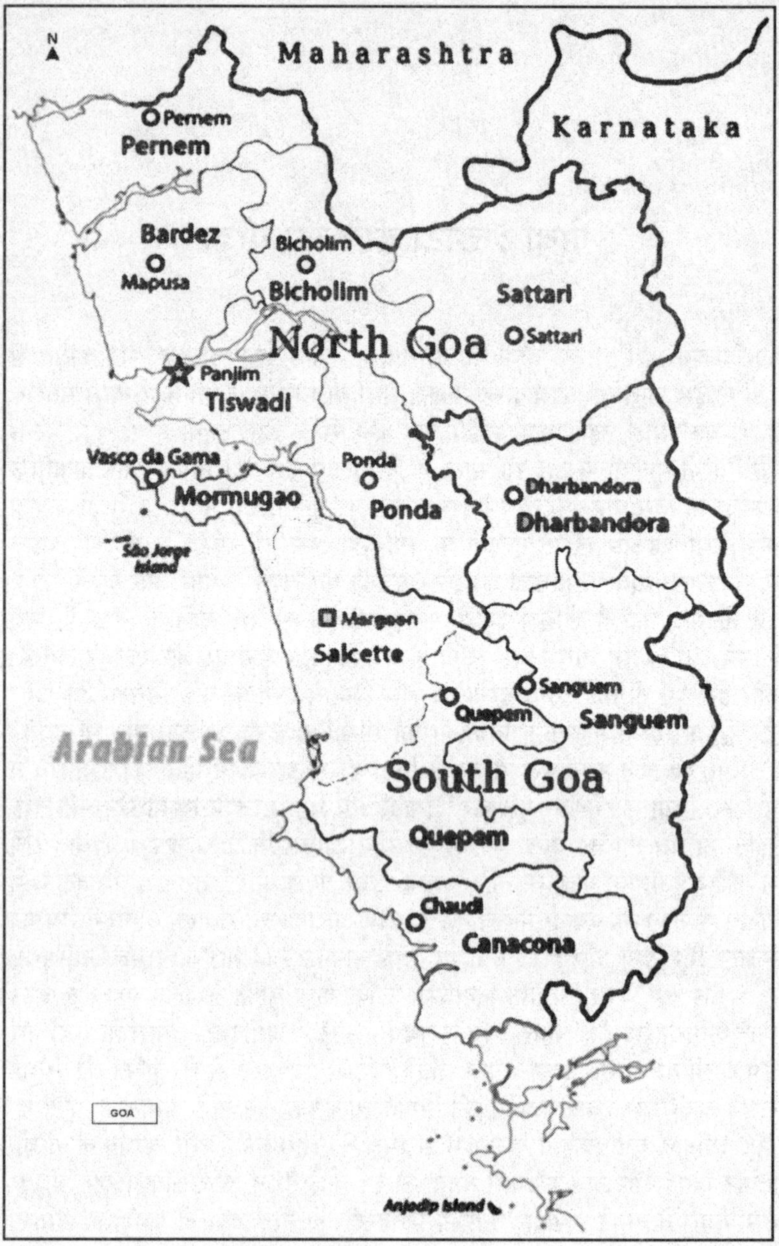

N
Maharashtra
Karnataka
Pernem
Pernem
Bardez
Mapusa
Bicholim
Bicholim
Sattari
Sattari
North Goa
Panjim
Tiswadi
Vasco da Gama
Mormugao
Ponda
Ponda
Dharbandora
Dharbandora
São Jorge Island
Margaon
Salcette
Sanguem
Quepem
Sanguem
Arabian Sea
South Goa
Quepem
Chaudi
Canacona
GOA
Anjodip Island

कार्यकर्ता ने नगर सेठ को हरा दिया और कहना न होगा कि पहली सरकार भी बड़ोदकर के नेतृत्व में ही बनी। तब गोवा संघ शासित प्रदेश था जो 1987 में पूर्ण राज्य बना। तब से मात्र दस-ग्यारह लाख आबादी और चार हजार वर्ग किमी. से छोटे रकबे वाला यह प्रदेश मुल्क की राजनीति में काफी महत्त्व पा गया है। ऐसा अपनी खूबसूरत भौगोलिक अवस्थिति, पर्यटन व्यवसाय, समृद्ध पर्यावरण और आर्थिक हैसियत के चलते हुआ है जो असल में उसकी लम्बी गुलामी का कारण भी थे। लेकिन मध्य आकार के किसी अन्य भारतीय प्रान्त जैसा राजनीतिक महत्त्व बनाने वाले गोवा की राजनीति में जाति, धर्म, पैसा और अपराध के आने में भी ज्यादा समय नहीं लगा है। इसके चलते हाल के समय में राजनीति ज्यादा जातिवादी हुई है तो ज्यादा अस्थिर भी।

पर गोवा की मौजूदा राजनीति को जानने से पहले उसकी आजादी का इतिहास जानना उपयोगी होगा। पंडित नेहरू और सरदार पटेल मुल्क की आजादी के आसपास ही शुरू हुए गोवा मुक्ति अभियान के बहुत पक्ष में न थे। उनको लगता था कि इस मसले को छेड़ने से हमारी आजादी का मसला प्रभावित होगा। सरदार तो सीधे कोई वास्ता न रखने की बात करते थे तो पंडित जी इसे एक फुंसी जैसा मानते थे जिसे बाद में कभी मसला जा सकता था। और उनके हिसाब से उनके रक्षा मंत्री कृष्ण मेनन ने जब 17 दिसम्बर, 1961 को तीस हजार सैनिक उतार दिए तो मात्र दो दिन में पुर्तगाली शासक को आत्मसमर्पण करने के लिए मजबूर करना 'फुंसी' मसलना ही था। पर वायु सेना और नौसेना की मदद वाला यह अभियान इतना हल्का भी न था और एक बार मुख्य द्वीप वास्को के पुल को तोड़कर पुर्तगालियों ने यही सिगनल दिया था कि वे आसानी से हथियार नहीं डालेंगे। लेकिन यह स्थिति आसानी से नहीं आई थी और तब तक नेहरू-कृष्ण मेनन के विरोधी हो गए आचार्य कृपलानी की मानें तो यह मेनन को चुनाव जिताने और 1962 के चुनाव में लाभ पाने का प्रयास भी था। आचार्यजी भी गोवा मुक्ति अभियान के समर्थक और सहयोगी थे लेकिन असली लड़ाई डॉ. लोहिया और उनके साथियों ने लड़ी थी और जब तक गांधी जीवित थे उनका पूरा आशीर्वाद डॉक्टर को था।

असल में हुआ यह था कि बयालीस के आन्दोलन में थके-पिटे लोहिया जब अपने मित्र डॉक्टर जुलियाओ मेनेजिस के न्योते पर आराम करने और स्वास्थ्य-लाभ के लिए गोवा पहुँचे तो उनको गोवा के लोगों पर पुर्तगाली शासन द्वारा लादी गई तरह-तरह की पाबन्दियों और शासन की तरह से हो रही ज्यादतियों का पता चला। फिर वे आराम भूलकर गोवा के इन प्रतिबन्धों को तोड़ने और शासन से टकराने की मुहिम में लग गए। पहले पाबन्दी की परवाह न करके दो सौ लोगों की बैठक की गई और फिर एक जनसभा का एलान हुआ। तब तक गोवा में कुछ क्रान्तिकारी गतिविधियाँ चल रही थीं और विश्वनाथ लवांडे और प्रभाकर सिजरी जैसे क्रान्तिकारी

जेल से भागे भी थे। लेकिन खुली अहिंसक लड़ाई और सत्याग्रह के मुरीद डॉक्टर लोहिया को गोवा में ऐसी ही लड़ाई का लाभ दिखा। जिस दिन जनसभा हुई उस दिन भारी बरसात हुई और शासन ने लोहिया के सीने पर सचमुच बन्दूक तानी हुई थी। उन्होंने नागरिक अधिकारों की बहाली के साथ आजादी की माँग भी उठाई। बाद में उनको गिरफ्तार करके मडगाँव जेल में रखा गया। गांधी ने हरिजन में उनकी गिरफ्तारी की आलोचना की और गोवा की लड़ाई का समर्थन किया।

माहौल देखकर पुर्तगाली हुकूमत ने डॉक्टर लोहिया को अपनी सीमा से बाहर ले जाकर छोड़ दिया और उनके गोवा आने पर पाँच साल का प्रतिबन्ध लगाया। डॉक्टर साहब ने तीन महीने में आने का वादा किया लेकिन तब छिड़े दंगों में गांधी के साथ लग जाने के चलते वे तीन महीने में तो नहीं जा सके लेकिन उनके युवा समाजवादी साथियों ने गोवा के अन्दर और उससे भी ज्यादा बाहर रहने वाले गोवावासियों को संगठित करना शुरू किया। गोवा वाले चाहते थे कि लोहिया उनका नेतृत्व करें लेकिन गांधी ने कहा कि गोवा वाले ही आगे रहें, हमारी भूमिका सहयोग की रहे। 1947 फरवरी में नेहरू और पटेल ने जो बयान दिए वे ऐसे थे जैसे गोवा के लोग नहीं चाहते लेकिन लोहिया मंडली आन्दोलन खड़ा करके नवगठित भारत सरकार को संकट में डाल रही है। खैर, लोहिया फिर गए और फिर स्टेशन पर ही गिरफ्तार हुए। इस बार भी उनको सीमा से बाहर करके रिहा किया गया। गांधी ने फिर समर्थन और तारीफ में लिखा। आजादी के बाद समाजवादी जमात ने गम्भीरता से संगठन बनाना और आन्दोलन शुरू किया और जब 1954 में पांडिचेरी फ्रांसीसी कब्जे से आजाद हुआ तब फिर से गोवा मुक्ति की माँग जोर पकड़ने लगी। सरकार की चुप्पी रही लेकिन सभी धड़ों के समाजवादियों और रिवोल्यूशनरी सोशलिस्ट पार्टी के त्रिदीब चौधरी जैसे लोगों ने आन्दोलन तेज किया। लोहिया के साथ ही एस.एम. जोशी की अगुवाई वाली पीएसपी के लोग भी साथ आए। गोवा से लगे कर्नाटक के जंगलों से लिबिया लोबो जैसी बहादुर महिला ने लगातार आजाद गोवा रेडियो चलाया जो रोज पुर्तगाली और कोंकणी में प्रसारण करता रहा और चाहकर भी शासन उसका कुछ नहीं बिगाड़ पाया और इस आन्दोलन के क्रम में लाठी-गोली-जेल भी आम हुआ। मधु लिमये दो साल जेल रहे। नाथ पै, परशुराम शहापुरकर, एन.जी. गोरे जैसे लोग काफी सक्रिय थे। त्रिदीब चौधरी को तो 12 साल की सजा मिली थी। उनकी किताब *सालाजार के जेल में उन्नीस महीने* इस साल कई भाषाओं में आई है।

शायद सालाजार को यह भ्रम हो गया कि वह भारत के लोगों के साथ गोवा के लोगों को भी डराए रख सकता है। इसी भ्रम में या पहले की बिगड़ी आदत के अनुसार नवम्बर 1961 में एक दिन पुर्तगाली नौसैनिकों ने भारतीय मछुआरों पर गोलियाँ चला दीं। एक मछुआरे की मौत हो गई। अब भारत सरकार को भी मौका

हाथ लग गया जो गोवा की गुलामी के साथ-साथ समाजवादी खेमे के निशाने पर भी था। इस बार उसने पुर्तगाल के नॉर्थ अटलांटिक सन्धि संगठन में होने जैसे 'बहाने' का भी सहारा नहीं लिया और सीधे फौजी कार्रवाई का फैसला कर लिया। मात्र दो दिन में सालाजार ने हथियार डाले और गोवा को आजाद करके भाग खड़ा हुआ। कांग्रेस और खास तौर से कृष्ण मेनन को भ्रम था कि गोवा को राजनीतिक रूप से भी वैसे ही जीता जा सकता है। सो तुरन्त इसे केन्द्रशासित प्रदेश का दर्जा देकर चुनाव कराने का फैसला हुआ। पर कांग्रेस को मिली पराजय से केन्द्र की दिलचस्पी कम हुई। लेकिन इसके बाद कांग्रेस के बल, संसाधन और अपने बिखराव से परेशान एमजीपी बहुत दिन तक कांग्रेस के मुकाबले नहीं टिक पाई। जब एडुआरडो फलेरियो कई बार चुनाव जीतकर केन्द्र में मंत्री बन गए तब गोवा का जुड़ाव और किस्म का बना। लेकिन जमाने तक यहाँ की दो संसदीय सीटों में एक कांग्रेस और एक विपक्ष या निर्दलीय की जीत का रिकॉर्ड रहा है।

पर विधानसभा चुनाव का गणित धीरे-धीरे किसी अन्य भारतीय प्रदेश की तरह जाति और सम्प्रदाय पर खिसकता रहा और अब स्थिति वही है जिसे सीएसडीएस के सर्वेक्षण में पाया गया। इस बीच राज्य में भाजपा ने बहुत होशियारी के साथ बहुत साधन और तैयारी से दखल दिया और दो बार तो विधायक और नेता जुगाड़ करके सरकार बना ली। एक बार कांग्रेस सबसे बड़ी पार्टी बनाकर भी मुँह ताकती रह गई। पर भाजपा और उसके पीछे बैठे संघ परिवार ने तो एक गोवा वाले नेता, मनोहर पार्रिकर को प्रधानमंत्री पद का दावेदार बनाने की तैयारी कर ली थी। नरेन्द्र मोदी की चालाकी और खुद पार्रिकर के बीमार होने से यह योजना खत्म हुई। और आज भाजपा भले सीधे चुनाव न जीती हो लेकिन उसका आधार काफी मजबूत है और कांग्रेस समेत सभी हवा में हाथ-पाँव मार रहे हैं। राष्ट्रीय राजनीति में प्रभावी होने का सपना देखने वाले अरविन्द केजरीवाल और उनसे भी ज्यादा ममता बनर्जी यहाँ काफी कोशिश करके भी खाली हाथ रहे। बल्कि पार्रिकर को आगे करने से ही भाजपा के अन्दर उभरे द्वन्द्व अर्थात सारस्वत ब्राह्मण बनाम श्रीपाद नाईक अर्थात भंडारी को सँभालने में भाजपा को परेशानी हुई है। नाईक को केन्द्र में लाकर समाधान हुआ लेकिन भंडारी वोटों में, जो राज्य में काफी मजबूत हैं, गिरावट साफ दिखती है।

गोवा में लगभग 30 फीसदी ईसाई, चार फीसदी मुसलमान, दो फीसदी अनुसूचित जाति और एक फीसदी अनुसूचित जाति को छोड़कर बाकी आबादी हिन्दू है। इनमें लगभग आधी आबादी अगड़ों अर्थात मुख्यत: ब्राह्मणों और मराठों की है। मुख्यमंत्री रह चुके प्रमोद सावन्त अभी सबसे बड़े मराठा नेता हैं। ब्राह्मणों में भी सारस्वत ज्यादा हैं और उनका ही जमाने तक जोर रहा है। और सारे बदलाव के बावजूद राजनीति और प्रशासन से उनका जोर ज्यादा कम नहीं हुआ है। ओबीसी

समाज का हिस्सा लगभग पचास फीसदी है जिसमें भंडारी सबसे ज्यादा (करीब एक-तिहाई) और सबसे प्रभावी हैं। पहले इस समाज के रवि नाईक मुख्यमंत्री रह चुके हैं। ईसाई भी महत्त्वपूर्ण हैं लेकिन पणजी में उनका जोर अपेक्षाकृत कम है। और वोट के मामले में उनको भाजपा से परहेज नहीं है लेकिन उनका झुकाव अब भी कांग्रेस की तरफ ज्यादा है। और जैसे-जैसे राज्य की आजादी और उससे पहले की लम्बी गुलामी की यादें कमजोर हो रही हैं राज्य की राजनीति में प्रभावी रही गोमान्तक पार्टी कमजोर होती गई है और बिखरी भी है। कायदे से तो राज्य के मतदाताओं के बीच भी बिखराव बढ़ा है और इस चलते विधायक और सांसद भी बेलगाम होकर इस दल से उस दल में आ-जा रहे हैं, सत्ता और पैसा बना रहे हैं। लेकिन यह कुल मिलाकर गोवा का देश की राजनीति की मुख्य धारा में आना ही है। यह बदलाव जरूर हुआ है कि ओबीसी जमात और खास तौर से भंडारी बिरादरी राजनीतिक रूप से मजबूती से उभरी है।

सन्दर्भ

1. अरविन्द मोहन, 'सोशलिस्ट्स फ़ॉर अगेन्स्ट पोर्तुगीज़ ऑक्युपेशन', *नेशनल हेराल्ड,* 17 दिसम्बर, 2021
2. अलकनन्दा श्रृंगारे, 'द रोल ऑफ़ कास्ट इन गोवाज़ इलेक्शन', *हिन्दू,* 15 मार्च, 2022
3. मानसी फडके, *कास्ट पॉलिटिक्स इन गोवा,* 7 फरवरी, 2022

गुजरात : हिन्दुत्व की प्रयोगशाला

गांधी का गुजरात आज संघ की राजनीति का गढ़ बना हुआ है। हाल तक इसे संघ की प्रयोगशाला कहा जाता था लेकिन तीस साल से ज्यादा का समय बीतने के बाद इसे गढ़ कहना सर्वथा सही है। और इसी गुजरात की राजनीति ने नरेन्द्र मोदी जैसा मजबूत प्रधानमंत्री दिया जिनको कभी 'हिन्दू हृदय सम्राट' तो कभी 'क्लासिकल फासिस्ट' कहा जाता है। आज नरेन्द्र मोदी देश की राजनीति की दिशा तय कर रहे हैं जिसमें जाति का प्रयोग करते हुए भी जाति की राजनीति का अन्त करने का लक्ष्य शामिल है। और यह दावा किया जा सकता है कि 2022 के विधानसभा चुनाव में भाजपा ने जाति समेत बाकी सभी मसलों को भुलाकर मोदी के पक्ष में वोट दिया। क्या यह जाति खत्म करने वाला लक्ष्य पाना है इसकी चर्चा यहाँ करने की जरूरत है लेकिन लोकतंत्र और चुनावी राजनीति ने जिस तरह देश-भर में दलितों, आदिवासियों, कमजोर जमातों को मुख्य धारा में लाने, सत्ता में हिस्सेदारी और कई जगह कब्जा करने का रास्ता बनाया है, वह जरूर बाधित हुआ है।

जातियों का हिसाब देखें तो गुजरात में भाजपा और फिर नरेन्द्र मोदी के उदय तक सामान्य ढंग से वही बदलाव दिखते थे जो देश के अधिकांश इलाकों में हुआ। मजबूत पटेल लॉबी के खिलाफ 'खाम' अर्थात क्षत्रिय, हरिजन, आदिवासी और मुसलमान गठजोड़ बनाकर चुनावी जवाब ही नहीं, शासन में हिस्सेदारी की गई। इस क्रम में झीनाभाई दार्जी जैसा दमदार आदिवासी नेता भी सामने आया। लेकिन 1989 के आसपास उठी बदलाव की लहर में कांग्रेस कमजोर पड़ी और आपसी फूट से जनता दल परिवार का अवसान हुआ। इस बीच खाली राजनीतिक जगह को भाजपा और संघ परिवार ने दन से भरा और फिर गुजरात उनका ही हो गया। कभी साम्प्रदायिक दंगों और गोधरा का बदला के नाम पर चुनाव हुआ तो कभी हिन्दू हृदय सम्राट, कभी कॉरपोरेट/गुजरात मॉडल के विकास के नाम पर वोट हुआ तो कभी गुजराती अस्मिता के नाम पर। और अब गुजरात की राजनीति

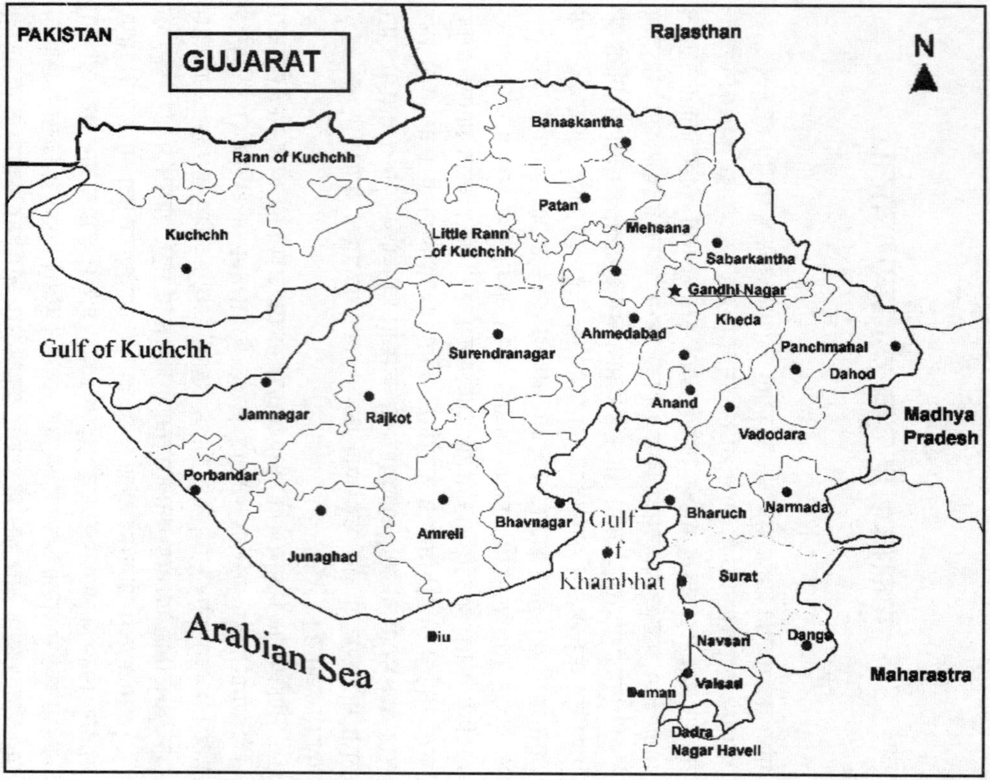
PAKISTAN
GUJARAT
Rajasthan
N
Banaskantha
Rann of Kuchchh
Patan
Mehsana
Kuchchh
Little Rann of Kuchchh
Sabarkantha
Gandhi Nagar
Kheda
Ahmedabad
Surendranagar
Panchmahal
Dahod
Gulf of Kuchchh
Anand
Jamnagar
Rajkot
Madhya Pradesh
Vadodara
Porbandar
Bharuch
Narmada
Bhavnagar
Gulf of Khambhat
Amreli
Junaghad
Surat
Arabian Sea
Diu
Navsari
Dang
Maharastra
Valsad
Daman
Dadra Nagar Haveli

नरेन्द्र भाई को मजबूती देने के नाम पर भाजपा की झोली में पड़ी है। उससे पहले भाजपा और जनसंघ प्रदेश में कभी ताकतवर न थे।

और अगर किसी को यह देखना हो कि जाति और सम्प्रदाय का 'डिसकोर्स' एक-दूसरे को काटता है तो गुजरात उसका बहुत बढ़िया उदाहरण है। दूसरा पक्ष देखना हो तो तमिलनाडु और बिहार को देखना चाहिए। गुजराती समाज के किसी खास समूह या जाति में ज्यादा आधार न रखने वाली भाजपा सिर्फ एक नेता केशुभाई पटेल के सहारे सबसे ताकतवर पटेल लोगों के बीच पहुँची और फिर वैश्य समूह की जाति घांची के स्वयंसेवक नरेन्द्र मोदी, जिनका अपनी जाति या वैश्य समुदाय से कोई सम्बन्ध कौन कहे अपने परिवार से भी सम्बन्ध नहीं था, ने इसे संघ की प्रयोगशाला बना डाला और ऐसी सफलता हासिल की जिससे मुल्क जीतने में दिक्कत नहीं हुई। नरेन्द्र मोदी ने परिवार का इस्तेमाल भी किया, उसकी खस्ताहाली का भी किया, खुद के घांची (पिछड़ा) होने का भी किया और जातियों की राजनीति की लेकिन लक्ष्य हरदम जाति तोड़ो या सामाजिक समता और समरसता से अलग रखा। और अब वे किसी पटेल को मुख्यमंत्री बनाते हैं या जैन को, लेउवा को बनाते हैं या कड़वा को इससे कोई फर्क नहीं पड़ता। सारे पुराने मंत्रियों को बाहर करके नया मंत्रिमंडल बनवा दें या आधे सांसदों का टिकट काट दें, खुद को बनाने वाले लालकृष्ण आडवाणी को घर बैठा दें तब भी कोई फर्क नहीं पड़ता। उत्तर प्रदेश के कोली को राष्ट्रपति बनवा दें तो उसका भी लाभ गुजरात के कॉलियों (जो अनुसूचित जाति में नहीं हैं) में मिल जाता है, एक सन्थाल आदिवासी महिला को राष्ट्रपति बनवा दें तो राज्य के भील, ढोंढ़ीया और दुबला वोट भाजपा के खाते में आ जाते हैं। जब वे बोलें तो कॉरपोरेट विकास को महान मान लिया जाए, जब वे बोलें तो राष्ट्रवाद सर्वोपरि हो जाए। खैर ऐसा कई और नेताओं के साथ हुआ है और सामाजिक बदलाव की रफ्तार कम-ज्यादा होकर चलती रहती है।

लेकिन गुजरात की जाति वाली राजनीति को समझना हमारे जैसे बिहार-यूपी वालों के लिए कुछ आसान काम नहीं है। यह बात कई राज्यों पर लागू होती है लेकिन गुजरात पर कुछ ज्यादा ही। अब अकेले कोलियों का मसला नहीं है जिसका जिक्र ऊपर राष्ट्रपति चुनाव के सन्दर्भ में किया गया है। कुनबियों का मसला भी जल्दी समझ नहीं आने वाला है तो राजपूत और क्षत्रिय का सवाल तो अक्ल चकराने वाला है क्योंकि एक ऊँची जाति है तो दूसरी ओ.बी.सी. जाति। राज्य की अनुसूचित जातियाँ देश के अन्य हिस्सों से कुछ अलग हैसियत वाली हैं तो भीलों का भी मैदानी समाज से हेलमेल किसी भी आदिवासी समुदाय से ज्यादा है। पटेलों का अपना विवाद भी कम नहीं है और देश की अन्य ताकतवर जातियों की तरह अब वे भी ऐसे विवादों का चुनाव पर असर नहीं होने देते। पशुपालन और मछली

का काम भी काफी लोगों के जीवन का आधार है, लेकिन ऐसा कम जगहों पर है। लेकिन गुजरात की राजनीति में विभिन्न नामधारी मल्लाह जातियाँ और चरवाहा जातियाँ भी बड़ा महत्त्व रखती हैं।

गुजरात में राजनीतिक प्रभुत्व के हिसाब से पटेलों का दबदबा रहा है और उनकी आबादी राज्य की जनसंख्या का दावा 13 से 15 फीसदी है जो सामान्य हिसाब से बहुत अधिक है। उनका चुनावी और आर्थिक दबदबा भी रहा ही है जो राजनीतिक दबदबे में मददगार है। लेकिन यह बात आम धारणा से बाहर है कि राज्य की आबादी में क्षत्रियों का हिस्सा भी लगभग उतना ही है। जैसा पहले कहा गया है राजपूत कम हैं (करीब चार-पाँच फीसदी) लेकिन वे अगड़ों में आते हैं जबकि क्षत्रिय ओबीसी श्रेणी में हैं। कोली आबादी सात फीसदी है। आबादी में मुसलमानों का हिस्सा नौ फीसदी का है और अब तो भाजपा ने उनकी घेरेबन्दी करके बाकी हिन्दू समाज को गोलबन्द करने में काफी सफलता पाई है। लेकिन अब भी अहमदाबाद, कच्छ, बड़ौदा और जामनगर जैसे संसदीय क्षेत्रों के लिए बड़ा महत्त्व रखता है। अनुसूचित जातियों के लोगों की संख्या करीब आठ फीसदी है। इनमें दुबलाओं की संख्या सबसे अधिक है। इनको हलपति भी कहा जाता है और इसे गांधी द्वारा दिया नाम माना जाता है। आदिवासी करीब पन्द्रह फीसदी हैं और उत्तरी गुजरात के साबरकांठा, दाहोड़, गोधरा, छोटा उदयपुर, भड़ौच, बलसाढ़ और सूरत के इलाके में इन्हे कोई नजरअन्दाज नहीं कर सकता। आदिवासियों में भी भील सबसे ज्यादा हैं। ब्राह्मणों की आबादी चार से पाँच फीसदी है। इससे कुछ कम संख्या बनियों की होगी। ये दोनों जातियाँ पूरे प्रदेश में हैं और इनका प्रभाव इनकी संख्या से काफी अधिक है। पहले यह और भी ज्यादा था। राजपूतों की चर्चा हो चुकी है। पर कुछ-कुछ पॉकेटों में प्रभावी लुबाना, ब्रह्मक्षत्रीय और भाटिया जैसी जातियाँ भी अगड़ों में गिनी जाती हैं। इन जातियों का खेती और पशुपालन से कम ही रिश्ता है। राज्य में तीन फीसदी जैन भी हैं जो खासा प्रभाव रखते हैं।

और किसी भी अन्य राज्य की तरह गुजरात की राजनीति में पहले तीन दशक तक पिछड़ों का उभार और अगड़ों के दबदबे में कमी साफ दिखती है। पर बदलाव की यह प्रक्रिया 1960 में गुजरात के अलग राज्य बनाने के पहले शुरू हो गई थी। जब गुजरात बॉम्बे प्रान्त का हिस्सा था तब भी सरदार पटेल बहुत प्रभावी और मजबूत नेता थे। लेकिन मोरारजी देसाई से लेकर जीवराज मेहता, बलवन्त राय मेहता, हितेन्द्र देसाई और घनश्याम ओझा अर्थात 1972 तक ब्राह्मण ही मुख्यमंत्री बनाते रहे। पर 1972 चुनाव के बाद चिमनभाई पटेल मुख्यमंत्री बन गए। हम जानते हैं कि किस तरह उनके खिलाफ भ्रष्टाचार के आरोप लगे और उनके खिलाफ ही शुरू हुआ छात्र आन्दोलन अन्ततः इन्दिरा गांधी की सत्ता को उखाड़ने वाला साबित

हुआ। छात्र आन्दोलन के चलते पटेल सरकार गई और जनता पार्टी का प्रयोग भी गुजरात से ही शुरू हुआ। लेकिन राष्ट्रपति शासन के बाद गुजरात में जब चुनाव हुए थे तब जनता उम्मीदवार का प्रयोग हुआ और बाबू भाई पटेल मुख्यमंत्री हुए थे। उसके बाद फिर से कांग्रेस आ गई। इस पटेल-पटेल से यह निष्कर्ष नहीं निकालना चाहिए कि ब्राह्मण वर्चस्व के बाद कांग्रेस ने पटेलों का राज स्थापित कर दिया। उसके पहले गुजरात कांग्रेस में और अखिल भारतीय कांग्रेस में एक बड़ा बदलाव हो चुका था। जब 1969 में कांग्रेस बँटी तो मोरारजी समेत सारे दिग्गज पटेल नेता कांग्रेस-संगठन में चले गए थे। तब चालाक राजनेता इन्दिरा गांधी ने क्षत्रिय, हरिजन, मुसलमान और आदिवासी गठजोड़, जिसे 'खाम' नाम दिया गया, से प्रदेश की चुनावी राजनीति में पटेलों को पटकनी दे दी थी। और ऐसा इसलिए भी सम्भव हुआ कि इससे पहले क्षत्रिय समेत दूसरी ओबीसी जातियों में राजनीतिक जागृति बढ़ी थी जिसमें कांग्रेस विरोधी महा गुजरात परिषद नामक संगठन और गुजरात स्वतंत्र पार्टी का बड़ा योगदान था। इसके नेता भइलाभाई पटेल कुशल रणनीतिक माने जाते थे। पर इन लोगों ने खुलकर पिछड़ा पॉलिटिक्स की। टिकट बाँटने में घोषित रूप से जाति का हिसाब दिया। कांग्रेस उनसे हारी नहीं पर उन्होंने भी अच्छी संख्या में अपने लोग जिताए।

नई स्थिति में पटेलों/पाटीदारों ने सिर्फ सत्ता पर धावा नहीं बोला था, कई और क्षेत्रों में भी लीड ली थी और उन्होंने उन सब क्षेत्रों में तरक्की की जो ब्राह्मण-बनिया-जैन-राजपूतों के पास थे। फिर ओबीसी, और खास तौर से क्षत्रियों का विकास दिखता है। अमर सिंह चौधरी (आदिवासी) और माधव सिंह सोलंकी (क्षत्रिय) का आना नये युग की शुरुआत थी। आदिवासी समाज से झीना भाई दारजी का उभरना भी तभी हुआ जिनका मुख्यमंत्री पद का दावा कभी माना नहीं गया लेकिन जिनके जनाधार को हर कोई स्वीकार करता था। नतीजा यह हुआ कि जिस विधानसभा पर और सरकार पर अगड़ों का दबदबा-सा था, मुख्यमंत्री की कुर्सी पर उनका ही दावा माना जाता था, वह सब अब राजनीतिक लड़ाई का हिस्सा बन गए। 1962 के चुनाव में, जो राज्य के अलग होने के बाद पहला चुनाव था, 53 अगड़ा विधायक बने थे जो 2007 में 25 रह गए और यह संख्या अब इसी के आसपास रहा करती है। तब तक पटेल काफी ताकतवर ढंग से उभर चुके थे लेकिन उनकी स्थिति भी मजबूत हुई है। राज्य विधानसभा में तब उनके विधायक 35-40 के बीच रहते थे जो अब पचास के करीब होते हैं। पिछली विधानसभा में उसके 44 विधायक थे तो तेरहवें में 48। सबसे बड़ा बदलाव ओबीसी समूह की जातियों के विधायकों का हुआ है जो तब मात्र तेरह थे लेकिन 2007 की विधानसभा में 63 हो गए। इस तरह का बदलाव दलित और आदिवासी विधायकों के मामले में देखने को नहीं मिलता जो अपने-अपने रिजर्व क्षेत्रों तक सिमटे रहे। पर गुजरात ने मजबूत आदिवासी

नेता जरूर दिए। मुसलमान शुरू में तो ज्यादा महत्त्व नहीं पाते थे लेकिन भाजपा के उदय के साथ वे सचमुच हाशिये पर चले गए हैं। उनके विधायकों की संख्या आधी भी नहीं रह गई है।

और यही गुजरात की उस सामाजिक राजनीति का सच है जो 1985 के बाद राज्य में शुरू हुई है। तब तक मोटे तौर पर कांग्रेस का दबदबा रहा था—1977 का अपवाद छोड़कर। और धार्मिक, जातीय या सामाजिक बदलाव की यह प्रक्रिया स्वाभाविक ढंग से चलती रही। 1974 के बाद के दस सालों में आरक्षण विरोधी उपद्रव और साम्प्रदायिक अशान्ति भी रही। लेकिन उसका बाद जाति, सम्प्रदाय और धर्म का चालाकी भरा इस्तेमाल शुरू हुआ। तब तक राज-सुख भोगने का अभ्यस्त बन चुकी कांग्रेस और कांग्रेसी अपने मद में डूबे हुए थे, आपस में लड़ते-झगड़ते थे। अब ब्राह्मण बनाम पटेल की जगह पटेल बनान क्षत्रिय की लड़ाई सामने आई और 'खाम' नामक चर्चित फॉर्मूले का उदय भी हुआ। लेकिन राममन्दिर आन्दोलन के साथ ही वह भाजपा उभरने लगी जो साठ के दशक तक एक सीट की राजनीति करती थी। 1977 में भी जनता पार्टी के टिकटों में जनसंघ धड़े के पास तीन दर्जन सीटें आई थीं। 1989 से 1991 के बीच का दौर तीन खेमे वाली राजनीति का रहा लेकिन जनता दल परिवार नामक खेमे के गिरते ही भाजपा ने उस शून्य को भरा और कांग्रेस को चुनौती देने लगी और फिर उसने अपने नरम हिन्दुत्व को तीखे साम्प्रदायिक रंग में रँगा और गुजरात में अल्पसंख्यकों के खिलाफ खुलकर जो अभियान चलाया उसमें आशीष नन्दी जैसे बहुत सारे जानकार लोगों को शुद्ध फासीवाद दिखाई दिया। और एक बार जब भाजपा चुनाव जीती तथा वहाँ भी पटेल बनाम क्षत्रिय का संघर्ष हुआ (केशुभाई बनाम बघेला) तो भाजपा नेतृत्व ने बदलाव के लिए एक घांची (नरेन्द्र मोदी) को संगठन का काम छुड़वाकर सरकार चलाने के लिए भेज दिया।

लेकिन भाजपा का शुरुआती शासन बड़ा डगमगाहट वाला रहा। कुशासन और अन्तर्कलह के चलते न सिर्फ नेतृत्व परिवर्तन हुए बल्कि दल-बदल, पार्टी टूट और विधायकों की घेरेबन्दी (हजूरिया बनाम खजूरिया दौर याद करें) पहली बार देखी गई। पर सारी नाकामियों, आम जन की निराशा और कुशासन के बावजूद भाजपा और संघ परिवार अपने कार्यकर्ताओं की फौज के सहारे हिन्दू-मुसलमान बँटवारे के मोर्चे पर लगे रहे। भाजपा के केन्द्रीय शासन की ढुलमुल नीतियों और मन्दिर आन्दोलन के जोर के चलते ऐसा करना सम्भव हुआ। और इस अभियान में संघ परिवार ऐसा सफल हुआ कि जब अयोध्या में मस्जिद गिरने के बाद लौट रहे स्वयंसेवकों के रेल डिब्बे को जला दिया गया (यह काम किसने किया अभी तक स्पष्ट नहीं है) तो पूरे गुजरात में साम्प्रदायिक दंगों की आग लग गई। हजारों निर्दोष मुसलमान मारे गए और सत्ता के सामान्य

परिवर्तन के तहत नरेन्द्र मोदी ने गुजरात को संघ का गढ़ बना दिया। पर वे सिर्फ फासीवादी साम्प्रदायिकता और उसके चलते मिले हिन्दू हृदय सम्राट वाले तमगे को लेकर सन्तुष्ट नहीं हुए। उन्होंने अपने ऊपर हुए हमलों (जो मुख्यत: दंगाइयों को बचाने या दंगों के समय उनकी भूमिका के चलते हो रहे थे) को बड़ी चालाकी से गुजरात की अस्मिता से जोड़ा और फिर बड़ी कम्पनियों के सहयोग से खास तरह का विकास (जिसमें एक आदेश वाले काम कराने की व्यवस्था रही) कराने वाली छवि भी बनाई। इस चुनाव तक में मोदी को रावण बताने का कांग्रेस नेता खड़गे का दाँव उलटा पड़ा। और इन तीन चीजों से गुजरात के आम मतदाता ऊबे तब तक उन्होंने अखिल भारतीय रोल लेकर गुजरात गौरव बढ़ाने वाला मेकओवर भी कर लिया। और इस सबमें गुजरातियों को उनकी जाति भुलवा दी। ऐसा होना निश्चित रूप से बुरा ही हो यह कहना सही नहीं है लेकिन जाति भुलाकर हिन्दुत्व थोपने से हिन्दू समाज में ही समरसता लाने का प्रयास हुआ हो, दलितों-कमजोरों को ऊपर लाने का काम शुरू हुआ हो, औरतों और बुजुर्गों को कोई खास सम्मान मिला हो यह नहीं हुआ है। उलटे बुराइयाँ बढ़ गई हैं और सामान्य बदलाव की पुरानी धारा रुक गई है। इस कथित गुजरात मॉडल की पोल भी खुलती गई है।

इस बार के चुनाव में दिल्ली में प्रभावी और प्रचार के हथकंडों में भाजपा और संघ परिवार का मुकाबला कर लेने वाली 'आप' ने गुजरात में मजबूती से प्रवेश किया। शुरू में तो इसे ही मुख्य विपक्ष माना गया और इसने सबसे ज्यादा पटेल उम्मीदवार उतारकर एक नया दाँव भी चला। लेकिन जैसे-जैसे चुनाव प्रचार आगे बढ़ा बाहरी कार्यकर्ताओं की फौज वाला 'आप' किनारे लगता गया और कांग्रेस मुख्य मुकाबले में आई। लेकिन 'आप' ने चुनाव को तिकोना बनाकर भाजपा का काम आसान कर दिया। कोई भी मुद्दा मतदाताओं पर असर करता नहीं दिखा। सब पर मोदी-मोदी का रंग चढ़ा रहा। ऐसा एकतरफा और व्यक्ति केन्द्रित चुनाव शायद ही कहीं दिखा हो जबकि मोदी जी मुख्यमंत्री बनाने नहीं जा रहे थे। यह जीत मोदी और 'आप' के द्वारा मुकाबला तितरफा बनाने से सम्भव हुई।

सन्दर्भ

1. *लोकतंत्र का नया लोक,* सम्पा. अरविन्द मोहन, वाणी प्रकाशन, नई दिल्ली में प्रियवदन पटेल का आलेख; 'भाजपा का दबदबा'।
2. किरण देसाई और घनश्याम शाह; 'व्हेन पटेल्स रेजिस्ट द क्षत्रियाज', *राइज ऑफ़ द प्लेबियन्स,* रटलेज, नई दिल्ली।

3. घनश्याम शाह, *कास्ट एसोसिएशन एंड पॉलिटिकल प्रोसेस इन गुजरात,* पॉपुलर प्रकाशन, बॉम्बे, 2003
4. आनन्द चक्रवर्ती, 'डबली एलिमिनेशन ऑफ़ मुस्लिम', *ईपीडब्लू,* खंड 37, अंक 41, 2002
5. रजनी कोठारी, 'कल्चर ऑफ़ कम्यूनलिज्म इन गुजरात', *ईपीडब्लू,* खंड 37, अंक 48, नवम्बर 2002
6. योगेन्द्र यादव, 'मोदीज मोमेंट ऑफ़ ट्रुथ', *इंडियन एक्सप्रेस,* 10 दिसम्बर, 2007

दादरा और नगर हवेली : दिलचस्प इतिहास का वर्तमान

गुजरात और महाराष्ट्र दोनों के लिए सम्बन्धों का ही नहीं, कई मामलों में उदाहरण बना केन्द्रशासित प्रदेश दादरा और नगर हवेली करीब सत्तर गाँवों वाला इलाका है जिसके दादरा वाले इलाके तो गुजरात के किनारे हैं और नगर हवेली वाले महाराष्ट्र से सटे। करीब चालीस फीसदी वन वाले ये इलाके प्राकृतिक रूप से जितने खूबसूरत हैं, ऐतिहासिक रूप से भी उतने ही दिलचस्प हैं। यहाँ गुजराती और मराठी के साथ हिन्दी भी बोली जाने लगी है। इसे पहले गोवा के साथ ही रखा गया था लेकिन गोवा के प्रदेश बनाने के साथ 1961 से यह केन्द्रशासित प्रदेश है। अठारहवीं शताब्दी से पुर्तगाली शासन में रहे इस केन्द्रशासित प्रान्त की राजधानी सिलवासा आज औद्योगिक विकास का केन्द्र बनकर उभरी है। यहाँ की लगभग एक-चौथाई आबादी आदिवासी है और यही कारण है कि लोकसभा के लिए यह रिजर्व सीट है। यहाँ विधानसभा नहीं है और स्थानीय प्रशासन केन्द्र द्वारा तैनात प्रशासनिक अधिकारी ही चलाते हैं।

करीब साढ़े तीन लाख आबादी वाला यह प्रदेश मुख्य रूप से (88 फीसदी) हिन्दुओं की बसावट का है लेकिन यहाँ थोड़े ईसाई और मुसलमान भी हैं। और देश के इसी हिस्से में अफ्रीकी लोगों की तरह बाल की बनावट वाले कुछ लोग भी हैं जो सम्भवत: व्यापार में आए लोगों के वंशज हैं। वार्ली, ढोंड़ीया, कोंकण सबसे बड़े आदिवासी और सामाजिक समूह हैं। और कहना न होगा कि 1967 से जब यहाँ चुनाव की शुरुआत हुई है इनकी राजनीति ही नतीजों पर सबसे ज्यादा असर करती है। और 1989 के बाद से तो मोहनभाई डेलकर और फिर उनकी पत्नी कलाबेन डेलकर ही कई दलों में जाकर भी लगातार चुनाव जीतते रहे हैं। 1967 में एस. आर. डेलकर कांग्रेस के टिकट पर जीते थे तो दो बार आर. आर. पटेल भी जीते थे। स्थानीय स्तर पर पंचायत व्यवस्था है लेकिन उसके अधिकार सीमित हैं। काफी हद तक नौकरशाही का राज ही चलता है।

दमन, दिउ : पुर्तगाली प्रभाव हावी

1531 से पुर्तगाली शासन के अधीन रहा दमन और दिउ मात्र एक लाख आबादी वाला केन्द्रशासित प्रदेश है। लेकिन अपनी खूबसूरत प्रकृति और समुद्र के बीच की बसावट के साथ ही यह शान्त अरब सागर के चलते भी बहुत सारे लोगों को आकर्षित करता है। मुख्यत: मछली और वन उत्पादों के सहारे जीवन जीने वाले यहाँ के बाशिन्दे भी बहुत दिलचस्प हैं। और धर्म से ज्यादा व्यवसाय यहाँ के जीवन में प्रभावी है। इसलिए भले यहाँ हिन्दू 88 फीसदी हैं और मुसलमान मात्र नौ फीसदी तथा ईसाई तीन फीसदी ही लेकिन कुल मिलाकर यहाँ दबदबा मछुआरों का है। दामणिक जाति सबसे बड़ी है। अफ्रीका के बाहर अफ्रीकी मूल के सिद्दी लोगों की बस्ती भी यहाँ है जो अब बहुत हद तक स्थानीय रंग-ढंग अपना चुके हैं। उनके लिए भी मछली का शिकार और व्यापार ही जीवन का आधार है। सम्भवत: इनके पूर्वज अफ्रीका से व्यापार में सहयोग करने के लिए गुलाम बनाकर ले गए थे। दिउ और दमन के सिद्दियों को काफिर, गम्यता या लाँड़ा भी कहा जाता है।

मात्र 112 वर्ग किमी इलाके का यह प्रान्त गुजरात के साथ ही महाराष्ट्र और कर्नाटक के पश्चिमी तट अर्थात खम्भात की खाड़ी से लगे द्वीपों का है। पर दबदबा राजकोट के आसपास के लोगों का है। सांस्कृतिक रूप से भी यहाँ काठियावाड़ी असर सबसे ज्यादा है। यह 1987 में गोवा से अलग हुआ और यहाँ पहला चुनाव 1989 में हुआ। भाजपा तभी से यहाँ प्रभावी है। तब दमन म्यूनिसपाल काउंसिल में सदस्य रहे डी. जे. टंडेल सांसद चुने गए थे। उन्होंने दोबारा भी चुनाव जीता। 2009 से यहाँ से लाल भाई पटेल चुनाव जीत रहे हैं। यहाँ साक्षरता दर बड़ी ऊँची है और मतदान भी काफी होता है। लेकिन विधानसभा जैसी कोई व्यवस्था न होने से शासन अधिकारी ही चलाते हैं। स्थानीय निकाय बनाए गए भी हैं तो वे काफी हद तक अधिकारविहीन हैं।

दमन यहाँ का मुख्य शहर है जो अपने पुर्तगाली भवनों के लिए चर्चित है। नानी दमन फोर्ट नाम से विख्यात सेंट जेरोम किला उस दौर की समृद्धि और वैभव को बताता है। दमन गंगा नदी के दूसरी तरफ मोती दमन किला असल में एक मोनेस्टरी का अवशेष है। यहीं बोम जेसस चर्च भी था। चैपल ऑफ़ यायावर रोजरी की दीवारें अपनी खूबसूरत पच्चीकारी के लिए विख्यात हैं।

राजस्थान : देर से जागा प्रदेश

चुनावी राजनीति के हिसाब से राजस्थान का इतिहास, भूगोल और समाजशास्त्र बाकी हिन्दुस्तान से एकदम अलग है। और इसे जानना इसलिए भी दिलचस्प है कि इसके बगैर सार्वभौम मताधिकार से होने वाले बदलाव, देश के रजवाड़ों के विलय की मुश्किल और जातियों तथा चुनाव के अपने समीकरणों को समझना कुछ मुश्किल होता है। लोकतंत्र और रजवाड़ों में किस तरह का छत्तीस का रिश्ता होता है यह भी राजस्थान की राजनीति को देखकर सबसे अच्छी तरह समझा जा सकता है। आज राजस्थान आजादी के पचहत्तर साल बाद बाकी देश के साथ खड़ा है और इसने पिछले तीसेक सालों में बहुत जबर्दस्त दो दलीय मुकाबले वाली राजनीति का स्वरूप पेश किया है। इसमें समाज के किसी भी वर्ग की उपेक्षा मुश्किल होती है क्योंकि इस तरह की चुनावी स्थिति में हर जमात का व्यावहारिक वजन उसके असली वजन से दो गुना हो जाता है। जैसे ही वह किसी वजह से पाला बदलता है पहले पक्ष को हुआ नुकसान और दूसरे पक्ष का लाभ मिलकर दोहरा मार करते हैं। दो फीसदी आबादी का मतलब चुनावी गणित में चार फीसदी वजन हो जाता है। पर ऐसा होने में पूरे पचास साल लगे हैं और अब भी रजवाड़ों का असर खत्म नहीं हुआ है और न ही कमजोर जमातों की सुनवाई उसी तरह होने लगी है जैसी मुल्क के अन्य राज्यों में हो रही है। पर बदलाव की जो दिशा है वह चीजों को उस तरफ ले जा रही है। और कल तक एकदम कमजोर राजनीतिक स्थिति में रहने वाली जाट, गूजर, जाटव, मीणा, माली जैसी जातियों ने तेजी से राजनीति और शासन में जगह बनाई है और आज उनके वोट के लिए बड़े नेता ही नहीं, पुराने राजे-महाराजे भी उनके दरवाजे पर दस्तक दे रहे हैं। महारानी उनकी चौके/पांत में बैठकर भोजन जीम रही हैं।

आज भी अपने वैभव और इतिहास को बेच रहे रजवाड़ों से भरे राजस्थान के बहुत कम ही हिस्सों में ब्रिटिश हुकूमत सीधा प्रशासन चलाती थी। इतिहास और मुल्क में अपनी आन, बान और शान के लिए नामी राजपूत रजवाड़े अँगरेजी

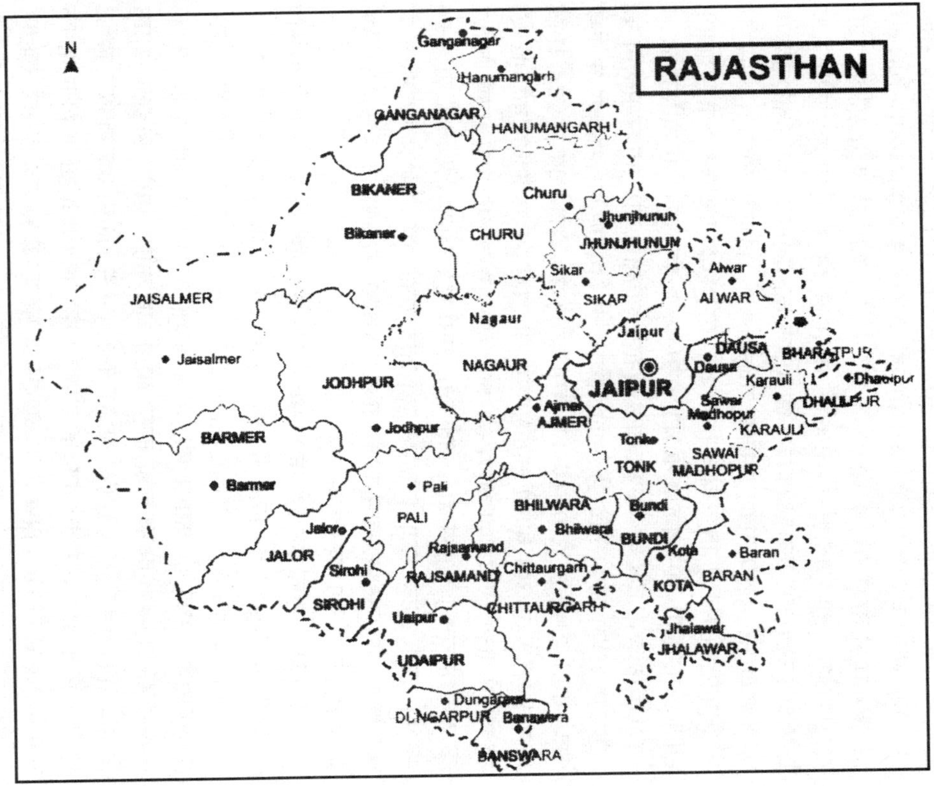
RAJASTHAN
N
Ganganagar
Hanumangarh
GANGANAGAR
HANUMANGARH
BIKANER
Bikaner
Churu
CHURU
Jhunjhunun
JHUNJHUNUN
Sikar
SIKAR
Alwar
ALWAR
JAISALMER
Jaisalmer
Nagaur
NAGAUR
Jaipur
JAIPUR
DAUSA
Dausa
BHARATPUR
Karauli
Dhaulpur
DHAULPUR
JODHPUR
Jodhpur
Ajmer
AJMER
Sawai Madhopur
KARAULI
Tonk
TONK
SAWAI MADHOPUR
BARMER
Barmer
Pali
PALI
BHILWARA
Bhilwara
Bundi
BUNDI
Jalore
JALOR
Rajsamand
RAJSAMAND
Chittaurgarh
Kota
KOTA
Baran
BARAN
Sirohi
SIROHI
CHITTAURGARH
Udaipur
UDAIPUR
Jhalawar
JHALAWAR
Dungarpur
DUNGARPUR
Banswara
BANSWARA

हुकूमत के समय उसके आगे नतमस्तक गुलाम जैसे ही बन गए थे और अजमेर के कुछ हिस्सों को छोड़कर बाकी पूरा राजस्थान मुख्यत: राजपूत, लेकिन जगह-जगह दूसरी जाति के, रजवाड़ों के अधीन था। वे कई मध्यवर्ती जातियों के जमींदारों और जागीरदारों के सहारे राज करते थे और बाकी सब 'प्रजा' थी जो सिर्फ आर्थिक-राजनीतिक रूप से ही नहीं मन से भी उनकी गुलामी करती थी। फिर ये रजवाड़े ऊपर अँगरेजों की गुलामी करते थे—कभी कभार टकराव हुआ भी तो बात ज्यादा आगे नहीं बढ़ी। अँगरेजों को ऐसे स्वामीभक्त रजवाड़ों से कोई दिक्कत न थी। और इस चक्कर में हमारे राष्ट्रीय आन्दोलन और कांग्रेस का यहाँ बहुत सीमित प्रभाव रहा। कांग्रेस ने भी रजवाड़ों की राजनीति में दखल देने का काम आजादी तक के लिए टाले रखा और प्रजामंडल जैसे आन्दोलनों को हल्का समर्थन देकर राष्ट्रवाद की मशाल भर जलाए रखी। इसलिए राजस्थान में आजादी, लोकतंत्र, सार्वभौम मताधिकार, सीमित चुनाव, सर्व धर्म समभाव, राष्ट्रभाषा आन्दोलन, स्त्री भागीदारी, खादी, अछूतोद्धार जैसे कार्यक्रमों का असर बहुत कम हुआ या नहीं हुआ। सो आजादी के वक्त देश के अन्य इलाके चुनावी लोकतंत्र और सबको मतदान का अधिकार अर्थात अपने हाथ से अपने भविष्य के निर्धारण के अधिकार के लिए जितने तैयार दिखते हैं पूरे राजस्थान में वैसा नहीं हुआ। दशकों तक रजवाड़े अपनी मनमानी करते रहे और काफी लोग गुलामों की तरह उस उम्मीदवार को वोट देते रहे जिसके लिए दरबार का हुकूम आ जाता था। पर यह बात नहीं भूलनी चाहिए कि तब भी चुनाव कांग्रेस ही जीतती रही, सारा जोर लगाकर रजवाड़े या उनके समर्थन वाली पार्टियाँ सत्ता के करीब नहीं पहुँच सकीं। पर धीरे-धीरे यह चलन भी कम होकर अब लगभग खत्म-सी है लेकिन रजवाड़ों का असर अब भी जाति, धर्म वाली गिनती से ऊपर बना हुआ है।

आजादी के बाद रजवाड़ों के मत्स्य संघ बनाने और न जाने किस-किस नाम के प्रयोग में रजवाड़ों की मनमानी चलती रही लेकिन मुख्य पार्टी कांग्रेस ही रही, भले उसका दबदबा बाकी राज्यों जैसा न रहा। ऐसा क्रम पहले पचीस साल जारी रहा—पर इन सबमें ही कांग्रेस का प्रभाव बढ़ता गया। और जब प्रिवी पर्स की समाप्ति हुई तो ज्यादातर रजवाड़ों ने हठ छोड़ी और कांग्रेस विरोध छोड़कर कांग्रेस में आने लगे। राज पहले जा चुका था, शानो-शौकत में अन्तिम आधिकारिक विदाई भी तभी मिल गई। और तब तक के लोकतंत्र के अनुभव ने बताया दिया था कि सामान्य घर से निकाला पिछड़ा या आदिवासी मुख्यमंत्री भी बड़े से बड़े रजवाड़े के महाराज से ज्यादा ताकतवर हो चुका है। लेकिन रजवाड़ों और ब्रिटिश हुकूमत के प्रभाव बहुत बाद तक बने रहे जो अन्य राज्यों से अलग रहे। जैसे राज्य में दक्षिणपंथी रुझान सदा से था और कभी गया नहीं। राज्य में जितना खुलकर जातियों के संगठन काम करते हैं और चुनाव में भूमिका निभाते हैं वैसा किसी और राज्य

में नहीं दिखता। बाहर तो जाति और सम्प्रदाय की राजनीति चलती भले है पर वह शर्म की चीज मानी जाती है। इस चक्कर में खुले पूँजीवाद की वकील स्वतंत्र पार्टी जैसों को भी राजस्थान में काफी मान मिला, भले वोट देकर उनका मान बढ़ाने वालों को उनकी नीतियों का कोई मतलब मालूम हो या नहीं, या फिर वे सिर्फ 'हुकूम' के हुक्म से वोट देते हों।

देश के आजाद होने के पहले राजस्थान के इलाके पर राष्ट्रीय आन्दोलन का असर काफी रहा। प्रजा मंडल और लोक परिषद आन्दोलनों के चलते 1942 के भारत छोड़ो आन्दोलन तक पूरा राजस्थान उनके प्रभाव में आ गया था। सो उस दौर के बीतने के बाद राजपूताना प्रान्तीय सभा बनी। उधर देश की आजादी के साथ 22 रजवाड़ों ने भारतीय संघ में शामिल होने पर सहमति दी। सबसे पहले अलवर, भरतपुर, धौलपुर और करौली रजवाड़ों ने एकजुट होकर मत्स्य संघ बनाया। 25 मार्च, 1948 को बाँसवाड़ा, बूँदी, झालवाड़, डूंगरपुर, किशनगढ़, प्रतापगढ़, शाहपुरा, टोंक और कोटा को मिलाकर राजस्थान संघ बना जिसमें तीन दिन बाद उदयपुर के महाराणा भी आ मिले। राजस्थान संघ के चीफ मिनिस्टर स्वतंत्रता सेनानी माणिकलाल वर्मा बने और मोहनलाल सुखाड़िया मंत्री थे। सुखाड़िया जी बाद में लम्बे समय तक राजस्थान के मुख्यमंत्री रहे और उन्हें आधुनिक राजस्थान का निर्माता भी कहा जाता है। वे भी अपनी पढ़ाई के समय से कांग्रेस में सक्रिय हुए थे। उस जमाने में उनकी अन्तरजातीय शादी भी काफी चर्चित हुई थी। चौथे चरण में बीकानेर, जैसलमेर, जयपुर और जोधपुर को विलय कर इन्होंने और सरदार पटेल ने 30 मार्च, 1949 को राजस्थान प्रान्त का उद्घाटन किया और कांग्रेस के तथा आजादी के आन्दोलन के नेता हीरालाल शास्त्री पहले मुख्यमंत्री बने। 15 मई को मत्स्य संघ ने भी राजस्थान में अपना विलय कर लिया।

लेकिन चार चरणों का यह विलय अभियान राजाओं के चरणों की गति के चलते इस रूप में नहीं हुआ। शुरू में झिझक थी, प्रतिरोध था, जिद थी और इन सबको निपटाने के लिए हैदराबाद वगैरह की तरह फौज तो नहीं भेजनी पड़ी लेकिन सरदार पटेल को जरूर नजर तेज करनी पड़ी। और एक प्रदेश में आकर और अपनी पूर्व प्रजा के लोगों के शासन को मानकर भी रजवाड़े अकेले-अकेले और साझे तौर पर कांग्रेस और लोकतांत्रिक (और संवैधानिक) व्यवस्था का विरोध करते रहे। अचानक अपने नौकर-चाकरों को चुनाव लड़ाकर विधानसभा और लोकसभा भेजने जैसे काम भी हुए और पूँजीवाद तथा लोकतांत्रिक व्यवस्थाओं की विरोधी ताकतों को न्योता देकर राजस्थान की चुनावी राजनीति में बुलाया गया, मजबूत किया गया। कई राजा तो खुद भी चुनाव मैदान में उतरे और संसद तथा विधानसभाओं में पहुँचकर अपनी आन, बान, शान ही नहीं शाही शौक पूरा करने में लगे रहे। कई खेलों और वन्यजीव संरक्षण तथा शिकार में लगे रहे। कई ने वक्त पहचाना और

निजी सम्पत्ति की रक्षा के लिए तरह-तरह की कम्पनियों और संस्थाओं की मार्फत कारोबार में उतरे तो कई ने ज्यादा होशियारी दिखाते हुए कांग्रेस की सदस्यता ही ले ली। लेकिन यह काम काफी वक्त लेकर हुआ और इसमें इन्दिरा गांधी की रणनीति का भी हाथ था। कभी रामराज्य परिषद, कभी स्वतंत्र पार्टी तो कभी जाना संघ उनका पसन्दीदा राजनीतिक और चुनावी प्लेटफार्म था। और जो गिनती है उसके हिसाब से 1952 से 1972 तक चुने गए 112 सांसदों में से 68 कांग्रेसी थे लेकिन 44 सांसद दक्षिणपंथी दलों के भी जीते थे। दक्षिणपंथी दलों को हमेशा चालीस फीसदी से ज्यादा वोट मिलता रहा।

अब यह कहना तो तर्क का दुरुपयोग होगा कि राजस्थान की चुनावी राजनीति को पटरी पर लाने के इस काम में जाति सबसे बड़ा कारक बनी, पर यह कहने में हर्ज नहीं है कि राष्ट्रीय एकता और आजादी के बाद मिले सार्वभौम मताधिकार में, सरदार पटेल और इन्दिरा गांधी जैसों की मजबूती और चालाकी के साथ जाति ने भी एक महत्त्वपूर्ण भूमिका निभाई। दरबार और हुकूम वाली संस्कृति जरूर काफी सारे लोगों के जींस में आ गई हो पर सबके जींस में ऐसा बदलाव नहीं हुआ था। सो राज जाते ही दरबार से स्वाभाविक अलगाव, राज करने वाली जातियों के आपसी टकराव और राजाओं की जातियों के खिलाफ उनके अधीन रही जातियों की नाराजगी चुनावी परिणामों को प्रभावित करने लगी। सबसे पहला फर्क तो जाटों के मामले में दिखा जिनकी संख्या उत्तर और पश्चिम राजस्थान में निर्णायक है—चौबीस से लेकर सोलह-सत्रह फीसदी तक। मारवाड़, मत्स्य, ढूँढ़ार और शेखावटी के नाम से पहचाने जाने वाले इलाकों के अधिकांश संसदीय और विधानसभा सीटों पर इनका प्रभावी असर है। बीकानेर, चुरू, गंगानगर, नागौर जैसी संसदीय सीटों पर लगातार जाट उम्मीदवार जीतते हैं। सबसे पहले जाटों ने रजवाड़ों के विपरीत वोट देने का काम किया और कांग्रेस को मजबूत किया। आजादी की लड़ाई में भी ब्राह्मण, बनिया और जैनियों के साथ उनका भी योगदान था लेकिन चुनावी राजनीति में उन्होंने रजवाड़ों के खिलाफ पहला मोर्चा लगाया (उनके भी कुछ रजवाड़े थे लेकिन कम प्रभावी)।

पर जाट या किसी जाति का रुझान सिर्फ एक पार्टी से बँधा नहीं रहा। जब कांग्रेस से उनको शिकायत हुई (मुख्यत: सत्ता में उचित हिस्सेदारी और प्रमुखता न मिलने की) तब उन्होंने दूसरे विकल्प अपनाए। यह विकल्प कमजोर-सी रही समाजवादी धारा से निकली जनता पार्टी के रूप में आया। इसने राज्य में न सिर्फ गैर कांग्रेसी शासन कायम कराया बल्कि जनसंघ, हिन्दू महासभा और रामराज परिषद वाली दूसरी कमजोर धारा को भी बल दिया। और वर्षों यह हालत रही कि नाथुराम मिर्धा जैसे नेता अपने दम पर राजनीति का एक पक्ष बनाते रहे। पर भैरों सिंह शेखावत जैसे दमदार नेता और अनेक दूसरे कारणों के सहारे दक्षिणपंथी

धारा ने वामपंथी समाजवादी धारा को निगल ही लिया। इस धारा के सूखने के साथ ही न सिर्फ राजस्थान की राजनीति दो ध्रुवीय हो गई है बल्कि जाट मतदाताओं का रुझान भी आराम से अदलता-बदलता है। भाजपा बनाम कांग्रेस की राजनीति होने पर भी माना जाता था कि भाजपा को राजपूतों का तो कांग्रेस को जाटों का समर्थन रहता है। आज यह बात कहना जरा मुश्किल है। एक तो राजस्थान की राजनीति में वसुंधरा राजे सिन्धिया के उदय ने राजपूत, जाट (और एक हद तक गूजर) राजनीति का घालमेल कर दिया क्योंकि वे मायका, ससुराल और समधियाना के नाम पर इन तीनों से जुड़ा दिखने की कोशिश करती हैं। पर इससे ज्यादा बड़ा बदलाव गूजरों, मीणाओं, माली और उन पिछड़ी जातियों में बढ़ी राजनीतिक चेतना और हलचलों से आया है। पूरब में तो गूजरों की आबादी चौथाई से ज्यादा गिनी जाती है और उनमें अलग आरक्षण तथा मुख्यमंत्री पद की हसरत भी जगी है।

अब कांग्रेस और भाजपा के बीच वैचारिक अन्तर खत्म हो गया हो यह नहीं कहा जा सकता लेकिन कम जरूर हुआ है और सामाजिक आधार के मामले में यह पूरी तरह खत्म हो गया है। मुसलमानों के एक छोटे समूह को छोड़ दें तो अब हर सामाजिक समूह का इन दोनों दलों में 'स्वागत' है और हर समूह के नाराज होकर बाहर जाने का दुख है। यही कारण है कि आजादी के समय ओबीसी समूह का प्रतिनिधित्व तीन-चार फीसदी (1952 और 1957 के चुनाव में) था वह अब आराम से सत्रह-अठारह फीसदी के करीब रहता है। पहले यह भी हुआ है कि राजे-महाराजे अपनी मूँछ ऊँची रखने के नाम पर अपने राजनीतिक विरोधी के खिलाफ अपने नौकर-चाकर को लड़ा देते थे और वह कई बार जीत भी जाता था। ऐसे ही लोग ओबीसी समाज के होते थे। अनुसूचित जातियों के ऐसे उम्मीदवार भी कई बार अनारक्षित सीट से जीते हैं। पर आज यह कल्पना से बाहर की चीज है। अब यह आबादी के अनुपात में कम है लेकिन अनदेखा करने लायक तो एकदम नहीं है। और अगर इन जातियों के बिखराव और आपसी होड़ या कहीं-कहीं दुश्मनी भाव को देखें तो यह काफी बढ़िया औसत है। इसमें इन समुदायों के लोगों का कई बार मुख्यमंत्री बनाना और राजनीति की कमान हाथ में रखना भी शामिल है। प्रभावी मंत्री बनाना और अच्छे मंत्रालय हासिल करना आम है। राजस्थान की सामाजिक राजनीति का यही सबसे उज्ज्वल पक्ष है और सैकड़ों साल के सामन्ती समाज का यह बदलाव देश के लिए भी उल्लेखनीय है। जगन्नाथ पहाड़िया को मुख्यमंत्री बनाकर कांग्रेस ने एक सांकेतिक बदलाव किया जिसकी पूर्णाहुति अशोक गहलौत के बार-बार मुख्यमंत्री बनने और राजस्थान की राजनीति के केन्द्रीय व्यक्ति बनने में हुई। और दिलचस्प है कि उन्हें सबसे सशक्त चुनौती एक गूजर नौजवान नेता से मिलती रही।

ऐसा इसलिए भी सम्भव हुआ कि सार्वभौम मताधिकार मिलने के साथ राजस्थान में भूमि सुधार का कार्यक्रम भी अपेक्षाकृत ईमानदारी से चला। जब सरकार में बैठे कांग्रेसियों का रजवाड़ों और जमींदारों से विरोध ही रहा तो उन्होंने भूमि सुधार को अपना एक हथियार बनाया। पचास के दशक में ही चले इस अभियान से बड़े आराम से खालसा या जागीर वाली जमीनें उनके जोतदारों को दी गईं। और जिन जातियों को इसका लाभ हुआ उनमें जाट, बिश्नोई, यादव, डांगी, धाकड़, काछी, गूजर और सिरवी प्रमुख हैं। इनके चलते अलग-अलग इलाके की राजनीति बदली और रजवाड़ों को चुनौती देने वाला सामाजिक समूह हर इलाके में आ गया। इन समूहों को कुम्हार, लोहार, सुथार, चर्मकार, मेघवाल, रैगर, बलाई, माली जैसी उन जातियों से भी मदद मिली जो स्वतंत्र रूप से अपने जातिगत पेशों के साथ अब ज्यादा आजादी से काम करने लगे थे। इनमें से कुछ अनुसूचित जातियाँ भी हैं लेकिन आर्थिक-सामाजिक हैसियत में ये पहले भी ओबीसी समूह की जातियों से ज्यादा अलग स्थिति में न थीं। इनमें से कुछ समूहों ने संख्या के साथ ही अच्छी गोलबन्दी से अपने लिए राजनीति में ठीक-ठाक स्थान बना लिया है तो कुछ के साथ ऐसा नहीं हो पाया। कई दूसरे राज्यों से तुलना करने पर उनकी कमजोर स्थिति साफ समझ आती है। यही बदहाली अधिकांश दलित जातियों की है और मीणाओं को छोड़ दें तो उनके लिए आजादी, लोकतंत्र और कल्याणकारी राज्य व्यवस्था सिर्फ सुनने की चीज है। बीच में बहुजन समाज पार्टी का असर बढ़ने से दलितों का ध्रुवीकरण तेज हुआ था लेकिन स्थानीय और केन्द्रीय नेतृत्व के कमजोर पड़ने के साथ ही बसपा के जीते हुए विधायक भी बिखरते चले गए। दूसरे, राजस्थान में इधर सत्ता का समीकरण इतने कम अन्तर वाला रह गया है कि शासन में आने के लोभ में बड़ी पार्टियाँ बसपा विधायकों को तोड़ती रही हैं और मंत्री पद या दूसरे लाभ के लिए ये विधायक भी टूटते रहे हैं। पर अब बसपा की राजनीति एकदम कमजोर हो गई है, सो दलितों की पूछ भी कम हुई है।

जहाँ तक पार्टियों का सवाल है तो यह सदा से रहा है कि भाजपा में अगड़ों का दबदबा रहे। और हर राज्य में अगड़ों में ब्राह्मण सबसे ऊपर और ताकतवर माने जाते हैं लेकिन राजस्थान में ब्राह्मण कमजोर हैं। सबसे ताकतवर राजपूत हैं जिनका समर्थन भाजपा को बड़े पैमाने पर मिलता आया है। कांग्रेस में उलटी स्थिति रही है। वहाँ के अगड़ों में ब्राह्मण विधायक ज्यादा रहे हैं। पर भाजपा के विधायकों में तो कई बार अगड़ों का अनुपात पचास फीसदी से भी ऊपर चला गया है। भाजपा के जीते उम्मीदवारों में बनिया समाज के लोग भी औसत से काफी ऊपर रहे हैं। वसुंधरा राजे सिन्धिया के दौर में स्थिति थोड़ी बदली लेकिन अब भी कांग्रेस और भाजपा के जनप्रतिनिधियों की सामाजिक पृष्ठभूमि में फर्क है। एक घालमेल जाटों के आरक्षण से हुआ है। शुरू में जाटों को ओबीसी का दर्ज नहीं मिला था। लेकिन आरक्षण का

लाभ देखकर उनकी तरफ से इसके लिए दबाव बना। और राजनीतिक-सामाजिक रूप से एक सबसे ताकतवर समूह की माँग को नजरअन्दाज करना मुश्किल था। 1998 में अशोक गहलौत की सरकार ने इसके लिए आयोग बनाया। पर भाजपा ने बड़े जोर-शोर से 1999 के लोकसभा चुनाव में मुद्दा बनाया और ज्यादातर जाट वोट बटोर ले गई। जल्दी ही जाट ओबीसी सूची में आ गए और तब से उनका वोट भी मनमाने ढंग से चलता है।

लेकिन जाट आरक्षण ने नई समस्या पैदा की है। शैक्षिक, आर्थिक और सामाजिक रूप से प्रभावशाली जाटों के आने से अन्य पिछड़ी जातियों के हिस्से का ज्यादातर स्थान भरना शुरू कर दिया गया है। सो अब गूजरों ने अलग कोटे की माँग को लेकर बार-बार आन्दोलन किया है। उनके देखा-देखी मीणाओं ने, जिनका नौकरियों में अच्छा हिस्सा है, अलग आरक्षण की माँग शुरू की है। मीणाओं की माँग से ज्यादा सहानुभूति नहीं है लेकिन वे अलवर, जयपुर, सवाई माधोपुर और कोटा जैसे इलाकों में राजनीतिक रूप से इतने ताकतवर हैं कि कोई राजनीतिक पार्टी उनकी उपेक्षा नहीं कर सकती। और जैसा पहले बताया गया है कि दो ध्रुवीय राजनीति में छोटे से छोटा समूह भी ज्यादा महत्त्व पाने लगता है। तो अदालती दर से लेकर अन्य कारणों से न गूजरों को अलग आरक्षण मिला है, न मीणाओं को लेकिन ये चुनावी राजनीति में बड़ा मुद्दा बने हुए हैं। इस बीच मीणाओं को ही नहीं, सारी अनुसूचित जनजातियों को यह लाभ हुआ है कि आजादी के समय उनके हिस्से जितनी सीटें थीं उनमें बड़ी वृद्धि हो चुकी है। पहले जहाँ सिर्फ एक सीट जनजातियों के लिए आरक्षित थी वह अब 24 हो गई है। इनमें भी मीणा विधायक/सांसदों की संख्या सर्वाधिक है। और वे सिर्फ आरक्षित सीट से ही नहीं, अनारक्षित सीटों से भी चुनाव जीतते हैं। 2003 में सामान्य सीट से छह जनजातीय उम्मीदवार जीते थे।

और सामान्य तौर पर यह प्रवृत्ति रही है कि विधानसभाओं और राजस्थान से लोकसभा सांसदों में अगड़ों का हिस्सा गिरता गया है और पिछड़े आदिवासियों का बढ़ता गया है। यह बदलाव सिर्फ सदन के अन्दर ही नहीं हुआ है, बाहर की राजनीति और समाज में भी यह दिखाई देता है। लेकिन सीएसडीएस के एक अध्ययन में यह तथ्य सामने आया कि जिस रफ्तार में सदन के अन्दर बदलाव हुआ है उस रफ्तार से पार्टी संगठन और सरकार के महत्त्वपूर्ण पदों पर नियुक्ति के मामले में बदलाव नहीं हुआ है। 2005 में भी कांग्रेस के प्रदेश स्तर के पदाधिकारियों में अगड़ों का हिस्सा 44 फीसदी था तो भाजपा के पदाधिकारियों में 53.2 फीसदी। और भले ही ब्राह्मण विधानसभा में तीसरे सबसे बड़े समूह रह गए हों और दस फीसदी पर आ गए हों (बीच में वे 18-19 फीसदी तक हो गए थे) पर पार्टी पदाधिकारियों में उनका हिस्सा 21 से 22 फीसदी था। यही हाल राज्य सरकार का है। 1952 से

2003 के बीच बनी सरकारों में अगड़ों का हिस्सा 46.7 फीसदी था जिनमें अकेले जाटों का हिस्सा 17.8 फीसदी था। पर रजवाड़ों और नकली आन-बान-शान के संस्कार बन गए प्रदेश में जो बदलाव हुआ है वह कम नहीं हैं। और अब बढ़ी रफ्तार से बदलाव और तेज होगा।

सन्दर्भ

1. *लोकतंत्र का नया लोक,* सम्पा. अरविन्द मोहन, वाणी प्रकाशन, नई दिल्ली, में संजय लोढ़ा का आलेख; 'राजस्थान की चुनावी राजनीति की प्रकृति, विकास और निर्धारक तत्त्व'।
2. क्रिस्टोफ़ जाफ्रलो और सिरिल रॉबिन; 'टुवड्र्स जाट इम्पावरमेंट इन राजस्थान', *राइज ऑफ़ दि प्लेबियन्स,* रटलेज, नई दिल्ली।
3. पी.सी. माथुर और इकबाल नारायण, *द थाउजेंड इयर्स ऑफ़ राजथान,* ऑक्सफोर्ड यूनीवर्सिटी प्रेस, दिल्ली, 1990
4. पी.सी. माथुर, *प्रिंसेज इन राजस्थान पॉलिटिक्स,* मीनाक्षी प्रकाशन, मेरठ, 1967
5. के.एस. सक्सेना, *स्टेट पॉलिटिक्स इन राजस्थान,* आलेख प्रकाशन, जयपुर, 1996

उत्तर

हिमाचल प्रदेश : सन्तुलित विकास, सन्तुलित राजनीति

जिस डॉ. यशवन्त सिंह परमार ने 30 रजवाड़ों से बने हिमाचल प्रदेश को एक लोकतांत्रिक प्रदेश और विकासशील प्रान्त बनाया उन्हें आज राज्य का निर्माता कहने की जगह उनकी जाति से जोड़कर देखा जा रहा है। और हाल के चुनाव के बाद भी एक राजपूत की जगह दूसरा राजपूत मुख्यमंत्री बनाने के बाद यह गिनती भी शुरू हो गई है कि राज्य के मुख्यमंत्रियों और उनके माध्यम से सिर्फ राजपूतों का दबदबा ही क्यों रहा है? असल में ये दोनों स्थापनाएँ गलत हैं क्योंकि हिमाचल हिन्दी पट्टी के एक आदर्श राज्य के रूप में विकसित हुआ है। यहाँ बहुत कायदे से दो दलीय प्रणाली उभरी है और जो भाजपा देश-भर में हिन्दू-मुसलमान ध्रुवीकरण की राजनीति करती है उसे भी इस नन्हे राज्य में सेकुलर राजनीति और बढ़िया शासन ही देना पड़ता है। इसका कारण दो दलीय प्रणाली के साथ हर चुनाव में सरकार बदलने का रिकॉर्ड भी है। इस बार मोदी-शाह की जोड़ी ही नहीं, हिमाचल से आने वाले भाजपा के राष्ट्रीय अध्यक्ष जेपी नड्डा ने सारा जोर लगा लिया लेकिन भाजपा हार गई। यह भी माना जाता है कि हर चुनाव में यहाँ मुकाबला करने वाली दोनों पार्टियों में बड़े पैमाने पर बागी उठ खड़े होते हैं और जो पार्टी अपने बागियों को ठीक सँभाल लेती है चुनाव में वह लाभ की स्थिति में होती है। प्रधानमंत्री ने इस बार एक बागी से खुद बात की और उसका टेप भी वायरल हुआ पर बात न बनी। हिमाचल को इस बात का श्रेय भी दिया जाता है कि वहाँ के लोग मजे से लोकसभा चुनाव में किसी और दल को और विधानसभा में किसी और दल के उम्मीदवार को जिताते हैं।

हिमाचल काफी 'डेवलप' हुआ है—राजनीति से लेकर हर क्षेत्र में। पहले तो वहाँ लोग वोट देने कम निकलते थे। अब हिन्दी पट्टी में सबसे ज्यादा मतदान वहीं होता है। लगभग एक समान भौगोलिक बनावट वाला उत्तराखंड आज किस बदहाली में है और कभी पंजाबी समाज में सेवक और ढाबों पर काम करनेवालों का इलाका माना जाने वाला हिमाचल आज कहाँ है, यह परमार साहब और उनके

HIMACHAL PRADESH
N
Kilar
Taraila
Tisa
Purthi
Karpat
Sarchu
Saluni
Udaipur
Patsio
Masrund
Triloknath
KYELANG
Topko Gongma
Dalhousie
CHAMBA
LAHAUL & SPITI
Chuari
Brahmaur
Gramphu
Losar
Hanse
Kibar
Shihunta
Nurpur
Holi
Marhi
Chhatru
Batal
Kaza
Manali
DHARMSHALA
Indora
Palampur
Biling
Attargo
Tabo
Kangra
Fatehpur
KANGRA
Manikaran
Sumdo
Jogindarnagar
Khar
Khudiyan
Dera
Gopipur
Lambagraon
KULLU
Khirganga
Tiling
Nako
Bhuntar
Khab
Naduan
Tira Sujanpur
Kandi
Ropa
Puh
Sarkaghat
MANDI
KINNAUR
Amb
Aut
HAMIRPUR
Kalpa
Jangi
Bangana
Bhorang
Pandoh
Banjar
Nichar
Wangtu
Morang
Sundernagar
Chachyo
Shajha
RECONG PEO
UNA
Barsar
Rampur
Sarahan
Sangla
Charang
Ghumarwin
Karsog
Ani
Nirmand
Bhakra
BILASPUR
Govind Sagar
Sungri
Tattapani
Narkanda
Chirgaon
Rohru
Arki
SHIMLA
Theog
Jubbal
Nalagarh
Kasumpti
Kotkhai
Kandaghat
Kasauli
Chaupal
SOLAN
Rajgarh
Sarahan
Shalai
SIRMAUR
Dadahu
Renuka
NAHAN
Kala Amb
Paonta Sahib
N
D
I
A

उत्तराधिकारियों का कमाल है। हिमाचल हिन्दी प्रदेशों का नगीना है। मानव विकास के सारे मानकों पर उसकी तरक्की सबसे उल्लेखनीय है तो वह बिजली उत्पादन में अपनी जरूरत से ज्यादा आगे है। उसने फलों, सब्जियों और पशुपालन में भी उल्लेखनीय प्रगति की है और दिल्ली ही नहीं देश की सभी प्रमुख मंडियों में सेब के साथ हिमाचल के तरह-तरह के फल भरे पड़े हैं। शिक्षा, साक्षरता और स्वास्थ्य के मानकों पर भी हिमाचल काफी अच्छी स्थिति में है। फिर वह क्यों घूमकर जातिवाद पर वापस आ रहा है, यह विचारणीय है और जातिवाद मतलब अगड़ों का जातिवाद। पिछड़ों और दलितों की तो कोई गोलबन्दी ही नहीं दिख रही है जबकि राज्य में दलित राजपूतों के बाद सबसे ज्यादा हैं।

हिमाचल प्रदेश में अब तक कुल छह मुख्यमंत्री हुए, जिनमें से पाँच राजपूत और एक ब्राह्मण। और इस बार के चुनाव में भी दूर-दूर तक कोई पिछड़ा या दलित मुख्यमंत्री पद का दावेदार नजर नहीं आता। भाजपा में अगर नेतृत्व की लड़ाई है तो मुख्यत: ठाकुरों के बीच ही। और कांग्रेस में घोषणा न होने के बावजूद एक राजपूत महिला ही मुख्य दावेदार थी। जिस आनन्द शर्मा को भी एक दावेदार माना जाता था वे तो चुनाव अभियान समिति से भाग खड़े हुए। डॉक्टर यशवन्त सिंह परमार 1952 में हिमाचल प्रदेश के पहले मुख्यमंत्री बने और लगातार चार कार्यकाल तक सत्ता में रहे। वीरभद्र सिंह छह बार मुख्यमंत्री बने और 22 सालों तक प्रदेश के मुखिया रहे। डॉ यशवन्त सिंह परमार, वीरभद्र सिंह के अलावा ठाकुर रामलाल, प्रेम कुमार धूमल और जयराम ठाकुर भी राजपूत जाति से ही ताल्लुक रखते हैं। बीजेपी ने शान्ता कुमार को दो बार मुख्यमंत्री बनाया लेकिन वह कभी पाँच साल का कार्यकाल पूरा नहीं कर पाए। शान्ता कुमार 1977 से 1980 और 1990 से 1992 तक मुख्यमंत्री रहे। शान्ता कुमार ब्राह्मण हैं और हिमाचल प्रदेश के पहले गैर-कांग्रेसी, गैर-राजपूत मुख्यमंत्री थे।

वे बड़े पढ़े-लिखे हैं और अब भी लिखते हैं। जाति के मामले में ही नहीं उन्हें हिमाचल में सभी मुख्यमंत्रियों के बीच अपवाद के तौर पर देखा जाता है। भाजपा के राष्ट्रीय अध्यक्ष जेपी नड्डा भी हिमाचल प्रदेश के ब्राह्मण नेता हैं। हो सकता है कि भाजपा के सत्ता में लौटने पर कई राजपूत उम्मीदवारों की लड़ाई की स्थिति में उनकी लॉटरी निकल आए। कांग्रेस के आनन्द शर्मा भी हिमाचल के ही ब्राह्मण नेता हैं लेकिन वीरभद्र सिंह के रहते वह प्रदेश में हाशिये पर ही रहा। कभी पंडित सुखराम मुख्यमंत्री पद के गम्भीर दावेदार थे लेकिन वीरभद्र ने उनकी एक न चलने दी और नाराज होकर उन्होंने हिमाचल विकास पार्टी बनाकर प्रदेश के राजनीति को तिकोना बनाने का प्रयास किया। टेलिकॉम घोटाले के मुख्य आरोपी सुखराम के पास साधन भी थे लेकिन ब्राह्मणों की कम संख्या और उन पर लगे दाग ने उनका खेल नहीं चलने दिया। हिमाचल लगातार सत्ता बदलने वाला प्रदेश भी है। कहा जाता है

कि सरकार के पाँचवें वर्ष में उसका इकबाल खत्म हो जाता है और कर्मचारी भी बहुत जरूरी कामों के अलावा बाकी बातों पर ध्यान नहीं देते।

हिमाचल प्रदेश क्षेत्रफल और आबादी दोनों के लिहाज से छोटा राज्य है। 2011 की जनगणना के अनुसार, हिमाचल प्रदेश की आबादी 70 लाख से भी कम है। भारत की कुल आबादी में हिमाचल का हिस्सा महज 0.57 फीसदी है। यहाँ की साक्षरता दर 80 फीसदी से भी ज्यादा है। राज्य ने अपना भौगोलिक स्वरूप भी कई बार बदला है। 1966 में पंजाब से लाहौल, स्पीति, कांगड़ा और कुल्लू इलाके हिमाचल में आ गए. फिर तीस रजवाड़ों वाला चरित्र भी बदला, हालाँकि राजनीति में उनका असर रहा। सबसे ज्यादा समय मुख्यमंत्री रहे वीरभद्र सिंह भी एक बड़े रजवाड़े से सम्बन्ध रखते थे। पर रजवाड़े बनाम आम लोग की जगह हिमाचल की राजनीति में नये इलाके बनाम पुराने इलाके की लड़ाई ज्यादा मजेदार है। कई चरणों में बने हिमाचल में पंजाब के मैदानी इलाके आए जिन्हें निचला हिमाचल या नये इलाके कहा जाता है। इसके राजनेता यह सोचकर सक्रिय हुए कि नये प्रदेश में उनके लिए जीतने को काफी कुछ है। पर उल्टा हुआ—संख्या पुराने इलाके के लोगों के पास थी। फिर जब फल और सब्जियों का काम चल निकला तो मैदानी इलाके की खेती वाली कमाई भी पिछड़ने लगी। फल और सब्जियाँ राज्य से बाहर जाती हैं और कैश लाती हैं। अनाज खाने भर से शायद ही ज्यादा हो पाता है।

2011 की जनगणना के अनुसार, हिमाचल प्रदेश की 50.72 प्रतिशत आबादी सवर्णों की है। इनमें से 32.72 फीसदी राजपूत और 18 फीसदी ब्राह्मण हैं। चूंकि जातिवार जनगणना नहीं होती इसलिए यह अनुमान ही है। कई दूसरे अनुमान ब्राह्मण 20 फीसदी, राजपूत 28 फीसदी और खत्री/वैश्य करीब आठ फीसदी अर्थात अगड़ों की आबादी 56 फीसदी बताते हैं। 25.22 फीसदी अनुसूचित जाति, 5.71 फीसदी अनुसूचित जनजाति, 13.52 फीसदी ओबीसी और 4.83 प्रतिशत अन्य समुदाय से हैं। अनुसूचित जाति में चर्मकार करीब 15 फीसदी हैं तो ओबीसी में घिरत (या बहती) साढ़े छह फीसदी। हिमाचल प्रदेश में मुसलमानों की आबादी न के बराबर (दो फीसदी से भी कम) है, इसलिए यहाँ हिन्दुत्व की राजनीति का जोर नहीं है। लेकिन भाजपा 1977 के बाद की राजनीति का एक मजबूत पक्ष रही है। उसके पहले भी जनसंघ ही मुख्य विपक्षी दल था भले ही उसे बीस साल बाद सत्ता का स्वाद चखने को मिला। यहीं की सभा से शुरू हुआ जनता पार्टी का झगड़ा पुरानी जनता पार्टी की टूट का कारण बना। तब शान्ता कुमार मुख्यमंत्री थे और उनके साथ ही भाजपा राज्य में दूसरी ताकत के तौर पर उभरी। यहाँ सिख भी दो फीसदी के आसपास होंगे। शुरू की विधानसभाओं से तो यहाँ महिलाएँ गायब थीं लेकिन अब किसी भी प्रदेश की तुलना में वे अच्छी स्थिति में हैं। यहाँ मंडल लहर का कोई खास प्रभाव नहीं दिखा।

पिछले 45 सालों से हिमाचल प्रदेश की राजनीति कांग्रेस बनाम बीजेपी रही है। इसने राजनीति को समरूप और सेकुलर बनाया है। जरा भी ज्यादा अलग राजनीति महँगी पड़ने लगती है। नवम्बर 2017 में हुए विधानसभा चुनाव में बीजेपी ने प्रदेश की कुल 68 विधानसभा सीटों में से 44 सीटों पर जीत दर्ज की थी। पिछले विधानसभा चुनाव में कांग्रेस ने सुखविंदर सिंह सुक्खी और उनसे पहले बीजेपी ने नये चेहरे जयराम ठाकुर को मुख्यमंत्री बनाया था। इन दोनों का मुख्यमंत्री बनना एक अहम घटना थी क्योंकि हिमाचल प्रदेश की राजनीति में पिछले तीन दशकों से वीरभद्र सिंह और प्रेम कुमार धूमल परिवार का दबदबा चला आ रहा था। भाजपा ने धूमल परिवार के दबदबे को चुनौती दी लेकिन राजपूतों के दबदबे को कायम रखा। मोदी के नेतृत्व वाली भाजपा आम तौर पर बड़ी आबादी वाली या प्रभावी जाति के व्यक्ति को मुख्यमंत्री नहीं बनाती है, लेकिन भाजपा इस नीति पर हिमाचल में अमल नहीं कर सकी और उसे राजपूत को ही मुख्यमंत्री बनाना पड़ा। हिमाचल प्रदेश की राजनीति में भ्रष्टाचार, विकास और अपराध मुद्दा बनता है लेकिन जाति के नाम पर यहाँ गोलबन्दी नहीं होती है।

इसकी एक बड़ी वजह हिमाचल प्रदेश की भौगोलिक संरचना भी मानी जाती है। जिस नये और पुराने हिमाचल की पहले हल्की चर्चा की गई है वह इसका एक प्रमाण है। भौगोलिक संरचना और पर्यावरण का असर सामाजिक सम्बन्धों पर साफ पड़ता है। पहाड़ों पर छोटी-छोटी बस्तियाँ होती हैं। पहाड़ पर शहरों में भी बड़ी आबादी नहीं होती है। भौगोलिक बनावट ही बड़ी बसावट के खिलाफ हो जाती है। इसलिए हिमाचल के शहर ही नहीं गाँवों का आकार भी छोटा है। जो शहरों में गाँव से पलायन कर बस भी गए हैं, वे भी गाँव और अपने समुदाय से सम्पर्क कायम रखते हैं। हिमाचल प्रदेश में एक गाँव में औसत 25 से भी क़म परिवार होते हैं। कुछ गाँव तो ऐसे भी मिल जाते हैं, जहाँ मुश्किल से पाँच-छह घर होते हैं। दूसरी तरफ, समतल इलाकों में बड़ी संख्या में लोग एक साथ रहते हैं, सभी जातियों के लोग रहते हैं। इस तरह की बस्तियों का असर जातीय सम्बन्ध और सम्पर्क पर भी खासा पड़ता है। बड़ी संख्या में लोग कहीं भी एक साथ ठीक से नहीं रह पाते हैं क्योंकि एक-दूसरे के बारे में पूर्वग्रह भी लम्बे समय तक रहता है, लेकिन हिमाचल में लोग कम हैं इसलिए आपसी कलह भी कम है।

जिस तरह से 90 के दशक में उत्तर भारत में दलितों और पिछड़ी जातियों का चुनावी राजनीति में उभार हुआ, उससे हिमाचल प्रदेश अब तक मोटे तौर पर अछूता है। इसका कारण ओबीसी समाज का छोटा आकार है। विधानसभा में जातियों का हिसाब देखने से साफ लगता है कि दलित और आदिवासी अपनी आरक्षित सीटों की लक्ष्मण रेखा नहीं तोड़ पाते तो ओबीसी समाज में मुश्किल से अब सुगबुगाहट दिखती है। यह भी अभी कुछ इलाकों तक ही सीमित है। कांगड़ा के 18 विधानसभा

क्षेत्रों में अब ओबीसी की उपेक्षा सम्भव नहीं है और पिछली विधानसभा में यहाँ से चार ओबीसी विधायक जीते भी थे। ऊना में भी ओबीसी वोट ठीक-ठाक हैं और वहाँ भी उनकी गोलबन्दी दिखने लगी है। विधानसभा के अन्दर भी ओबीसी विधायकों का अनुपात 1967 के 1.7 फीसदी से बढ़ाकर अब 10 फीसदी तक आया है जबकि अगड़े विधायकों का अनुपात 68 फीसदी से घटकर 60 के करीब है। ऐसा दलितों में नहीं दिखता जबकि उनके एक समुदाय के ही 15 फीसदी वोटर हैं। हिमाचल में दलित, ओबीसी और अनुसूचित जनजाति 40 फीसदी के करीब हैं। पर हिमाचल का इतिहास सामाजिक आन्दोलनों से शून्य है। सिर्फ वोट की राजनीति से बदलाव हुए हैं लेकिन फिर संख्या का हिसाब भी आड़े आता है। हिमाचल में दलितों के पास जमीन नहीं है। हिमाचल में सरकारी नौकरियों या सरकारी संस्थानों में प्रवेश को लेकर सबसे कम प्रतिस्पर्धा ओबीसी कोटे में है। ऐसा इसलिए है कि इनकी तादाद कम है। राजनीतिक पंडित मानते हैं कि ठाकुर एकजुट हो जाते हैं, ब्राह्मण भी एकजुट हो जाते हैं लेकिन यहाँ दलित बँटे हुए हैं।

ऐसे जानकारों की कमी नहीं है जो मानते हैं कि जिस दो दलीय प्रणाली को हिमाचल की राजनीति का मुख्य गुण मानते हैं उसके रहते दलितों का ऊपर आना सम्भव नहीं है। कांग्रेस और भाजपा नेतृत्व ही नहीं, पार्टी संगठन भी ऐसा बन गया है जिसमें दलितों या पिछड़ों को ऊपर आने का अवसर नहीं मिल सकता। अभी तो दिखाने के लिए भाजपा और कांग्रेस, दोनों ने प्रदेश अध्यक्ष की कुर्सी दलितों को दे रखी है लेकिन उनकी सुनता कौन है। तीसरी पार्टी के उभार से ही यह सम्भव है क्योंकि पहले दलितों के बीच नेतृत्व पैदा करना होगा। हिमाचल में दलितों का कोई नेता ही नहीं है। हिमाचल में अब तक तीसरी पार्टी बनाने का आइडिया कामयाब नहीं रहा है। 1967 में ठाकुर सेन नेगी और जेबीएल खाची ने हिमाचल लोक राज पार्टी बनाई थी। विजय मनकोटिया ने 1990 में जनता दल का नेतृत्व किया। 1997 में पंडित सुखराम ने हिमाचल विकास कांग्रेस बनाई। 2012 में महेश्वर सिंह ने लोकहित पार्टी बनाई, इसके अलावा बहुजन समाज पार्टी, समाजवादी पार्टी, सीपीआई, सीपीआईएम के अलावा टीएमसी ने भी हिमाचल में किस्मत आजमाने की कोशिश की। लेकिन किसी को भी कामयाबी नहीं मिली। यहाँ वामपंथी पार्टी को मामूली कामयाबी जरूर मिली है। 2017 के विधानसभा चुनाव में सीपीआईएम ने 14 और सीपीआई ने तीन सीटों पर अपने उम्मीदवार उतारे थे। इनका वोट शेयर 2.09 प्रतिशत रहा था।

बाकी राज्यों की तरह यहाँ छुआछूत नहीं है। यहाँ की सामाजिक संरचना अलग है। यहाँ दूल्हे को घोड़ी से नहीं उतार दिया जाता है। जाति आधारित हिंसा नहीं है। जहाँ लोगों पर जुल्म ढाए जाते हैं, विरोध वहीं होता है लेकिन यहाँ ऐसा नहीं है। हिमाचल प्रदेश के बीजेपी अध्यक्ष सुरेश कुमार कश्यप दलित हैं और शिमला से

लोकसभा सांसद हैं। अनुपात के हिसाब से देखें तो भारत में पंजाब के बाद हिमाचल प्रदेश में सबसे ज्यादा दलित हैं। यहाँ दलित 56 उप-जातियों में बँटे हैं। पाँच प्रतिशत यहाँ अनुसूचित जनजातियाँ भी हैं। एसटी मुख्य रूप से किन्नौर, लाहौल, स्पीति और चंबा में हैं। पर यह सचाई ज्यादा बड़ी है कि यहाँ जाति व्यवस्था बहुत मजबूत है भले जातीय हिंसा नहीं है। इसे समझना बहुत आसान है। यहाँ जाति नियम की तरह स्वीकार्य है। कांगड़ा में करीब 30 फीसदी दलित हैं। यहाँ की राजनीति पूरी तरह स्थानीय राजपूतों के नियंत्रण में है। दलित विधायक की कोई हैसियत नहीं होती है। यहाँ के राजपूत ही सब कुछ हैंडल करते हैं। पुलिस और स्थानीय प्रशासन भी भेदभाव करता है। ये भी अनुसूचित जाति के विधायक को तवज्जो नहीं देते हैं। जब राजपूत नेता सक्रिय होते हैं तभी प्रशासन भी सुनता है।

हिमाचल प्रदेश में चुनाव की घोषणा से पहले केन्द्र सरकार ने सिरमौर जिले में हाटी समुदाय को एसटी का दर्जा दे दिया था। उत्तराखंड के जौनसारी इलाके में हाटी पहले से ही अनुसूचित जनजाति में थे। सो यह एक तर्क समझ में आता है। केन्द्र सरकार के इस फैसले से हाटी समुदाय के 1.6 लाख लोगों को फायदा होगा। पर केन्द्र सरकार के इस फैसले का अनुसूचित जाति के लोगों ने विरोध किया था। हाटी समुदाय के अनुसूचित जनजाति में आने के बाद दलितों पर अत्याचार के मामले अब इनके खिलाफ हरिजन एक्ट नहीं लगेगा। दलित इसी बात से नाराज हैं। विनय कुमार दलित हैं और हिमाचल प्रदेश कांग्रेस समिति के कार्यकारी अध्यक्ष हैं। उनका कहना है कि हाटी समुदाय दलितों के खिलाफ अत्याचार में शामिल रहा है लेकिन केन्द्र सरकार ने उन्हें एसटी कैटेगरी में डाल दिया इसलिए उनके खिलाफ अब एससी/एसटी एक्ट नहीं लगेगा। बीजेपी को लेकर सिरमौर के दलितों में काफी नाराजगी है। उम्मीद करनी चाहिए कि हर बार के चुनाव की तरह इस बार भी सामाजिक समीकरणों में बदलाव होगा—हल्का ही सही लेकिन होगा।

सन्दर्भ

1. *लोकतंत्र का नया लोक,* सम्पा. अरविन्द मोहन, वाणी प्रकाशन, नई दिल्ली में टी.आर. शर्मा का आलेख; 'सेकुलर वोटर और दो दलों की स्पर्धा'।
2. रजनीश कुमार, 'हिमाचल में राजपूत मुख्यमंत्री', *बीबीसी न्यूज,* 1 नवम्बर, 2022
3. विवेक गुप्ता, 'सर्वे फाइंड्स शिफ्ट ऑफ़ दलित, ओबीसी वोट्एस', द *वायर,* 18 दिसम्बर, 2022

पंजाब : सिर पर सवार संघर्ष की धुन

यह कहा जाता है कि साठ के दशक में विचारों की राजनीति का अवसान और पहचान की राजनीति का उभार साथ-साथ हुआ। लेकिन हमारे पंजाब में आजादी मिलने और लोकतांत्रिक राजनीति की शुरुआत से भी पहले से पहचान और विभाजन की राजनीति का अखाड़ा रहा है। कायदे से इस बात को त्रस्त लिखा जाना चाहिए था कि पंजाब इससे त्रस्त रहा है। लेकिन जिस हिसाब से पंजाबी लोग पहचान और विभाजन की राजनीति में जी जान से जुटे रहे हैं उससे लगता है कि उन्हें इसमें खास आनन्द आता है और वे इसकी लोकतांत्रिक अभिव्यक्ति की भी प्रतीक्षा नहीं करते। बीसवीं सदी के तीसरे दशक में जब देश के विभाजन और पाकिस्तान बनाने की माँग उठानी शुरू हुई तो पहला अखाड़ा पंजाब ही बना। वहाँ से लेकर विभाजन, मार-काट और आबादी की अदला-बदली की सबसे बुरी मार भी पंजाब ने झेली। उसके ज्यादा और सबसे उपजाऊ सिंचित इलाके पाकिस्तान में चले गए। पर पंजाब इतने पर भी नहीं रुका। जिस नानक का नाम राज्य में सबसे ऊपर था उसको मनाने वाली जमात ने ही पहले मुसलमानों और फिर हिन्दुओं से लड़ाई लड़ी। नानक ही नहीं स्वर्णमन्दिर की नींव रखने से लेकर पंजाब का पिछला इतिहास साझा जीवन का ही रहा था। लेकिन बाद में हिन्दू-सिख टकराव हुआ, भाषा की लड़ाई हुई और राज्य दो दफे बँटा पहले हिमाचल अलग हुआ और फिर हरियाणा निकला।

विभाजन के पहले पंजाब में मुसलमान ज्यादा थे और इसी के चलते वह हिस्सा पाकिस्तान के पास गया। मामला एक-तिहाई और दो-तिहाई का था। लेकिन विभाजित पंजाब में भी सिख एक-तिहाई रह गए और हिन्दू दो-तिहाई हो गए। फिर सिखों का एक समूह खालसा राज के नाम से अलग सूबे की माँग उठाने लगा तो हिन्दुओं में सर्वाधिक असर रखने वाले आर्यसमाज से जुड़ी एक धारा ने हिन्दू, हिन्दी और हिन्दुस्तान के नारे के साथ भाषा के आधार पर बँटवारे का दाँव चला। और जब प्रान्तों का भाषावार पुनर्गठन हो रहा था तब पंजाब भी बँटा। लेकिन इस बार भी चैन नहीं आया। इस बीच मेहनत करने में आगे पंजाबियों ने राज्य के आर्थिक विकास

Jammu & Kashmir
PUNJAB
N
Pathankot
Gurdaspur
Himachal Pradesh
PAKISTAN
Amritsar
Hushiarpur
Tarn Taran
Kapurthala
Kapurthala
Jalandhar
Rupnagar
SBS Nagar
Firozpur
Ludhiana
Moga
SAS Nagar
Faridkot
Fatehgarh Sahib
Malerkotla
Barnala
Patiala
Fazilka
Sri Muktsar Sahib
Bathinda
Sangrur
Mansa
Rajasthan
Haryana

को पीछे नहीं आने दिया और राज्य देश में पहले-दूसरे नम्बर पर ही रहा। लेकिन तीन कौम वाले मूल पंजाब में जब पहचान की तीसरी लड़ाई—राज करेगा खालसा और खालिस्तान के नाम पर शुरू हुई तो उसने काफी कुछ चौपट किया। सिख समाज के मुख्य हिस्से का समर्थन न होते हुए भी इस दौरान कांग्रेस और अकाली राजनीति के खिलाड़ियों ने ऐसे-ऐसे मुद्दे उठाए जिससे प्रान्तों की स्वायत्तता, सत्ता का विकेन्द्रीकरण, चंडीगढ़ मिलने की राजनीति और सतलुज-यमुना पानी के बँटवारे के सवाल भी इससे जुड़े। और इस आन्दोलन ने पन्द्रह साल लिए, हजारों जानें गईं और न जाने क्या क्या नुकसान उठाना पड़ा। पर आन्दोलन बिना कुछ भी ठोस हासिल किए खत्म हुआ और सिख कौम के ऊपर एक धब्बा ही लगा। इस आन्दोलन का खेल कनाडा, अमेरिका, ब्रिटेन में बैठे अतिवादी संगठनों से लेकर सीमा पार की सरकार और फौज की तरफ से भी खेला गया क्योंकि उसको बांग्लादेश बनवाने की भारत की सफलता का बदला लेना था। जाहिर है यह काम इतना आसान न था। लेकिन इस बीच फैली बददिमागी ने देश के प्रधानमंत्री तक के प्राण ले लिए, अकाली दल का अध्यक्ष शहीद हुआ और न जाने कितने नौजवान मारे या बिला गए।

इस बात को भी गए अब दो दशक से ज्यादा का समय हो गया। पंजाब आर्थिक रूप से फिसलकर फिर से पुरानी जगह पाने की जद्दोजहद में लगा है। दूसरी तरफ खालिस्तान आन्दोलन के समय फैली विष-बेलें अब भी पंजाब को नशे के धन्धे का अड्डा बनाए हुए हैं। राज्य में हरित क्रान्ति के बाद जो औद्योगिक क्रान्ति होनी चाहिए थी, वह कहीं पीछे छूट गई। आधे लगे उद्योग या शुरुआत करके बन्द पड़ गए कारोबार वाले ठिकाने पूरे पंजाब में दिखते हैं। पर लोकतंत्र अपने तरीके से लोगों को भूल सुधार का मौका देता है। और उसने ही पंजाब के जख्मों पर सबसे ज्यादा मरहम लगाए हैं। पिछले साल हुए विधानसभा चुनाव ने राज्य को फिर मौका दिया। और इस बार पुरानी पार्टियों और राजनीति को दरकिनार करके नई शुरुआत करने का एक स्वर्णिम अवसर अपने आप बन गया था। अकाली दल एक परिवार और उसकी लूट-खसोट का उपकरण बन गया था और वह लोगों द्वारा ठुकरा दिया गया था। कांग्रेस की भी पुरानी सरकार पर्याप्त अलोकप्रिय हो चुकी थी। भाजपा राज्य को खुद को सँभालने की स्थिति में न थी। उसने कांग्रेस से निकाले अमरिन्दर सिंह के साथ लड़ाई जरूर लड़ी लेकिन उसका दावा ज्यादा न था। 'आप' ने पिछली बार बहुत भूलें की थीं वरना उसका नम्बर तब भी आ सकता था। इस बार वह मुफ़्त बिजली-पानी जैसे प्रशासनिक जुमलों और दिल्ली के अनुभव को आधार बनाकर मैदान में उतरी थी। दूसरी तरफ कांग्रेस ने उस चरणजीत सिंह चन्नी के ऊपर दाँव लगाया जिनको मुख्यमंत्री चुनने में कांग्रेस के विधायकों में सबसे काम वोट मिले थे।

चन्नी पर इतना बड़ा दाँव लगाने की वजह यह थी कि वे दलित थे और पंजाब की आबादी में दलितों का अनुपात देश में सबसे ज्यादा है। अभी तक पंजाब में

दलित राजनीति को भाव नहीं मिला था जबकि वहाँ के दलित अन्य राज्यों की तुलना में बेहतर स्थिति में हैं। तो यह दाँव दूसरों को अब तक सूझा क्यों नहीं था? खुद कांग्रेस ही शुरू से सत्ता में रही है या सत्ता के मुख्य मुकाबले में रही है तब उसने इस दाँव का इस्तेमाल क्यों नहीं किया था? क्योंकि राज्य के लगभग 32 फीसदी दलितों में एकता नहीं है, उनकी जाति के नाम पर गोलबन्दी नहीं है, उनके बीच अभी तक सत्ता की भूख नहीं जगी है। दलित भी जाति से ज्यादा मजहब की पहचान को लेकर जीते रहे हैं और पहले की लड़ाइयों में वे आगे न भी हों तो भी उससे जुड़ाव महसूस करते थे। पर यह भी बताना जरूरी है कि उसके पास मात्र 3.5 फीसदी जमीन की मिल्कियत है। जब पूरा पंजाब अमीर होने लगा तो समृद्धि की कुछ बूँदें उनकी पत्तल पर भी टपकी हैं। उन्होंने पंजाबी समाज में दबदबा रखने वाले जट सिखों और हिन्दू अगड़ों से मिलने वाले भेदभाव के जवाब में अपने डेरे बना लिए हैं। पंजाब में गुरुद्वारों के समान्तर बने डेरों की संख्या नौ हजार से ज्यादा मानी जाती है। दलितों में पंजाब की समृद्धि का एक अंश भी आया है। उनके रंग-ढंग भी देश के अन्य हिस्सों के समृद्ध दलितों से अलग नहीं हैं जो अपने कमजोर दलित समाज से जुड़ाव महसूस करने की जगह सवर्ण समाज की भोंड़ी नकल में लग जाते हैं। उनमें ही नहीं सभी पंजाबियों में विलायती चलन कुछ ज्यादा ही उत्साह के साथ आया है।

और इस बार के चुनाव ने भी साबित किया कि अभी पंजाबी दलित और वहाँ का समाज पहचान की दूसरी राजनीति अर्थात जातिगत पहचान की राजनीति को अवसर देने के मूड में नहीं है। यह कोई बहुत अप्रत्याशित फैसला न था। उत्तर भारत में दलित आन्दोलन के नायक कांसीराम जालन्धर के थे और इतनी दलित आबादी के बावजूद वे भी पंजाब में कोई खास चमत्कार नहीं कर सके। इस बार पंजाबियों ने बहुत स्पष्ट तौर पर 'आप' के प्रशासनिक पैकेज को स्वीकार किया। अब उसके नतीजे क्या होंगे पता नहीं लेकिन कम से कम पाँच साल के लिए तो जातिगत पहचान और गोलबन्दियों की राजनीति को अस्वीकार कर दिया गया है। इस प्रसंग की चर्चा की एक वजह यह भी है कि कांग्रेस द्वारा एक दलित को मुख्यमंत्री बनाने और उसके नेतृत्व में चुनाव लड़ने का फैसला अकेला नहीं रह गया था। भगवन्त मान को अपना मुख्यमंत्री उम्मीदवार घोषित कर चुके 'आप' ने एक दलित उप मुख्यमंत्री बनाने की घोषणा की तो अकाली दल ने बसपा से हाथ मिलाने के साथ दलित उप मुख्यमंत्री बनाने की घोषणा की थी। विधान सभा चुनावों की चर्चा अचानक पंजाब की तरफ मुड़ गई है। पर यह बताना जरूरी है कि बीजेपी और केन्द्र सरकार ने पंजाब में अपनी खराब स्थिति और शुरुआती अकेलेपन को जानते हुए भी निरन्तर अपनी चालें चलीं और उसे बाबा राम रहीम जैसे विवादास्पद डेरा प्रमुख को जेल से बाहर लाने का धतकरम भी करना पड़ा।

देश में सर्वाधिक अनुपात वाली दलित आबादी के प्रदेश पंजाब में इस बार पहली बार दलित राजनीति केन्द्रित चुनाव हो रहा था। कांग्रेस के मजबूत और सम्मानित नेता सुनील जाखड़ हालाँकि नाराज थे कि उन्हें विधायकों का सबसे अधिक समर्थन था फिर भी वह मुख्यमंत्री के उम्मीदवार नहीं बन पाए जबकि चन्नी को सबसे कम लोगों ने मुख्यमंत्री के तौर पर पसन्द किया और वह मुख्यमंत्री के उम्मीदवार बन गए। जैसे ही आज चन्नी कांग्रेस की उम्मीदों को लेकर आगे बढ़ रहे थे तो उन पर हमले भी होने शुरू हो गए। उनके भतीजे के कारोबार और कमाई को निशाना बनाने से लेकर कई तरह की घेराबन्दी हुई। यह असल में उनसे भी ज्यादा पंजाब में नई राजनीति की शुरुआत की घेराबन्दी थी। यह बदलाव की आहट भी थी क्योंकि इसमें दो प्रतिद्वन्द्वी दलों द्वारा दलित उपमुख्यमंत्री देने का वायदा भी शामिल हो गया था।

यह इसलिए भी महत्त्वपूर्ण दाँव लग रहा था कि लगभग चार दशक पहले कांग्रेस ने ही एक रामगढ़िया सिख, ज्ञानी जैल सिंह को मुख्यमंत्री बनाकर नई शुरुआत की थी। उसका लाभ कांग्रेस को मिला, ज्ञानी जी को भी मिला लेकिन ओबीसी समाज को खास नहीं मिला। ज्ञानी जी को जट नेताओं ने ज्यादा टिकने नहीं दिया लेकिन फिर भी वे केन्द्र में महत्त्वपूर्ण पदों पर रहते हुए राष्ट्रपति भी बने। सो, 117 सीटों की विधानसभा के 98 सीटों पर 20 से लेकर 49 फीसदी तक दलित आबादी चुनावी राजनीति में क्या गुल खुला सकती है ये सबको पता था। बाजाप्ता यह हिसाब आने लगा कि किस सीट पर दलित चालीस से पचास फीसदी हैं और किस पर तीस से चालीस फीसदी। जब बहुकोणीय मुकाबलों की स्थिति हो तो यही संख्या निर्णायक हो सकती है। लोकसभा की ज्यादातर सीटों पर भी उनकी संख्या का हिसाब भारी है बशर्ते वे एकजुट होकर वोट करें। पंजाब के दलितों पर किसी राजनीतिक सामाजिक संगठन की जगह डेरों का प्रभाव ज्यादा रहा है। सो नेता और राजनीतिक पार्टियों के लिए दलित वोट पाने का लोकप्रिय तरीका डेरों को अपनी तरफ करना पड़ा। हत्या, बलात्कार से लेकर हर तरह के गम्भीर आरोपों में जेल में बन्द बाबा राम रहीम का जेल से बाहर आना उसी राजनीति का परिणाम था। उन्हें बीजेपी की हरियाणा सरकार ने छोड़ा और उनकी रिहाई से पहले पन्द्रह-पन्द्रह लाख लोगों की संगत का आयोजन करके उनके डेरे ने अपनी ताकत दिखा दी थी। पर भाजपा को कोई खास लाभ नहीं हो पाया।

अन्य डेरों पर भी राजनेता मत्था टेक रहे थे। पर हजारों की संख्या में मौजूद छोटे-बड़े डेरों के साथ दूसरे पंथों, जातियों और इलाकों का अलग-अलग प्रभाव भी रहा है। सम्भवत: सर्वाधिक प्रभाव वाला और सदस्यों वाला डेरा राधास्वामी सत्संग का है जिसका दोआबा में बहुत प्रभाव है। मुख्यमंत्री चन्नी जिस समुदाय से आते हैं उसका दोआबा की पचीस सीटों पर काफी दबदबा है (सिर्फ संख्या बल वाला)।

प्रदेश-भर में भी इस बड़े समाज की कुल दलित आबादी में लगभग चालीस-बयालीस फीसदी की हिस्सेदारी है। दूसरा दलित समाज मजहबी सिखों और बाल्मीकियों का है जिसका हिस्सा लगभग एक-तिहाई है। आदिधर्मी भी बड़ी संख्या में हैं। पर यह आबादी ज्यादातर शहरी है और मालवा में इसका प्रभाव ज्यादा है। लेकिन जैसा पहले कहा गया है दलित संख्या बल के आधार पर तो चुनाव को प्रभावित करते रहे हैं लेकिन उनकी राजनीतिक गोलबन्दी अभी तक ज्यादा नहीं रही है। नतीजों के बाद यह लगा कि मुख्यमंत्री अपनी बिरादरी का भी एकजुट वोट पाने में सफल न हो सके और शहरी दलित तो 'आप' की तरफ गया ही।

कांग्रेस की हार और 'आप' की जीत की एक वजह चुनाव का सीधे मुकाबले में बदलना भी रहा जबकि शुरू में पंजाब में मुकाबला तीन कोणों वाला लगता था—इसे चौकोना बनाने के लिए ही बीजेपी और अमरिन्दर बड़ा जोर लगा रहे थे। किसान संगठन भी मैदान में थे। सम्भव है कि बहुकोणीय मुकाबलों में कांग्रेस को अकेले दलित वोटों से ही काफी मदद हो जाती क्योंकि उनके वोट ही तीस फीसदी से ऊपर हैं। बहुकोणीय मुकाबले में एक-तिहाई आबादी वाले दलित समुदाय के ही सबसे ज्यादा चलने की सम्भावना थी। और जानकार मान रहे थे कि ऐसी स्थिति में भी कांग्रेस और चन्नी न जीतें तो फिर कब जीत पाएँगे। अगर ऐसा निर्णायक बल हाथ में हो तब कौन सामाजिक समूह हाथ आए अवसर को गँवाएगा। और पंजाब के दलितों के लिए यह कहना और मुश्किल है क्योंकि उनकी आर्थिक-सामाजिक हैसियत देश के अन्य हिस्सों के दलितों से बेहतर है, उनमें शिक्षा और राजनीतिक जागरूकता का औसत अन्य जगहों से बेहतर है। पर उनमें राजनीतिक गोलबन्दी का अभाव रहा है और इस बार भी रहा। अब चाहे जिस कारण से हो, चरणजीत सिंह चन्नी के मुख्यमंत्री बनने के बाद हो रहे चुनाव में इसके लिए उपयुक्त अवसर भी बन गया था लेकिन पंजाब ने दूसरा रास्ता चुना।

और प्रशासनिक कौशल या विकास के मामले में उससे चाहे जो नतीजे निकालें सामाजिक हिसाब से पंजाब की गाड़ी फिर बैक गियर से वहीं पहुँच गई है जहाँ इतने साल से चल रही थी। एक जट सिख मुख्यमंत्री और और एक गिनती कराने भर वाला उप मुख्यमंत्री बन चुका है। बाकी मंत्रिमंडल, विधानसभा, मंत्रालयों का बँटवारा जैसी सारी चीजें पुराने ढर्रे पर ही हुई हैं। और इसमें एक बार फिर जटों तथा अगड़ों का हिस्सा लगभग पचास फीसदी है जबकि आबादी में जटों का हिस्सा मात्र बीस फीसदी और अगड़ों का, जिनमें मुख्य हिस्सा खत्रियों का है दसेक फीसदी ही है। सबसे ज्यादा नुकसान में पंजाब के ओबीसी रहे हैं जिन्हें आरक्षण का लाभ भी कम और देर से मिला है। सैनी, सिख राजपूत, लवाना, रामगढ़िया (जिस बिरादरी के हमारे पूर्व राष्ट्रपति ज्ञानी जैल सिंह थे), कुम्हार, अटाईं, गुर्जर, तेली, बंजारा, लोहार और जाट जैसी इनकी जातियों की आबादी 31 फीसदी से ज्यादा है पर ज्ञानी

जैल सिंह जैसे अपवाद ही ऊपर आ पाए हैं। राज्य विधानसभा में जहाँ बीस फीसदी आबादी वाले जट सिख विधायकों की संख्या 45 से 60-61 तक जाती रही है 31 फीसदी ओबीसी समाज से चार से छह विधायक ही आते हैं। दलित भी अपने 29 रिजर्व सीटों तक सिमटे रहे हैं।

बाकी अगड़े 20 से 32 तक आते-जाते रहे हैं और यह घट-बढ़ भी जटों के साथ होती है—एक घटता है तो दूसरा बढ़ जाता है। दलित और ओबीसी 63 फीसदी होकर भी वहीं के वहीं पड़े हैं। जटों के मामले में कांग्रेस और अकाली दोनों का रिकॉर्ड एक-सा रहा है। लगभग एक-तिहाई कांग्रेसी विधायक जट रहे हैं जबकि खत्री, अरोरा और अहलूवालिया ही नहीं तरखान, रामगढ़िया, लोहार, चिमबा, लबाना, राय और कुम्हारों के स्थिति कमजोर होती गई। राज्य में लगभग तीन फीसदी मुसलमान भी हैं और उनके कुछ अच्छे पॉकेट हैं जबकि शहरों में उनका वोट भी महत्त्व का है। लेकिन पंजाब की राजनीति में उनका नाम कभीकभार ही सुनाई देता है। जब कांग्रेस ने नवजोत सिद्धू को अध्यक्ष बनाया था तब उनके एक सलाहकार और दोस्त मुसलमान भी थे जिनके प्रभाव को लेकर विवाद भी रहा। लेकिन इतनी ही आबादी ईसाइयों की भी है यह कभी चर्चा में नहीं आता जबकि रजवाड़ा परिवारों में ईसाई धर्मान्तरण हुए थे। पटियाला की राजकुमारी अमृत कौर भी ईसाई थीं। कुछ जैन मत भी हैं लेकिन मुख्यत: शहरी।

पंजाब की गिनती या सामाजिक समीकरण विधानसभा में जैसे दिखते हैं उससे ज्यादा साफ लोकसभा चुनाव में दिखते हैं। तरणतारण सिखों का सबसे बड़ा गढ़ है जहाँ उनकी आबादी नब्बे फीसदी से ज्यादा है। यही कारण है कि सबसे उग्र जुबान रखने वाले पूर्व आईपीएस सिमरणजीत सिंह मान ने इसे अपना अड्डा बनाए रखा और चौतरफा विरोध के बावजूद चुनाव जीतते रहे हैं। भटिंडा, संगरूर और फरीदकोट में भी सिख दो-तिहाई से लेकर तीन-चौथाई तक हैं। जालन्धर में सिख आबादी का अनुपात सबसे कम है जहाँ दलितों की आबादी अच्छी है जबकि फिल्लौर और फरीदकोट में भी वे काफी बड़ी संख्या में हैं। अमृतसर में दलित आबादी कम है लेकिन हिन्दू और सिख आबादी का अनुपात काफी हद तक बराबर का है। ग्रामीण इलाकों में सिख ज्यादा हैं। गुरदासपुर में तो यह बराबर ही है। इधर लुधियाना काफी बदला है और यहाँ प्रवासियों का डेरा लग गया है। प्रवासी वैसे तो दूर-दराज के गाँवों तक में पहुँचे और बसने लगे हैं लेकिन लुधियाना समेत अधिकांश बड़े शहरों में उनके वोट राजनीति की गिनती में आने वाले बन चुके हैं।

पंजाब के सामाजिक व्यवहार और राजनीति का जिक्र करते समय खालिस्तान के नाम पर चले लम्बे आन्दोलन का जिक्र जरूरी है क्योंकि यह उस प्रवृत्ति का चरम था जिसमें दलितों का दमन और जटों समेत अगड़ों का दबदबा बनाता है। आज यह बात लोकतांत्रिक शासन में सम्भव नहीं है। इसके बावजूद जो आन्दोलन

चला और जिसने हजारों जानें लीं, बहादुर सिख कौम को दाग लगाया और उनकी कुर्बानियों और योगदान पर बट्टा लगाया। उसका स्वभाव बहुत हद तक एकदम उग्र धार्मिक ही नहीं, अतिवादी था। जिस भिंडरावाले की राजनीति कांग्रेस की अन्दरूनी राजनीति से निकली थी वह बहुत कम समय में ही ताकतवर होकर औरतों और निचली जातियों के प्रचलनों को लेकर बहुत ही उग्र था। दाढ़ी और बाल की छँटाई, पगड़ी बाँधने में जरा भी आजादी लेने, जरा भी फैशन या शृंगार करने पर रोक का फरमान जारी होने लगा था। पंजाब के ग्रामीण जीवन में और खासकर मेहनतकश सिखों में पगड़ी बाँधने की लापरवाही और पसीने तथा बाल से परेशान होकर कटाई-छँटाई कराना आम है। यह आम चीज तो फैशनपरस्त जटों के लिए भी है। सो उस आन्दोलन की विदाई ने और तीन-चार चुनावों ने पंजाब की गाड़ी को पटरी पर ला दिया था। इस बार बदलाव का भी बयार था लेकिन पंजाब के लोगों ने बदलाव को अलग दिशा दी। यह उनका फैसला है, स्वागत योग्य है लेकिन इस पर नजर रखनी है क्योंकि अभी तक दलितों और पिछड़ों की स्थिति में ज्यादा बदलाव नहीं आया है।

सन्दर्भ

1. *लोकतंत्र का नया लोक,* सम्पा. अरविन्द मोहन, वाणी प्रकाशन, नई दिल्ली में सुरिन्दर एस. जोधका का आलेख; 'पहचान, राष्ट्र और लोकतंत्र'।
2. आशुतोष कुमार और टी.आर. शर्मा : 'लेजिस्लेटिव एलिट इन पंजाब', *राइज ऑफ़ दि प्लेबियन्स,* रटलेज, नई दिल्ली।
3. आशुतोष कुमार, 'स्टेट इलैक्ट्रोल पॉलिटिक्स', *ईपीडब्लू,* 38 (30), 2003
4. पाल ब्रास, *लैंग्वेज, रिलीजन एंड पॉलिटिक्स इन नॉर्थ इंडिया,* कैम्ब्रिज यूनी. प्रेस, 1974

जम्मू-कश्मीर : विशेष राज्य की विशेष राजनीति

कश्मीर अब भी स्पेशल है—विशेष राज्य का दर्जा या धारा 370 या फिर अनुच्छेद 23 की समाप्ति के बाद भी। और इस विशेष का ही तकाजा है कि हम झट से कश्मीर के साथ जम्मू का भी नाम लें और उस लद्दाख को भी याद कर लें जिसे अब अलग केन्द्रशासित प्रदेश बना दिया गया है। और जहाँ पहले अलग होने का आन्दोलन चल रहा था तो अब एक जमात धारा 370 की बहाली और जम्मू-कश्मीर के साथ होने के लिए आन्दोलन कर रही है। और कश्मीर 370 हटाने के बाद और सुरक्षा बलों की ज्यादा बड़ी मौजूदगी के बाद शान्त हो गया हो यह कहना कठिन है तो सारी सक्रियता वाला जम्मू भी शान्त नहीं है। वहाँ केन्द्र सरकार और भाजपा की तरफ से सक्रियता तो बढ़ी ही है, पिछले दिनों हुए बड़े बदलावों को लेकर भी असमंजस बना हुआ है। जम्मू-कश्मीर में केन्द्र का दखल पहले इस स्तर का नहीं हुआ था लेकिन जितनी बार भी दखल किया गया नतीजे ज्यादा बिगड़े रूप में ही मिले। सो इस बार ज्यादा बड़े दखल ज्यादा अच्छे नतीजे ही लाएँगे इस बात पर भी लोग ज्यादा कुछ कहने की स्थिति में नहीं हैं। और कश्मीर घाटी तो फौजी मौजूदगी से भी ज्यादा अपमान भाव से दबी है जो इस हाल में भी जहाँ-तहाँ हिंसक ढंग से फूटकर सामने आ रहा है। चुनाव को लेकर अनिश्चितता है तो जिस तरह परिसीमन में जम्मू की विधानसभा सीटों को घाटी से ज्यादा बना दिया गया है और गैर-कश्मीरियों को वोटिंग का अधिकार दिया गया है उससे भी नाराजगी बढ़ी है।

और यही सब चीजें कश्मीर को पहले भी स्पेशल बनाती थीं, अब भी बना रही हैं। भिन्न संवैधानिक हैसियत वाले प्रावधान को समाप्त किया गया है पर जिस तरह यह बदलाव हुआ वह भी खास है क्योंकि इसमें स्थानीय लोगों की राय ली ही नहीं गई थी। और यह कश्मीरियों के लिए भिन्न अनुभव है तो आजादी के बाद से अब तक का उनका जीवन भी भिन्न अनुभव का ही रहा है। दूसरी ओर कश्मीरी समाज निरन्तर आन्दोलनरत रहा है—कभी तेज तो कभी मन्दा। यहाँ राजनीतिक हिंसा का अनुभव भी उतना ही पुराना है और यह अब भी जारी है। केन्द्रीय सत्ता के दखल

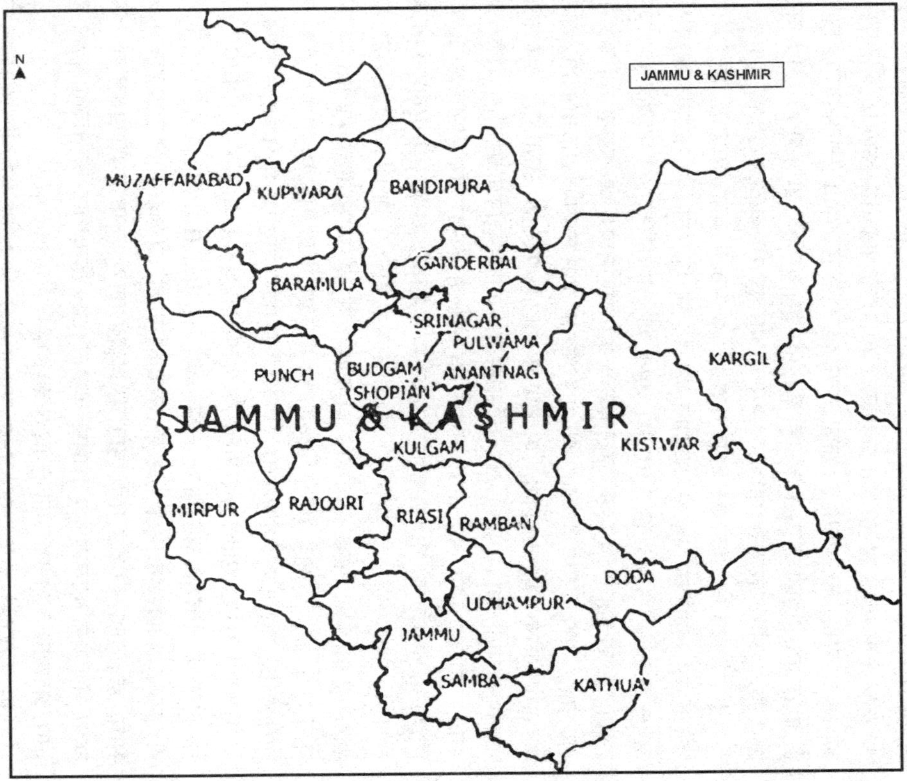
JAMMU & KASHMIR
N
MUZAFFARABAD
KUPWARA
BANDIPURA
GANDERBAI
BARAMULA
SRINAGAR
PULWAMA
PUNCH
BUDGAM
ANANTNAG
SHOPIAN
KARGIL
JAMMU & KASHMIR
KISTWAR
KULGAM
MIRPUR
RAJOURI
RIASI
RAMBAN
DODA
UDHAMPUR
JAMMU
SAMBA
KATHUA

का अनुभव भी यहाँ के लोगों के लिए बहुत पुराना है—आजादी के बाद की तीनों पीढ़ियों ने अपने-अपने दौर में कम-से-कम एक बड़ा दखल तो अनुभव किया ही है जिसके स्वाद ने कश्मीरियों के अलगाव भाव को, नाराजगी को और बढ़ाया है। और हर बार की प्रतिक्रिया पहले से ज्यादा मुश्किल हुई है। जिस शेख अब्दुल्ला ने कश्मीर को भारत में लाने में सबसे बड़ी भूमिका ही नहीं निभाई, कश्मीरियों के जीवन में सबसे ज्यादा बदलाव किया आज उनके मजार को भी फौजी रखवाली की जरूरत हो गई है तो हिन्दुस्तानी शासक जमात के प्रति आम कश्मीरी की भावना को सहज समझा जा सकता है। निष्पक्ष चुनावों ने सबसे ज्यादा धनात्मक रोल खेला है तो चुनावी धाँधली ने खेल बिगाड़ा है। और इस बार भी जो कुछ हो रहा है उसे लोग खुशी और उत्सुकता की जगह संशय और दूर से ज्यादा देखते हैं।

इस स्थिति ने पहले ही आम कश्मीरी के मन में एक पराएपन की भावना भरी है जो लोगों के मन में अलगाव की भावना भी बनी है। कश्मीर कभी भी अपनी इस्लामी पहचान को ऊपर नहीं रखता था, कश्मीरियत की पहचान ही सबसे प्रबल थी जो बहुत हद तक बहुलतावादी और शान्तिप्रिय थी। लोगों की डोगरी, लद्दाखी, पहाड़ी जैसी पहचानें थीं और सबके ऊपर कश्मीरी पहचान थी। घाटी के भारी मुस्लिम-बहुल इलाकों के बारे में भी यही सच है। तभी शेख अब्दुल्ला ने अपनी पार्टी का नाम मुस्लिम कॉन्फ्रेंस की जगह नेशनल कॉन्फ्रेंस रखा था। उनकी भूमिका सिर्फ नाम बदलवाने की ही नहीं थी, हिन्दू और मुसलमान आधार पर मुल्क के बँटवारे के समय और कश्मीर के डोगरा शासकों के ढुलमुलपने के बीच मुसलमान-बहुल कश्मीर को भारत के साथ लाने में भी थी। जब कश्मीर का शासन उनके हाथ आया तो उन्होंने जो व्यवस्थाएँ कीं उससे आम कश्मीरी के मन में कश्मीरियत का भाव मजबूत हुआ। भूमि सुधार ने कश्मीर में लगभग सभी के पास जमीन का छोटा भी टुकड़ा उपलब्ध कराया—कश्मीर में भूमिहीन मुश्किल से मिलता है। शेख साहब कश्मीरियों के दुलारे भी थे—राजा और राज परिवार की मौजूदगी के बावजूद और पंडित नेहरू जैसे बड़े नेता से उनकी दोस्ती थी। नेहरू से उनको अनादर भी मिला तब भी ज्यादातर लोगों की सहानुभूति शेख साहब के साथ रही। उनके ही दौर में कश्मीर के जुड़ाव का भाव भी सबसे प्रबल था और बहुत सारे ऐसे बदलाव हुए जिससे कश्मीर और हिन्दुस्तान का रिश्ता पुख्ता हो और अलगाव वाले स्वर की गुंजाइश कम रहे।

पर शेख की जगह आए उनके पुत्र फारुख अब्दुल्ला को भी उसी तरह के केन्द्रीय दबाव और दखल को झेलना पड़ा। यह शासकीय मामला भी था और राज्य की राजनीति में प्रतिद्वन्द्वी कांग्रेस की तरफ का दबाव भी। शुरू में डॉ. अब्दुल्ला ने मुकाबला करना चाहा तो 1984 में बर्खास्तगी झेलनी पड़ी थी। कई लोगों को यह शेख साहब की बर्खास्तगी और गिरफ़्तारी का दोहराव लगा पर बाप और बेटे का

अन्तर बहुत बड़ा था। 1986 में फारुख अब्दुल्ला ने राजीव गांधी के साथ समझौता किया। फिर चुनाव हुए। कश्मीर में बहुत निष्पक्ष और शान्त चुनाव कभी नहीं हुए लेकिन फारुख-राजीव समझौते के बाद जो चुनाव हुए उससे ज्यादा धाँधली कभी नहीं हुई। और इस चुनाव ने खेल और बिगाड़ा। दिल्ली के प्रति नाराजगी के साथ ही अब्दुल्ला परिवार के प्रति नाराजगी भी बढ़ी जो अभी तक खत्म नहीं हुई है। नेशनल कॉन्फ्रेंस आम कश्मीरियों को प्रतिष्ठा और न्याय दिलाने वाले संगठन की जगह सत्ता की होड़ वाली पार्टी में बदल चुका था और इस चुनाव के बाद वह उनके गुस्से का भी निशाना बना। खुद उस शेख साहब के कब्र की रखवाली जरूरी हो गई जो घाटी भर में गरजता घूमता था। 1989 आते-आते यह गुस्सा उग्रवाद के शीर्ष के रूप में दिखा जिसमें देशी-विदेशी खिलाड़ी आ जुटे। और विदेशी मतलब अफ्रीका, अरब तक से, सिर्फ पाकिस्तान से नहीं। कश्मीर को मानवाधिकार, लोकतंत्र और कानून के राज का कब्रगाह ही नहीं मुसलमानों पर जुर्म का ठिकाने बताकर दुनिया-भर के फंडामेंटलिस्ट को जुटाया गया। उससे निपटना मुल्क के लिए भारी पड़ा।

इस बीच आतंकियों की रणनीति भी अदलती-बदलती रही, जिसमें हिन्दू-मुसलमान मेल वाले कश्मीर के अल्पसंख्यक हिन्दुओं को निशाना बनाना और राज्य से उनको भगाने का खेल भी शामिल था। एक बार छत्तीसिंहपुरा में सिखों को इसी उद्देश्य के लिए निशाना बनाया गया। हिन्दुओं, खासकर कश्मीरी पंडितों के पलायन को भाजपा और संघ परिवार ने भी मुद्दा बनाया क्योंकि कश्मीर का विलय ही नहीं उसकी सामाजिक संरचना भी भाजपा और संघ परिवार की राजनीति के लिहाज से महत्त्वपूर्ण रही है। कश्मीर की दो-तीन मुसलमान-बहुल सीटों पर डरे हिन्दू उनके लिए देश-भर के हिन्दुओं में मुसलमान विरोधी भावना भरने का उपकरण हैं। सो पलायन को उन्होंने भी हवा दी और उनके बनाए राज्यपाल जगमोहन के दौर में सबसे ज्यादा पंडित घाटी छोड़कर जम्मू और दिल्ली में मुश्किल जिन्दगी जीने को मजबूर हुए। दिल्ली पर लम्बे भाजपाई शासन के बावजूद पंडितों की समस्याएँ जस की तस हैं जबकि कश्मीरी समाज में अब भी उनके प्रति कोई दुश्मनी भाव नहीं है। लेकिन यह भी सही है कि अब पहले जैसा मेलमिलाप नहीं है। पर आतंक, अलगाव और राजनीतिक दाँवपेच की कहानी बहुत बड़ी है। कश्मीर यही देखता आया है और अब भी किसी एक तरह के विवरण को सही नहीं माना जाता। सो इस चर्चा को ज्यादा बढ़ाने का बहुत मतलब नहीं है।

जो ज्यादा जरूरी और ठोस बात है वह है चुनाव और उसमें विभिन्न स्थानीय समुदायों की भागीदारी। यह बहुत साफ अनुभव है कि जब चुनाव ठीक से हुए हैं तब कश्मीरी लोगों की भागीदारी ही नहीं बाद की गतिविधियाँ भी ज्यादा व्यवस्थित रही हैं वरना एक बार के चुनाव में तो वोट देना बहुत दिलेरी का काम बन गया और सारे फौजी पहरे के बावजूद एक बूथ पर दस-बीस भी लोग नहीं आए। कई बार

धाँधली ने यही भूमिका निभाई जिसमें फौजी जवानों से मत डलवाना और जबरिया लोगों को निकालकर मतदान केन्द्र पहुँचाने के किस्से भी हैं। पर यह कहने में हर्ज नहीं है कि शुरुआती उत्साह और शेख साहब और नेहरू जैसे नेतृत्व वाले दौर को छोड़ दें तो कश्मीर को भारत से जोड़ने वाला एक प्रमुख तत्त्व निष्पक्ष चुनाव रहा है। और इस प्रक्रिया ने न सिर्फ हिन्दू-मुसलमान बल्कि कश्मीर घाटी और जम्मू तथा लद्दाख के बीच, समाज के अगड़े और पिछड़े के बीच, अमीर-गरीब के बीच की खाई को कम करने में मदद की है। इसमें नेशनल कॉन्फ्रेंस ही नहीं कांग्रेस, पीडीपी, भीम सिंह की पार्टी और अब भाजपा की भूमिका कुल मिलाकर धनात्मक ही रही है, भले ही कमीबेशी सबके काम और सोच में है। अब भी कहा जा सकता है कि अगर चुनाव ठीक से कराए गए और लोगों को उनका विकल्प चुनने की आजादी मिली तो नतीजे अच्छे ही आएँगे। पाक अधिकृत कश्मीर से हम और मामलों में कितना आगे हैं यह तो नहीं पता लेकिन इस मामले में हम बहुत आगे रहे हैं और आज घाटी के हमारे साथ रहने की मुख्य वजह ढूँढ़ी जाए तो वह यही है।

और यह कहना भी ठीक होगा कि जाति और सम्प्रदाय की भूमिका, खासकर जाति की भूमिका को कभी समझा नहीं गया। कश्मीर जिस हाल में रहा है उसमें जाति का कार्ड खुलकर सामने आया भी नहीं है और न ही वहाँ का समाज सामान्य हिन्दुस्तानी समाज जैसा महत्त्व जाति को देता है। लेकिन जातिगत बँटवारे हैं और जीवन तथा समाज के संचालन में महत्त्वपूर्ण भूमिका निभाते हैं। इसका सबसे बड़ा किस्सा कश्मीर में आरक्षण का है। अभी केन्द्र का शासन है और इसमें भी जो बड़े फैसले लिए गए हैं उनमें 15 नई जातियों को आरक्षण के दायरे में लाना और आरक्षण की सीमा दो से बढ़ाकर चार फीसदी करना शामिल है। और यह जानना कुछ हैरान करेगा कि यह हिन्दुस्तानी आरक्षण व्यवस्था का पहला ही ऐसा दखल है वरना कश्मीर में मंडल तो क्या अनुसूचित जातियों और जनजातियों के लिए संवैधानिक प्रावधान को भी मानने में मुश्किल आई। वहाँ आरक्षण 1927 के कश्मीरी संविधान के अनुसार ही दिया जाता था जिसमें मामूली बदलाव हुए थे। देश में हर जगह संविधान लागू होने के साथ दलितों और आदिवासियों के लिए आरक्षण लागू हुआ लेकिन इसके लिए कश्मीर को बीस साल का इन्तजार करना पड़ा। और यह भी तब मिला जब कश्मीर का आम्बेडकर कहे जाने वाले भगत अमरनाथ ने अनशन किया और उसमें उनकी मौत हो गई। और दलितों का मानना है कि शासन और सरकार पर हावी पंडित और सैयद जमात आरक्षण देना नहीं चाहता था।

जम्मू-कश्मीर में हिन्दू 33 फीसदी और मुसलमान 65 फीसदी हैं। इनमें अनुसूचित जाति और जनजातियों के लोग भी हैं। ओबीसी जातियों का नेतृत्व करने वालों का दावा है कि राज्य में उनकी आबादी 42 फीसदी है जबकि उनके लिए मात्र दो फीसदी आरक्षण का प्रावधान है जिसे अब बढ़ाया भी गया है तो चार फीसदी किया

गया है। अगर पंडित और खत्री के साथ ही गिलानी, जिलानी, अंडराबी, कादारी, हम्दानी, बुखारी और शाह जैसी सैयद जातियों को जोड़ लें तो उनकी आबादी बीस फीसदी भी नहीं होगी। वाणी, जरगर, भात, नकाश, लोन, खाँडे, अहनगर जैसी कामगार जातियों के लोगों की आबादी ही सबसे बड़ी है। बहानच हानजीस, शिकाराब, मछुआरा-गाराहनज, मारका बाँस, वाजा, गिलकार, सोफी, डॉबी, गेली, बंगईशेख/वातुल जैसी डाबला का जातियों को जोड़ें तो ये बहुमत बना देती हैं। कश्मीर में 19वीं सदी में सैयद आए हैं लेकिन धर्मान्तरित होने वाले ज्यादातर लोग अपने पुराने पेशे और जाति को चलाते आए हैं। राज्य में घुमन्तू चरवाहा बिरादरी भी बहुत बड़ी है। और जो आरक्षण यहाँ मिल रहा था उसमें अनुसूचित जाति के लिए आठ फीसदी, अनुसूचित जनजातियों के लिए दस फीसदी, ओबीसी के लिए दो फीसदी, पिछड़े इलाके के वासियों के लिए 20 फीसदी, वास्तविक नियंत्रण रेखा के पास के लोगों के लिए तीन फीसदी और सीमावर्ती इलाके के बाशिन्दों के लिए तीन फीसदी आरक्षण का प्रावधान है।

यह पूरे प्रदेश का ब्योरा है। घाटी में विभाजन के समय हिन्दुओं की आबादी 15 फीसदी थी जो अब चार फीसदी ही रह गई है। उधर जम्मू में पंडितों का ही नहीं घाटी से निकले गैर मुसलमानों का ठीया लगाने से वहाँ का अनुपात बदला है। इसलिए अगर नये परिसीमन में जम्मू के विधानसभा क्षेत्रों की संख्या घाटी से बढ़ गई है तो इसे मात्र भाजपाई रणनीति या षड्यंत्र ही नहीं माना जाना चाहिए। फिर लद्दाख का अपना समाज और उसके अपने विभाजन हैं जिनकी चर्चा अलग की गई है। पर वहाँ बौद्ध आबादी ठीक-ठाक होने से वहाँ की राजनीति में तीसरा पक्ष भी आ गया है। भाजपा को उसने नया आधार दिया है। वैसे भाजपा को ही इस बार यहाँ की लोकसभा सीट भी मिली थी। लेकिन भाजपा के लिए सबसे बड़ा लाभ जम्मू क्षेत्र में साफ दिखती बढ़त ही है जबकि कांग्रेस बनाम नेशनल कॉन्फ्रेंस और पीडीपी की पूरी लड़ाई के दौर में जम्मू कांग्रेस को मुख्य आधार देता था। इसके भी कुछ इलाकों में अलग-अलग क्षेत्रीय दलों का प्रभाव रहा। पर घाटी मुख्यत: नेशनल कॉन्फ्रेंस का गढ़ रही जिसे कांग्रेस ने बाद के दिनों में तरह-तरह से भेदने का प्रयास किया। इसमें शेख अब्दुल्ला परिवार में फूट डालकर उसके ही किसी सदस्य को आगे करके सरकार बनवाना शामिल है। बाद में इस परिवार का अपना सम्मान कम होने पर खुद ही टूट-फूट हुई और अलगाववादी छोटे संगठनों से लेकर पीडीपी जैसी बड़ी और प्रतिद्वन्द्वी पार्टी भी सामने आई।

और ऊपर से देखने और दिखाने में तो आतंकवाद, अलगाववाद, हिंसा, दगाबाजी, केन्द्र का दखल, अलगाववादी जमातों का दबाव, बम-बन्दूक और फौज की बातें ही कश्मीर की चुनावी राजनीति और सरकार बनाने के खेल में प्रमुख रही हैं। लेकिन समाज के अन्दर बदलाव की अन्य कोशिशें भी चलती

रही हैं। एक कुरबानी भगत अमरनाथ की हुई और दलित ही नहीं, सारी पिछड़ी जातियों के राजनीतिक व्यवहार में फर्क दिखने लगा। जिस तरह बार-बार के केन्द्रीय दखल, धाँधली और बाहरी हस्तक्षेप ने राज्य के राजनीति की लेन बिगाड़ी उसे तरह समाज की इस प्रक्रिया की लेन भी टूटती-बनती रही है। फिर जब देश में, खासकर उत्तर भारत में बसपा का उभार आया तो हम कश्मीर की राजनीति में उसके लिए साफ जगह बनाते देखते हैं। 1987 के चुनाव में बसपा को 5.42 फीसदी वोट मिले तो 1996 के चुनाव में उसे 11.23 फीसदी वोट मिले। यह पूरे प्रदेश का औसत है। अगर सिर्फ उसके प्रभाव के इलाकों को देखेंगे तो काफी अलग तस्वीर दिखेगी। इसमें अगर जनता दल को मिले वोट (7.84 फीसदी) जोड़ लें तो फिर असली तस्वीर समझ आएगी जो कुल मिलाकर 19 फीसदी तक पहुँच जाती है। बसपा जब अपने इलाकों में गिरने लगी तो कश्मीर के दलित और पिछड़े भी दूसरे विकल्प तलाशने लगे। यह उल्लेखनीय है कि राज्य में दलित आबादी दस फीसदी से कम है।

सन्दर्भ

1. *लोकतंत्र का नया लोक,* सम्पा. अरविन्द मोहन, वाणी प्रकाशन, नई दिल्ली में रेखा चौधरी और वी. नागेन्द्र राव का आलेख; 'जम्मू और कश्मीर : परायापन और लोकतांत्रिक सहभागिता'।
2. तवलीन सिंह, *कश्मीर : ए ट्रेजेडी ऑफ एरर्स,* वाइकिंग, 1995
3. अकबर अहमद, *इस्लामिक रिवोल्ट एंड कश्मीरी नेशनलिज्म,* आशीष पब्लिशिंग हाउस, दिल्ली, 1990

लद्दाख : अलगाव के सुख-दुख

यह कुछ अजब ही है कि शुरू से जिस लद्दाख को जम्मू-कश्मीर से अलग करने की माँग उठती रही थी वह धारा 370 की समाप्ति वाले कानूनी प्रस्ताव के साथ अलग हो चुका है। तब भी उसके अलग होने का भरोसा नहीं होता और अब उसके इस अलगाव को खत्म करने का आन्दोलन शुरू हो गया है। पर लद्दाख जम्मू-कश्मीर के भारत में आने की वजह से या उसके साथ इस एक पहचान से नहीं जुड़ा था। यह तो डोगरा शासकों के समय ही नांगेयाल वंश के शासन के बाद जुड़ गया था। अब भले किसी को बौद्ध प्रभाव वाले इस इलाके का इस्लामी और शैव असर वाले इलाके के साथ जुड़ना कुछ असामान्य लगे पर यह जोड़ काफी समय से चल रहा था। अब यहाँ आबादी का घनत्व प्रति वर्ग किमी. पाँच से भी नीचे है लेकिन लगभग सात हजार वर्ग किमी. में फैला यह क्षेत्र अपने भौगोलिक स्थान और संस्कृति की दृष्टि से बहुत महत्त्व का है। कई सारे देशों, जिनमें एक दो का व्यवहार भारत के प्रति दुश्मन-सा रहा है तो एक-दो का भाई समान, से घिरा यह इलाका अपनी सांस्कृतिक विरासत और प्राकृतिक सम्पदा के लिए भी महत्त्व का है। और अभी तक तो यह एक बड़े और लगातार विवादों और चर्चा में रहे राज्य के साथ जुड़ा होने से आम तौर पर ओझल-सा रहा था लेकिन अब स्वतंत्र गतिविधियों के लिए तुरन्त ध्यान खींचने लगा है। पहले ऐसा सिर्फ सैनिक मामलों को लेकर होता था।

लद्दाख अलग हुआ है और यहाँ अब विधानसभा वाली व्यवस्था खत्म हो गई है। सीधे सांसद का चुनाव और दो स्वायत्त परिषदों का चुनाव जो नगर निगम जैसे हैं लेकिन अधिकारों से लैस हैं। लद्दाख आटोनॉमस हिल डेवलपमेंट काउंसिल, लेह और लद्दाख आटोनॉमस हिल डेवलपमेंट काउंसिल, कारगिल नामक ये दोनों संस्थाएँ काम करने लगी हैं और इनका चुनाव हो गया है।

हरियाणा : कमजोरियों के साथ तेज विकास

समृद्ध पंजाब से निकला हरियाणा शुरू में थोड़े भटकाव के बाद देश-भर के राज्यों के बीच नम्बर एक बनने के मुकाबले में आ गया और बिना किसी बड़े औद्योगिक आधार के यह खेती, पशुपालन और सेवा क्षेत्र के बल से उस मुकाम पर आता-जाता रहा है। इसने शिक्षा, स्वास्थ्य और खेलकूद जैसे क्षेत्रों में भी खूब तरक्की की है। हरियाणा के दूसरे/तीसरे मुख्यमंत्री बंसीलाल ने पचास बरस पहले यहाँ की बिजली, सड़क और पानी जैसी बुनियादी समस्याओं का समाधान काफी हद तक कर दिया था। लेकिन सारी सुख-समृद्धि लेकर भी हरियाणा की राजनीति अपने लोकतंत्र के सहारे उन कुछेक कमजोरियों से पार नहीं पा सकी है जो बहुत सारे राज्यों ने बिना शोरशराबे के हासिल कर ली है। हिन्दी पट्टी के केन्द्र में और दिल्ली से लगा होने पर भी यहाँ मंडल की हवा तो नहीं पहुँची लेकिन पुराने जनसंघ का आधार खत्म होने के बाद भी अचानक मन्दिर की लहर ने इसे अपने असर में ले लिया और स्वामी दयानन्द के आर्य समाज आन्दोलन से लेकर आजादी की लड़ाई तक के सारे रंग एक बार में उतर गए। जिन अन्धविश्वासों और रूढ़ियों से आर्य समाज आन्दोलन ने इस इलाके को बहुत हद तक मुक्त कर दिया था वे सब वापस आती जा रही हैं। राजनीति में भी आयाराम-गयाराम की संस्कृति लाने और अभी तक बरकरार रखने का रिकॉर्ड भी इसके मत्थे ही है। इसके यहाँ दलित, अल्पसंख्यक और औरतें आज भी बदतर हाल में हैं और इनसे जुड़ी स्थितियों में ज्यादा फर्क नहीं आया है।

हरियाणा हिन्दी पट्टी के आम स्वभाव से अलग राज्य है। हिन्दी पट्टी की राजनीति सदा राष्ट्रीय भाव को ऊपर रखकर होती है। हरियाणा में क्षेत्रीय प्रवृत्तियाँ ही हावी रही हैं। यहाँ न दो दलीय व्यवस्था आई है, न बहुकोणीय राजनीति ही विकसित हुई है। दलबदल और सत्ता के जोड़-तोड़ ने सिद्धान्तों और नैतिकता का भाव नहीं रहने दिया है। आजादी के पहले यह क्षेत्र लाला लाजपत राय, मजबूत राष्ट्रीय आन्दोलन और आर्य समाज आन्दोलन वाला था तो यहीं सर छोटूराम जमींदारों

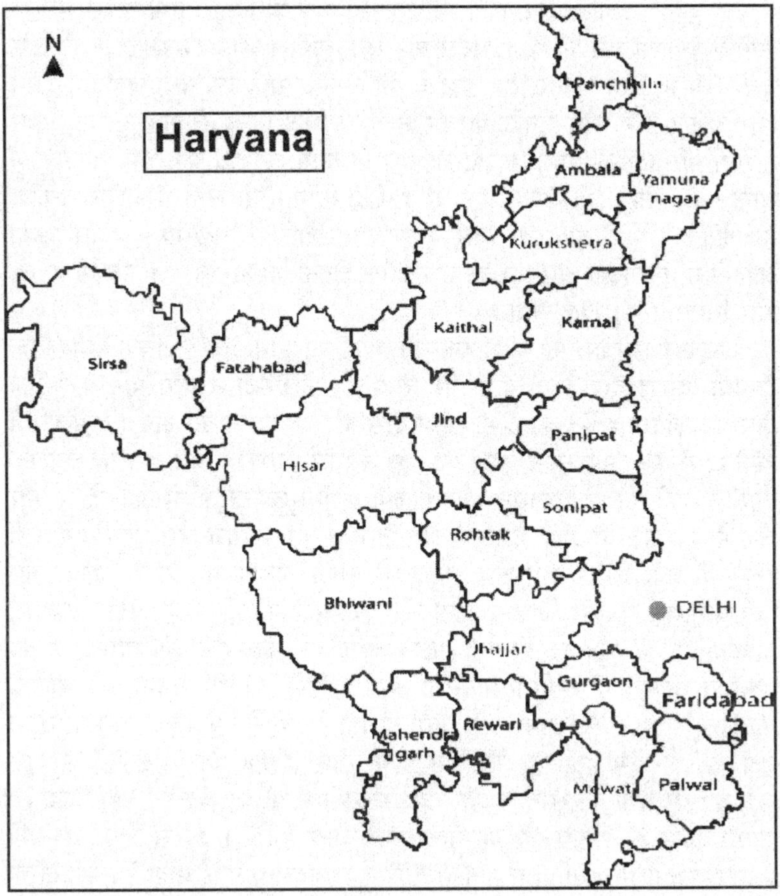
N
Haryana
Panchkula
Ambala
Yamuna nagar
Kurukshetra
Kaithal
Karnal
Sirsa
Fatahabad
Jind
Panipat
Hisar
Sonipat
Rohtak
Bhiwani
DELHI
Jhajjar
Gurgaon
Faridabad
Rewari
Mahendragarh
Mewat
Palwal

की राजनीति करते रहे और अँगरेजी हुकूमत से भी हाथ मिलाने से नहीं हिचके। पर 1966 तक ही पंजाब के साथ रहते हुए इसने मोटे तौर पर कांग्रेसी शासन ही देखा था और अलग राज्य बनाकर भी 1977 तक कांग्रेसी राज में ही रहा (बीच में छह महीने के लिए राव वीरेंद्र सिंह की विशाल हरियाणा पार्टी का राज रहा)। तब भी यहाँ न कांग्रेस ने अपने को मजबूत किया, न कोई मजबूत सांगठनिक आधार बनाया। समाज के सभी वर्गों और जातियों को साथ लेकर कांग्रेस जिस 'रेनबो कॉलिशन' से एक कांग्रेस प्रणाली बना लेती थी वह यहाँ कम ही दिखी। तभी सबसे मजबूत कांग्रेसी बंसीलाल ने भी पाला बदल कर सत्ता हासिल की, भजनलाल ने भी और बाद में मजबूत रहे भूपेंदर सिंह हुडा के भी अस्थिर रहने की चर्चा जारी है। दूसरी ओर देवीलाल ने और उनके परिवार ने लम्बा राज किया लेकिन न पार्टी स्थिर रही, न परिवार एक रहा। भाजपा भी संघ के काम, संघियों की त्याग-तपस्या या संगठन की ताकत की जगह सिर्फ नरेन्द्र मोदी के नाम पर सत्ता में आ गई क्योंकि राजनीतिक रूप से ताकतवर और एकजुट रहे जाटों में बिखराव था और बाकी जातियों में एकजुटता और मजबूत राजनीतिक चेतना का अभाव था। अब भी एकता और बिखराव का खेल जारी है।

इसके जिम्मेवार कारणों में कई बार जाटों का सामाजिक-आर्थिक-राजनीतिक दबदबा दिखाई देता है तो कभी गैर जाटों की गोलबन्दी न करा पाने वाले नेता और राजनीतिक शक्ति का अभाव। आर्य समाज आन्दोलन की अपनी कमजोरियाँ होंगी ही लेकिन सिर्फ नरेन्द्र मोदी का नाम उसे ऐसे धराशायी कर देगा यह कल्पना किसी ने नहीं की थी। जनसंघ और भाजपा कभी मुख्य लड़ाई में नहीं रहे थे और जब भाजपा सत्ता में आई तो रामविलास शर्मा, सुषमा स्वराज जैसे पुराने नाम कहीं गायब हो चुके थे। राज्य में कोई ज्यादा मुसलमान आबादी भी नहीं है जिसका जोर दिखाकर संघ परिवार ने हिन्दू वोटों की गोलबन्दी की हो। उधर पर्याप्त पिछड़ी आबादी होने के बावजूद ओबीसी गोलबन्दी नहीं हो पाई। हरियाणा शायद देश का एकमात्र राज्य है जिसकी विधानसभा और जहाँ से चुने गए सांसदों की जातियों का हिसाब 1966 से लगभग एक जैसा ही रहा है। बाकी सब जगह अगड़ा प्रभुत्व टूटा नहीं तो कम हुआ है और पिछड़ों के साथ दलितों, अल्पसंख्यकों की पूछ बढ़ी है। हरियाणा की सरकार और पार्टी संगठनों में भी यह बदलाव नहीं दिखा है। सीएसडीएस के अध्ययन से यह बात सामने आती है कि 1967 से 2005 तक की विधानसभाओं में जातिगत हिसाब में कोई बड़ा बदलाव नहीं आया है। पार्टियों के उतार-चढ़ाव की तरह कभी जाटों का प्रतिनिधित्व कुछ गिरा है, तो कभी बढ़ा है, अगड़ों का हिस्सा बढ़ा है तो कभी गिरा है। मुसलमान विधायक तीन से चार के बीच ही रहे हैं। दलित भी पहले 15 विधायक होते थे तो 1987 से 17 हो रहे हैं। लेकिन सदन के सामाजिक सन्तुलन में बदलाव का कोई बड़ा प्रमाण नहीं है, न

कोई साफ रुझान दिखाई देता है। बल्कि यह भी हुआ है कि हरियाणा के जाटों ने आम तौर पर पश्चिमी उत्तर प्रदेश और राजस्थान के जाटों से कुछ अलग हिसाब से वोट दिया है। जब चरण सिंह प्रधानमंत्री पद से हटे और जाटों में उनके कद का कोई न था तब भी रोहतक जैसे क्षेत्र से उनकी पत्नी गायित्री देवी चुनाव हार गईं। देवीलाल ने राजस्थान से चुनाव लड़ा लेकिन उनके दल की वहाँ कोई खास पूछ कभी न बनी।

लेकिन हरियाणा के दलितों का मामला खास तौर से ध्यान देने लायक है क्योंकि उनकी आबादी 19-20 फीसदी है जिसे मोटे तौर पर जाटों के बराबर माना जाता है। लेकिन बीस फीसदी पर जाट सचमुच राज करते हैं या किसी और की नहीं चलने देते जबकि दस फीसदी होकर जाटव और बीस फीसदी पहुँचकर सभी दलित अभी मसीहा का ही इन्तजार कर रहे हैं। बीच में उनको बसपा से आस जागी थी लेकिन बसपा अपनी बीमारियों से पस्त है। कांग्रेस ने लगातार दलित अध्यक्ष बनाकर या अपने दलित नेताओं को आगे रखकर बाकी दलित समाज को गोलबन्द करने का प्रयास किया है लेकिन अभी तक उसे एकजुट वोट मिलता नहीं दिखा है। इतना ही नहीं, हरियाणा में बार-बार दलित उत्पीड़न की घटनाएँ भी होती रही हैं। हरियाणा समाज में ब्राह्मण, बनिया, कायस्थ, पंजाबी हिन्दू और अन्य अगड़ी जातियाँ भी इतनी ही होंगी और उनकी भी जाटों जैसी चलती होगी यह नहीं कहा जा सकता। पर इनके अपने पॉकेट हैं जहाँ ये एकजुट होते दिखते हैं और चुनावी नतीजों को भी प्रभावित करने लगे हैं। कभी देवीलाल ने एक दौर में पंडित भागवत दयाल शर्मा के शासन (जो पाँच-छह महीने ही चला था) में चले ब्राह्मणवाद के विरोध में जाट एकजुटता का दाँव चला था और इससे उनको लाभ हुआ और राज्य के अन्य जाट नेताओं को उन्होंने पीछे छोड़ दिया था। जाट, राजपूत और रोडे मिलाकर 25 से 28 फीसदी तक होंगे जिनमें राजपूत तो किसी भी क्षेत्र में ज्यादा प्रभाव नहीं रखते।

उनकी तुलना में तो दो-तीन जिलों में ही घनी आबादी, जबर्दस्त सम्पत्ति और सांस्कृतिक-सामाजिक दबदबा रखने वाले अहीर ज्यादा प्रभावी हैं, बहुत बदहाल होकर भी दो क्षेत्रों में मेव मजबूत हैं, भजनलाल और उनके बेटों ने बिश्नोइयों को गोलबन्द करके उनकी भी ताकत दिखा दी है जबकि उनकी कुल आबादी कोई भी डेढ़-दो फीसदी से ज्यादा नहीं मानता। ब्राह्मणों/पंजाबियों का जोर अगर करनाल, कुरुक्षेत्र और अंबाला में है तो महेन्द्रगढ़, गुड़गाँव और रेवाड़ी अहीरों के हिस्से आते हैं, फरीदाबाद और गुड़गाँव पर मेवों का भी दावा है (वैसे यह उल्लेखनीय है कि मौलाना अबुल कलाम आजाद ने फरीदाबाद से चुनाव लड़ा था)। बचे सोनीपत, पानीपत, हिसार, रोहतक, भिवानी पर जाटों का प्रभाव ज्यादा है। रोहतक उनके लिए सबसे ज्यादा प्रतिष्ठा की सीट है। होने को कम्बोज, रोडे,

गूजर, सैनी, बिश्नोई, कुम्हार जैसी जातियों की संख्या भी ठीक-ठाक है और कई इलाकों में इनका असर है लेकिन ये आम तौर पर जाटों के जोर के आगे नहीं टिकते। एक बार जब धनिकलाल मंडल राज्यपाल थे तब भजनलाल ने 1991 से 1996 तक सभी गैर जाट जातियों को गोलबन्द करके चुनाव जीता भी था और शासन भी किया था। इससे एक राह सबको नजर आती है लेकिन यह अनुभव अभी तक अपवाद रह गया है।

भजनलाल का शासन भ्रष्टाचार समेत कई घोटालों के लिए चर्चित रहा और राजस्व बढ़ाने के चक्कर में जिस तरह शराब का कारोबार बढ़ाया गया उससे लोगों, खासकर महिलाओं में, नाराजगी बढ़ती गई। तब आन्ध्र और उत्तराखंड में भी शराब विरोधी आन्दोलन प्रबल हुए थे। अवसर का लाभ लेकर बंसीलाल ने अपनी नई बनाई हरियाणा विकास पार्टी की तरफ से शराबबन्दी का वायदा करके चुनाव जीत लिया। उनका जाटों में ही नहीं, हरियाणा में काफी सम्मान था—बदनामी थी तो सिर्फ आपातकाल में गृह मंत्री रहने के समय की ज्यादतियों की। पर अपने दुख और हरियाणा के विकास में उनके सख्त शासन को याद करते हुए लोगों ने उनका साथ दिया। लेकिन शराब लॉबी ने उनकी न चलने दी और तीन साल में उनकी सरकार गिर गई। इसके बाद का दौर देवीलाल के बड़े पुत्र ओम प्रकाश चौटाला के दबदबे का था और यह मोटे तौर पर जाट राज था। बंसीलाल ने कांग्रेस में वापसी करके अपना आधार बचाना चाहा लेकिन एक अन्य कांग्रेसी जाट नेता भूपेन्दर सिंह हुडा ने उनको मात दी और दस साल शासन किया। उन्होंने अन्य कई काम किए और साथ ही बंसीलाल की राजनीति का अन्त भी कर दिया। तभी दलित दमन की कई घटनाएँ भी हुईं। इसी दौर में चौटाला राज के भ्रष्टाचार के मामलों को गम्भीरता से चलाया गया और चौटाला तथा उनके एक पुत्र को सजा हो गई। चौटाला परिवार में भी फूट हो गई और जिस बार भाजपा पहली बार जीती उस बार इसके दुष्यन्त चौटाला धड़े ने सबकी उम्मीद से ज्यादा सीटें जीतकर सबको हैरान किया।

भाजपा ने भी अपनी दोनों बार की जीतों में जाटों या किसी एक दबदबे वाली जाति का सहारा नहीं लिया। उसे गैर जाटों का ज्यादा सहारा मिला। कैप्टन अभिमन्यु से लेकर कई दूसरे जाट नेता निशाना साधते ही रह गए और जब भाजपा का बहुमत आया तब नरेन्द्र मोदी ने संघ के अपने साथी मनोहरलाल खट्टर को मुख्यमंत्री का पद दे दिया। यह अठारह साल बाद किसी गैर जाट का इस पद पर आना था। उन्होंने दोबारा भी उसी खट्टर को मुख्यमंत्री बनवा दिया जिसकी कोई जातिगत पहचान ही नहीं रही। वह सिर्फ संघ का स्वयंसेवक कहलाता है। पर इस बार दुष्यन्त चौटाला को उप मुख्यमंत्री का पद मिला और उनकी पार्टी को सरकार में साझीदार बनना पड़ा। और जब साल-भर से ज्यादा समय का किसान

आन्दोलन चला तब भाजपा सरकार डाँवाडोल ही रही क्योंकि यह मुख्यत: जाटों का आन्दोलन था और दुष्यन्त चौटाला पर सरकार से बाहर आने के लिए काफी दबाव था। खेती में अहीर भी अपने इलाकों में मजबूत हैं लेकिन पूरे हरियाणा के हिसाब से देखेंगे तो जाट खेतिहर जाति है। बनियों और पंजाबियों का खेती में कम हिस्सा है। हरियाणा के ब्राह्मण दयानन्द के आन्दोलन की वजह से समाज की अपनी सामान्य प्रतिष्ठा भी नहीं रखते थे और बाकी छोटी जातियों के पास खेती काफी कम है।

देश के अन्य राज्यों, खासकर हिन्दी पट्टी के अन्य क्षेत्रों की तरह हरियाणा में मंडल आन्दोलन कोई असर नहीं दिखा पाया जबकि वह जाट दबदबे वाले दौर में आया था और तब जाट ओबीसी में नहीं गिने जाते थे। अब उनकी गिनती पिछड़ों में हो रही है तो कई जगह आन्दोलन चल रहे हैं। तब मंडल को लेकर हरियाणा में कोई हलचल खास न दिखी। मंडल के पक्ष और विपक्ष में पूरी हिन्दी पट्टी में आन्दोलन चला—समर्थन और सामान्य विरोध तो पूरे देश में था। और ऐसे लोग भी हैं जो मानते हैं कि इसका पिछड़ों में अपने पिछड़ा होने का बोध न होना है लेकिन उससे भी बड़ी वजह दलितों में राजनीतिक चेतना और गोलबन्दी का अभाव है। जाटव राज्य में जाटों के बाद दूसरी सबसे बड़ी जाति हैं और सारी अनुसूचित जातियों को जोड़ने से वह संख्या जाटों के आसपास पहुँच जाती है। लेकिन कोई दलितों और पिछड़ों को नेतृत्व देता नहीं लगता। हिन्दी पट्टी में ओबीसी समाज को यादवों ने नेतृत्व दिया तब आन्दोलन मजबूत बना। इधर काफी समय से, खासकर सोनिया गांधी के प्रमुख बनाने के बाद से कांग्रेस ने लगातार कोशिश की कि दलितों को नेतृत्व में लाया जाए। इससे कांग्रेस को दलितों के वोट के मामले में हल्की बढ़त दिखती है लेकिन कोई ध्रुवीकरण होता दिखाई नहीं देता।

हरियाणा में लोकतांत्रिक चुनावों के माध्यम से सामाजिक-राजनीतिक बदलाव में कमजोर जमातों का हिस्सा और ताकत न बढ़ाने वाली प्रवृत्ति खास तौर से चिन्ता पैदा करती है क्योंकि यहाँ मतदान का प्रतिशत और उसका लगातार चढ़ते जाना यह भी संकेत देता है कि प्रदेश में लोकतंत्र मजबूत हुआ है और लोगों में मतदान के जरिये परिवर्तन करा सकने की ताकत पर भरोसा बढ़ा है। हरियाणा के साक्षरता दर में उल्लेखनीय सुधार हुआ है। कायदे से इसका रिश्ता चुनावी बदलाव से होना चाहिए थी। ऐसा मुल्क भर में हुआ है पर हरियाणा के पड़ोसी पंजाब में ऐसा नहीं हुआ है। तो हरियाणा में लोकतंत्र मजबूत हुआ है सिर्फ सत्ता की राजनीति भर के लिए। उसके सहारे किसी तरह की सामाजिक राजनीति और बदलाव के संकेत नहीं दिखाई देते। और आया राम गया राम संस्कृति ने धीरे-धीरे ऐसा स्वरूप धर लिया है कि आज हर राजनेता की निष्ठा सन्दिग्ध बन गई है।

सन्दर्भ

1. *लोकतंत्र का नया लोक,* सम्पा. अरविन्द मोहन, वाणी प्रकाशन, नई दिल्ली, में विवेक यादव का आलेख; 'टूटते बनते सत्ता समीकरण'।
2. स्नेहा एलेक्जेंडर और विष्णु पद्मनाभन, 'बीजेपी एंड कास्ट इक्वेशन इन हरियाणा', *मिंट,* 15 अक्टूबर, 2019
3. विवेक गुप्ता, 'द डिमांड फार ए ब्राह्मण सीएम', द *वायर,* 26 मई, 2022
4. वरिन्दार भाटिया, 'कास्ट इक्वेशन ऐट प्ले', *इंडियन एक्सप्रेस,* 19 अक्टूबर, 2019

दिल्ली : जाति के अन्दर, जाति से ऊपर

दिल्ली को देश का दिल कहते हैं। वह देश का दिल हो, न हो लोकतांत्रिक राजनीति का दिल जरूर बन गई है। और जिस तरह दिल का बाकी अंगों की तुलना में कुछ ज्यादा महत्त्व होता है, दिल्ली का राजनीतिक महत्त्व भी उसके आकार-प्रकार से ज्यादा है। पिछले लगभग सभी आम चुनावों में यही नतीजा आया है कि दिल्ली जिधर जाती है केन्द्र की राजनीति और सरकार भी उसी तरफ चली जाती है। और स्थानीय स्तर पर पर्याप्त राजनीतिक सक्रियता के बावजूद दिल्ली बाहरी उम्मीदवारों के लिए भी अखाड़ा बनी रही है। अटलबिहारी वाजपेयी और लालकृष्ण आडवाणी समेत अनेक दिग्गज यहाँ से चुनाव लड़ते और जीतते रहे हैं। यहाँ से जीते लोग भी केन्द्रीय मंत्रिमंडल में अपने अनुपात से ज्यादा स्थान पाते हैं। दिल्ली में पहले कांग्रेस और जनसंघ के बीच सीधा मुकाबला होता था, आज यह स्थिति बदली है। और पहले तो केन्द्र और दिल्ली विधानसभा, जिसे कुछ और नाम और काम अधिकार थे, एक ही दिशा में चलते थे। लेकिन राज्य बन जाने के बाद उसकी स्थानीय राजनीति ने आराम से दूसरा रुख लेना शुरू किया है। और यह तो कुछ अजीब लगता है कि भाजपा और नरेन्द्र मोदी दिल्ली की सातों सीटों पर अपने उम्मीदवार जितवा लें लेकिन दो बार से विधानसभा चुनाव में उनके हाथ कुछ खास नहीं लगता। और 'आप' की राजनीतिक सफलता का ही नहीं उसके शासन का रिकॉर्ड किसी से खराब नहीं है पर उसका एक भी उम्मीदवार लोकसभा चुनाव नहीं जीत पाया है।

दिल्ली राजनीति की तरह खास है। उसका देश की राजधानी होना या अब तक के इतिहास से देश की राजनीति का संकेतक होना एक वजह है। लेकिन ये सब संयोग भर हो सकते हैं। दिल्ली की राजनीति बिना किसी सामाजिक आन्दोलन के भी काफी हद से जाति, धर्म, भाषा और इलाकाई पहचान से ऊपर उठी रही है। यहाँ मजे से बाहरी उम्मीदवार ही नहीं, दूसरे प्रदेशों, जिनमें केरल और तमिलनाडु जैसे गैर-हिन्दी इलाके शामिल हैं, के लोग लोकसभा और विधानसभा का चुनाव जीतते रहे हैं। हिन्दी पट्टी के तो सारे लोग इसे अपना दूसरा घर समझते हैं। जिस

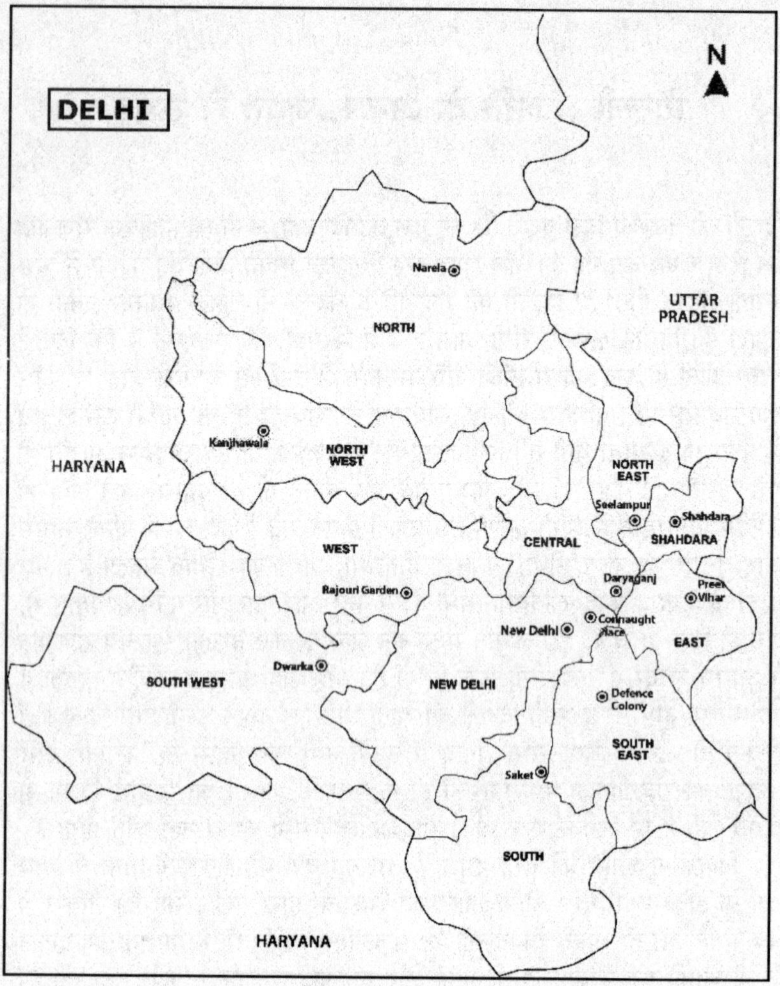
DELHI
N
UTTAR
PRADESH
HARYANA
NORTH
Narela
NORTH
WEST
Kanjhawala
NORTH
EAST
Seelampur
Shahdara
SHAHDARA
CENTRAL
WEST
Rajouri Garden
Daryaganj
Preet
Vihar
New Delhi
Connaught
Place
EAST
Dwarka
SOUTH WEST
NEW DELHI
Defence
Colony
SOUTH
EAST
Saket
SOUTH
HARYANA

'आप' ने कांग्रेस का सूपड़ा साफ किया और भाजपा को भी सत्तर सदस्यों वाली विधानसभा की तीन सीटों पर सिमटा दिया उसके मुख्यमंत्री और उप मुख्यमंत्री ने चुनाव उत्तर प्रदेश (गाजियाबाद) में रहते हुए जीता, सारा आन्दोलन वहीं से चलाया और मुख्यमंत्री बनाने पर ही दिल्ली पधारे। तब यह कोई मुद्दा ही नहीं बना। और दिल्ली आते ही उत्तर प्रदेश और बिहार जैसे राज्यों के मतदाता भी आराम से जाति और मजहब की राजनीति या वैसी पहचान को पीछे छोड़ देते हैं। आज की दिल्ली में अगर पहचान के आधार पर कोई वोटिंग करता है तो सिर्फ मुसलमान। और इसका 'दोष' भी मुसलमानों को देने की जगह भाजपा को देना चाहिए।

दिल्ली का सागर स्वरूप सिर्फ जातियों और इलाकों वाली पहचान ही नहीं धो देता है, यह राजनीतिक चेतना में भी बदलाव लाता है। पहचान गायब नहीं होती, लोग पहचान के आधार पर वोटिंग नहीं करते या कम करते हैं। और पहचान की राजनीति के सिरमौर नरेन्द्र मोदी और लालकृष्ण आडवाणी को ही यहाँ के मतदाताओं ने पाठ पढ़ाया हो, ऐसा भी नहीं है। यहाँ लालू यादव, मुलायम सिंह, नीतीश कुमार, अजित सिंह, ओम प्रकाश चौटाला जैसे न जाने कितने ही नेता, जिनकी मुख्य रूप से जाति वाली पहचान रही है, लगभग खाली हाथ रह गए हैं जबकि उसी बिहारी, पुरबिया, यूपी वाला और जाट वोट ने दिल्ली की राजनीति में निर्णायक स्थान ले लिया है। दिल्ली सबसे ज्यादा प्रवासी वोटरों का क्षेत्र है लेकिन वे सबसे बदहाल जीवन भी जीते हैं। वे मिल-जुलकर रहते हैं, सारी परेशानियाँ (पीने का पानी और शौच की जगह न होने जैसी भी) मिल-जुलकर उठाते हैं और अपने पूर्व प्रदेश की बुराइयों (जातिवाद वगैरह) को पीछे छोड़ देते हैं। दूसरी तरफ जिस नेता ने अपने को दिल्ली वालों का खास हितैषी बताने के लिए प्रवासियों के खिलाफ जुबान भी खोली उसे जीवन भर पछताना पड़ा या माफी माँग-माँगकर गुजर करना पड़ा। प्रवासियों की यह ताकत सारे देश में भयंकर विस्थापन और पलायन के बावजूद किसी अन्य महानगर में नहीं है।

मात्र 7 सांसद और 70 विधायक चुनने वाली दिल्ली का भौगोलिक आकार-प्रकार इतना बड़ा नहीं है कि मुल्क की राजनीति को सीधे प्रभावित कर सके। लगभग हर सरकार में दिल्ली को उसके आकार से ज्यादा बड़ा हिस्सा मिलता रहा है। लेकिन दिल्ली की आबादी का गठन, उसके वोट डालने का रुझान, राजनीति का दो ध्रुवीय स्वरूप और यहाँ महत्त्व पाने वाले मुद्दे अक्सर देश की आगे की राजनीति का पूर्वाभास देते हैं। इलेक्ट्रॉनिक मीडिया का भी दिल्ली केन्द्रित स्वरूप उसके महत्त्व को बढ़ाता है। और दिल्ली इसीलिए पूरे देश की राजनीति के बारे में सही संकेत देने में सफल रहती है कि यह खुद से अपने स्वरूप में मिनी हिन्दुस्तान बन गई है। 1991 की जनगणना ही बताती है कि यहाँ की आबादी में यहाँ जन्म लेने वाले सिर्फ 60.6 फीसदी थे जो औसत अब पचीस फीसदी से भी नीचे आ

चुका है। और यहाँ जन्मने वालों में भी ज्यादातर के माँ-बाप ही दिल्ली आए होंगे। 1998 में सीएसडीएस और *हिन्दुस्तान टाइम्स* ने एक बड़ा सर्वेक्षण किया था जिसका नतीजा था कि दिल्ली में मूल निवासी सिर्फ 21 फीसदी रह गए हैं जबकि बाकी सभी प्रवासी हैं। यहाँ की पुरानी इस्लामी और गंगा-जमुनी तहजीब पर कभी पंजाबी चरित्र भारी पड़ा तो आज उस पर पुरबिया चरित्र भारी पड़ने लगा है। लेकिन आज भी दिल्ली दक्षिण भारतीयों की ही नहीं, पूर्वोत्तर के लोगों की काफी बड़ी जमात को रखे हुई है, यहाँ अफगानिस्तान और नेपाल तक के वे लोग भी भरे पड़े हैं जिन्हें राजनीतिक शान्ति ही नहीं, सुविधा से श्रम करते हुए रोटी-पानी चाहिए।

देश की राजधानी होने के साथ इन विशेषताओं के चलते भी दिल्ली और एनसीआर हिन्दी पट्टी का और देश के आर्थिक विकास का एक मजबूत इंजन बना हुआ है। प्रति व्यक्ति आमदनी, उत्पादन, खर्च, ऊर्जा की खपत, राजस्व, स्वास्थ्य और शिक्षा सुविधाओं जैसे बहुत सारे आर्थिक मानकों पर दिल्ली हिन्दी पट्टी में सबसे आगे है। और अगर एनसीआर में गिने जाने वाले इलाकों का हिसाब निकाल दें तो उत्तर प्रदेश और हरियाणा ही नहीं राजस्थान जैसे प्रदेश भी भारी नुकसान में दिखेंगे। उत्तर प्रदेश में आज सबसे ज्यादा राजस्व नोएडा और गाजियाबाद से आता है तो हरियाणा में गुड़गाँव और फरीदाबाद से। अभी पचहत्तर साल पहले पाकिस्तान से लुट-पिटकर आए उद्यमशील पंजाबी शरणार्थियों की आर्थिक सफलता और प्रगति के किस्से पुराने नहीं पड़े थे कि बाद में दिल्ली आने वाले पहाड़ी, बिहारी, राजस्थानियों और देर से शुरुआत करने वाले स्थानीय जाट और गूजर उद्यमियों की सफलता की कहानियाँ सामने आने लगी हैं। अब दिल्ली की ही नहीं नोएडा, गाजियाबाद, गुड़गाँव और फरीदाबाद की जमीन कम पड़ने से सूरजपुर, धारूहेड़ा और कुंडली ही नहीं, मेरठ, सोनीपत, पानीपत तक की जमीन के भाव आसमान पर पहुँचने लगे हैं।

पर खुद दिल्ली के अन्दर भी दिल्लियाँ बसती हैं। पांडवों के समय से लेकर मुगलों तक की दिल्ली की कहानी को याद न भी करें तो आज की दिल्ली को समझने के लिए मुगलों के बाद वाले दौर से चीजें समझनी होंगी। किले के अन्दर वाली दिल्ली बहुत मजबूती से एकजुट दिखती है और आज तो वैसी की दिल्लियाँ शहर से जुड़ चुकी हैं। तब की दिल्ली के मुहल्लों में भी हरियाणा, उत्तर प्रदेश और पंजाब के लोगों की बस्तियाँ हैं, एक-एक बिरादरी की बस्ती है। आप दूसरे मुहल्ले में जाइए, बोली बदल जाती है, संस्कार बदल जाते हैं और यह अभी तक बरकरार है। उर्दू-फारसी पर ब्रजभाषा और अवधि की छौंक का अनुभव होगा। तब के दिल्ली वालों को शहर के बाहर बसे जाटों के व्यवहार में ही जाटगर्दी दिखती थी और उससे शिकायतें थीं। जब विभाजन के बाद पंजाबी आए तो उनके ताँगे, उनकी हाँक लगाने वाली जुबान, उनका खान-पान सब पराया लगता रहा। 1990 तक दिल्ली

तीन ही हिस्सों वाली थी—मुसलमान, ब्राह्मण और कायस्थों की संस्कारी संस्कृति वाली पुरानी दिल्ली, मुख्यत: जाटों के प्रभुत्व वाली दिल्ली, देहात और शरणार्थियों की कॉलोनियाँ। जहाँ-तहाँ नये शहरीकरण से पैदा स्लम बस्तियाँ। चुनाव में इस देहाती दिल्ली से मात्र यह फर्क पड़ता था कि वे अपना एक सांसद जिता लेते थे या बड़ी पार्टियाँ उनका खयाल रखकर जाट उम्मीदवार दे देती थीं। भाजपा के बड़े नेता साहिब सिंह और कांग्रेस के सज्जन कुमार ऐसे ही नेता बने। हरिकिशन लाल भगत ने स्लम कॉलोनियों की राजनीति को परवान चढ़ाया तो मदनलाल खुराना जैसे नेताओं ने पंजाबियों को राजनीति में बढ़त दिलवाई।

लेकिन यह किस्सा नब्बे तक का ही है। तब तक दिल्ली की राजनीति पर पंजाबी, बनिया, जाट और मुसलमान समाज का ही दबदबा रहा। दिल्ली में गूजर भी काफी हैं लेकिन न तो वे संगठित थे और ना उनमें राजनीतिक चेतना और महत्त्वाकांक्षा दिखती थी। मंडल वाले दौर के बाद उनके बीच भी तेजी से राजनीतिक चेतना और गोलबन्दी बढ़ी है, समृद्धि तो थी ही। तो अब अगर जाट अपने बल पर सत्तर में दस-ग्यारह सीट तक का हिस्सा लेने लगे हैं तो गूजर भी सात-आठ सीटों पर कब्जा करते हैं। दिल्ली में दलितों की आबादी भी काफी है—करीब 19 फीसदी लेकिन वे इतने कमजोर और बिखरे हैं कि उनका असर बहुत काम दिखता है—यहाँ तक कि अनुसूचित जाति के लिए आरक्षित सीट भी अक्सर बाहरी उम्मीदवारों को पकड़ा दी जाती है। पढ़ाई-लिखाई और कमाई में दिल्ली के दलित बाकी देश से आगे हैं और यहाँ उतना भेदभाव भी नहीं है लेकिन उनका बराबरी पर आना अभी सपना है। पर दलितों को भुलाकर कोई चुनाव नहीं लड़ सकता। अकेले मुसलमान अपनी पहचान की राजनीति करते हैं और जनता पार्टी वाले दौर से इसकी शुरुआत हुई है। दो-तीन संसदीय सीटों और करीब दर्जन भर विधानसभा सीटों पर उनकी अनदेखी कोई नहीं कर सकता और पिछले पचास सालों में यहाँ से अच्छे मुसलमान नेता भी निकले हैं। जाट और गूजर प्रभाव वाले क्षेत्र हैं लेकिन उनका बहुमत तय काफी बड़ी संख्या में होने वाले इलाके नहीं रह गए हैं।

पर बीसेक साल से पुरबिया वोटर सर्वाधिक प्रभाव रखने लगा है—भले वे चुनाव लड़ने और जीतने में अभी बहुत ज्यादा आगे नहीं दिखते। 1982 के एशियाड के समय जो पुरबिया मजदूर आए और दिल्ली में ही टिक गए। उन्होंने पहले झुग्गी-झोंपड़ी वाली कांग्रेसी राजनीति को बदला लेकिन जल्दी ही दिल्ली की राजनीति बदल गई। भाजपा दिल्ली को सुन्दर बनाने के पक्ष में रही है। सो उसे झुग्गियों की राजनीति नहीं सुहाती। इसके चलते झुग्गी वाले और कुल पुरबिया जमात भी उससे दूरी रखने लगी। दूरी उसने लालू यादव और मुलायम सिंह जैसे नेताओं की पार्टियों से भी रखी जो जाति वाली पहचान की राजनीति करते हैं। सीएसडीएस के उसी सर्वेक्षण के अनुसार दिल्ली के गरीब जाति/सम्प्रदाय की जगह आर्थिक श्रेणी को

ध्यान में रखकर वोट देते हैं। और यह बात भी इसी सर्वेक्षण से सामने आई कि दिल्ली में आए पुरबिया मतदाताओं में अगड़ों का अनुपात बिहार-यूपी के समाज वाले अनुपात से ज्यादा है। इसका मतलब यह है कि अगड़े ज्यादा अनुपात में पलायन करते हैं। और जब 'आप' का आन्दोलन चला और वह पार्टी उभरी तो पूरा का पूरा पुरबिया वोट ही नहीं, कांग्रेस का स्लम वाला वोट और मुसलमान वोट भी उधर चला गया। और जब भाजपा को 'आप' के हाथों दोबारा पटकनी खाने के बाद यह समझ आया कि दिल्ली का मतदाता समूह बदल गया है तो उसने एक बार में अपने पुराने बनिया-रिफ़्यूजी नेतृत्व और संघ वाले काडर को दरकिनार किया और कभी किसी मनोज तिवारी तो कभी सतीश उपाध्याय को नेतृत्व देकर पुरबिया वोटरों में घुसपैठ की कोशिश की। अब तो दिल्ली के इलाकों में पुरबिया निर्णायक स्थिति में हैं और मोटे तौर पर वे भी जाति का हिसाब भुलाकर ही वोटिंग करते हैं। यह बयान उनके रुझान को बताने के साथ जाति और चुनाव के रिश्ते को भी बताता है।

दिल्ली में विधानसभा बनाने के पहले यहाँ की अपनी राजनीति का कोई स्पष्ट चेहरा न था। निचले स्तर पर तो जाट, पंजाबी, ब्राह्मण-बनिया, झुग्गीवाले जैसे विभाजन थे और वोट की राजनीति में सक्रिय भूमिका निभाते थे लेकिन पंजाबियों और अगड़ों को संघ के हिन्दुत्व का वाहक तो जाटों और झुग्गीवालों को सेकुलर राजनीति का वाहक मान लिया जाता था। लेकिन मुट्ठी-भर सीटें होने के चलते दिल्ली में ज्यादा संलग्नता और सक्रियता, चुनावी गहमागहमी का अहसास नहीं होता था। उसमें कभी सी.एम. स्टीफेन तो कभी राजेश खन्ना और लालकृष्ण आडवाणी जैसे बाहरी उम्मीदवार राष्ट्रीय उम्मीदवार के नाम पर आ जाते थे। यमुना पार और बाहरी दिल्ली जैसे संसदीय क्षेत्र भी कुछ अलग तरह का बोध देते थे। पर एशियाड के बाद दिल्ली का निर्बाध विस्तार और फिर यहाँ के चुनाव क्षेत्रों के पुनर्गठन ने राजनीति बदली। मंडल और कमंडल ने यहाँ बहुत फर्क नहीं डाला लेकिन राजनीतिक सक्रियता तो बढ़ी ही। उधर कांग्रेस अपने ऊपर लगे सिख विरोधी दंगों के दाग से परेशान रही और उसके नेतृत्व की एक पूरी पीढ़ी इसी चक्कर में बेकार हो गई। भगत जी ही नहीं, सज्जन कुमार, जगदीश टाइटलर जैसे नेता भी बहुत काम के नहीं रह गए और नये नेता आए नहीं। मन्दिर आन्दोलन के समय दिल्ली केन्द्र बनी तो भाजपा ने बजरंग लाल शर्मा जैसे उम्मीदवार उतारकर हिन्दू लहर बनाने की कोशिश की। उधर जनता दल ने भी मुसलमान, दलित और गूजर मेल कराके कांग्रेस को पंचर करना चाहा।

इसका कुछ असर हुआ क्योंकि 1993 में जब दिल्ली में पहली बार विधानसभा चुनाव हुए तो जनता दल के उम्मीदवार ही नहीं, बहुजन समाज पार्टी के कई उम्मीदवारों ने अच्छा प्रदर्शन किया और नतीजे में कांग्रेस की लुटिया डूब गई। भाजपा ने सत्तर में से 47 सीटें जीतीं और सरकार बनाई। धाकड़ भाजपाई मदनलाल

खुराना ने दलित, महिला, जाट, पंजाबी और बनिया जैसे सारे समीकरणों को ध्यान रखते हुए सरकार चलानी शुरू की लेकिन जैन हवाला कांड में नाम आने के चलते उनको गद्दी छोड़नी पड़ी। उनकी जगह भाजपा ने एक नया दाँव चलाते हुए साहिब सिंह वर्मा को मुख्यमंत्री बना दिया जबकि इससे पहले तक जाट लोक दल तीसरे मोर्चे के और वह विकल्प न होने पर कांग्रेस के वोटर माने जाते थे। यह दाँव लम्बे समय में लाभकारी हुआ पर तब की विधानसभा में मौजूद भाजपा विधायक दल इसे नहीं पचा पाया और प्याज की बढ़ती महँगाई के बीच सुषमा स्वराज को नया मुख्यमंत्री बनाना पड़ा। लेकिन यह दाँव भी 1998 विधानसभा चुनाव में नहीं चल पाया। उधर कांग्रेस ने सिख विरोधी दंगों की आंच से झुलसे अपने नेतृत्व की जगह दिल्ली की राजनीति के लिए अज्ञात एक महिला शीला दीक्षित पर दाँव लगाया जो जबर्दस्त ढंग से सफल हुआ। शीला जी न सिर्फ कामयाब हुईं बल्कि उन्होंने दिल्ली को प्रगति के रास्ते पर किया और आधे-अधूरे अधिकारों के साथ ही अपने पन्द्रह साल के काम में दिल्ली को, खासकर पूर्वी दिल्ली के सबसे पिछड़े इलाके को दुनिया की किसी भी राजधानी के मुकाबले में ला दिया।

कांग्रेस भी बदली क्योंकि शीलाजी पुराने खानों में फिट न बैठती थीं और उन्होंने अपने को पुरबिया और ब्राह्मण श्रेणी में दिखाना पसन्द किया। कांग्रेस को इसका भारी लाभ हुआ। मंडल तो दिल्ली में पहले भी बेअसर था। शीला दीक्षित के समय में भाजपा का मन्दिर राग भी अनसुना रह गया। एक पंजाबी परिवार से आने के चलते उनको खुद को पुरबिया, पंजाबी, औरत और ब्राह्मण हर श्रेणी में रखने में सुविधा हो गई थी। सीएसडीएस के सर्वेक्षण से जाहिर हुआ कि 2004 लोकसभा चुनाव में भाजपा को सिर्फ अगड़ों में कांग्रेस से थोड़ी बढ़त थी वरना कांग्रेस ने समाज के सभी वर्गों में बढ़त ली और 1984 के बाद पहली बार दिल्ली की सभी सीटें जीत ली। तब जामा मस्जिद के इमाम द्वारा भाजपा का साथ देने (उस वक्त केन्द्र में अटलबिहारी वाजपेयी की सरकार थी) के बावजूद 91 फीसदी मुसलमानों ने कांग्रेस को वोट दिया था। विधानसभा 2008 का चुनाव भी कांग्रेस ने मजे से जीता और केन्द्र में कांग्रेस के सत्ता में लौट सकने का आधार भी बनाया।

लेकिन इस बार की जीत के साथ केन्द्र की यूपीए सरकार और उससे भी ज्यादा शीला दीक्षित सरकार पर भ्रष्टाचार के आरोप लगे। इसके विरोध में अन्ना आन्दोलन हुआ जिसकी पैदाइश 'आप' और अरविन्द केजरीवाल हैं। और इसने यह हालत कर दी कि शीला जी भी अपनी सीट हार गईं और कांग्रेस को एक भी सीट नहीं मिली। भाजपा भी हाथ मलती रह गई—वह दिल्ली की सत्ता से पचीस साल से बाहर है। हर सर्वे में बताया जाता है कि भाजपा के पास उसका अगड़ा, पंजाबी और बनिया आधार काफी हद तक बचा हुआ है लेकिन वह उतने भर से चुनाव नहीं जीत पा रही है। मुसलमान, स्लम वाला और पुरबिया वोटर अगर कांग्रेस

से नाराज हुआ तो उसे 'आप' का विकल्प मिल गया। भाजपा को इस स्वाभाविक नाराजगी का लाभ नहीं मिला।

यह दिल्ली की राजनीति का एक नये पिच पर आ जाना है। कई मायने में इसे शुभ मान सकते हैं तो कई मामले में यह चिन्ता की स्थिति है। समाज में जाति रहे, जातिगत भेदभाव हों, आर्थिक हैसियत बनाने में भी जाति एक बड़ा कारक हो और आप जाति को न मानने का ढोंग करें, फैसलों में और सत्ता में कमजोरों को हिस्सा न दें, औरतों को हिस्सा न दें और कहें कि हम जाति की राजनीति नहीं करते तो यह पाखंड ही है। लेकिन कांग्रेस को दिल्ली में वापसी करना तो बहुत बड़ा काम है और उसके नेताओं में काबिलियत नहीं दिखती लेकिन भाजपा का हर प्रयोग भी बेमानी हो गया है। उसका पुराना आधार, पुराना संगठन भी बिखरने लगा है और नया प्रयोग फल नहीं दे रहा है। दो बार से नरेन्द्र मोदी के नाम पर उसके सांसद तो जीत जाते हैं लेकिन विधानसभा चुनाव में 'आप' का मुकाबला उससे नहीं हो रहा है। 'आप' के खिलाफ उसका केन्द्रीय नेतृत्व तथा केन्द्र सरकार भी लगी है लेकिन अभी तक 'आप' का कुछ बिगड़ता नहीं लगता। 'आप' अपने कार्ड सावधानी से खेलती है लेकिन उसका आधार कांग्रेसी ही हैं। इसमें भी वह मुसलमानों के सवाल पर मुँह खोलने से परहेज करने लगी है, मोदी-शाह के दाँवपेच का जवाब ही देने में लगी रहती है। दिल्ली को अब भी एक स्वस्थ सामाजिक राजनीति चाहिए जिसका अभाव बना हुआ है। सिर्फ दावों से जाति जाने वाली बीमारी नहीं है।

सीएसडीएस के उसी बड़े सर्वेक्षण में यह तथ्य भी सामने आया कि जनकपुरी, हरीनगर और तिमारपुर (5 फीसदी और ऊपर) तथा जंगपुरा, कालकाजी, मालवीयनगर, तिलकनगर, राजौरी गार्डेन, मादीपुर, शकूरपुर, शालीमार बाग, बादली, गीता कॉलोनी, कृष्णानगर, विश्वासनगर, शाहदरा, वजीरपुर, मोतीनगर और पटेलनगर (20 से 35 फीसदी) पंजाबी खत्रियों के प्रभाव वाले इलाके हैं। विधानसभा की ही बवाना, नजफगढ़, पालम और नरेला जाटों के प्रभाव के क्षेत्र हैं तो सरोजिनी नगर, हस्तसाल, पटपड़गंज, मंडावली, रोहतासनगर, सीलमपुर, यमुना विहार ब्राह्मणों के असर वाले। रामकृष्णपुरम और नासिरपुर राजपूत क्षेत्र हैं तो गोल मार्केट, मिंटो रोड, दिल्ली कैंट, मादीपुर, साहिबाबाद दौलतपुर, सुल्तानपुर माजरा, मंगोलपुरी, नांगल जाट, महीपालपुर, साकेत, आम्बेडकरनगर, तुगलकाबाद, त्रिलोकपुरी, पटपड़गंज, गांधीनगर, सीमापुरी, नन्दनगरी, भलस्वा जहाँगीरपुरी, आदर्श नगर और चाँदनी चौक जैसी बीस सीटों पर दलितों का जोर है। बाबरपुर, सीलमपुर, करावलनगर, मटिया महल और बल्लीमारान में फैसला मुसलमानों के हाथ होता है। पुनर्गठन के बाद की सीटों का नाम और चरित्र बदला है। कांग्रेस सरकार की देखरेख में हुआ पुनर्गठन भाजपा को घेरने के लिए हुआ था लेकिन शिकारी खुद शिकार हो गया। लेकिन उससे भी ज्यादा बड़ा बदलाव यह हुआ है कि बुराड़ी, किराड़ी और द्वारका जैसे क्षेत्र तो पुरबिया गढ़ बन गए हैं।

यह बदलाव चुनाव परिणामों में भी दिखता है जो जाति का गणित सामने न लाते हुए भी एक बदलाव को बताते हैं। अनुसूचित जाति और मुसलमान विधायकों की संख्या तो कमोबेश एक ही है। पहले दिल्ली की सामान्य सीट से भी दलित विधायक हुए हैं लेकिन अब यह क्रम रुका है। मुसलमान विधायक भी सात या आठ तक रहते हैं। इधर सिखों की संख्या सात आठ से कम होकर दो या तीन तक आने लगी है और वह भी भाजपा अकाली गठबन्धन होने पर। अब दोनों अलग होकर लड़ेंगे तो क्या होगा कहना मुश्किल है। यह बदलाव बनिया और खात्री विधायकों की संख्या में भी हुआ है। सबसे ज्यादा वैश्य विधायकों की संख्या कम हुई है। इस मामले में ब्राह्मण न सिर्फ अपनी बढ़त रखे हुए हैं बल्कि कई बार बीस से ज्यादा ब्राह्मण भी चुनाव जीतते हैं। पर जाटों की संख्या कम हुई है और गूजरों की बढ़ी है। यादव दिल्ली के समाज का हिस्सा हैं लेकिन विधानसभा में उनको मुश्किल से प्रतिनिधित्व मिलता है। पुरबिया प्रवासियों का चुनावी प्रभाव बढ़ने से उधर के अन्य पिछड़ों को विधानसभा में आने का लाभ नहीं मिला है। महाबल मिश्र और उनके पुत्र की सक्रियता के बाद सिर्फ बिहार और पूर्वी उत्तर प्रदेश की भूमिहार जाति को भी संसद और विधानसभा में प्रतिनिधित्व मिलने लगा है। गोपाल राय तो लगातार मंत्री रहे हैं। राजपूत भी अपने अनुपात से ज्यादा जीतते हैं।

पर इस बदलाव के बावजूद दिल्ली की राजनीति का ऊपरी स्वरूप जाति को अपने ऊपर हावी नहीं होने देता। यहाँ अब भी पंजाबी, बनिया और जाट पैसों से मजबूत हैं तो उनकी राजनीति मजबूत दिखती है। ओबीसी नामक कोई ब्लॉक यहाँ नहीं बन पाया है जबकि गूजर और दूसरी जातियों के लोग रहे हैं और प्रवासियों में उनका हिस्सा अच्छा-खासा है। कई स्तर के बदलाव का वायदा करके आए अरविन्द केजरीवाल पर भी वही रंग चढ़ता गया है। और संख्या में तथा विधायकों के बीच दलितों की मौजूदगी बहुत अच्छी होने के बावजूद दलित कभी भी राजनीति के संचालक नहीं बने हैं, न उस स्थिति में पहुँचते दिखते हैं। दलित नेताओं में कई दूसरी पीढ़ी के हैं और साधनों से मजबूत है लेकिन वे भी अपनी नियति झेलने को मजबूर हैं।

सन्दर्भ

1. *लोकतंत्र का नया लोक,* सम्पा. अरविन्द मोहन, वाणी प्रकाशन, नई दिल्ली, में अरविन्द मोहन का आलेख; 'दिल्ली : कद से बड़ी राजनीति'।
2. संजय कुमार : 'चेंजिंग फेस ऑफ़ डेल्हीज पॉलिटिक्स', *राइज ऑफ़ दि प्लेबियन्स,* रटलेज, नई दिल्ली।
3. दुष्यन्त शर्मा, 'दिल्ली में गरमाई अनुसूचित सियासत', *अमर उजाला,* 23 अगस्त, 2019
4. *एचटी-सीएसडीएस सर्वे,* 1998

चंडीगढ़ : नए मिजाज का शहर

हरियाणा और पंजाब की राजधानी चंडीगढ़ खुद एक केन्द्रशासित प्रदेश है। यह स्थिति 1966 तक नहीं थी क्योंकि जब तक पंजाब और हरियाणा एक थे, चंडीगढ़ उनकी राजधानी था और यहाँ के लोग ठीक उसी तरह लोकसभा और विधानसभा चुनाव में वोट देकर अपने प्रतिनिधि चुनते थे जैसे अन्य राज्यों की राजधानियों के लोग करते हैं। लेकिन जब दोनों राज्यों में इसे लेकर विवाद हुआ और यह अब तक जारी है तो चंडीगढ़ को केन्द्रशासित क्षेत्र बना दिया गया। देश के बँटवारे के समय लाहौर जाने से दुखी लोगों को राहत देने के लिए जिस नये शहर को बसाया गया वह राज्य के दूसरे विभाजन तक पूरा बस गया था। वह 1960 में ही पूरा हुआ और अपने वास्तु सौन्दर्य तथा नगर योजना के लिए देश-विदेश में चर्चित हुआ। पर इस नई व्यवस्था ने चंडीगढ़ वालों को एक स्तर के लोकतंत्र से वंचित कर दिया। वे स्थानीय निकाय का चुनाव करते हैं, सांसद चुनते हैं लेकिन विधानसभा के चुनाव से वंचित हैं। और नया शहर, नये लोग, नई संस्कृति वाले चंडीगढ़ की राजनीति भी अब तक साफ-सुथरी थी लेकिन पिछले नगर निगम चुनाव के बाद भाजपा ने जिस तरह तोड़-फोड़ करके अपना मेयर बना लिया और जिस तरह 'आप' ने, जिसकी निगम चुनाव में सबसे ज्यादा सीटें आई थीं, हंगामा मचाया वह चंडीगढ़ के लिए बिल्कुल नया अनुभव था। पर इस केन्द्रशासित नगर के स्थानीय चुनाव की चर्चा हम ज्यादा नहीं करेंगे, हालाँकि यह आने वाले बड़े चुनाव की भूमिका तो तय करता ही है।

चंडीगढ़ के पढ़े-लिखे और हर प्रान्त और इलाके के लोगों वाला मतदाता समूह अभी तक एकदम अलग तरह की राजनीति का अभ्यस्त रहा है। बहुत शान्त ढंग से चुनाव प्रचार, हर घर तक सम्पर्क वाले दल और हर बात पर सक्रियता दिखाने वाली राजनीति का उनका अनुभव ही था। स्थानीय चंडीगढ़ नगर निगम भी अधिकारों के मामले में स्पेशल है और वह काफी समस्याएँ झट से निपटा देता है। चवालीस वर्गमील में बसा शहर वैसे भी ज्यादा पसरा और समस्याओं वाला नहीं

है। ले-देकर एक सांसद चुनना होता है जिसमें आम तौर पर कांग्रेस और भाजपा (पहले जनसंघ और जनता पार्टी) का सीधा मुकाबला होता रहा है। हरमोहन धवन जैसा काबिल सांसद और गुल पनाग जैसी चर्चित हस्ती भी यहाँ के चुनाव में तीसरा कोण नहीं बना पाए। धवन जब जीते तो जीते लेकिन उसके बाद घसीटते ही रहे। जगन्नाथ कौशल (कांग्रेस), सत्यपाल जैन और किरण खेर (भाजपा) दो-दो बार और पवन बंसल चार बार सांसद रहे हैं। आपको इनमें से कई का नाम केन्द्रीय मंत्री या पार्टी संगठन के राष्ट्रीय पदाधिकारियों की तरह देखने-सुनने की आदत रही होगी। पर लगता है चंडीगढ़ के वे दिन विदा हो रहे हैं। भाजपा ने सिर्फ पार्षद तोड़ने और मेयर बनाने में सीमाएँ नहीं लाँघी, केन्द्रीय गृह मंत्री ने चंडीगढ़ प्रशासन के अधिकारियों/कर्मचारियों की स्थिति में भी जो बदलाव किया और उन्हें केन्द्र के अधीन किया है उसे लेकर भी नाराजगी है।

पर दस लाख से ऊपर आबादी और सात लाख के करीब वोटरों का यह शहर अपनी सामाजिक बनावट से भी चुनाव को प्रभावित करता है और अब जो बदलाव हो रहे हैं या दिख रहे हैं उसमें इस चीज का भी हाथ है। चंडीगढ़ पर हिमाचली असर बहुत कम है—किसी जमाने में छोटे कामों में काफी हिमाचली थे लेकिन अब वे जा चुके हैं और जो थोड़े हिमाचली हैं वे ज्यादा प्रभाव नहीं डाल पाते। यही हाल हरियाणा के लोगों का भी है पर उनकी संख्या और वजन बढ़ा है। शहर में मुख्य रूप से पंजाबी हैं—फौज और विभिन्न सेवाओं से अवकाश लेकर साफ-सुथरे शहर और अच्छे वातावरण में जीवन बिताने वाले लोग हैं। इनमें सिख कम हैं—पंजाब के हिसाब से। लगभग अस्सी फीसदी हिन्दू और तेरह फीसदी सिखों के साथ करीब पाँच फीसदी मुसलमान और एक फीसदी से कम ईसाई हैं। कुल आबादी में दलितों का हिस्सा 19 फीसदी के करीब है। पर शुरू से यहाँ जमने वाले 'बाहरी' लोगों में आज के उत्तराखंड से आए लोग सबसे बड़ी संख्या में हैं। छोटे-मोटे काम या नौकरियों में निचले पदों को भरने वाले ये लोग लोकसभा चुनाव में भी असर डालते हैं लेकिन स्थानीय चुनाव में तो कई इलाकों में महत्त्वपूर्ण हैं। पलम्बर और इस तरह के काम करने वाले ओडिया लोग भी ठीक-ठाक संख्या में हैं। और जब पूरा पंजाब और बहुत हद तक हरियाणा शारीरिक श्रम के मामले में पुरबिया प्रवासी जमात पर निर्भर रहने लगा है तो चंडीगढ़ कैसे अलग रह सकता है। लेकिन उनमें ज्यादा लोग मतदाता नहीं हैं। शहर पुराने लोगों की उम्मीद के अनुरूप नहीं विकसित हुआ है और मोहाली से लेकर पंचकुला और खडर तक जैसे नये बसे पड़ोसी शहरों ने भी इससे होड़ करते हुए कुछ पुराने लोगों को बाहर बुलाया है। इसलिए चंडीगढ़ का समाज भी बदल रहा है। और ऊपर की राजनीति के बदलाव से जब इसका पाला पड़ रहा है तो यहाँ की चुनावी राजनीति भी बदलेगी ही। इसके संकेत मिलने शुरू हो गए हैं।

उत्तर प्रदेश : पहचान की राजनीति का अखाड़ा

वैसे तो उत्तर प्रदेश हमारा एक राज्य भर है लेकिन चुनाव और उससे भी बढ़कर सामाजिक गतिशीलता के हिसाब से वह महादेश जैसा है। सचमुच दुनिया के बहुत कम देश होंगे जहाँ बीस करोड़ से ऊपर लोग मतदान करके अपने प्रतिनिधि और सरकार का चुनाव करते होंगे। और जो देश इतने बड़े हैं भी उनमें उत्तर प्रदेश जैसी सामाजिक विविधता और गतिशीलता नहीं होगी। पूर्वी उत्तर प्रदेश के लोगों से पूछिए कि जाट या लोध या गूजर कौन सी जाति है तो वे आसमान देखने लगेंगे और पश्चिम के लोगों से पता करो कि भूमिहार या सैंथवार या रावत कौन लोग हैं तो उनका रवैया भी यही रहेगा। लेकिन जब आप प्रदेश के चुनाव का इतिहास देखेंगे, उसके वर्तमान स्वरूप को जानने का प्रयास करेंगे तो इन जातियों के असर और ताकत को जाने बगैर आपको राजनीति समझ ही नहीं आएगी। और अगर आपने जातियों के राजनीतिक महत्त्व को नहीं जाना तो आप उत्तर प्रदेश की राजनीति का ककहारा नहीं जान पाएँगे। लेकिन यह भी सच है कि मुट्ठी-भर आबादी वाली जाति का मुख्यमंत्री भी यहाँ आराम से शासन करता रहा है तो यहाँ एक सिन्धी से ब्याही बंगाली महिला ने शानदार ढंग से राजनीति की और मुख्यमंत्री का पद सँभाला। दूसरी ओर यह भी हुआ है कि आबादी में काफी बड़ा हिस्सा रखते हुए भी आज तक कोई मुसलमान यहाँ मुख्यमंत्री नहीं बना है, न राजनीति का बड़ा खिलाड़ी ही बन पाया है।

इसकी वजह यह है कि पुराने आगरा और अवध को मिलाकर बना यह प्रान्त आजादी के पहले से हिन्दू-मुसलमान राजनीति का अखाड़ा बना, पाकिस्तान की माँग उठाने के पहले संयुक्त प्रान्त (पहले इसका यही नाम था) में सरकार बनाने में कांग्रेस के पसीने छूट गए थे। यहीं से सबसे ज्यादा मुसलमानों का पलायन पाकिस्तान की तरफ हुआ। वहाँ जिन शरणार्थियों को मुहाजिर या बिहारी कहा जाता है असल में उनमें से ज्यादातर उत्तर प्रदेश वाले ही हैं। यह प्रान्त बाद के दिनों में मंडल और मस्जिद की राजनीति का भी मुख्य अखाड़ा बना। और जब 1992 में

UTTAR PRADESH
N
UTTARAKHAND
N E P A L
HARYANA
RAJASTHAN
MADHYA PRADESH
MADHYA PRADESH
BIHAR
JHARKHAND
CHHATTISGARH

बाबरी मस्जिद गिराई गई तो राज्य के लगभग चार दर्जन शहर साम्प्रदायिक दंगों से झुलसे। यह भी सही है कि सबसे शुद्धतावादी मुसलमान जमात, देवबन्दी सबसे पक्का राष्ट्रवादी रहा है और सबसे उदार माना जाने वाला बरेलवी धड़ा पाकिस्तान बनाने के पक्ष में था। और तब से यहाँ जाति और सम्प्रदाय वाली राजनीति परस्पर मुकाबला कर रही है। यहाँ मंडल के बाद जातीय दंगे भी हुए और यहाँ यह क्रान्ति भी हुई कि एक दलित महिला चार बार मुख्यमंत्री की कुर्सी पर पहुँचने में कामयाब रही। इतना ही नहीं, उस दलित महिला ने सीधे ब्राह्मण समाज को अपने साथ लेने में सफलता पाई और ब्राह्मण नेता लाइन लगाकर सार्वजनिक रूप से उसका पैर छूने में कोई शर्मिन्दगी नहीं महसूस करते थे और ऐसा करने के बाद भी ब्राह्मण समाज उनको नेता मानता रहा। प्रदेश ने भूमि सुधार और हरित क्रान्ति का दौर भी देखा। और यह विडम्बना भी देखी कि खेती-किसानी के लिए बड़े फैसले और राजनीति करने वाले चरण सिंह को उनके जीवन काल में और बाद में और जोर-शोर से जाट नेता बना दिया गया। प्रशासनिक मामलों में सरदार पटेल का उत्तराधिकार सँभालने वाले गोविन्द बल्लभ पन्त यहीं के थे तो सम्पूर्णानन्द जैसा विद्वान भी यहाँ मुख्यमंत्री बना। हेमवतीनन्दन बहुगुणा, नारायण दत्त तिवारी और कल्याण सिंह जैसे कुशल प्रशासक आए भी और उनके समेत कई अन्य की दुर्गति भी हुई।

लेकिन राजनीतिक तथा चुनावी गणित में उत्तर प्रदेश प्रधानमंत्री देने वाला प्रदेश ही माना जाता रहा है। यह धारणा पंडित नेहरू, लाल बहादुर शास्त्री, इन्दिरा गांधी के चलते बनी और बाद में विश्वनाथ प्रताप सिंह और चन्द्रशेखर के चलते मजबूत हुई। बाकी मामलों में गुजरात-गुजरात करते रहने वाले नरेन्द्र मोदी ने बनारस से चुनाव लड़कर इस मत को पक्का ही बना दिया। और इसी के चलते राज्य के हर मुख्यमंत्री को यह भ्रम हो जाता है कि वह प्रधानमंत्री बन सकता है। लेकिन इससे ज्यादा बड़ा भ्रम उस पार्टी को देश पर शासन करने का होता है जो उत्तर प्रदेश जीतती है। यहाँ भी मोदी जी ने उत्तर प्रदेश जीतने से देश जीतने की धारणा को पुख्ता किया। मुलायम सिंह यादव और मायावती भी इस सोच के साथ राजनीति करते रहे और अपनी-अपनी पार्टी के क्षेत्रीय स्वरूप को बदलने की गम्भीर कोशिश नहीं की। दिल्ली की गद्दी का रास्ता लखनऊ होकर जाता है यह धारणा निरन्तर पुख्ता हुई है। इसकी वजह अब भी इस प्रदेश से अस्सी सांसदों का चुनाव है और अब भी योगी आदित्यनाथ को नरेन्द्र मोदी का उत्तराधिकारी या अखिलेश यादव को गैर कांग्रेसी गैर भाजपाई दलों के गठबन्धन की तरफ से प्रधानमंत्री पद का सबसे बड़ा दावेदार मानने वालों की कमी नहीं है। बार-बार के हंगामे के बावजूद उत्तर प्रदेश मोटे तौर पर एक है—अगर उत्तराखंड बँटा भी तो मात्र पाँच सांसदों का इलाका उसको मिला।

पुराने हिसाब से उत्तर प्रदेश पाँच हिस्सों में बँटा है—अवध, ब्रज, भोजपुरी, बुन्देलखंड और पहाड़ वाले हिसाब से। लेकिन नया राजनीतिक हिसाब पूर्वी,

पश्चिमी, दोआबा/अवध, बुन्देलखंड और रुहेलखंड का है जो सामाजिक बसावट और संस्कृति के छोटे-छोटे अन्तरों पर आधारित है। और अगर किसी को प्रदेश की चुनावी राजनीति और विभिन्न सामाजिक समूहों के चुनावी व्यवहार को समझना हो तो यह बाद वाला वर्गीकरण बेहतर समझ देगा। एक इलाके का समीकरण दूसरे में सिरे से गायब है। पश्चिम या रुहेलखंड को मुसलमान, जाट, यादव, जाटव, गूजर और लोध का हिसाब समझे बगैर नहीं जाना जा सकता तो अवध या दोआब में ब्राह्मण, राजपूत, मध्य जातियों और पासियों के बगैर समझना मुश्किल है। पूर्वांचल की लड़ाई में पास के बिहार का असर है और अगड़ा-पिछड़ा हिसाब ऊपर है तो बुन्देलखंड में पिछड़ा और दलित ज्यादा संख्या में हैं। जातिगत बदलाव की राजनीति समाजवादियों ने शुरू की तो गरीबों के हक की लड़ाई को केन्द्रीय मामने वाले कम्युनिस्ट आन्दोलन से भी दलित और पिछड़ों में राजनीतिक चेतना बढ़ी। मंडल और मन्दिर आन्दोलन ने जाति और धर्म की राजनीति को परवान चढ़ाया। पर हर प्रदेश और देश की तरह विभिन्न सामाजिक समूह और जातियाँ अपनी मर्जी से हर बार नये तरह का समीकरण बनाती हैं और हर बार पूरे प्रदेश-भर का एक सा राजनीतिक सुर बन जाता है। कई बार यह पूरे देश या उत्तर भारत के सुर से मिलता है। सतहत्तर, सड़सठ, चौरासी और 2014 या 2019 का देश का राजनीतिक सुर उत्तर प्रदेश की अगुआई में बना।

उत्तर प्रदेश की चुनावी राजनीति की शुरुआत कांग्रेस राज से हुई तो पंडित नेहरू, गोविन्द बल्लभ पन्त, सम्पूर्णानन्द, चन्द्रभानु गुप्त और लाल बहादुर शास्त्री जैसे दिग्गजों के चलते इसे कांग्रेसी गढ़ में बदलने में देर न लगी। चन्द्रभानु गुप्त कभी मुख्यमंत्री नहीं बन पाए लेकिन कई मुख्यमंत्रियों को खड़ा करने में उनकी भूमिका महत्त्वपूर्ण थी क्योंकि उनकी पार्टी संगठन पर जबर्दस्त पकड़ थी। कांग्रेस ने शुरू में सर्व समाज का समर्थन लिया पर जब धीरे-धीरे मध्य जातियों के कुछ समूह नाराज होते गए तो उसने बड़े आराम से दलित, मुसलमान और ब्राह्मण का जुटान करके अपने लिए जिताऊ सामाजिक फॉर्मूला भी बना लिया। समाजवादियों की पकड़ मध्य जातियों तक थी तो जमाने तक जनसंघ मुख्यत: बनिया और शहरी वोटों के एक छोटे हिस्से के सहारे जिन्दा भर रहा। कांग्रेस से निकले चौधरी चरण सिंह ने जरूर विपक्षी जोड़-तोड़ से कांग्रेस और उससे भी ज्यादा उसके जमींदार आधार को चोट पहुँचाया। आम तौर पर किसानों की राजनीति करने वाले चरण सिंह भी पहले कांग्रेस में थे लेकिन बाद की उनकी राजनीति कांग्रेस विरोध की हुई। इससे भी ज्यादा उनकी राजनीति किसान समर्थक थी लेकिन उनकी कुल छवि जाट नेता की बनती गई जिसे बाद में उनके उत्तराधिकारियों ने काफी भुनाया और चौपट किया। पर चरण सिंह ही नहीं उनके पुत्र अजित सिंह और उनके पुत्र जयन्त काफी समय तक उत्तर प्रदेश की राजनीति में एक महत्त्वपूर्ण भूमिका

निभाते रहे। पर धीरे-धीरे पश्चिमी उत्तर प्रदेश के मजबूत जाटों के ऊपर से भी उनका असर धुलता गया।

प्रदेश में कांग्रेस विरोध की मुख्य राजनीति आपस में लड़ते और टूटते-बिखरते समाजवादियों ने ही चलाई जिसके एक दिग्गज सम्पूर्णानन्द तो शुरू में ही कांग्रेस में चले गए थे। आचार्य नरेन्द्र देव भी वैचारिक समाजवाद जैसी भूमिका चुनावी मैदान में नहीं निभा सके। लेकिन डॉ. राममनोहर लोहिया, राजनारायण, कैप्टन अर्जुन सिंह भदौरिया जैसे जुझारू लोगों के सहारे समाजवादियों ने लगातार आन्दोलन किए, पिछड़े और दलितों को संगठित और राजनीतिक रूप से प्रशिक्षित किया और लोहिया ने तो सीधे नेहरू से भिड़ने का दाँव भी चला। तब प्रधानमंत्री और दूसरे प्रमुख लोगों को निर्विरोध संसद भेजने का चलन था और विपक्षी दल उम्मीदवार नहीं देते थे। बाद में वही गैर-कांग्रेसवाद के जनक बने और उत्तर प्रदेश उसकी जन्मस्थली बना। जनसंघ के पंडित दीन दयाल उपाध्याय ही नहीं, कम्युनिस्ट लोग भी उनके साथ हुए और 1967 में कांग्रेस को पहला झटका मिला। इसके बाद कम्युनिस्ट धीरे-धीरे कमजोर होते गए और जनसंघ की ताकत बढ़ती गई। यही दौर चरण सिंह के राजनीतिक उभार का भी है लेकिन उनका आधार मुख्य रूप से राज्य के पश्चिमी हिस्से तक रहा। मध्य जातियों के उभार के साथ समाजवादियों की ताकत काफी बढ़ी पर उनमें बिखराव भी ज्यादा हुआ लेकिन समाजवादी पार्टी के नाम से जमाने के पहले जनता पार्टी और जनता दल नामक प्रयोगों में उनकी भूमिका बड़ी रही। प्रदेश में पहला पिछड़ा मुख्यमंत्री रामनरेश यादव बने जो समाजवादी धारा की पैदाइश थे।

और प्रदेश कांग्रेस ही नहीं, विपक्ष की देशव्यापी राजनीति को भी दिशा देने वाले संकेत देता रहा। समाजवादी पार्टी ही नहीं, जनसंघ के साथ भी यह हुआ। पर 1967 के झटके के बाद कांग्रेस सँभली और उसने प्रिवी पर्स की समाप्ति से परेशान रजवाड़ों और ठाकुरों को अपने साथ जोड़ने का अभियान चलाया। फिर इन्दिरा गांधी के हाथ कमान आने से भी उत्तर प्रदेश में, खासकर महिलाओं के बीच अपना स्थान मजबूत करने में कांग्रेस को मदद मिली। इस बीच हेमवतीनन्दन बहुगुणा, नारायण दत्त तिवारी और कमलापति त्रिपाठी को मुख्यमंत्री बनाकर कांग्रेस ने ब्राह्मणों में अपना आधार और पुख्ता किया। पर आपातकाल के बाद हुए चुनाव ने मुद्दे ही बदल दिए। लोगों ने जाति-धर्म भुलाकर वोट दिए और कांग्रेस का सफाया हो गया। पर जनता पार्टी का प्रयोग भी नहीं चला। अगर कांग्रेस को उत्तर प्रदेश ने एक आधार दिया तो विपक्षी राजनीति के एकजुट होने या बिखराव के सूत्र भी उत्तर प्रदेश से ही संचालित होते रहे। समाजवादियों ने मध्य जातियों और खास तौर से यादवों को आगे किया तो कम्युनिस्टों ने राजभर और यादवों में काम किया। उन्होंने समाजवादियों की तरफ अपने नेतृत्व में पिछड़ों को विशेष अवसर के सहारे नहीं भेजा।

पर विशेष अवसर का सहारा लिए बगैर कांसीराम ने उत्तर प्रदेश में डीएस-4 नाम से जो मुहिम शुरू की वह इतनी जबर्दस्त ढंग से उभरेगी या दलित राजनीति को शीर्ष पर लाएगी इसकी कल्पना किसी ने नहीं की थी। खुद कांसीराम भी दलित अधिकारियों/कर्मचारियों के संगठन बामसेफ़ की राजनीति करते थे और अपने गृहप्रदेश पंजाब में भी खास प्रभाव नहीं छोड़ पाए जबकि आबादी में दलितों का सबसे ज्यादा अनुपात वहीं है। दलित जब कांग्रेस से खिसकने लगे तो कांग्रेस का अवसान ही हो गया। 1989 के बाद से कांग्रेस उत्तर प्रदेश में कभी ताकतवर नहीं रही। लेकिन उत्तर प्रदेश में ही कांसीराम जी न सिर्फ सारे दलितों, काफी हद तक अति पिछड़ों, मुसलमानों को एकजुट करके अपने राजनीति को आसमान पर ले गए। मायावती के रूप में उन्होंने एक नया नेता भी चुना जो सामान्य महिला राजनेताओं की तरह बड़े परिवार वाली या किसी पुरुष के इशारे पर चलने वाली न थी। और सबको और हैरान करते हुए उन्होंने ब्राह्मणों को भी इस बहुजन गठजोड़ में शामिल किया और चुनाव जीता। इतना ही नहीं हुआ, जब बाबरी मस्जिद गिरने के बाद पूरा मुल्क और खास तौर से उत्तर प्रदेश साम्प्रदायिकता की आग में झुलसने लगा तो कांसीराम ने मुलायम सिंह यादव के साथ हाथ मिलाकर चुनाव लड़ा और भाजपा को बुरी तरह हराया।

पर एक बार मन्दिर आन्दोलन शुरू हुआ तो संघ परिवार और जनसंघ की गुड्डी चढ़ती ही गई। विश्वनाथ प्रताप सिंह ने मंडल की रिपोर्ट लागू करके पिछड़े पॉलिटिक्स को परवान चढ़ाया और उत्तर प्रदेश तीन तरह की राजनीति की खुली कुश्ती का अखाड़ा बन गया। एक ओर ब्राह्मण और बनिया के साथ हिन्दुत्व की राजनीति करने वाली भाजपा थी तो दूसरी ओर यादव और मुसलमान का दमदार गठजोड़ करके पिछड़ा राजनीति करने वाली समाजवादी पार्टी और तीसरी तरफ दलित और बहुजन के नाम से राजनीति करने वाली बसपा थी। कभी भाजपा ने कल्याण सिंह को आगे करके पिछड़ा आधार साथ लाने का प्रयास किया तो कभी बसपा ने ब्राह्मण साथ लिए, कभी सपा और बसपा साथ हुए तो कभी भाजपा और बसपा। कांग्रेस की भूमिका पासंग जितनी रह गई जो जब तब सपा के साथ होकर मदद करती रही। और लगभग चार चुनावों में तीनों दलों को बराबर वोट और सीटें मिलती रहीं। किसी भी पक्ष के कमजोर पड़ने या उसके गोलबन्द वोटर जमात के टूटने का संकेत नहीं दिखा। लेकिन अन्तत: बसपा कमजोर पड़ी क्योंकि उसकी नेता भ्रष्टाचार के आरोपों से ज्यादा घिरी। पर हर हाल में बसपा को दलितों और खास तौर पर सबसे ज्यादा संख्या वाले जाटव समाज का वोट मिलता रहा। भाजपा के 1985 से 1996 के बीच के विधायकों में 56-57 फीसदी तक अगड़े रहे जबकि ओबीसी विधायक मात्र 18 से 21 फीसदी थे। एक भी मुसलमान भाजपा के टिकट पर नहीं जीता था।

उत्तर प्रदेश में कभी कल्याण सिंह/राजनाथ सिंह की सरकार तो कभी मुलायम/अखिलेश यादव की और कभी मायावती की सरकार का खेल लगभग पचीस वर्ष चला है। इसमें मायावती को चार बार मुख्यमंत्री बनने का अवसर मिला। लेकिन इस दौर में कांग्रेस के कमजोर पड़ने और पिछड़ा-दलित राजनीति के शीर्ष पर पहुँचने से अगड़ों में पैदा नाराजगी का आधार लेकर भाजपा ने ब्राह्मणों, ठाकुरों, कायस्थ, भूमिहार, जाट, त्यागी जैसी अगड़ी जातियों को अपने पक्ष में किया, कुर्मी और लोध को अपना बनाया, गैर जाटव दलितों में पासियों पर ध्यान दिया और एक अच्छा-खासा सामाजिक वितान खड़ा कर लिया। फिर नरेन्द्र मोदी के उदय के साथ ही उभरे उग्र हिन्दुत्व ने बची-खुची जातियों का भी भगवाकरण किया। मुसलमानों को 'दुश्मन' बताने से भाजपा को क्या परहेज होता। सो जब उसने 2017 के विधानसभा चुनाव के पहले केशव प्रसाद मौर्य को प्रदेश अध्यक्ष बनाया तो लगभग सारे पिछड़े उसके प्रभाव में आ गए। भ्रष्टाचार के आरोप से घिरे मायावती और मुलायम परिवार के लोग भी तब तक मोदी-शाह के घेरे में थे। फिर बार-बार बनने वाले त्रिशंकु विधानसभा की स्थिति भी न रही। फिर तो हर स्तर पर हिंदू ध्रुवीकरण का प्रयास हुआ और एक बार सफल प्रयोग के हर मोर्चे पर और मेहनत की गई। सो भाजपा ने 2022 में आदित्यनाथ के नेतृत्व में दोबारा चुनाव जीतकर केन्द्र में मोदी सरकार को मजबूती दी। और जब गुजरात को छोड़कर ज्यादातर जगहों पर मोदी मंत्र मन्दा पड़ता लगा तब भी मोदी-योगी की जोड़ी जमी रही और उत्तर प्रदेश भाजपा का सबसे बड़ा आधार रहा।

भाजपा की यह जीत और मजबूती ऊपर से तो बहुत साफ हिन्दुत्व की जीत लगती है लेकिन सांसदों-विधायकों पर गौर करने पर उससे भी ज्यादा साफ ढंग से यह भाजपा के अपने सामाजिक समीकरणों का प्रतिरूप लगता है। 405 सदस्यों वाली विधानसभा में सिर्फ ठाकुर और ब्राह्मण विधायकों की संख्या 101 थी जबकि आबादी में इनका अनुपात 15-16 फीसदी होगा। ब्राह्मणों जितनी आबादी अहीरों की मानी जाती है तो उसके सिर्फ 27 विधायक ही चुने गए जबकि मुख्य मुकाबले वाली समाजवादी पार्टी और उसके उम्मीदवारों में अहीरों का दबदबा था। नौ-दस फीसदी अहीरों के मुकाबले कुर्मी चार फीसदी भी नहीं माने जाते लेकिन उनके विधायकों के संख्या 47 पहुँच गई थी। इसमें विनय कटियार और सन्तोष गंगवार जैसे कुर्मी नेताओं का काम भी शामिल है लेकिन एजेंडा संघ का ही रहता है। और इससे कुछ ज्यादा आबादी वाले कोइरी-कुशवाहा-सैनी-मौर्य जाति (जिसका एक सिरा बौद्ध रुझान वाला है) के सिर्फ 14 विधायक चुने गए। बनिया और खत्री आबादी दो-तीन फीसदी होगी लेकिन उसके 44 लोग विधानसभा में पहुँच गए। लोध आबादी भी दो फीसदी होगी पर उसके 18 विधायक चुने गए जिनमें 15 भाजपा के थे। अनुसूचित जातियों की सिर्फ आरक्षित सीटों तक पहुँच रही लेकिन उसके जीती

सीटों में भी आधी दलित आबादी वाले जाटवों की जगह तीन फीसदी आबादी वाले पासी आधी सीटों पर जीत गए। अनजान-सी मानी जाने वाली भूमिहार जाति के पाँच लोग विधायक चुने गए। दो फीसदी आबादी वाले जाट समाज के भी 15 लोग चुनाव जीत गए। भाजपा ने बीस फीसदी आबादी वाली अगाड़ी जातियों के लगभग चालीस फीसदी विधायक चुनवाकर मंडल पर मन्दिर की जीत का परचम फहराया दिया।

इसके साथ ही यह भी हुआ कि 73 सीटों पर 30 फीसदी से ज्यादा और राज्य में 16 फीसदी आबादी वाले मुसलमान समाज से एक भी व्यक्ति को भाजपा या उसके किसी सहयोगी दल ने टिकट नहीं दिया और उसके सिर्फ 34 लोग ही विधानसभा में आ पाए जिनमें 32 सपा की तरफ से और दो उसकी सहयोगी पार्टी रालोद की तरफ से जीते। अन्दर-अन्दर भाजपा को सहयोग करने वाली बसपा (जिसने सबसे ज्यादा मुसलमान उम्मीदवार उतारे थे) और असदुद्दीन ओवैसी की पार्टी के मुसलमान उम्मीदवारों को एक भी जगह जीत नहीं मिली। आबादी में बीसेक फीसदी का हिस्सा रखने वाली पिछड़ी और छोटी जातियों के मात्र 6 लोग जीत पाए। भाजपा की जीत का मामला इतने पर नहीं रुका। संन्यास लेने वाले योगी आदित्यनाथ की ठाकुर जाति का राजनीतिक खेल जारी रहा और ब्राह्मण-बनिया को भागने नहीं दिया गया। यह दबदबा भाजपा संगठन पर भी रहा लेकिन सबसे प्रत्यक्ष दिखने वाला फर्क महत्त्वपूर्ण प्रशासनिक पदों पर ठाकुरों और उनकी उपलब्धता न होने पर अगड़ा अधिकारी तैनात करने का था। जिलाधिकारी और जिले के पुलिस प्रमुख के पद पर लगभग चालीस फीसदी ठाकुर और ब्राह्मण बैठाए गए थे। एक समय 26 जिलों में ठाकुर और 8 जिलों में ब्राह्मण कलेक्टर थे। लगभग इसी तरह थाने समेत सभी महत्त्वपूर्ण और कमाऊ पदों का ठाकुर, ब्राह्मण और बनियों को तैनाती की गई थी। अधिकांश विश्वविद्यालयों में कुलपति यही लोग बनाए गए।

यह चीज इस सबसे बड़े और महत्त्वपूर्ण राजनीतिक प्रदेश में मंडल पर मन्दिर की जीत के चलते ही उल्लेखनीय नहीं है। ऐसी 'बदनामी' तो अखिलेश यादव और मायावती के राज की भी रही थी। पर उनका ऐसा करना एक सामाजिक बदलाव भी ला रहा था जो विधानसभा और उत्तर प्रदेश से चुके गए सांसदों की सामाजिक पृष्ठभूमि में दिखाई देता था। अधिकांश राज्यों और खास तौर से हिन्दी प्रदेशों में पिछड़ों, दलितों का जो उभार दिखता है वह उत्तर प्रदेश में भी लक्षित हो रहा था। अगर विधानसभा में 1952 में ब्राह्मण विधायकों का अनुपात 36.84 फीसदी था तो दस साल में यह गिरकर 31.25 फीसदी, राजपूत विधायकों का अनुपात 16 फीसदी से गिरकर 12.5 फीसदी पर आ गया था। यह क्रम 1967 में समाजवादियों के उभार तक काफी प्रबल दिखता है लेकिन उसके बाद से अगड़ों की वापसी तो कभी पिछड़ों का उभार दिखता है। तब के बीस वर्षों में राज्य विधानसभा में अगड़ों का अनुपात 58 फीसदी से गिरकर 32 फीसदी आ गया था। जो कायस्थ

एक फीसदी आबादी वाले भी नहीं हैं विधानसभा में उनका हिस्सा दस-बारह फीसदी तक था। उनकी संख्या सबसे तेज गिरी। लेकिन तब ही जनसंघ भी उभरने लगा था। लेकिन ऐसा मंडल के बाद और इतनी मजबूती से हो जाएगा यह हैरानी वाली चीज है। लेकिन सीएसडीएस के राष्ट्रीय चुनाव अध्ययन का निष्कर्ष है कि 1996 से 2007 के बीच भी भाजपा को मिलने वाले मतों में अगड़ों का हिस्सा 77 फीसदी तक गया था जबकि ओबीसी समाज से मात्र 25 से 38 फीसदी तक का वोट ही उसे मिला था। तब तो उसे पाँच चुनावों में दलितों का सिर्फ 9.6, 7, 15.5, 5.7 और 6.1 फीसदी वोट ही मिला। पर इसके साथ यह भी हुआ है कि जिन मुसलमानों को 11-12 फीसदी सीटें मिलने लगी थीं वे एकदम हाशिये पर आ गए हैं। बहुत दया करके भाजपा किसी एक मुसलमान को अल्पसंख्यक कल्याण जैसा मंत्रालय देती है जबकि सपा शासन के समय आजम खान ने शानदार ढंग से कुम्भ मेले का भार सँभाला था। दलित आरक्षण के चलते अपनी सीट पर आते हैं लेकिन कोई रामधन और रामसेवक यादव नहीं निकाल पाया है। केशव प्रसाद मौर्य सबसे बड़ी कुर्सी की दावेदारी से बाहर होकर 'दया' के पात्र बन गए। भाजपा के रंग में रँगी पिछड़ी पार्टियों को जगह मिलती है लेकिन जरा भी सेक्युलर रवैया रखने वाला हाशिये पर गया है।

इसी उत्तर प्रदेश में कभी एक दलित महिला मायावती की तूती बोलती थी या मुलायम-आजम खान की जोड़ी राज करती थी यह आसानी से भरोसा नहीं होता। भाजपा के लिए भी कल्याण सिंह, उमा भारती, विनय कटियार और सन्तोष गंगवार का दौर कहीं पीछे रह गया है। यह तब है जब प्रदेश वही, इसका समाज वही है, पिछड़े और दलित जरा सा आगे आए जरूर हैं लेकिन वहीं रुक गए हैं या रोक दिए गए हैं। आरक्षण और प्रोमोशन से लेकर दाखिले तक में जिस विशेष अवसर की बात को कानूनी जामा पहना दिया गया था वह भी छिनता जा रहा है या झुठलाया जा रहा है। सब कुछ निजी हाथों में सौंपा जा रहा है जिससे आरक्षण बेमानी बन गया है। इस मुहिम में जाने-अनजाने पिछड़ा और दलित शक्तियों ने भी मदद की है क्योंकि शासन में आने और बने रहने के लिए ऐसी शक्तियों से मेल रखना जरूरी था। लेकिन आज का भाजपाई अगड़ावाद तो बाजार की गोद में ही बैठ गया है इसलिए हालिया बनी व्यवस्थाएँ मजबूत होने से पहले ही चरमराने लगी हैं। जिस भूमि सुधार ने प्रदेश और खास तौर से पश्चिमी उत्तर प्रदेश के समाज में क्रान्तिकारी बदलाव किए उस जैसे कदमों की तो अब उम्मीद भी चली गई है। कानपुर का औद्योगिक शहर उजाड़ चुका है और पश्चिम के हर शहर की ख्याति वाले छोटे उद्योग (कहीं ताला तो कहीं चाकू, कहीं चीनी मिट्टी के बरतन तो कहीं चूड़ी और शीशा उद्योग, कहीं पीतल तो कहीं फर्नीचर का धन्धा) आज धीरे-धीरे मौत की तरफ बढ़ते लगते हैं। रोजगार और व्यापार दोनों का संकट गहराता जा

रहा है और हमारा लोकतंत्र 'सेल्फ-करेक्शन' का अपना स्वाभाविक गुण भी भूलता जा रहा है। साम्प्रदायिकता और बाजार जनित उपभोक्तावाद का जहर इस प्रवृत्ति को बढ़ाता जा रहा है।

वरना ऐसा कैसे होता कि बहुकोणीय या त्रिकोणीय मुकाबले में 38-40 फीसदी तक आबादी वाले दलित मारे-मारे फिरते। उत्तर प्रदेश के राबर्ट्सगंज में 40 फीसदी, मोहनलालगंज और मिशरिख में 39-39 फीसदी, हरदोई में 38 फीसदी और जालौन में 32 फीसदी दलित हैं। अगर दलित और मुसलमान जोड़ लें तो एक-तिहाई से ज्यादा सीटों पर उनकी संख्या पचास फीसदी हो जाती है। एक समय इस रणनीति पर गम्भीरता से काम करने वाली बसपा एक व्यक्ति के भ्रष्टाचार को छुपाने/पकड़ाने के खेल में उलझकर मुसलमान और पिछड़ा हरवाने की रणनीति अपनाने लगी थी। पिछले चुनावों में बसपा और एमआईएम के मुसलमान उम्मीदवार जीतने के लिए नहीं, दूसरे मुसलमान उम्मीदवार को हराने उतरे थे। बसपा का आधार भी अब सिर्फ एक दलित जाति—जाटवों में ज्यादा है जो अकेले दस-ग्यारह फीसदी हैं। पर अब उसमें भी कई नेता उभर रहे हैं और दूसरी पार्टियाँ उनकी मदद से दलित वोट हथियाना चाहती हैं। गैर-जाटव दलितों में तो काफी तोड़-फोड़ हो चुकी है। मुसलमान भी काफी हद तक गोलबन्द होकर वोट देते रहे हैं और पश्चिम-रुहेलखंड ही नहीं, पूरब के इलाकों में उनकी आबादी निर्णायक-सी है लेकिन भाजपा और संघ परिवार की राजनीति ने उनको अकेले करने के साथ यह भी बना दिया है कि कोई खुलकर उनके साथ आने से बचता है क्योंकि ऐसा करने से उसके हिन्दू मतदाता 'भड़क' सकते हैं। यह बात कांग्रेस और सपा पर भी लागू होती है, 'आप' जैसी हल्की पार्टियों ने तो मुँह ही फेर लिया है।

पर जब दलित, मुसलमान और यादव, ब्राह्मण, राजपूत या एक इलाके वाली जाट जैसी कोई एक और प्रभावी जाति साथ आकर चुनाव जितवा दे तो यह लोभ ऐसा है कि इससे कोई राजनीतिक दल बच नहीं सकता। भाजपा तक ने गैर-जाटव दलितों में सफल होने के बाद पसमान्दा मुसलमानों पर ध्यान देना शुरू किया है जबकि दूसरी तरफ अभी तक कोई धनात्मक सिग्नल नहीं दिखता। जाट, राजपूत, कुर्मी, लोध या यादव जैसी जातियाँ काफी गोलबन्द हैं, किसी न किसी दल के साथ मजबूती से जुड़ी हैं और इनकी राजनीतिक महत्त्वाकांक्षाओं को सन्तुष्ट करना आसान नहीं है। सो हाल के वर्षों में उत्तर प्रदेश में सारा जोर ब्राह्मण (जिनकी आबादी जाटव और यादव के बराबर है), कोइरी/मौर्य, मल्लाह, गूजर और राजभर जैसी जातियों को साथ लाने पर है जिनके वोट की संख्या के साथ प्रभाव भी अच्छा खासा है। कोइरियों पर बसपा का जादू भी कुछ समय रहा जब उसने दो-तीन बड़े कोइरी नेताओं को अपने शीर्ष नेतृत्व और सरकार में सम्मानजनक स्थान दिया। अब इसके लिए भाजपा सबसे ज्यादा प्रयास कर रही है लेकिन शीर्ष कोइरी नेता केशव

प्रसाद मौर्य भी खुद को मुश्किल में पाते हैं। राजभर पाला बदलकर कुछ महत्त्व हासिल करने के खेल में लगे हैं लेकिन न तो उनकी संख्या ज्यादा है (पूर्वी इलाके के अलावा) न प्रभाव। मुख्यत: पश्चिमी उत्तर प्रदेश में बसने वाले गूजरों की स्थिति भी कमोबेश ऐसी ही है लेकिन अभी तक न उनका एक नेता तय हुआ है, न पार्टी। हाँ उनमें जाटों की देखादेखी सत्ता में हिस्सेदारी की महत्त्वाकांक्षा जरूर जागी है।

उत्तर प्रदेश में ब्राह्मणों की बड़ी आबादी सबको लुभाती है और खासकर इसलिए कि आज वे न तो एकजुट हैं, न उनका कोई एक नेता है। यह भी हुआ है कि ब्राह्मणों की सत्ता की होड़ में बने रहने की राजनीतिक इच्छाशक्ति भी गायब हुई है। सो सबसे पहले जब मायावती ने जातियों और सम्प्रदाय में बँट गए उत्तर प्रदेश में इससे ऊपर उठकर नया गठजोड़ करना चाहा तो उनका ध्यान ब्राह्मणों की ओर ही गया। सतीश मिश्र जैसे तब के अनाम ब्राह्मण को आगे करके उन्होंने न सिर्फ ब्राह्मण सम्मेलन करवाए बल्कि ठीक-ठाक वोट भी ले गईं। इधर सपा भी ब्राह्मण वोटों के लिए उतनी ही शिद्दत से काम कर रही है। मायावती अपने इस वोट बैंक को खोना नहीं चाहतीं। सो उन्होंने भी यह प्रयास तेज किया है। इसलिए अभी ब्राह्मण ही ब्राह्मण सुनाई दे रहा है। ब्राह्मणों के साथ एक और खास बात है। पश्चिमी उत्तर प्रदेश और रुहेलखंड के ज्यादातर हिस्से में उनकी आबादी काफी कम है। सो बाकी हिस्सों में उनका वोट सामान्य से भी ऊपर हो जाता है और लोकसभा के कम से कम 17-18 सीटों पर वे चुनाव को बहुत हद तक प्रभावित करने की स्थिति में हैं। मथुरा और बनारस जैसे तीर्थस्थल उनका जमावड़ा बढ़ाने का काम करते रहे हैं।

उत्तर प्रदेश के संसदीय क्षेत्रों में सबसे ज्यादा 16 फीसदी ब्राह्मण मथुरा में हैं। फिर कानपुर देहात, मिर्जापुर, चन्दौली, सुल्तानपुर, फैजाबाद, बस्ती, इलाहाबाद, फैजाबाद, बनारस, मछलीशहर, प्रतापगढ़, बान्दा, जौनपुर, जालौन, कन्नौज, अलीगढ़, बलरामपुर, अमेठी, इटावा, गोरखपुर, महाराजगंज, घाटमपुर और उन्नाव जैसे क्षेत्रों का नाम आता है। दस फीसदी आबादी वाले और बड़े इलाके हैं। और जो कोई भी चुनावी राजनीति पर बारीक नजर रखता है उसे दस फीसदी वोट का मतलब कितना होता है यह बताने की जरूरत नहीं है। पर इसके लिए सबसे जरूरी है कि वोट एकजुट होकर पड़ें जो ब्राह्मणों के मामले में लगभग असम्भव चीज है। यह जातिवाद टूटने और एक जमात की जगह विवेक से वोट देने की प्राथमिकता बनने का भी प्रमाण है। और जो लोग चुनाव की जातिगत चर्चा से ऊबे हों उन्हें इस बात पर गौर करना चाहिए कि कितने भी ध्रुवीकरण वाले दौर में ब्राह्मणों का वोट किसी एक पार्टी के पक्ष में पचास फीसदी तक भी नहीं पहुँचता। लेकिन इस हिसाब से उन लोगों को कोई फर्क नहीं पड़ता जो सिर्फ जातिगत आँकड़े देखकर जोड़-तोड़ करते हैं।

बल्कि उनकी नजर अब बड़ी संख्या वाली जातियों की जगह छोटी और इलाकाई प्रभाव वाली जातियों पर जा रही है जिनका अभी किसी एक दल के प्रति कोई खास अनुराग नहीं है। कायस्थ प्रभावी हैं और कम संख्या वाले हैं पर उनकी भाजपा भक्ति के चलते उन पर कोई डोर नहीं डालता। दूसरी ओर मल्लाहों पर सबकी नजर है। उत्तर प्रदेश में मल्लाह वोटों का असर दिल्ली के मीडिया को भले ही प्रियंका की कुछ वर्ष पहले हुई नाव यात्रा से दिखा, पर राजनीति के असली उस्ताद लोग इस चीज को काफी समय से भाँप रहे थे। जब फूलन देवी जेल से बाहर आईं तभी सारे राजनीतिक दल उनके सामने यूँ ही लाइन लगाके खड़े नहीं हुए थे। कौन-कौन उनसे मिला और किस तरह वे जातिवादी राजनीति का ही शिकार बनीं (चम्बल के बीहड़ से जिन्दा निकलकर दिल्ली में मारी गईं) यह चर्चा खास मतलब की नहीं है। पर वे अपने बूते सपा की सांसद बनीं और उनके आने से पार्टी को कई सीटों पर अप्रत्यक्ष लाभ भी हुआ। तब से सपा और बसपा ही नहीं, अन्य पार्टियों की सूची में कश्यप, मल्लाह, निषाद, धींवर जैसे अलग-अलग नामों से जानी जाने वाली इस जाति के उम्मीदवार छिटपुट दिखने और जीतने लगे थे। पर इधर निर्बल इन्डियन शोषित हमारा आम दल अर्थात निषाद पार्टी (प्रथमाक्षरों से बना नाम) ने पूर्वांचल में अति पिछड़ों को साथ लेकर जब मल्लाहों को एकजुट करना शुरू किया (यही कार्य राजभरों को केन्द्र में रखकर सुहेलदेव पार्टी ने किया) तो सबका ध्यान उसके असर पर जाने लगा। पिछले विधानसभा चुनाव में उसने पूरब, खासकर गोरखपुर के आसपास की सीटों पर उसका प्रभाव देखकर ही सपा-बसपा ने मुख्यमंत्री बनाने पर योगी की खाली हुई गोरखपुर सीट पर हुए उप चुनाव में निषाद पार्टी के मुखिया संजय निषाद के पुत्र प्रवीण निषाद को साझा उम्मीदवार बनाया और भाजपा को पटखनी देकर उत्तर प्रदेश में विपक्षी एकता की शुरुआत की। इस बार संजय फिर से योगी जी की सेवा में पहुँच गए हैं पर उनकी पूछ अचानक बढ़ना कोई अपवाद की घटना नहीं है। जैसे ही मल्लाहों के बीच राजनीतिक चेतना और सत्ता में भागीदारी पाने की भूख बढ़ी है सब कोई उनके राजनीतिक महत्त्व को समझने लगा है। और भले गंगा के किनारे की अस्सी संसदीय सीटों (पाँच राज्यों की) पर मल्लाहों की आबादी 13 फीसदी न गिनी गई हो (जिसका दावा मल्लाह नेता करते हैं) लेकिन उनकी उपेक्षा की जाए यह स्थिति भी नहीं है। और जब पक्ष-विपक्ष की मारामारी हो तो हर वोट या मतदाता समूह अपने से दो गुना वजन रखता है—एक तरफ से दूसरी तरह जाने पर व्यवहार में यही होता भी है।

इसलिए भाजपा की दो बार की जीत विधानसभा या यूपी के सांसदों का सामाजिक हिसाब गड़बड़ा जाए, अगड़े फिर से ताकतवर दिखें यह कोई बहुत बड़ी चीज नहीं है। अगर लोकतंत्र रहा और वोट की आजादी रही तो किसी भी जाति या समूह की अनदेखी सम्भव नहीं है, खासकर अपना राजनीतिक महत्त्व पहचानने

वाले और गोलबन्द समूह की। उत्तर प्रदेश की राजनीति में भाजपा भी जिस तरह नोनिया, राजभर, गूजर और पासियों को महत्त्व देती दिखती है उससे यही साबित होता है। सपा ने इस बीच मुलायम सिंह की तरह सभी सहयोगी जमातों की सत्ता में हिस्सेदारी का हिसाब बन्द-सा रखा तो उसे कीमत चुकानी पड़ी। बसपा और कांग्रेस तो एक परिवार तक सिमट गई हैं सो उन्हें और कुछ सीखना पड़ेगा।

सन्दर्भ

1. *लोकतंत्र का नया लोक,* वाणी प्रकाशन, नई दिल्ली, सम्पा. अरविन्द मोहन में ए.के. वर्मा का आलेख; 'तितरफा होड़ और समावेशी राजनीति'।
2. जासमीन ज़ेरिनिनी, 'द मार्जिनलाइजेशन ऑफ़ सवरनाज इन उत्तर प्रदेश', *राइज ऑफ़ दि प्लेबियन्स,* रटलेज, नई दिल्ली।
3. पाल ब्रास, *लैंग्वेज,* 'रिलीजन एंड पॉलिटिक्स इन नॉर्थ इंडिया', कैम्ब्रिज यूनी. प्रेस, 1974
4. क्रिस्टोफ़ जाफ्रलो और जासमीन ज़ेरिनिनी, *पोस्ट मंडल पॉलिटिक्स इन उत्तर प्रदेश,* 2004
5. जाइल्स वर्नियर्स, 'द रिटर्न ऑफ़ ठाकुरवाद', *इंडिया टुडे,* 29 अप्रैल, 2019
6. क्रिस्टोफ़ जाफ्रलो, *इंडियज साइलेंट रिवोल्यूशन,* हर्स्ट, लन्दन, 2003

उत्तराखंड : ज्यादा राजनीति की कीमत

अगर लोगों की अत्यधिक राजनीतिक चेतना और होशियारी का राजनीति और समाज के काम आने की जगह नुकसान करने का उदाहरण देखना हो तो सारी हिन्दी पट्टी की राजनीति देखी जा सकती है, लेकिन इसमें भी सबसे सघन और सटीक उदाहरण उत्तराखंड बनेगा। यह सही है कि इसी राजनीतिक चेतना ने इस पहाड़ी क्षेत्र को उत्तर प्रदेश के विशाल मैदानी प्रदेश से अलग होने का आधार तैयार किया। इसी ने लोगों को, खासकर पलायन और मुश्किल आर्थिक स्थितियों से जूझती महिलाओं को आन्दोलन में सब कुछ झोंकने के लिए प्रेरित किया। लोगों ने सचमुच गोली खाई और हार नहीं मानी। औरतों के साथ बलात्कार तक हुए लेकिन उत्तराखंड बनाने की आवाज ऐसी बुलन्द हुई कि सिर्फ उत्तर प्रदेश ही नहीं बिहार और मध्य प्रदेश को बाँटने का भी आधार तैयार हो गया। लेकिन बीस साल नहीं बीता कि हम इसे असफल राज्य मान सकते हैं। जिस प्रदेश को बनाने के लिए एक आवाज पर हजारों लोग निकल पड़ते थे उस पर कुछ सौ दलालनुमा नेताओं, अधिकारियों और ठेकेदारों ने कब्जा कर लिया है और भारी जनादेश से जीतने वाले दल को भी अपने मुख्यमंत्री तक को बार-बार बदलना पड़ता है। बीस साल में ही राज्य के लोगों ने बार-बार मुख्यमंत्री तक को हारते देखा है और सब जानते हैं कि वे भितरघात के शिकार हो रहे हैं। अखिल भारतीय व्यक्तित्व और कुशलता वाले नारायण दत्त तिवारी, भुवनचन्द्र खंडुरी और भगत सिंह कोश्यारी जैसे ईमानदार और कार्यकुशल लोगों से भी यह नन्हा प्रदेश नहीं सँभला।

पर उससे भी बुरा यह हुआ है कि उत्तराखंडियों ने आन्दोलन की चेतना भी गँवा दी है। जिन संगठनों और नेताओं ने अलग प्रदेश की लड़ाई लड़ी वे तीन-चार चुनाव आते-आते बिला गए। शुरू में उनको वोटकटवा और गठबन्धन सरकार में मच्छर जैसा नाम मिलता था लेकिन अब वे सिरे से गायब हो चुके हैं। इसके सबसे प्रमुख नेता काशी सिंह एरी घोषणा करके राजनीति को बाय-बाय कर चुके हैं। उत्तराखंड क्रान्ति दल भी कई टुकड़ों में बिखर चुका है और सत्ता पर काबिज

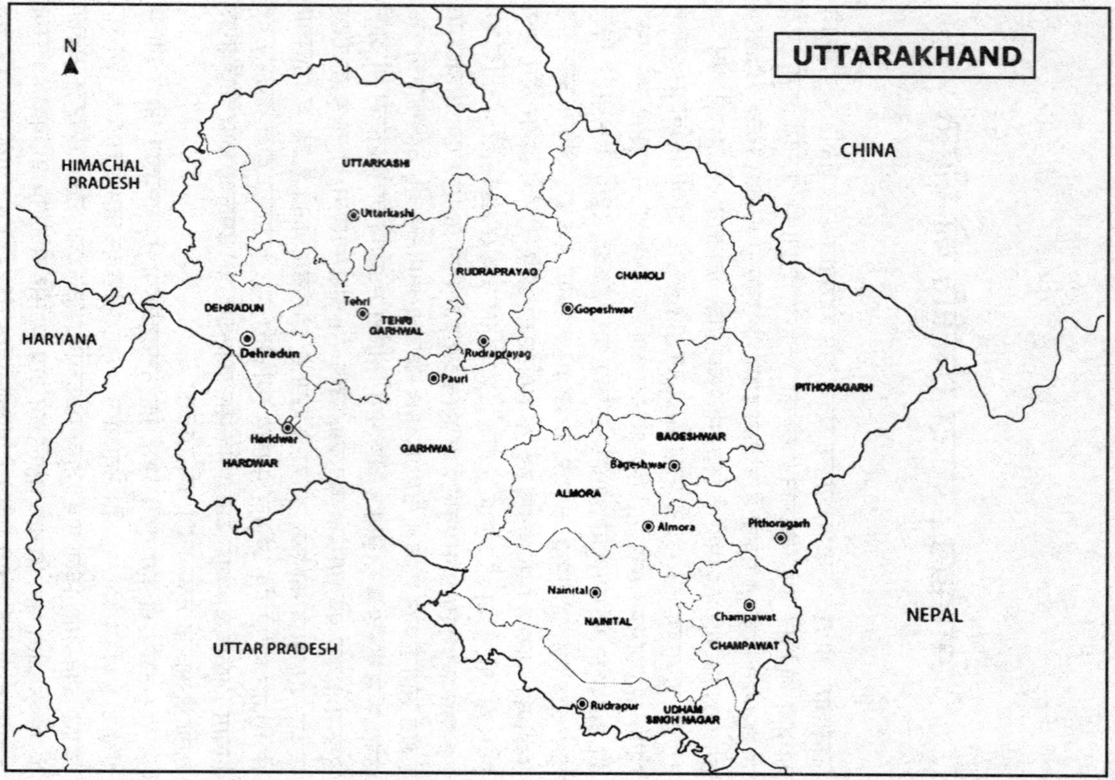
UTTARAKHAND
N
CHINA
HIMACHAL PRADESH
HARYANA
UTTAR PRADESH
NEPAL
UTTARKASHI
Uttarkashi
DEHRADUN
Dehradun
Tehri
TEHRI GARHWAL
RUDRAPRAYAG
Rudraprayag
CHAMOLI
Gopeshwar
Pauri
GARHWAL
Haridwar
HARDWAR
PITHORAGARH
Pithoragarh
BAGESHWAR
Bageshwar
ALMORA
Almora
Nainital
NAINITAL
Champawat
CHAMPAWAT
Rudrapur
UDHAM SINGH NAGAR

जमात प्रदेश के कीमती संसाधनों की लूट में लगा है। जंगल की उपज ही नहीं उसकी सम्पदा और मिट्टी, पानी, रेत और पत्थर तक के सौदे हो रहे हैं। विकास के नाम पर हिमालय को चूहों के माफिक बिल बनाकर खोखला किया जा रहा है। पूरा का पूरा शहर धँसने लगा है। पर्यटन के नाम पर जंगल ही नहीं कट रहे हैं उत्तराखंड के वैभव को भी लूटा जा रहा है। और आन्दोलन या विरोध वाले आम लोग ही नहीं, मंत्री और मुख्यमंत्री तक को रास्ते से हटाया जा रहा है। दूसरी तरफ आम आदमी को अपनी जमीन का रेट बढ़ाने के अलावा कुछ भी हासिल नहीं हुआ है। रोजगार, पैदावार बढ़ने और सुख-सुविधाओं का वायदा भुलाया जा चुका है। पलायन पहले से तेज हुआ है और अब ऐसे गाँवों की संख्या काफी हो गई है जिनमें शत-प्रतिशत या नब्बे फीसदी तक पलायन हुआ है। शराब बन्द का आन्दोलन हुआ था, आज सबसे तेज बढ़त शराब की बिक्री में ही है। जंगल काटने के खिलाफ देश का पहला आन्दोलन चिपको ही था लेकिन आज जंगल कटना बढ़ा है तो आन्दोलन भी खत्म हो चुके हैं।

उत्तराखंड हिमाचल के बाद दूसरा ऐसा राज्य है जो अगड़ा-बहुल है। लेकिन हिमाचल से सिर्फ इतनी ही तुलना हो सकती है क्योंकि उस निर्धन प्रदेश ने आजादी के बाद से अब तक न सिर्फ जबर्दस्त आर्थिक तरक्की की है बल्कि वहाँ राजनीति भी बहुत व्यवस्थित और अपेक्षाकृत साफ-सुथरी है। अलग राज्य के आन्दोलन के मामले में उत्तराखंड की तुलना झारखंड से हो सकती है लेकिन सारे बिखराव और टूट-फूट के बावजूद वहाँ अब भी आन्दोलन वाली पार्टी दमदार स्थिति में है और अभी तो शासन ही कर रही है। वहाँ भी अपेक्षित विकास नहीं हुआ, काफी लूट है लेकिन वहाँ अभी आन्दोलन की चेतना और आग बची है। साथ बने छत्तीसगढ़ से झारखंड और उत्तराखंड की तुलना नहीं की जा सकती। उत्तराखंड एक और मामले में खास है कि यहाँ अगड़ों के साथ समाज में महिलाओं की बढ़त है। वे न सिर्फ सारी मुश्किल स्थितियों में ज्यादा काम करती हैं बल्कि उनके साहस और शक्ति के भी बहुत किस्से हैं। पर चुनावी राजनीति के हिसाब से भी यह बताना जरूरी है कि नौ पहाड़ी जिलों की 39 में से 37 विधानसभा सीटों पर महिला मतदाताओं की संख्या पुरुषों से ज्यादा है—पाँच हजार ज्यादा होना तो आम है, कहीं-कहीं उससे भी ज्यादा अन्तर है। इसके बावजूद राजनीति में महिलाओं को हाशिये पर ही रखा गया है और अधिकांश महिला नेत्रियाँ बड़े राजनीतिक परिवारों की ही हैं। पद देने के मामले में भी उन्हें दलितों की तरह शोभा की चीज ही माना जाता है।

उतराखंड की जाति की राजनीति महत्त्वपूर्ण है लेकिन इसमें सामाजिक उत्थान या बदलाव की झलक नदारद है। धर्म और जाति मुद्दा है लेकिन पर्यावरण और रोजगार या पलायन मुद्दा नहीं है। पर्यावरण विनाश का दुष्प्रभाव बार-बार दिखता है लेकिन चार धाम यात्रा मार्ग बनाने के लिए 56,000 पेड़ काटे गए तो किसी ने

जुबान नहीं खोली। और ले-देकर वही ठाकुर और ब्राह्मण नेता सारे सूत्र सँभालते दिखते हैं जो खुद राज्य के बाहर बैठे नेताओं और कॉरपोरेट हाउसों के इशारों पर फैसले करते हैं। पानी, पत्थर, जमीन, पेड़ और रेत ही कॉरपोरेट और दलाल जमात की कमाई का मुख्य स्रोत बन गए हैं। जिन औद्योगिक बस्तियों की शुरुआत नारायण दत्त तिवारी ने की उनमें सन्नाटा पसरा है। उल्लेखनीय है कि तिवारी जी ने ही उत्तर प्रदेश का मुख्यमंत्री रहते समय नोएडा की शुरुआत की जो आज सारी दुनिया में लहरा रहा है।

पर उसकी चर्चा से पहले यह बताना जरूरी है कि अभी प्रदेश में तीन तरह की राजनीति प्रबल है। भाजपा जरूर हिन्दुत्व और समान नागरिक संहिता जैसे मुद्दों के सहारे हिन्दू ध्रुवीकरण कराना चाहती है लेकिन उससे ज्यादा असर ठाकुर बनाम ब्राह्मण जाति की राजनीति का होता है। ऐसा ही एक विभाजन और प्रभाव करने वाला विभाजन कुमाऊँ बनाम गढ़वाल का है जिसमें कुमाऊँ अपेक्षाकृत छोटा पड़कर भी राजनीतिक मुकाबला करता है। और इसका आधार राज्य की राजनीति का तीसरा बँटवारा है जो मैदान बनाम पहाड़ के नाम से रहता है। मैदान में स्थित कलियर सराय इस हिन्दू तीर्थस्थलों से भरे प्रदेश के समाज में एक नया रंग देता है तो सिखों के भी ठीक-ठाक पॉकेट इसी मैदान में हैं। और यहाँ की ओबीसी आबादी ने भी सीटों की राजनीति को बदला है। ऊधम सिंह नगर और हरिद्वार जिले में स्थित ये सीटें राजनीति में एक नया रंग जरूर घोलती हैं लेकिन यह रंग हाशिये पर ही रहता है।

उत्तराखंड की आबादी में ठाकुर मतदाताओं की संख्या लगभग 35 फीसदी है। ब्राह्मणों की आबादी लगभग 25 फीसदी है। अन्य अगड़ी जातियाँ यहाँ नहीं हैं। मैदानी इलाके में या बाहर से आए लोगों को भी जोड़ें तो अगड़े करीब बासठ फीसदी से ऊपर हैं। यही कारण है कि कांग्रेस हो या भाजपा (या फिर उत्तराखंड क्रान्ति दल जैसा स्थानीय आन्दोलनकारी संगठन) सबका नेतृत्व ठाकुर और ब्राह्मणों का रहा है। गलती से भी कभी दूसरी जाति का नाम नहीं आया। जब सोनिया गांधी का प्रताप शीर्ष पर था तब जरूर यशपाल आर्य जैसे दलित नेता का नाम भी मुख्यमंत्री के लिए चला जो अधिकांश विधायकों को कबूल नहीं हुआ। उसके बाद से खुद आर्य ही बार-बार दल-बदलकर अपनी प्रतिष्ठा गँवा चुके हैं। राज्य में दलितों की आबादी 19 फीसदी है लेकिन अभी तक न वे गोलबन्द हैं न उनके नेतृत्व में राजनीतिक महत्त्वाकांक्षा ही दिखती है। आर्यसमाजी असर के चलते शिल्पकार नाम से पहचान रखने वाले दलित भी आपस में बँटे हैं—मोटे तौर पर तीन खेमों में। वैसे राज्य में उनकी 69 जातियाँ मानी जाती हैं। कुछ कबीलाई समाज के लोग भी हैं जिनकी गिनती अनुसूचित जनजातियों में होती है। उनकी तो खास राजनीतिक हैसियत भी नहीं है। वे मात्र एक सीट पर प्रभावी माने जाते हैं। दलितों का साफ

रुझान भाजपा के खिलाफ दिखता है लेकिन सीएसडीएस का सर्वेक्षण बताता है कि पिछले चुनाव में 37 फीसदी दलित वोट भाजपा के हक में भी गया। दलितों में शिक्षा और साधन का अभाव भी उनको आगे बढ़ने से रोकता है। और फिर उनके भगवाकरण के अभियान का भी असर है।

बाकी बची आबादी ओबीसी, मुसलमान, सिख और ईसाइयों की है। रुड़की इलाके में कुछ पॉकेट होने के बावजूद ईसाई ज्यादा चुनावी असर नहीं रखते लेकिन ढाई फीसदी सिख आम तौर पर तराई में बसे हैं और खेती का काम करके समृद्ध हुए हैं। बिखराव की जगह संकेन्द्रण के चलते वे एक-दो विधानसभा क्षेत्र के नतीजों को प्रभावित करते हैं। मुसलमानों की आबादी तेरह-चौदह फीसदी है और वे भी मैदानी इलाके में अच्छा प्रभाव रखते हैं। उनकी वोटिंग भी कायदे से होती है। उनकी तरफ से एक प्रयास दलित और ओबीसी से एकता बनाने का है लेकिन यह सिर्फ मैदान में ही कारगर रहता है। जब तक वे भाजपा और कांग्रेस की राजनीति से जुड़ने और निकलने का कौशल नहीं विकसित करेंगे प्रदेश की राजनीति पर उनका असर ज्यादा नहीं होगा। मुसलमानों के प्रभाव की एक सीट तो काफी चर्चित है लेकिन दो-तीन अन्य सीटों पर भी उनका प्रभाव रहता है। ओबीसी आबादी भी पाँच फीसदी के करीब मानी जाती है और चार-पाँच ऐसी सीटें, खासकर मैदान की, ऐसी हैं जहाँ ओबीसी प्रभाव है। इसलिए रामपुर तिराहा कांड को लेकर उत्तराखंडियों के आक्रोश का शिकार मुलायम सिंह की सपा और बसपा भी लगातार इस राज्य में अपनी मौजूदगी दर्ज कराते रहे हैं। पर दलित, मुसलमान और ओबीसी एकता राज्य के अन्य इलाकों में नहीं के लगभग है।

इस चलते विधानसभा, राज्य से लोकसभा के प्रतिनिधित्व और सरकार के महत्त्वपूर्ण पदों पर बैठने वालों का सामाजिक हिसाब नहीं बदल रहा है। लोकनीति-सीएसडीएस के मतदान पश्चात् सर्वेक्षण से पता चलता है कि भाजपा ने 2017 की तुलना में अगड़ों का ज्यादा वोट पाया है। इस बार पिछली बार की तुलना में सात फीसदी ज्यादा ठाकुरों का मिला है तो ब्राह्मण वोट में 11 फीसदी की वृद्धि हो गई। कुल मिलाकर राज्य के चालीस फीसदी सवर्णों का वोट भाजपा को मिला। उत्तराखंड की मौजूदा विधानसभा में भाजपा के जो 59 लोग जीते हैं उनमें 22 ठाकुर, 15 ब्राह्मण, 6 दलित और 3 बनिया हैं। कांग्रेस को सिर्फ दलित वोटों में लाभ दिखता है और वह भी सम्भवत: बसपा के कमजोर पड़ने के चलते। बसपा के दलित आधार में उत्तर प्रदेश से भी तेज गिरावट दिखी। विधायकों में कांग्रेस का हिसाब भी लगभग इसी तरह का है। पर कुमाऊँ में आधे से ज्यादा ठाकुर और ब्राह्मण वोटरों ने भाजपा के पक्ष में मतदान किया तो गढ़वाल में उसे इस बार पहले से कम वोट मिले। इसका मतलब यह हुआ कि कांग्रेस कुमाऊँ में घाटी और गढ़वाल के ठाकुरों में बढ़ी। ऐसा उम्मीदवारों के सजातीय होने से भी हुआ होगा।

और दुखद यह है कि बीस-बाईस साल की चुनावी राजनीति ने भी इन समीकरण में कोई दिखाने लायक बदलाव नहीं किया है। और राजपूत-ब्राह्मण वोट या दलित वोट भी एक दल से बँधकर रहने की जगह हर चुनाव में अपनी सुविधा से पाला बदल लेते हैं। अपनी बिरादरी का उम्मीदवार मतदान का सबसे प्रभावी कारण बन जाता है। फिर छोटे-छोटे आकार के विधानसभा क्षेत्रों में साधनों और जाति-धर्म के नाम पर चुनाव जीतने लायक मत पा लेना आसान है। उत्तराखंड के कई नेता इस मामले में उस्ताद हो गए हैं। वे तो निर्दलीय भी चुनाव जीत जाते हैं। और दोनों पार्टियों में नेताओं की आवाजाही इतनी सुगम रही है कि विचारधारा और काडर आधारित पार्टी होने के दावे ही नकली ठहरते हैं। और इस राजनीति ने सिर्फ उत्तराखंड के जमीनी और असली मुद्दों को ही बाहर नहीं किया है राज्य बनवाने वाली ताकतों को हाशिये पर कर दिया है और सारा खेल दिल्ली से संचालित होने वाली पार्टियों के हाथ में कर दिया है जिनके अपने सूत्र कहाँ से चलते हैं यह कम ही लोगों को पता है। ऐसे में राज्य के गरीबों की, पिछड़ों की और अल्पसंख्यकों की कौन सुनेगा।

सन्दर्भ

1. पम्पा मुखर्जी, 'व्हाट रोल विल कास्ट प्ले इन द हिल्स', *डाउन टू अर्थ,* 14 फरवरी, 2022
2. मंजेश राणा, 'ठाकुर-ब्राह्मण कम्बाइन बिहाइंड बीजेपी', *हिन्दू,* 16 मार्च, 2022

पूर्वोत्तर

असम : जाति, धर्म और राष्ट्रवाद का मुकाबला

बार-बार विभाजित और बार-बार विभाजनकारी राजनीति का शिकार बना असम अभी इस दौर से निकल गया हो यह कहना गलती होगी। जब उथल-पुथल का लम्बा दौर झेलने के बाद तरुण गोगोई चीजों को बहुत हद तक सामान्य स्थिति में ले आए थे तब भाजपा (और खुद कांग्रेसी नेतृत्व) ने बाजी पलटी। लेकिन यह मात्र सत्ता बदलना न था। चीजें वापस उसी हंगामे वाले दौर की तरफ मुड़ी हैं बल्कि और भी उलझ गई हैं। गोगोई वाली स्थिरता और भाजपा की डबल इंजन की सरकार से राज्य को विकास के मामले में ज्यादा लाभ मिला हो यह भी नहीं है। लेकिन इस राजनीति ने राज्य में सामान्य राजनीतिक और लोकतांत्रिक प्रक्रिया नहीं चलने दी है। प्राय: पूरे देश में और खास तौर से पिछड़े राज्यों की राजनीतिक सामाजिक जड़ता को 'फर्स्ट पास्ट द पोल' प्रणाली (सर्वाधिक मत वाले की जीत) वाली चुनावी प्रणाली ने काफी हद तक तोड़ा है। और जिन राज्यों में सामाजिक आन्दोलन नहीं भी हुए हैं या जिनका ऐसा इतिहास नहीं रहा है, वहाँ भी हमारी मौजूदा चुनाव प्रणाली और इसके लगभग निष्पक्ष प्रयोग ने खुद से काफी बदलाव करा दिया है।

असम में विभाजन के समय के शुरुआती झटकों के बाद यह स्वाभाविक क्रम चलता नजर आता है। लेकिन अस्सी के दशक में बांग्लादेशी घुसपैठियों अर्थात बहिरात विरोधी छात्र आन्दोलन के बाद से गाड़ी पटरी से उतर गई लगती है। और अब तो पॉपुलेशन रजिस्टर, सीएए और न जाने कितने तरह की कानूनी व्यवस्थाओं के मकड़जाल ने लाखों जिन्दगियों को ऐसे उलझा दिया है कि यहाँ सामान्य प्रशासनिक कामकाज में मुश्किल आने लगी है। कभी जनगणना रोकनी पड़ी है तो कभी चुनाव ही। और लगता नहीं कि हाल-फिलहाल असम अपने इस उलझाव से निकाल पाएगा क्योंकि जितने प्रमुख खिलाड़ी हैं उनका न्यस्त स्वार्थ इस विवाद को बनाए रखने में लगता है।

1985 का चुनाव एक किस्म का विभाजक बिन्दु है। इसके पहले कांग्रेस का लम्बा राज चला और राज ही क्यों कांग्रेस आजादी की लड़ाई के समय से असम

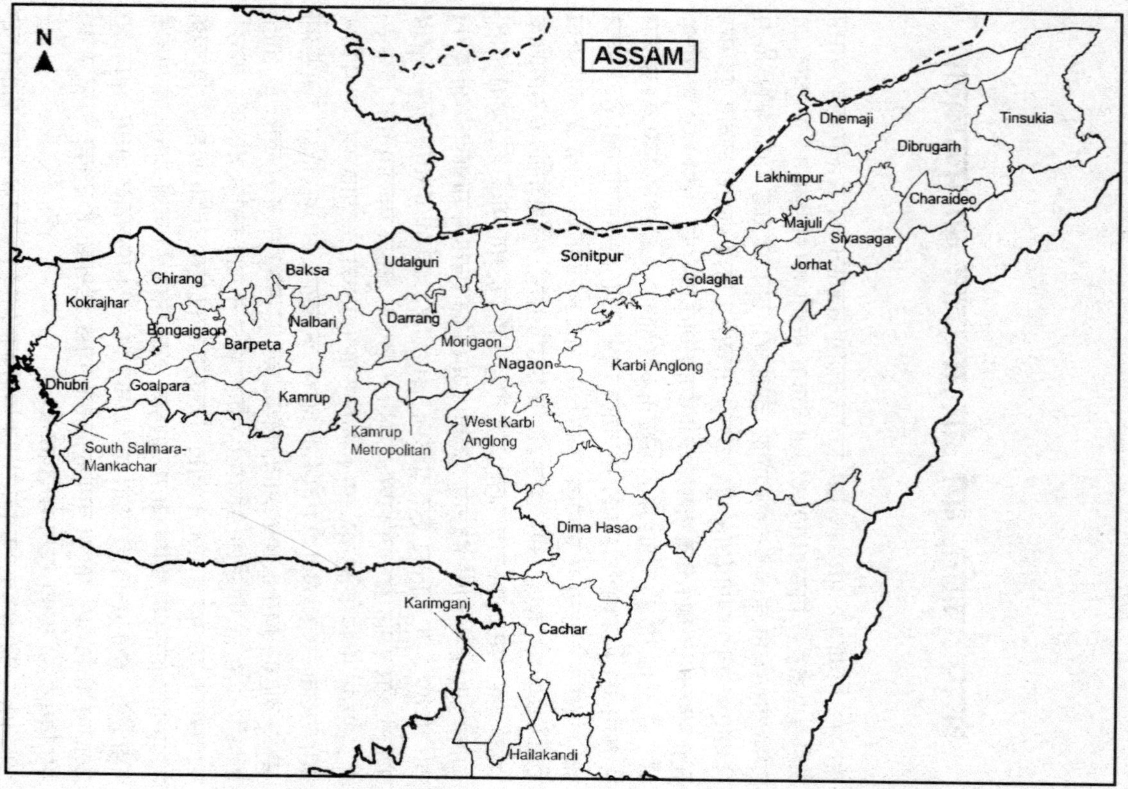
N
ASSAM
Tinsukia
Dhemaji
Dibrugarh
Lakhimpur
Charaideo
Majuli
Sivasagar
Jorhat
Sonitpur
Golaghat
Udalguri
Baksa
Chirang
Kokrajhar
Bongaigaon
Barpeta
Nalbari
Darrang
Morigaon
Nagaon
Karbi Anglong
Dhubri
Goalpara
Kamrup
Kamrup
Metropolitan
West Karbi
Anglong
South Salmara-
Mankachar
Dima Hasao
Karimganj
Cachar
Hailakandi

को उसकी जातीय और सांस्कृतिक पहचान को सँभालते हुए आगे चल रही थी। अब अँगरेज अपनी सत्ता के साथ असम पर बंगाली दबदबा थोप रहे थे जो उनकी सत्ता बनाए रखने में मददगार था। जब विभाजन हुआ तब भी जाते-जाते अँगरेजी दाँव का नुकसान असम को उठाना पड़ा—बांग्लाभाषी कछार जिले को भारत में रहने दिया गया और असम का हिस्सा ही माना गया। मौजूदा गड़बड़ का एक पक्ष यह भी बना हुआ है। लेकिन जैसे ही अस्सी के दशक में असमिया लोगों का कांग्रेस से भरोसा टूटा हर तरह की जातीयता ने सिर उठाया लिया—सिर्फ अहोम और बांग्लादेशी घुसपैठी वाली पहचान ही प्रबल नहीं हुई। तभी से संघ परिवार ही नहीं एक बड़े समूह घुसपैठियों में भी हिन्दू और मुसलमान का भेद होना चाहिए। लेकिन तभी से असमी, कर्बी, बोडो, बागानी, बंगाली, गोरखा, सन्थाली और न जाने कितनी पहचानें उभर आईं और तरह-तरह की राजनीति होने लगी। इससे एक बिखराव भी हुआ और स्थिति उग्र और विस्फोटक भी बनी रही। कई समझौते हुए, कई बातचीत हुई, कई कानूनी और प्रशासनिक प्रावधान किए गए लेकिन चीजें अभी तक सँभालती नहीं लग रही हैं। और हमारी चिन्ता का दायरा भले ही मुख्य रूप से चुनाव हो लेकिन वहाँ भी बिखराव और बहुदलीयता बढ़ती गई है। पिछले दो बार से भाजपा चुनाव जीत रही है लेकिन वह भी अपने घोषित तरीके से समाधान नहीं दे पा रही है। साफ है कि अगप की तरह उसने भी काफी सारी हवाई बातें की हैं जिनका उद्देश्य समस्या सुलझाने की जगह चुनाव जीतना मात्र रहा है। पर मुद्दों को ऐसे उठाने से ये और उलझते गए हैं। कम से कम तरुण गोगोई या कांग्रेस ने इस तरह से उलझाव बढ़ाया न था, भले ही हम उनको समाधान न देने का अपराधी बताएँ।

चुनावी लोकतंत्र गरीब से गरीब, कमजोर से कमजोर व्यक्ति और समूह को साफ-सुथरा विकल्प देकर अहिंसक ढंग से अपने हक में बदलाव कराने की प्रेरणा देता है, भागीदारी कराता है। हमारे अधिकांश राज्यों में तो यह हुआ ही है दुनिया का अनुभव भी यही है। लेकिन असम का तीस-पैंतीस साल का अनुभव सामाजिक विभाजन और हिंसक होड़ का रहा है जिसमें हरदम तोप-बन्दूक न चलते हों लेकिन मानसिक हिंसा चलती रही है और नेल्लि जैसे नरसंहार भी तो हुए ही हैं। और आज कोई दल नहीं है जो पूरे असम की, यहाँ के सभी क्षेत्रों की और सभी समुदायों की चिन्ता करे। वह राजनीति करने का दावा कांग्रेस अभी तक करती रही है लेकिन अब उसकी पहुँच ही सीमित हो गई है। जाहिर तौर पर सिर्फ समाज नहीं टूटा है, राजनीति भी खंडित हुई है, पार्टियाँ भी खंडित हुई हैं। दूसरी तरफ विभिन्न किस्म की जातीयताओं के राजनीतिकरण की प्रक्रिया तेज हो गई है। समाज का कोई ऐसा समूह नहीं है जिसने अपना अलग मोर्चा न लगाया हो। कई दल तो शुद्ध रूप से विभाजन पर ही खड़े हुए हैं। इनके अलावा कई सारे मोर्चे और गठबन्धन भी उभर आए हैं जिनकी संख्या चुनाव के समय बढ़ जाती है। और इतने दल, इतने फ्रंट,

इतने गठबन्धन असमी समाज को सँभाल लें यह भी तो नहीं हुआ है। ऑल हिल कॉन्फ्रेंस, आटोनॉमस स्टेट डिस्ट्रिक्ट कमेटी, यूनाइटेड माइनॉरिटी फ्रंट, ऑल बोडो स्टूडेंट्स यूनियन से लेकर जाने क्या क्या मोर्चे और फ्रंट खुले हैं।

असम अँगरेजी हुकूमत की राजनीति का भी विषय रहा है और कई लोग मानते हैं कि तब के बाँटो और राज्य करो की नीति के तहत डाले गए बीज आज तक असर कर रहे हैं। यह 1826 में ब्रिटिश नियंत्रण में आया जबकि कछार तो 1832 में नियंत्रण में आया। फिर 1835 में जयन्तिया पहाड़ी भी अधीन हुआ। लम्बे समय बाद 1921 में असम प्रान्त बना। तब भी प्रदेश की आबादी दो करोड़ से ऊपर थी और मेघालय, मिजोरम, नगालैंड और अरुणाचल जैसे सारे इलाके इसके अन्दर आते थे। आजादी के बाद से इसका नक्शा कई बार बदला है लेकिन ज्यादा असर वाला बदलाव 1947 के विभाजन का ही था। असम के इलाकों में हिन्दू या मुसलमान बहुलता, बसावट की निरन्तरता और भाषागत मेल जैसे बुनियादी मानकों को भी झुठलाया गया। और आलसी घोषित असमिया समाज के कथित विकास तथा यहाँ के गहरे जंगल को साफ करके खेती और बागबानी के लिए उपयोग करने के लिए बहुत बड़ी संख्या में बाहरी लोग तभी आ गए थे। उनसे बनी शृंखला बाद में भी लोगों को असम लाती रही और इफरात जमीन तथा भरपूर पानी खेती और बागबानी के जरिये सबका पेट पालती रही। प्रान्त बनाने के बाद से ही बांग्ला को भाषा बनाकर अँगरेजी हुकूमत भी अपना दाँव चलाने लगी। कांग्रेस ने असमी उपराष्ट्रीयता को उसके मूल स्वरूप में स्वीकार करके अपनी स्वीकार्यता बढ़ाई और वह आजादी के आन्दोलन का ही नहीं शुरुआती काफी समय तक असमिया समाज का पसन्दीदा दल बनी रही।

लेकिन अँगरेजों ने विभाजन के समय सिलहट को पूर्वी पाकिस्तान में जोड़ दिया लेकिन मुसलमान और बांग्लाभाषी-बहुल कछार को असम में ही रहने दिया। इस इलाके के कांग्रेसी नेताओं के शासन में हिस्सेदार बनने से बांग्लादेशी हिन्दू और मुसलमानों के भारत आने का सिलसिला चलता रहा। इससे खासी, गारो और बोडो जैसे आदिवासी समूहों के लिए अपने इलाके में अल्पसंख्यक बनाने और अपनी सांस्कृतिक पहचान गँवाने का खतरा बन गया। कुछ खटर-पटर शुरू हुई तो कांग्रेसी सरकारों ने मामले को टालने या बीचबचाव के जरिये निपटाने का प्रयास किया। तेल शोषक कारखाना कहाँ लगे यह भी विवादों में आया और जो फैसला हुआ उसने नाराजगी बढ़ाई। धीरे-धीरे क्षेत्रीय और जातीय पहचान का सवाल गहरा होता गया। लेकिन असली बदलाव तब आया जब 1826 में अँगरेजों के हाथ अपनी सत्ता गँवाने वाले अहोम लोगों को भी अपनी जमीन पर अल्पसंख्यक बनने और असमी संस्कृति के समाप्त हो जाने का खतरा लगने लगा। मसला तो कॉलेज विश्वविद्यालय के छात्रों ने उठाया और बहुत कम समय में ही यह मुख्य असमिया समाज का

समर्थन पाने में सफल रहा। और तब यह बात लोगों को समझ नहीं आई लेकिन तभी कांग्रेस का मध्यवर्गीय ठोस आधार खिसका जो अभी तक वापस नहीं आया है।

तरुण गोगोई ने अपने पन्द्रह साल लम्बे शासन में इसे वापस पाने का प्रयास किया और खुद अहोम होने के चलते उन्हें सुविधा भी थी पर ऐसा हो नहीं पाया। भाजपा पहले अहोमों के अलावा बाकी हिन्दुओं में लोकप्रिय हुई और पिछले चुनाव से उसे अहोम समाज का मुख्य वोट भी मिलता है (इसका कारण सर्वानन्द सोनेवाल थे जिन्हें भाजपा ने चुनाव जीतकर बदल दिया)। यह भी एक बड़ा बदलाव है। आन्दोलन के दौर में ही नहीं आसू—आल असम स्टूडेंट्स यूनियन के सत्ता में आ जाने तक भी इसमें साम्प्रदायिकता का सवाल नहीं घुसा था। भाजपा की राजनीति भी गैर अहोमों में ही चलती थी। तब कुछ तत्त्व ऐसे जरूर थे जो बहिरागतों में भी हिन्दू और मुसलमान आधार पर भेद करते थे। पर बड़ी संख्या में बांग्लाभाषी मुसलमानों की मौजूदगी बहिरागतों की पहचान के सवाल को उलझाती थी। तब भी कांग्रेसी सरकार ने बांग्लादेश से इस बारे में समझौता किया, कई खेप में बहिरागत लौटाए भी गए।

पर उसके पहले से ही राज्य में अन्दरूनी पहचान की राजनीति भी शुरू हो गई थी और कांग्रेस ने उसमें भी टालमटोल और जैसे-तैसे स्थिति सँभालने वाला नजरिया ही अपनाया। बहिरागतों की बाढ़ आने के पहले भी उनका आना तो जारी ही था और उससे बनने वाला दबाव सभी लोग, खासकर पहाड़ियों में बसे आदिवासी समाज के लोग महसूस करते थे। उन्होंने ऑल पार्टी हिल लीडर्स कॉन्फ्रेंस बनाई थी। 1967 में ही इस संगठन ने अलग पहाड़ी प्रदेश बनाने की माँग के साथ कांग्रेस पर दबाव बनाने के लिए अपने सारे नेताओं से इस्तीफा दिलवा दिया था। सरकार ने एक और तेलशोधक कारखाना लगाने और पहाड़ी प्रदेश बनाने की दिशा में जो कदम उठाए उसने नाराजगी बढ़ा दी।

प्रदेश में आज भले ही समाजवादी जमात और कम्युनिस्ट पार्टियाँ हाशिये पर आ गई हों लेकिन आजादी के बाद से यही मुख्य विपक्ष थीं और एक राजनीतिक विरोध की जगह भरती थीं। और कहना न होगा कि इनकी राजनीति को चलाने वाला मूल तत्त्व विचारधारा थी। उनका आधार मुख्यत: काम के आधार पर बँटे समाज के समूह थे, जाति और सम्प्रदाय से बँटे समाज नहीं। जातीय पहचानों की राजनीति प्रबल होने के बाद कांग्रेस तो कमजोर हुई लेकिन इन वामपंथी जमातों का तो लगभग सफाया ही हो गया। सिर्फ 1978 में समाजवादियों को सत्ता तक पहुँचने का अवसर बना—जोड़-तोड़ से ही सही। लेकिन इस क्रम में कांग्रेस जब टूटी तब असम में इन्दिरा कांग्रेस की जगह अर्स कांग्रेस मजबूत दिखी। बाद में दोनों साथ आए और एक बार फिर सत्ता पर काबिज हुए। लेकिन तब तक आन्दोलन से निकली आसू सामने आ गई।

पहले की राजनीति भी कोई बहुत आदर्शवादी रूप में नहीं चली लेकिन उसमें सामाजिक और इलाकाई पहचान की जगह विचारों पर जोर था। समाजवादी आन्दोलन तो एक दौर में काफी मजबूत हुआ लेकिन दोनों कम्युनिस्ट पार्टियाँ भी पर्याप्त आधार वाली थीं। अपने स्वाभाविक रुझान से वे बागान मजदूरों और औद्योगिक मजदूरों के बीच ज्यादा मजबूत थीं। बागान मजदूरों में कांग्रेस भी मजबूत रही और आज भी उसे यहाँ ज्यादा मजबूत माना जाता है। जनजातीय इलाकों में भी उसकी पैठ थी। उनकी तुलना में समाजवादी आम असमिया समाज में विकल्प बनाने की मुहिम में लगे थे। यहाँ समाजवादियों में गुटबन्दी रही लेकिन मोटे तौर पर समाजवादी मतलब लोहियावाद रहा। पर पहचान की राजनीति शुरू होते ही विचारधारा वाली राजनीति विदा हो गई। इसमें भी समाजवादियों का बड़ा खेमा तो बहिरागत विरोधी आन्दोलन के समर्थन में रहा लेकिन कम्युनिस्ट जमात ने उसे कुलक आन्दोलन माना—अहोम प्रधानता के चलते। और फिर उनसे पहचान की दूसरी राजनीति करना सम्भव नहीं हुआ (कुछ छोटे नक्सली गुट जरूर वहाँ पहुँचे) और वैसे भी देश-दुनिया से कम्युनिस्ट आन्दोलन विदाई की राह पर आ गया। बाद की राजनीति में कांग्रेस बची भी तो बदहाल है। तरुण गोगोई राज कर रहे थे तो हर कांग्रेसी को बहुत दाँव सूझते थे लेकिन उनके जाते ही ऐसे कई कांग्रेसी ममता बनर्जी के तृणमूल कांग्रेस में चले गए हैं जिसका राज्य में कोई खास आधार नहीं है। और कांग्रेस की जगह शासन में आने वाली भाजपा ने पहचान की ऐसी राजनीति की जिससे अगप समेत दूसरे अधिकांश असमी पहचान वाले जमात हाशिये पर पहुँच गए। अब यह जरूर हुआ है कि खुद भाजपा ने समस्या को ऐसा उलझा दिया है और वह खुद उलझ गई है। आगे क्या होगा यह अनिश्चित हो गया है।

असम में विभिन्न जातीय पहचान से जुड़ी राजनीति को बेहतर ढंग से समझने के लिए समाज के जातीय समूहों की पहचान जान लेना बेहतर होगा। कई विभाजनों और जनजातीय समूहों और इलाकों के प्रदेश से बाहर जाने के बाद अब बचे असम के पास भी देश के कुल इलाके का दो फीसदी से ज्यादा बड़ा हिस्सा है और यहाँ तीन करोड़ से ज्यादा लोग रहते हैं। इनमें 67 फीसदी हिन्दू, 28.3 फीसदी मुसलमान, ठीक-ठाक संख्या में बौद्ध, ईसाई और आदिवासी मतों के मानने वाले भी हैं। वैसे मुख्यमंत्री हिमन्ता बिस्व सरमा का दावा तो मुसलमानों में 34 फीसदी हो जाने का है, जबकि मुख्यत: उनके और असम के चलते 2021 की जनगणना भी रुकी पड़ी है। यहाँ की आबादी में अनुसूचित जातियों का हिस्सा 7 फीसदी और अनुसूचित जनजातियों का हिस्सा 11 फीसदी है। अनुसूचित जातियों की ज्यादा सघन आबादी बराक घाटी में है जिनमें कैवर्त और महाशया जाति के लोग ज्यादा हैं तो अनुसूचित जाति के लोग बोडो कछारी हैं और ज्यादातर ब्रह्मपुत्र घाटी से निकलकर इधर आए हैं। कोकराझार, दरांग, कामरूप, गोआलपाड़ा इलाके में बसे ज्यादातर आदिवासी

आज अपनी भाषा और संस्कृति भी भुला चुके हैं। वे खुद को कछारी कहलाना पसन्द नहीं करते लेकिन उनके विभाजन इसी आधार पर हैं—बर्मन कछारी, दिसका कछारी और होजाई कछारी जैसे। अब इनका मुख्य पेशा भी खेती बन गया है। लामुँग, मीकिर/कार्बी और मिरी इलाके अलग हैं। नौगाँव, कार्बी आंगलॉन्ग, उत्तरी कछार पहाड़ियाँ, उत्तरी लखीमपुर, डिब्रूगढ़, दरांग जैसे इलाके इनके दबदबे के हैं।

संसदीय क्षेत्र आटोनॉमस डिस्ट्रिक्ट में तो इनकी आबादी दो-तिहाई तक है। लेकिन बारपेटा, धुबरी, करीमगंज, नौगाँव, सिलचर जैसे इलाकों में मुसलमान बीस फीसदी से लेकर 45 फीसदी तक हैं और चुनावी राजनीति में इनकी अनदेखी करना सम्भव नहीं है। पर मुसलमान माने भी कोई एक समान समूह नहीं है। इनमें भी बांग्लाभाषी और असमियाभाषी से लेकर जाने कितने तरह के विभाजन हैं। मूलवासी और बहिरागत वाला विभाजन भी है ही। और अब तो नागरिकता रजिस्टर, मतदाता सूची और जाने क्या-क्या उपायों से स्थिति ऐसी हो गई है कि एक ही परिवार का कोई मतदान करेगा, कोई बाहर रहेगा, कोई मतदान कराएगा लेकिन खुद मतदान नहीं कर पाएगा। पर विभाजन सिर्फ मुसलमानों का नहीं है, या अहोम और दलित जातियों का ही नहीं है। बाहर से जो हिन्दुस्तानी लोग आए हैं, बागान मजदूर आए हैं, नेपाली मूल के लोग हैं, सन्थाल जैसे आदिवासी जमात हैं, सबका मतदान का हिसाब, सबकी राजनीति अपने-अपने ढंग से चलती है। और कबीलाई राजनीति तो सदा से अलग स्तर पर चलती ही है। तेजपुर, डिब्रूगढ़ जैसे क्षेत्रों में बागान मजदूरों के वोट बीस-बीस फीसदी तक हैं। बंगालियों की संख्या काफी है लेकिन उनमें भी बँटवारा है। इसलिए असम में अगर अस्मिताएँ प्रबल हुई हैं तो राजनीति को उलझना ही था। वह सीधे जातियों की अस्मिता, अगड़ा-पिछड़ा या हिन्दू-मुसलमान या पहाड़ी-मैदानी अस्मिताओं में बँटी नहीं है।

गिनवाने चलें तो असम में भी अगड़ा, पिछड़ा, दलित, आदिवासी, बिहारी, बंगाली, नेपाली, बांग्लादेशी जैसी पहचान के लोग हैं। लेकिन जैसे ही आप हलका खुरचेंगे आपको ब्राह्मण, कायस्थ, अहोम, कलिता, कैवर्त, कोच, नादियाल, हारिस, कॉल जैसे विभाजन ही नहीं, आसामी भाषी और बांग्लाभाषी जैसे विभाजन दिखाई देंगे। और जातिगत अस्मिताएँ मिटी न भी हों तो अक्सर चुनाव में दूसरी अस्मिताएँ ऊपर हो जाती हैं। नेपाली मतलब हर जाति का नेपाली, बांग्लादेशी मतलब हिन्दू और मुसलमान ही नहीं हर जाति का बंगाली। बागानों में बाहरी मजदूर ज्यादा हैं लेकिन उनके अपने सम्प्रदाय और जातियाँ हैं, पर वोटिंग में उनका व्यवहार मोटे तौर पर एक-सा होता है। ऐसा प्राय: सभी प्रवासी जमातों में दिखता है और एक मामले में वे खुद एक जाति बन जाते हैं। लेकिन इन सारी गिनतियों के बीच असम में यह हिसाब देखना मुश्किल है कि विधानसभा, संसद और सरकार में निरन्तर पिछड़ी और कमजोर अस्मिताओं/जातियों का हिस्सा बढ़ा है जैसा प्राय: सभी प्रदेशों

में दिखता है। आजादी से अब तक असम को यह हिसाब लगाने की फुरसत ही नहीं हुई है। और जब हिसाब लगाने, कमी-बेशी की शिकायत करने वाले ही नहीं होंगे तो जातिगत पहचान और गोलबन्दी बाद की चीजें हैं।

असम और पूर्वांचल के लिए एक खास बात यह कि पहले चले धार्मिक आन्दोलनों का जातियों पर पड़ा असर भी है। अब इसी असम में शंकरदेव जी के प्रभाव से काफी सारे ब्राह्मणों समेत दूसरी जातियों के लोगों ने वैष्णव मत अपनाया और अपनी जाति छोड़ दी। बाद में वे सब गोस्वामी और शंकरदेव जी की अपनी जाति कायस्थ में गिने जाने लगे। वैसे यह इलाका शाक्त मत का गढ़ रहा है और कामाख्या एक प्रमुख केन्द्र है। अब भी अधिकांश ब्राह्मण, जो बंगाल से लेकर कन्नौज तक से आए हैं शक्ति के उपासक हैं और मांसाहारी हैं। कायस्थ कम हैं पर ताकतवर हैं। उनके अलावा अहोम अगड़ों में गिने जाते हैं। यहाँ बनिया और कई पेशों वाली जातियाँ हैं ही नहीं (जैसे पूरे पूर्वोत्तर में हज्जाम नहीं होते)। गोप, कुम्हार जैसी मध्य जातियों वाला ओबीसी समाज भी बीस फीसदी के करीब होगा। एक स्वाभाविक क्रम में विधानसभा और सरकार में अगड़ों का हिस्सा नीचे आने लगा था। लेकिन भाजपा के आगमन के साथ विधानसभा में अगड़ों का अनुपात लगभग पचास फीसदी पहुँच गया है। आश्चर्यजनक ढंग से भाजपा के आने पर सदन में मुसलमानों की उपस्थिति भी बढ़ी है—पिछली तीन विधानसभाओं में यह क्रमश: 28, 30 और 31 रही है। जाहिर है कि बाकी सारी अस्मिताएँ चुनाव में कमजोर पड़ी हैं और लोग उनको भुलाकर हिन्दू और मुसलमान बनकर ही वोट दे रहे हैं। यह उदाहरण इस सिद्धान्त को सही बताता है कि जातीय अस्मिता साम्प्रदायिक अस्मिता को कमजोर करती है और साम्प्रदायिक अस्मिता जातिगत अस्मिता को नहीं चलने देती। मजबूत जातियों वाले हिन्दू समाज से हाशिये का असम जाति वाली अस्मिता को पीछे करने में आगे हो जाए यह स्वाभाविक है। लेकिन सारी बात हिन्दू और मुसलमान पर आ जाए यह स्वस्थ समाज की निशानी नहीं है।

सन्दर्भ

1. *लोकतंत्र का नया लोक,* सम्पा. अरविन्द मोहन, वाणी प्रकाशन, नई दिल्ली में सन्ध्या गोस्वामी का आलेख; 'जातीयता का उभार और दलीय प्रणाली का विखंडन'।
2. हिरोकजीत राय, 'कोच राजबंशीज ऑफ़ असम', *ईपीडब्लू,* 22 नवम्बर, 2014
3. 'कास्टिज्म प्रीवेलेंट इन असम', *ऑउटलुक,* 28 अगस्त, 2022

त्रिपुरा : छोटा राज्य, बड़ी राजनीति

2018 में जब भाजपा ने पूर्वोत्तर के एक छोटे राज्य, जो देश का तीसरा सबसे छोटा राज्य है, की विधानसभा का चुनाव लड़ा था तब प्रधानमंत्री नरेन्द्र मोदी से लेकर पूरी भाजपा इतने जोर-शोर से इसमें जुटी थी कि सामान्य राजनीतिक प्रेक्षकों को हैरानी हो रही थी। मीडिया भी इसे उस स्तर पर बढ़ा-चढ़ाकर दिखा रहा था। और जब भाजपा ने साठ सदस्यों वाली विधानसभा में 36 सीटें जीत लीं तो भाजपा का व्यवहार ऐसा था जैसे उसने किसी शत्रुदेश पर हमला करके एक असम्भव-सी जीत हासिल की हो। जीत की रणनीति और उसके नायकों की चर्चा भी ऐसे ही होती थी। लेकिन सारी तैयारी के बाद जिस व्यक्ति को भाजपा ने मुख्यमंत्री जैसा सर्वाधिक महत्त्वपूर्ण पद दिया वह इतना हल्का और बदजुबान निकाला कि खुद पार्टी को ही उसे हटाना पड़ा और एक पुराने कांग्रेसी माणिक साहा को, जो विधायक भी नहीं थे, मुख्यमंत्री की कुर्सी सौंपनी पड़ी। प्रशासनिक कामकाज में शून्य और रोज-रोज विवादास्पद बयान देने वाले विप्लव देव ने जब यह कहा कि भाजपा नेता अमित शाह नेपाल और श्रीलंका में भी भाजपा को चुनाव जितवा सकते हैं, तब पार्टी ने उनको विदा कर दिया। और अगला चुनाव आए इससे पहले भाजपा में जिस तरह की बेचैनी है उससे लग रहा है कि कहीं सरकार पहले ही न गिर जाए। भाजपाई मैनेजर होते तो ऐसी विपक्षी सरकार को जरूर गिरवा देते।

लेकिन छोटे त्रिपुरा के चुनाव को इतना बड़ा और वहाँ की जीत को और भी बड़ा बताने का दोष हम अकेले भाजपा को नहीं दे सकते। 1978 से वहाँ लगातार शासन में रही (सिर्फ एक बार को छोड़कर) माकपा और वाम मोर्चा भी इस राज्य को अपना 'गढ़' या किला ही गिनती थी। पश्चिम बंगाल और केरल के बाद वे त्रिपुरा को तीसरा और जेएनयू को चौथा किला बताते थे। और उन्होंने भी चुनावी संघर्ष के लिए भाजपा के पन्ना प्रमुख और गली इंचार्ज की तरह बूथ स्तर की कमेटियाँ बनाकर चुनाव जीतने की अचूक मशीनरी बना रखी थी। कहना न होगा कि मिश्रित आबादी और लम्बे इतिहास के बावजूद अगर अकेली ममता बनर्जी ने

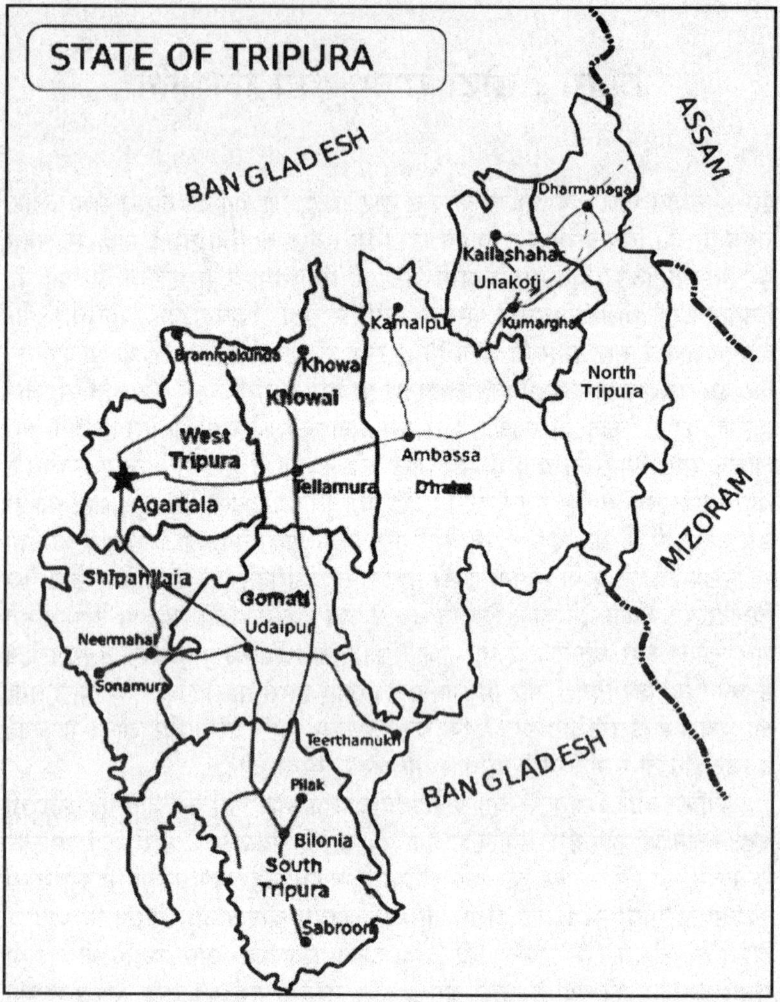

STATE OF TRIPURA
BANGLADESH
ASSAM
Dharmanagar
Kailashahar
Unakoti
Kumarghat
Kamalpur
Khowai
Khowai
North Tripura
West Tripura
Agartala
Teliamura
Ambassa
MIZORAM
Gomati
Udaipur
Neermahal
Sonamura
Teerthamukh
BANGLADESH
Pilak
Bilonia
South Tripura
Sabroom

पश्चिम बंगाल की लड़ाई जीत ली तो संघ की विशाल शक्ति और साधनों के आगे त्रिपुरा की क्या बिसात थी। और यह काम इसलिए भी आसान था कि त्रिपुरा की आबादी में आदिवासियों का एक बड़ा हिस्सा है जो कभी वाम मोर्चा के प्रभाव में नहीं आया। और पूरा त्रिपुरा ही इतिहास में पीछे छूटता दिख रहा था। अगर यह बात बाहर से जाने वाला कोई भी महसूस कर सकता था तो भुक्तभोगी त्रिपुरावासी कैसे आँख बन्द किए रहते। सो उन्होंने इलाज समझकर जिस भाजपा और डबल इंजन की सरकार को चुना उसने भी अब तक ऐसा कुछ नहीं किया है जिससे लगे कि राज्य बड़े बदलाव के दिशा में बढ़ चला है। पर बदलाव अच्छा है। इससे चुनावी राजनीति में अदल-बदल का नया विकल्प खुल जाता है।

त्रिपुरा को इसकी जरूरत भी है क्योंकि लम्बे और गौरवशाली इतिहास के बावजूद इस मुख्यत: आदिवासी राज्य में स्थिरता का नाटक भी बहुत चला है और उस स्थिरता के नाम पर वह सब बदलाव हुआ जिसने मूलवासियों को अपने ही प्रदेश में अल्पसंख्यक बना दिया है। उन्हें अपनी भाषा और संस्कृति के लिए संघर्ष करना पड़ा है। विकास के नाम पर उन्हें 'शानदार सादगी' का पाठ पढ़ाया जाता रहा है और कई बार हिंसक आन्दोलन भी झेलने पड़े। बल्कि 1980 में आदिवासी बंगाली टकराव में क्या कुछ हुआ और कुल कितने लोग मारे गए यह भी साफ नहीं हुआ जबकि बड़े पैमाने पर नरसंहार हुआ था।

बांग्लादेश की सीमा से तीन तरफ से घिरा त्रिपुरा मुख्यत: वहीं से शरणार्थियों को खपाते-खपाते बदहाल हुआ है। और यह क्रम अँगरेजी राज से शुरू हुआ था जो मुख्यत: वन प्रदेश को उर्वर बनाने और ज्यादा उपज से राजस्व बढ़ाने के लोभ से शुरू हुआ था। पूर्वी पाकिस्तान बनाने के बाद बड़ी संख्या में आए शरणार्थियों को जगह देने के बाद पचास के दशक से ही उस पार से हिन्दू शरणार्थियों का आना शुरू हो गया था। विभाजन के पहले पूर्वी पाकिस्तान के इलाकों से त्रिपुरा का एक जैव सम्बन्ध था—हर स्तर का। उसमें आबादी का आना दूसरी वजहों से भी होता था—शादी-ब्याह भी कारण थे। लेकिन विभाजन के चलते वह सब टूट गया और अब सारा कुछ केन्द्र सरकार की मार्फत होने लगा। और जब साठ और सत्तर के दशक में बांग्लादेश में हिन्दू विरोधी दंगे होने लगे तो हिन्दुओं का आना सँभालने की स्थिति से बाहर हो गया। कुछ ही साल में त्रिपुरा की आबादी का स्वरूप बदल गया। इसने स्थानीय स्तर पर एक जबर्दस्त तनाव पैदा किया। इससे कई छोटे-बड़े, हिंसक और चुनावी संगठन बने और मौजूद हैं लेकिन कबायली समाज का अपना बिखराव उन्हें ज्यादा कुछ करने नहीं देता।

त्रिपुरा का इतिहास काफी पुराना है और वहाँ की राजशाही हजार साल पुरानी है। इस स्थिरता ने कई बदलाव का आधार बनाया जिसमें विभिन्न धार्मिक और आध्यात्मिक आन्दोलनों का फैलाव भी शामिल है। यहाँ बंगाल से घनिष्ठता के चलते

वहाँ जैसी जाति व्यवस्था भी जमती गई और आदिवासी प्रभाव भी रहा। आदिवासी आबादी अब भी लगभग तीस फीसदी है जिसमें त्रिपुरी, मोग, रियाँग, जमातिया, हनखाल और हलाम प्रमुख हैं। हलामों की अपनी अलग भाषा भी है जबकि बाकी त्रिपुरा के मूलवासी कॉकबोरक इस्तेमाल करते हैं। कॉकबोरक बनाम बांग्ला भी लड़ाई का एक मोर्चा रहा है। यहाँ करीब 16 फीसदी अनुसूचित जाति के लोग हैं जिनमें नामशूद्र सबसे ज्यादा हैं। यहाँ छुआछूत नाममात्र का रहा है। बाकी हिन्दू जातियों में कायस्थ, जलीय कैवर्त और ब्राह्मण हैं। यहाँ बौद्धों की आबादी भी करीब तीन फीसदी है और मुसलमान सात फीसदी होंगे। लेकिन यह सब अनुपात लगातार बढ़ती शरणार्थी आबादी ने बदला है। सो वोट का गणित लम्बे समय से मूलवासी बनाम बहिरागत वाले गणित से ही चलता है। बंगाल की तरह यहाँ भी माकपा को पहले शरणार्थियों की पार्टी माना जाता था। कांग्रेस पुराने बाशिन्दों और आदिवासियों के बीच ज्यादा मजबूत थी। लेकिन 1972 में राज्य बनने के बाद कांग्रेस को भी शासन का कम समय ही मिला है। वाम दलों ने इसे अपना गढ़ बना लिया था।

पर एक बार जब लोकतांत्रिक बदलाव की शुरुआत हो गई है तो उम्मीद करनी चाहिए कि त्रिपुरी लोग अपनी समस्याओं का समाधान शान्तिपूर्ण ढंग से निकालने की तरफ अग्रसर होंगे। बेशक यह प्रक्रिया देर से शुरू हुई है और जटिलताएँ बढ़ी हैं। बांग्लादेश से ही नहीं बल्कि और भी जगहों से घुसपैठ शुरू हुई है। इधर संघ से जुड़े संगठन धर्मान्तरण का शोर भी मचाने लगे हैं। वाम मोर्चा का गढ़ ढहने और भाजपा की स्पष्ट दिखती नाकामयाबी के बाद की और ताकतें जोर लगाने लगी हैं। कांग्रेस तो सक्रिय हुआ ही है, तृणमूल कांग्रेस भी त्रिपुरा पर नजर गड़ाए हुए है। उम्मीद करनी चाहिए कि यह नया दौर राज्य को लाभ पहुँचाएगा।

सिक्किम : पहचान की प्रमुखता

पहले ब्रिटिश संरक्षण और फिर भारत के संरक्षण में रहे हिमालय क्षेत्र के नन्हे देश सिक्किम को भारत में मिलाने का फैसला वहाँ के लोगों की राय जानने के बाद 1974 में हुआ था। तब इसे बाहरी कब्जे से बचाने और इसके वास्तविक स्वरूप को बचाने का तर्क सबसे ऊपर था और 98 फीसदी सिक्किमी लोग भी यह मानते थे। लेकिन आज लगभग पचास साल बाद उस सिक्किम में सिक्कमी लोग अल्पसंख्यक बन गए हैं। और कमाल यह है कि इतने बड़े पैमाने पर घुसपैठ और आबादी की आवाजाही कोई मुद्दा नहीं बनता दिखता। और राज्य की लोकतांत्रिक राजनीति इसका समाधान देने की जगह इसे बढ़ाती दिख रही है। 1974 में यह खतरा था कि गोरखा लोग सिक्किम के शासक चोग्याल को खदेड़ कर राजनीतिक सत्ता अपने हाथ में लेंगे। अब आधे समय से ज्यादा समय सत्ता में रहने के बाद गोरखा पवन चामलिंग फिर से मैदान में आने के लिए ताल ठोंक रहे हैं। वैसे अगले चुनाव में युवकों के बीच लोकप्रिय बाईचुंग भूटिया ही नहीं आपके नेता अरविन्द केजरीवाल भी ताल ठोंक रहे हैं। चामलिंग समर्थकों का आरोप था कि पिछले चुनाव में केन्द्र की भाजपा सरकार ने बहुत तरह गड़बड़ कराके एसकेएम नेता प्रेम सिंह तामाङ की मिली-जुली सरकार बनवा दी थी। दलबदल से भाजपा के पास भी अच्छे-भले विधायक हो गए हैं।

चामलिंग दिलचस्प नेता हैं। पचीस साल शासन करने का उनका रिकॉर्ड काफी बड़ा है और अब भी वे अकेले दम पर अपनी राजनीति को शीर्ष पर ले जाने का दावा करते हैं तो इसका कारण सिक्किम में बसे नेपालियों पर उनका प्रभाव है। वे गोरखालैंड आन्दोलन को खुला समर्थन देने के लिए भी चर्चित रहे हैं। लेकिन अगर आदर भाव की बात की जाए तो पूर्व मुख्यमंत्री नर बहादुर भंडारी सम्भवत: उनसे भी आगे होंगे। भंडारी 1979 में अर्थात पहले मुख्यमंत्री काजी लेनडुप दोरजी के बाद सिक्किम जनता परिषद से मुख्यमंत्री बने थे। लेकिन एक कार्यकाल पूरा होने के बाद उनकी केन्द्र से ज्यादा न बनी तो उन्होंने कई प्रयोग किए। फिर सिक्किम संग्राम

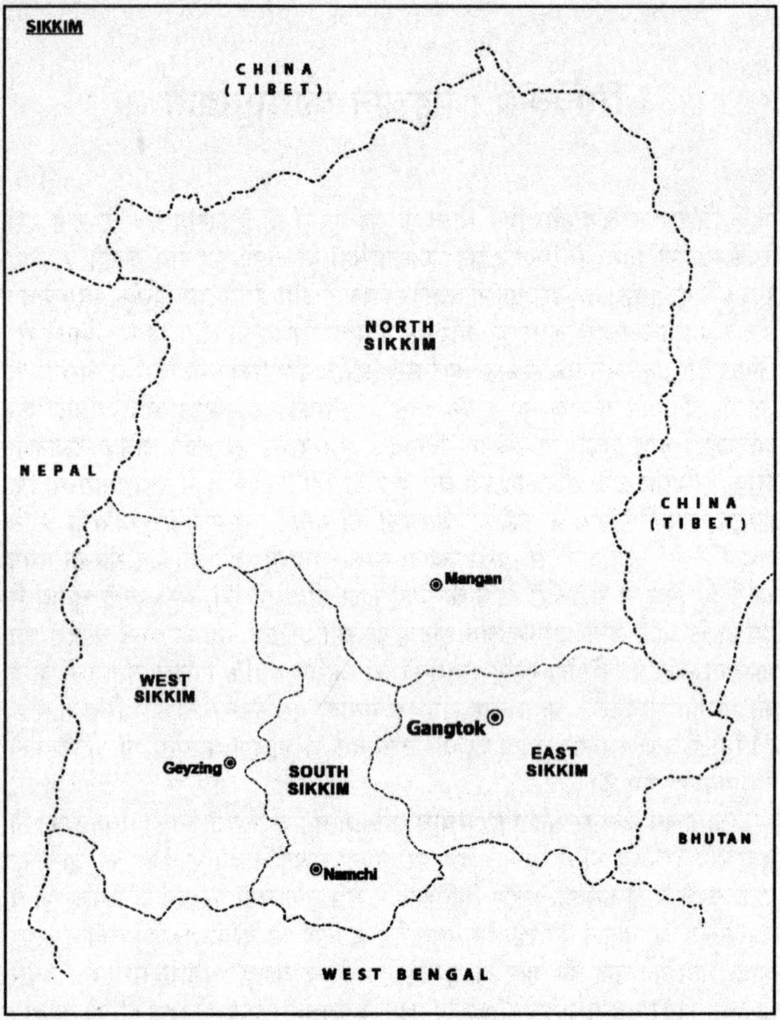
SIKKIM
CHINA
(TIBET)
NORTH
SIKKIM
NEPAL
CHINA
(TIBET)
Mangan
WEST
SIKKIM
Gangtok
Geyzing
SOUTH
SIKKIM
EAST
SIKKIM
BHUTAN
Namchi
WEST BENGAL

परिषद नाम से दल बनाकर अगले दस साल राज किया। और जिस लोकप्रियता की चर्चा की गई है वह नेपाली भाषा को संविधान की सातवीं अनुसूची में शामिल कराने में उनके योगदान के चलते है। और इस दौर में उन्होंने लेपचाओं और भोटिया लोगों के इस प्रदेश पर नेपालियों का कब्जा पक्का कर दिया। और यह चीज पवन चामलिंग के लम्बे शासन में और ठोस बन गई। काजी लेनडुप दोरजी कांग्रेसी थे लेकिन बाद में कांग्रेसी मुख्यमंत्री बनाने की मुहिम ज्यादा दूर तक नहीं पहुँची। बी. बी. गुरुङ बने भी तो मात्र 14 दिनों के लिए जबकि वे भी नेपाली थे। यह शायद केन्द्रीय सत्ता से सम्बन्ध के चलते हुआ।

पर जबर्दस्त सुन्दर भौगोलिक बनावट और समृद्ध प्राकृतिक सम्पदा के इस पुराने राज से राजशाही की समाप्ति और भारत में विलय की लड़ाई मुख्यत: लेपचा और भूटिया लोगों ने लड़ी थी। नांगयाल वंश का शासन बहुत पुराना था लेकिन शासन के असली सूत्रधार चोग्याल नेपाल के राणाओं की तरह बदनाम शासक थे। चोग्याल तब भी नेपाली गैर नेपाली मुद्दा बनाकर अपना उल्लू सीधा करते थे। कभी सिक्किम में उन्नत खेती करके अर्थव्यवस्था को आगे बढ़ाने की मुहिम चलती थी। उसे भी ठप्प कर दिया गया था। सिक्किम इलायची का बड़ा उत्पादक है और कई वनोपजों का निर्यातक भी है। तब दक्षिणी सिक्किम में नेपाल से लोहार, बढ़ई, सोनार जैसी जातियों के लोगों को बुलाकर बसाया गया जिससे खेती और व्यवसाय में वृद्धि हो। उत्तरी सिक्किम में खेती भी है लेकिन पशुपालन ज्यादा है। याक यहाँ के जीवन का बड़ा उपयोगी पशु है क्योंकि इतने कम तापमान पर दूसरे पालतू पशु बचते नहीं हैं। इस इलाके में भोट लोग ज्यादा हैं।

पर पूरे सिक्किम में अब गोरखाली/नेपाली लोग ज्यादा हो गए हैं और इसी चलते उनका राज कायम हो गया है। बल्कि अब तो नेपालियों के बीच की तरह के विभाजन उभरने लगे हैं जिसमें जातिगत विभाजन प्रमुख है। पर नेपालियों में भी ठाकुर मतदाताओं की संख्या ज्यादा होने से उनका दबदबा बन गया है। पर लेपचाओं का दावा है कि वही सिक्किम के मूल निवासी हैं। आज वे दझोनगु जिले में ज्यादा बड़ी संख्या में हैं और ज्यादातर बौद्ध हैं। वे अपने को रोंगकुप या मुटांची भी कहते हैं। वैसे पूरे सिक्किम की छोटी आबादी में तीस फीसदी के करीब बौद्ध हैं जबकि लेकिन लेपचा सिर्फ आठ फीसदी होंगे। भूटिया लोग उनसे ज्यादा अर्थात करीब 16 फीसदी हैं। राज्य में तीन फीसदी ईसाई हैं। अनुसूचित जाति के सात फीसदी और अनुसूचित जनजाति के 24 फीसदी लोग हैं। लेपचा अनुसूचित जनजाति में शामिल हैं। भोट शब्द तिब्बत के लिए भी इस्तेमाल होता है। ऐसे बँटे हुए समाज में लोकतंत्र ने अभी तक अपने नाजुक सन्तुलन का रूप या कमजोर जमातों का महत्त्व रेखांकित करने वाला रूप कम ही दिखाया है। उम्मीद करना चाहिए कि जैसे-जैसे वक्त आगे बढ़ेगा यह रूप भी निखरेगा।

शेष पूर्वोत्तर : कबीलाई राजनीति का इन्द्रधनुष

पूर्वोत्तर के छोटे राज्यों की शासकीय राजनीति और उसमें छेड़छाड़ तथा बदलाव की चर्चा तो अक्सर दिख जाती है लेकिन वहाँ की सामाजिक राजनीति और खासकर जातीय और कबीलाई राजनीति की चर्चा प्राय: नदारद ही रही है। कहना न होगा कि आकार भले ही छोटे हों पर इन राज्यों की सामाजिक राजनीति ज्यादा दिलचस्प और एक हद तक जटिल भी है। पर इसे जानना कई बातों के लिए महत्त्व का है। अपने देश का कोई हिस्सा अनजान न रहे यह कारण तो बहुत बड़ा और आम है। जो घटिया राजनीति विदेशों से हुई है और सत्ता के लिए अपने भी लोग कर रहे हैं वह पूर्वोत्तर के इस पक्ष को भुलवाकर उसे एक अनजान इलाका बताने में लगी है। दूसरे, जाति व्यवस्था बाकी हिन्दुस्तान को किस तरह अलग सामाजिक स्वरूप देती है, उसके लिए बन्धन बनती है और उसके कार्य-व्यापार के संचालन में बड़ी भूमिका निभाती है, इस बात को अगर ज्यादा अच्छी तरह जानना हो तो कबीलाई सामाजिक सक्रियता वाले पूर्वोत्तर को देखना चाहिए। इससे जाति व्यवस्था की ताकत का तो पता चलता ही है, हमारी राष्ट्रीयता के पश्चिम से अलग होने का पता भी चलता है। यह भी अन्दाजा होता है कि अगर जाति व्यवस्था कबीलाई पहचान को क्षैतिज रूप में न काटती तो हिन्दुस्तान की एकता सपने की चीज होती और हम अरब जगत या अफ्रीकी समाजों से बदतर स्थिति में होते जो छोटे-छोटे कबीलों से बने हैं। यूरोप में एक कबीले के लोगों ने बाकी सभी के सफाए के बाद अपनी-अपनी राष्ट्रीयताओं का निर्माण किया है। हमारी राष्ट्रीयता सारी विविधताओं को समेटते हुए बनी है और यह हमारी विशिष्टता है। तीसरी और ज्यादा महत्त्वपूर्ण बात उन कबीलाई समाजों के गुण सूत्र को समझना है जो बहुत हद तक स्वायत्त रहे हैं और भारतीय राष्ट्रीयता तथा संस्कृति का अंग भी। शंकरदेव से लेकर चैतन्य प्रभु तक प्रभाव, अँगरेजी गुलामी के प्रतिरोध और राष्ट्रीय आन्दोलन से जुड़ाव के तत्त्व, महाभारत कालीन सभ्यता और संस्कृति से जुड़ाव से लेकर ईसाई मिशनरियों के काम तक को मानते हुए यहाँ के समाज की समझ बनानी होगी, वरना संघ की

तरह एक काल्पनिक हिन्दू संस्कृति के नाम पर और विभाजक राजनीति चलेगी। पहले ही केन्द्रीय सत्ता के दबदबे ने अफस्पा जैसे कानूनों से पूर्वोत्तर में काफी हड़बोंग मचाया है।

पूर्वोत्तर के हर राज्य और समाज में राष्ट्रीय पहचान और यहाँ की विशिष्टताओं के बीच मेल और समन्वय की गहरी चाह है। यह कायदे से सबसे बड़ी चीज बननी चाहिए। ईसाई मिशनरियों के काम ने धर्म का प्रचार-प्रसार किया है और साथ ही शिक्षा और सामाजिक चेतना का भी। यह चाह दो स्तर पर सामने आती है। एक तो शेष भारत से पढ़ाई-लिखाई, खेल-कूद, नौकरी-चाकरी वगैरह के जरिये मेल का, और लोगों की आवाजाही के जरिये एक-दूसरे के करीब आने की चाह है। कहना न होगा कि हाल के वर्षों में इस तरह का मेल-मिलाप काफी बढ़ा है। दिल्ली समेत सभी बड़े केन्द्रों में पूर्वोत्तर के छात्र-छात्राओं का अड्डा बनना ही नहीं बल्कि खेलों में पूर्वोत्तर के खिलाड़ियों, खासकर लड़कियों का दबदबा कायम होने जैसी चीजों से यह मजबूत होती जा रही है। एक दूसरी चाह केन्द्रीय सत्ता के साथ मेल-मिलाप की है जिसमें स्थानीय स्तर पर सत्ता का भोग करने के साथ केन्द्र से मिलने वाली बड़ी रकम में घालमेल करने की चाह भी शामिल है। स्थानीय शासन से भी लोक कल्याण और विकास की जगह स्थानीय संसाधनों के लूट, जिसमें दिल्ली, मुम्बई, कोलकाता ही नहीं दुनिया-भर के लोग हैं, में हिस्सा पाना है। पूर्वोत्तर सभी मामलों में देश की मुख्य धारा में आया हो या न आया हो लेकिन भ्रष्टाचार और लूट में मुख्य धारा का अगुआ बन चुका है। एक और मामले से यह कथित मुख्य धारा में जुड़ गया लगता है। पूर्वोत्तर के कई कबीले मातृ प्रधान हैं और पूरा का पूरा पूर्वोत्तर औरतों के मामले में शेष भारत से अलग नजरिया रखता है। प्रकृति पूजक और शक्ति की उपासना भी इसका एक कारण होगा। लेकिन चुनावी राजनीति में औरतों का हाल शेष भारत जैसा ही है। मंत्री, मुख्यमंत्री ही नहीं सांसद और विधायक चुनने में भी पूर्वोत्तर के लोग औरतों का खयाल नहीं रखते जबकि वास्तविक जीवन में रखते हैं। इसलिए पूर्वोत्तर की चुनावी और जातीय लड़ाई की चर्चा करते वक्त इन पक्षों का ध्यान रखना जरूरी है। फिर केन्द्रीय सत्ता की तरफ से मिली उपेक्षा और गलत नजरिये वाले दखल, मानो पूर्वोत्तर कोई दिल्ली का उपनिवेश हो, पर भी ध्यान देना होगा।

और इस मामले में हम कांग्रेस की सरकारों या गैर भाजपाई सरकारों को कई बार दोषी पा सकते हैं लेकिन संघ और भाजपा के लोग पूर्वोत्तर में जो कर रहे हैं वह पूरे नजरिये से ही उलटी चीज है। पूर्वोत्तर के ज्यादातर लोग भले बाद में ईसाई बने हों लेकिन वे सामान्य अर्थ में कभी उस तरह के हिन्दू भी नहीं रहे हैं जैसा कि संघ उत्तर प्रदेश और महाराष्ट्र के ब्राह्मणों को देखकर कहता है। पर उसके लोग बरसोबरस से अपने विचारों को फैलाने और ईसाई मिशनरियों के

विरोध में जान खपा रहे हैं। और अगर कोई मराठी पंडित सुनील देवघर मिशन त्रिपुरा के चक्कर में बांग्ला सीख लेता है, मछली खाने लगता है और भाजपा को चुनाव जितवा देता है तो संघ और भाजपा के लोग ऐसा व्यवहार करते हैं मानो उन्होंने किसी शत्रु देश पर जीत का नेतृत्व किया है। संघ का आम स्वयंसेवक भी पूर्वोत्तर में औरतों की आजाद सत्ता, प्रकृति पूजा (जिसमें पूर्वजों और प्रेतों की पूजा भी शामिल है) और बीफ की खपत देखकर हैरान रह जाता है। उसके 'हिन्दुस्तान' के लिए ये चीजें पराई हैं। पर उनकी सीमित सक्रियता काफी दिन से थी और पूर्वोत्तर में वैष्णव प्रभाव के, शक्ति की उपासना वाले इलाके रहे हैं। लेकिन मन्दिर आन्दोलन और खास तौर से नरेन्द्र मोदी के सत्ता में आने के बाद पूरी की पूरी भाजपा और संघ जिस जुनून से पूर्वोत्तर में लगे हैं वह लम्बे समय में नुकसान पहुँचाएगा। इसमें विधायक पटाकर सरकार बदलवाने का खेल तो कम महँगा होगा, हिन्दी, हिन्दू और एक समान व्यवस्था वाले हिन्दुस्तान की धारणा के साथ किया जाने वाला काम ज्यादा नुकसान करेगा। हिन्दुस्तान और खास तौर से पूर्वोत्तर विविधताओं का प्रदेश है और उसके आदर के बगैर बात बिगाड़ेगी ही। यह बात दिमाग में समाकर पूर्वोत्तर की बात करनी होगी कि वहाँ 350 से ज्यादा कबीलों के लोग रहते हैं।

पूर्वोत्तर में सात राज्य गिने जाते हैं और इनको राज्य की जगह बहनें कहा जाता है। हम देखेंगे कि हरेक राज्य में कई की कबीले हैं जो अपनी सत्ता और शक्ति की लड़ाई लड़ते हैं और फिर भी आम तौर पर इन सात राज्यों को बहन ही गिना जाता है। और जाति कबीले का एक साफ अन्तर किसी को भी जल्दी समझ आ जाता है कि जाति के ऊपरी पायदान पर बैठने वाले लोग मुट्ठी-भर हैं और भले ही वे शासन, समाज और अर्थतंत्र के शीर्ष पर हों लोकतंत्र में उन्हें उन भारी संख्या वाले पिछड़ों और गरीबों को जगह देनी होती है जो समान मताधिकार की व्यवस्था से लाभ की स्थिति में आए हैं। दूसरी तरफ कबीलाई समाजों में उन्हें बड़े कबीलों का दबदबा बना रहता है जो पहले से बड़े और मजबूत तो हैं ही, जिनके पास पहले से संख्या बल भी ज्यादा है। पूर्वोत्तर साढ़े तीन सौ कबीलों का वास स्थान है और ये आदिकाल से एक-दूसरे के साथ प्राकृतिक संसाधनों का साझा करते हुए जीवन व्यतीत करते हैं। काफी बाद में भारत से आ मिले सिक्किम को भी कई लोग इनमें गिनते हैं। हम अपनी गिनती में उसे अलग रखेंगे क्योंकि वहाँ की राजनीति और चुनाव अलग तरह से चलता है। हमने असम की भी अलग चर्चा की है और उसके चुनावी परिदृश्य के विविध पहलुओं में कबीलाई और जातीय पहचान पर खास ध्यान दिया है। असम में कबीलों के साथ जातियाँ भी हैं और वे भी चुनावी खेल में उपकरण बनती हैं। असम को अलग करने का एक कारण यह भी है। इसी आधार पर त्रिपुरा भी अलग हुआ है। उसके भी लगभग

आधे इलाके पर जमाने से कबीलाई प्रभाव कम हुआ है और मैदानी राजनीति प्रभावी हुई है। इसके अलावा यह भी है कि अभी तक त्रिपुरा की मुख्य राजनीति कथित राष्ट्रीय पार्टियों ने की है। कबीलाई राजनीति रही है तो हाशिये पर ही और कभी-कभार दो में से एक संसदीय सीट जीतने भर की जिसका बाकी मामलों पर कोई असर नहीं हुआ है।

सो हम यहाँ मेघालय, मिजोरम, मणिपुर, त्रिपुरा, नगालैंड और अरुणाचल प्रदेश की ही चर्चा तक सीमित रहेंगे जो अपनी अलग-अलग विशिष्टताओं के लिए दिलचस्प हैं। देश के लिए इनका क्या महत्त्व है, ज्यादातर सीमा से लगे होने के चलते इनका क्या राजनयिक महत्त्व है, उसकी हम अलग से चर्चा नहीं करेंगे। पर यह भी रेखांकित करना जरूरी है कि जब केन्द्र की राजनीति पूर्वोत्तर को लगातार इतना प्रभावित करती है और अक्सर स्थानीय स्तर पर जीतने वाली पार्टियाँ और नेता केन्द्र में शासन कर रहे दल के साथ मिल जाते हैं तो इन राज्यों की राजनीति पास के विदेशी शासन और आपस के शासनों से अप्रभावित नहीं रहती हैं। ये प्रदेश विभाजन से भी प्रभावित हुए हैं जिनमें बड़ी संख्या में शरणार्थी आकर बसे हैं। अब भी बाहरी लोगों का आना जारी है क्योंकि पड़ोस के देशों की तानाशाही और सैनिक शासन अपने ही लोगों के खिलाफ बन्दूक ताने हुए है। रोहिंग्या शरणार्थी अभी एक परेशानी बने हुए हैं। फिर पचहत्तर सालों में यह भी हुआ है कि इस इलाके में अपनी तैनाती के दौरान यहाँ के प्राकृतिक सौन्दर्य पर लट्टू होने वाले बहुत सारे फौजी अधिकारी और जवान भी यहाँ बस गए हैं। रोजगार के लिए आनेवाले हिन्दी भाषी लोग भी बसना शुरू कर चुके हैं। ये सब मिलकर एक नये पूर्वोत्तर का भी निर्माण कर रहे हैं।

मिजोरम

कभी सशस्त्र बगावत और कबीलाई हिंसक टकरावों के लिए कुख्यात मिजोरम आज पूर्वोत्तर का सम्भवत: सबसे शान्त इलाका है। यह भारत का अन्तिम पूर्वी राज्य है जिसकी सीमाएँ बांग्लादेश और म्यांमार से मिलती हैं। इसे 1971 में केन्द्रशासित प्रदेश और 1987 में पूर्ण राज्य का दर्जा मिला। कहना न होगा कि यह राज्य आज भले ही शान्ति के लिए प्रसिद्ध हो लेकिन इसे बागी तेवर देने और शान्ति का स्थल बनाने में लालडेंगा की सबसे बड़ी भूमिका रही है और उनका नाम सबसे ज्यादा सम्मान से लिया जाता है। लोकप्रियता और लोकमानस में बसने के मामले में लालडेंगा सबसे ऊपर होंगे हालाँकि उनको भी बगावत/दगाबाजी का स्वाद चखना पड़ा और वे ज्यादा लम्बा शासन न कर पाए। इसलिए अब उनको किसी चीज के लिए दोषी भी नहीं माना जाता।

साठ के दशक में मिजोरम का लुशाई पहाड़ इलाका हथियारबन्द विद्रोह को लेकर चर्चा में आया। तब यह असम का हिस्सा था और भयंकर अकाल ने हालत खराब कर रखी थी। भूखे लोगों ने मिजो नेशनल फ्रंट की अगुआई में हथियार उठाए और अनेक सरकारी दफ्तरों और भवनों पर कब्जा किया। सिर्फ असम रायफल्स की छावनी बची। इन विद्रोहियों के तार जल्दी ही पाकिस्तान और चीन से जुड़ गए। जब 1971 में बांग्लादेश बना तब यह तार टूटा। चीन ने भी आगे से ऐसे किसी विद्रोह का समर्थन न करने का एलान किया। इस बीच सुरक्षा बलों ने विद्रोहियों के खिलाफ तो कार्रवाई की ही काफी सारे निर्दोष ग्रामीण भी परेशान हुए। गाँव के गाँव उजड़े। शान्तिप्रिय मिजोरम के लोग बगावती मूड में नहीं रहे। राहत और पुनर्वास के अच्छे कामों ने भी उनका दिल जीता था। अलग प्रान्त बनाने से प्रशासन भी चुस्त-दुरुस्त हुआ। इन सबने मिल-जुलकर दबाव बनाया कि लालडेंगा हथियार छोड़ें और शान्ति समझौते को स्वीकार करें।

लालडेंगा और राजीव गांधी के बीच हुआ यह समझौता मन मिलने वाला साबित हुआ क्योंकि इसके बाद से मिजोरम एकदम शान्त है। और आज भले ही मिजो नेशनल फ्रंट के ही जोरामथंगा दो बार मुख्यमंत्री रहने के बाद दस साल के बाद तिबारा मुख्यमंत्री बने हों लेकिन लालडेंगा मुख्यमंत्री बनते ही केन्द्र की कांग्रेसी सरकार की राजनीति का शिकार हो गए। तब के कांग्रेसी मुख्यमंत्री ललथनहवला भी पर्याप्त लोकप्रिय थे और उन्होंने दो चुनाव जितवाए थे। जोरामथंगा भी दो बार मुख्यमंत्री बने हैं। लगातार दस साल मुख्यमंत्री रहने और दस साल बाहर रहने के बाद वे फिर जीते हैं।

मिजोरम की आबादी में 84 फीसदी ईसाई हैं और हिन्दुओं का हिस्सा 8 फीसदी होगा। बौद्ध भी इतने ही हैं। पर कुल मिलाकर अब भी आदिवासी असर काफी गहरा है। यहाँ लुशाई कबीले का दायरा 71 फीसदी लोगों तक है और दसेक फीसदी चकमा हैं। खुद को शाक्य राजा अधिरथ से जुड़ा मनाने वाले चकमा प्रदेश के दक्षिण-पश्चिमी हिस्से में रहते हैं और प्राय: सभी बौद्ध हैं। लुशाई ही मिजो कहलाते हैं जिनके आदिपुरुष थंगुरा माने जाते हैं। उन्होंने ही 18वीं सदी में पहली बस्ती बसाई थी और खेती की शुरुआत की थी। यहाँ ईसाई मत को ज्यादा दिन नहीं हुए हैं और अब भी ज्यादातर लोगों को अपने आदिवासी मूल का पता है। इसलिए उदारता बनी हुई है। ब्रिटिश और अमेरिकी मिशनरियों ने धर्म प्रचार के साथ शिक्षा का प्रसार किया, स्वास्थ्य सुविधाएँ पहुँचाईं। इनका असर है और कई बार चुनाव को प्रभावित करने की कोशिश भी होती रही है। लेकिन इनका लाभ बहुत कम हुआ है। भ्रष्टाचार और अलगाववादी तत्त्वों से मेल की बात उससे ज्यादा सही है। और पूर्वोत्तर के ज्यादातर राज्यों की तरह मिजोरम के बारे में भी यह सच है कि यहाँ का वोटर विधानसभा और लोकसभा चुनाव में अलग-अलग तरह से वोट करता है।

मणिपुर

पूरे पूर्वोत्तर में मणिपुर की राजनीति और चुनाव सबसे ज्यादा उलझे हुए हैं क्योंकि यहाँ के समाज में विभिन्न मजबूत कबीलों का निवास तो है ही, उनके बीच के सत्ता समीकरण अभी सधे नहीं हैं। बल्कि यह हुआ है कि मुख्यत: पर्वतीय हिस्से में रहने वाले दो कबीलों का लाभ लेकर घाटी में बसे एक कबीले के लोग मजे से सत्ता को अपने हिसाब से नचाते रहे हैं। पड़ोस के राज्यों का भी दखल यहाँ की चुनावी राजनीति में होता है। समाज में दूसरी उलझनें भी हैं और वह भी चुनावी राजनीति को प्रभावित करती हैं। इसलिए आपको अक्सर मणिपुर में गठबन्धन और मोर्चों वाली चुनावी लड़ाई दिखाई देगी। करीब 30 लाख आबादी वाला यह प्रदेश सशस्त्र बल विशेषाधिकार कानून (अफस्पा) के खिलाफ लड़ाई और विद्रोही राजनीति के लिए भी जाना जाता है। पर साक्षरता दर और राजनीतिक चेतना ज्यादा होने से चुनावी लड़ाई दिलचस्प भी रहा करती है।

1956 में केन्द्रशासित प्रदेश और 1972 में पूर्ण राज्य बना मणिपुर मिश्रित धार्मिक आबादी का प्रदेश है। यहाँ की आबादी में हिन्दुओं का हिस्सा 41 फीसदी, ईसाई 41 फीसदी और आठेक फीसदी मुसलमान हैं। राज्य के 28 फीसदी लोग अपनी कबीलाई पहचान भी मानते हैं। बाकी समुदाय भी हैं लेकिन कम-कम। और इतनी बिखरी लेकिन सन्तुलित आबादी का ही नतीजा है कि मणिपुर में अब तक एक बार मुसलमान मुख्यमंत्री भी बन चुका है और असम के मुसलमानों की पार्टी के लोग भी हर चुनाव में यहाँ डेरा डालते हैं। ईसाइयों के भी कई खेमे हैं और उनका मत एक साथ नहीं चलता। मणिपुर में वैष्णव प्रभाव भी काफी मजबूत है। अलग तरह के खान-पान, पूजा पद्धति और जीवन के साथ ही कुछ खास तरह के बुनावट वाले वस्त्र और दूसरे पहचान चिह्न भी लोगों के अन्तर को बताते हैं। बसावट भी मुख्यत: चार घाटियों और पाँच पहाड़ी इलाकों में है। घाटियों में ज्यादा आबादी रहती है।

और प्रदेश की आबादी में सबसे बड़ा हिस्सा रखने वाले मईती भी घाटियों में बसते हैं, खासकर इनर मणिपुर में। कृष्ण भक्ति और मणिपुरी नृत्य के लिए विख्यात मईती मुख्य रूप से खेतिहर हैं। ईसाइयों की बसावट आउटर मणिपुर में ज्यादा है। कुकी भी महत्त्वपूर्ण हिस्सा हैं और उनकी बसावट दक्षिणी हिस्से में है। अब उनमें खुद को पाइते कहलवाने का रुझान है। तंगखुल पूर्वी मणिपुर में ज्यादा हैं और अब भी झूम खेती करते हैं। इनसे जुड़ा ही माने जाने वाले थाडो तेंगनउपाल जिले में हैं और ज्यादातर ईसाई हैं। ये अपने बागी तेवर के लिए भी प्रसिद्ध हैं। प्रथम विश्वयुद्ध के समय सेना में भर्ती का इनका विरोध बहुत उग्र और हंगामेदार बन गया था। नगाओं का अपना बहुत सघन क्षेत्र नहीं है लेकिन वे पूरे मणिपुर पर

ही दावा करते हैं। नगा राजनीति करने वाले गुटों का जुड़ाव नगालैंड के विभिन्न नगा समूहों से है। अगर चुनावी राजनीति को समझना हो तो ऐसे समझना ज्यादा आसान होगा कि राज्य की ज्यादातर आबादी (60 फीसदी) घाटी की दसेक फीसदी जमीन पर बसती है लेकिन दो ताकतवर कबीले नगा और कुकी पहाड़ियों में बसते हैं। मईती लोगों को इससे सुविधा हो गई है। वे संख्या में तो ज्यादा हैं ही, चुनाव में किसी एक पक्ष में झुककर नतीजा अपने हक में ले आते हैं। नगा कुछ ज्यादा बिखरे भी हुए हैं। बहुत नाजुक सन्तुलन वाली राज्य की राजनीति ऐसा ही अवसर मुसलमानों को भी देती है। पर मुसलमानों की मौजूदगी ने पूर्वोत्तर में भाजपा को जमीन देने का काम भी किया है।

यहाँ भाजपा ने जीत हासिल की है लेकिन उसके सूत्रधार लोग अब भी दूसरी शरारतें जारी रखे हुए हैं। अभी तो मसला जदयू के छह विधायकों को तोड़ने का है। यह मामला कानूनी लड़ाई का भी है जबकि भाजपा ने अपने दम पर लगभग 38 फीसदी वोट और 60 विधायकों वाले सदन में 32 स्थान हासिल किए थे। भाजपा के इन सूत्रधारों को ही नहीं सभी को यह बात मालूम है कि मणिपुर का हर चुनाव विद्रोही गतिविधियों, बहिष्कार की अपील, और विवादास्पद अफस्पा के साए में हुए हैं। भाजपा ने अफस्पा कानून में ढील की शुरुआत भी की है जबकि इसके विरोध का प्रतीक बनी शर्मिला इरोम को चुनाव में नाममात्र के वोट मिले। पिछले चुनाव में भी नगा पीपुल्स पार्टी ने 17 फीसदी वोट और पाँच सीटें जीती थीं। कुकी पीपुल्स एलायन्स ने भी दो सीटें जीती थीं। नेशनल पीपुल्स एलायन्स को सात स्थान और आठ फीसदी वोट मिला था। नगा लोगों का दावा है कि मणिपुर के अधिकांश इलाके समेत पूर्वोत्तर के काफी भाग उनके कब्जे में ही थे। अब इस दावे को मानना आसान नहीं है। लेकिन उनका विरोध भी जारी है और उनको विजय हरांखल जैसे लोगों और गुटों से मदद मिलती है। अब भी जब मुख्यमंत्री इबोबी सिंह ने सात जिले बनाए तो उनका विरोध काफी तीखा था। वे मणिपुर में ही अपने लिए स्वायत्त क्षेत्र बनाने की माँग कर रहे हैं।

मेघालय

बत्तीस लाख से भी कम आबादी का मेघालय 1969 में केन्द्रशासित प्रदेश और 1979 में पूर्ण राज्य बना। पूर्वोत्तर के सभी राज्यों की तुलना में इसका केन्द्र से जुड़ाव ज्यादा रहा है लेकिन बहुत साफ चार हिस्सों में बँटी अलग-अलग कबीलाई आबादी ने अक्सर साफ जनादेश नहीं दिया है। सो शुरू से सरकार बनाना खेल ही रहा है जो निर्दलीय और छोटे दलों के विधायकों की आवाजाही पर निर्भर रहा है। बीच में कांग्रेस के मुकुल संगमा ने एक लम्बी पारी खेली लेकिन अमित शाह और

नरेन्द्र मोदी की भाजपा ने बिना चुनाव जीते सत्ता बदलवा दी। भाजपा शासक गठबन्धन का एक छोटा हिस्सा हैं लेकिन सरकार उसी ने बनवाई है यह सबको पता है। यहाँ शुरू से राष्ट्रीय पार्टियाँ ही नहीं आसपास के मजबूत क्षेत्रीय दल भी चुनाव में सीधी भागीदारी करते रहे हैं और अस्सी फीसदी से ज्यादा आदिवासी आबादी वाले प्रदेश में भाजपा की मौजूदगी भी लोगों को नहीं चौंकाती। राज्य की साठ में से पाँच ऐसी सीटें हैं जहाँ गैर आदिवासी उम्मीदवार हो सकते हैं। वैसे दिलचस्प तथ्य यह है कि गैर आदिवासी यहाँ जमीन नहीं खरीद सकते लेकिन सरकार में हिस्सा बन सकते हैं। वहाँ के चुनाव बाहरी लोगों की खास दिलचस्पी के बन जाते हैं। राज्य में 53 फीसदी ईसाई हैं और हिन्दुओं की आबादी 19 फीसदी है। यहाँ 3 फीसदी मुसलमान भी हैं। दिलचस्प तथ्य यह भी है कि यहाँ के लगभग एक-चौथाई लोग अब भी अपने आदि धर्म को मानते हैं।

मेघालय का गठन आन्दोलन के जरिये हुआ है। खासी और गारो-जयन्तिया संयुक्त जिले को मिलाकर एक अलग प्रदेश बनाने का आन्दोलन साठ के दशक में ही चला था और 1969 में केन्द्रशासित प्रदेश बना भी दिया गया। वैसे जयन्तिया नाम अँगरेजों का दिया माना जाता है। फिर 1972 में इसे पूर्ण राज्य का दर्जा दे दिया गया। पर हुआ यह कि जिन तीन आदिवासी समूहों ने मिलकर आन्दोलन किया था, वे राज्य के पहले चुनाव तक भी एक न रह सके। पहले मुख्यमंत्री डब्लू. ए. संगमा को चुनाव बाद से ही निर्दलीय विधायकों के समर्थन की जरूरत पड़ गई। और तब से कांग्रेस में संगमा साहब के कद का नेता न आया लेकिन लम्बे समय तक किसी और को भी पूर्ण बहुमत की सरकार बनाने का सुख नहीं मिला। पर कांग्रेस अकेली पार्टी है जिसकी पैठ राज्य के सभी प्रमुख कबीलों में है। वैसे बाहर की दुनिया के लिए पी. ए. संगमा ही सर्वाधिक चर्चित मेघालय वासी हैं जो केन्द्रीय मंत्री और लोकसभा अध्यक्ष रहे हैं, लम्बे समय से केन्द्र की राजनीति का एक महत्त्वपूर्ण खिलाड़ी रहे हैं।

मेघालय अपने नाम के अनुरूप मेघों का प्रदेश है—दुनिया में सर्वाधिक बरसात वाला क्षेत्र चेरापूँजी यहीं है। खूब गहरे वन और उपजाऊ मिट्टी भी यहाँ की विशेषता है। और लाख बन्दिशों के बावजूद यहाँ बहुत बड़ी संख्या में बाहरी लोग, खासकर हिन्दीभाषी लोग कामकाज और व्यवसाय के लिए मौजूद हैं। पर वे मुख्य खिलाड़ी नहीं हैं। सबसे महत्त्व है गारो लोगों का जो गारो पहाड़ियों में रहते हैं और यहीं ईसाई मिशनरियों ने अपना काम शुरू किया था। वे इसे पूरब का स्काटलैंड कहा करते थे। आज भी मेघालय की प्रमुख भाषा अँगरेजी है। लगभग तीन-चौथाई गारो ईसाई धर्म अपना चुके हैं जिसमें तीन पंथ वाले प्रमुख हैं। पर इस इलाके के 31 फीसदी लोग मूल धर्म संगसारेक को मानते हैं। गारो क्षेत्र में ही बाद में आए हाजोंग उसके दक्षिणी और पश्चिमी हिस्से में बसे हैं। बांग्लादेश की खासी पहाड़ियों

पर भी हाजोंग बसे हैं। हाजोंग, राय, दास, सरकार, बर्मन, बिस्वास जैसे उपनामों से इनका मुख्य भूमि से अपेक्षाकृत ज्यादा लम्बा जुड़ाव दिखता है। कई लोग इनको कछारियों का हिस्सा भी मानते हैं। हाजोंग भाषा भी बांग्ला और असमिया की करीबी लगती है। तीसरा बड़ा आदिवासी समूह जयन्तिया है जो जयन्तिया पहाड़ियों में रहते हैं और ये सबसे पुराने बाशिन्दे माने जाते हैं। इनकी खासी भाषा मोन-खमेर समूह की मानी जाती है। खासी और जयन्तिया पहाड़ियों पर बसे खासी चौथे सबसे बड़े समूह हैं और अधिकांश ने ईसाई धर्म अपना लिया है। मूल धर्म मानने या खुद को हिन्दू कहने वाले कबीले बहुत छोटे-छोटे हैं लेकिन जब वोट का गणित नाजुक हो तो उनका महत्त्व भी दिखने लगता है। तब तो बंगाली, बिहारी और नेपाली लोग भी महत्त्वपूर्ण बन जाते हैं। और जैसा पहले कहा गया है मुख्यत: कबीलाई निष्ठा से पड़ने वाले वोट के चलते बहुत स्पष्ट बहुमत प्राय: नहीं आता और जोड़-तोड़ से सरकार बनाने-चलाने का अनुभव ही ज्यादा है। पर इस जोड़-तोड़ में कबीले और अपने समाज की जगह ताकतवर केन्द्र के हाथ में ज्यादातर सूत्र होते हैं और यह कोई अच्छी स्थिति नहीं है।

नगालैंड

हिन्दू मिथकों के अनुसार नागलोक पता नहीं कहाँ है और आर्यों तथा नागाओं का संघर्ष कभी हुआ था या नहीं लेकिन अगर कोई मुख्य भारतीय समाज और उसके ही इस पूर्वोत्तर प्रान्त को देखे तो उसको दो दुनिया दिखाई देंगी। यहाँ अब भी अर्थात आजादी के पचहत्तर साल अर्थात कम से कम तीन पीढ़ियों की विदाई के बाद भी ऐसे लोगों की कमी नहीं है जो खुद को हिन्दुस्तान का अंग नहीं मानते। उनका असम और पास-पड़ोस के दूसरे राज्यों के इलाकों पर भी दावा है और वे मानते हैं कि पूर्वोत्तर के सारे कबीले उनकी ही जमीन पर आकर बसे हैं। और यह बात सिर्फ मान्यता भर की नहीं है। इसके लिए बाजप्ता सशस्त्र संघर्ष चला है, कई दौर में बातचीत हुई है, समझौते हुए हैं लेकिन अभी तक मामला सामान्य हो गया हो यह दावा नहीं किया जा सकता। इस क्रम में लोकतांत्रिक और लोकप्रिय नेता भी उभरे हैं, कई खूँखार नेता आए हैं, विदेशी मदद आई है, फौजी समाधान देने की कोशिश भी हुई है, जेपी जैसा जननायक गाँव-गाँव घूमा है और ईसाई मिशनरियों ने धर्म प्रचार से लेकर हर तरह के काम किए हैं। और जिस अलगाव की बात पहले कही गई है वह ईसाइयों के मामले में और दिखता है। वे शान्ति प्रक्रिया में भागीदार भी रहे हैं और बागियों के साथी भी, शान्ति प्रक्रिया में हिस्सा लिया है तो दगा भी किया है, ईसाई मत मानने का दावा भी है और भूत-प्रेत की पूजा को भी स्वीकारते हैं। चुनावी नायक भी बागियों को साधे

रखते हैं और बागी भी सरकारों में खेल करते हैं। और बागियों के बीच आपसी खूनखराबा भी काम नहीं हुआ है।

तो हमारा नगालैंड ऐसा ही विचित्र है। 16 बड़ी जनजातियों और बीस लाख से ज्यादा की आबादी वाला यह प्रदेश शुरू से अशान्त रहा है। पर भाषा और धर्म इसको जोड़ने का काम करते रहे हैं। यहाँ ईसाई आबादी अस्सी फीसदी से ज्यादा है तो हिन्दू आबादी पन्द्रह फीसदी से कम है। दो-ढाई फीसदी मुसलमान भी यहाँ रहते हैं। और देश के आजाद होने के पहले से यहाँ अलग-अलग स्तर पर विभिन्न ताकतें अपना खेल खेलने लगीं। ईसाई मिशनरियों का काम तो उन्नीसवीं सदी से ही शुरू हुआ था लेकिन ब्रिटिश हुकूमत ने पहले विश्वयुद्ध में बड़े पैमाने पर यहाँ से जो भर्तियाँ कीं वही सैनिक जब लौटे तो अलगाववादी स्वर उठाने लगे। उन्होंने ही नगा नेशनल मूवमेंट शुरू किया जो पचास के दशक से ही भारत सरकार के लिए सिरदर्द बन गया। नगा पूरी नगा भूमि को एक साथ करके एक राजनीतिक इकाई बनाने की बात करते थे। 1953 में इस हिंसक आन्दोलन का शीर्ष आया और फौज का सहारा लेना पड़ा। तब विद्रोही नेता फिजओ पूर्वी पाकिस्तान के रास्ते लन्दन भाग गए। 1957 में कुछ प्रशासनिक बदलावों के जरिये विद्रोहियों को खुश करने की कोशिश हुई लेकिन नाकाम रही। फिर नेहरू और नगा पीपुल्स कन्वेन्शन की बातचीत के आधार पर 1963 में अलग नगालैंड प्रदेश बनाया गया।

तब से बागियों को मुख्य धारा में लाने के शान्ति प्रयास चलते रहे हैं जो कई बार तेज तो कभी मन्दा पड़ते हैं। इस बीच नियमित अन्तराल पर होने वाले चुनावों ने भी फर्क डाला है। लेकिन अभी कोई भी प्रक्रिया पूरी हुई नहीं मानी जा सकती। इस बीच नए-नये नगा गुट बने हैं, आपसी होड़ हुई है, इसाक मुइवा और विजय हरांखल जैसे नये नेता आए हैं पर सारी बातचीत एकाध दौर के बाद रुक जाती है। पर इतना जरूर हुआ है कि फौज और बागियों की टकराहट वाला पुराना दौर रुक गया है। इस क्रम में लोकनायक जयप्रकाश द्वारा चलाई गई गम्भीर मुहिम को भी याद करना चाहिए। 1964 में गाँव-गाँव जाने और बात करने वाली इस मुहिम का नगालैंड बैपटिस्ट चर्च ने भी स्वागत किया और उसके फादर माइकल स्काट भी शान्ति मिशन में शामिल हुए। असम के मुख्यमंत्री विमला प्रसाद चालिहा भी इससे जुड़े। इसके चलते सरकार और विद्रोहियों के बीच 23 मई, 1964 को एक समझौता हुआ। लेकिन फादर स्काट ने इस मिशन को पलीता लगाते हुए समझौते से पहले ही विदेश कूच कर लिया।

ऐसा व्यवहार हर समझौते के समय उसके विभिन्न पक्ष भी करते रहे हैं। चुने हुए प्रतिनिधियों और बागियों के बीच भी एक अप्रकट किस्म का समझौता रहता आया है। दल बदल और सरकार बनाने-गिराने के खेल में भी ऐसा होता है। लेकिन

1997 में सरकार और बागियों के बीच गोली न चलाने के समझौते के बाद स्थिति काफी बदली है और मोटे तौर पर शान्ति बनी हुई है। पहले भी सरकारें और चुनाव केन्द्र से प्रभावित होते थे लेकिन भाजपा के केन्द्र में आने के बाद कुछ ज्यादा ही दखल शुरू हुआ है। पूरी की पूरी सरकार का पाला बदलना भी हुआ है। कभी कांग्रेसी रहे नेफ़िये रिऊ ने पिछले चुनाव में बढ़त ली थी लेकिन फिर उन्होंने सभी दलों की मिली-जुली सरकार बनाकर एक नया उदाहरण पेश किया है। उनकी पारी भी काफी लम्बी हो चुकी है। पर यह देखना बाकी है कि नगा समस्या या आक्रोश कहाँ तक शान्त होता है क्योंकि न तो यह भूख, रोजगार, कमाई वाला मसाला है न शासन में आने का ही। और इसमें कई राज्यों के इलाके जुड़े हैं तो कई बाहरी शक्तियों की दिलचस्पी भी इसमें है।

जहाँ तक सांस्कृतिक और अलग-पहचान का सवाल है तो उसमें फर्क नहीं है। प्रकृति, पितरों और प्रेतों की पूजा जारी है, खास पहनावों और पगड़ियों-टोपियों से पहचान जारी है। आओ (15 फीसदी), सेमा (13 फीसदी), कॉनयाक (12 फीसदी), चाखेसांग (9 फीसदी), अंगामी (9 फीसदी) और लोठा (9 फीसदी) प्रमुख कबीले हैं। लेकिन एक नगालैंड की माँग के चलते इनमें पूर्वोत्तर के अन्य राज्यों की तरह फूट दिखाई नहीं देती। पर धीरे-धीरे चुनावी राजनीति इनके फाँक बढ़ा रही है।

अरुणाचल प्रदेश

उगते सूरज का प्रदेश माने जाने वाले अरुणाचल का अपना सूरज अब भी उगना बाकी है। साक्षरता, विकास और स्वास्थ्य के काफी सारे संकेतकों/मानकों पर वह बहुत पिछड़ा है जबकि पूर्वोत्तर के अधिकांश इलाके इनमें आगे हैं। ऐसा किसी अन्दरूनी गड़बड़ की जगह अन्तरराष्ट्रीय झगड़े में उलझे रहने से हुआ है। यह चीन की सीमा से लगा है, इसने 1962 के युद्ध की विभीषिका झेली है और लगातार चीनी दावे और दबाव को बर्दाश्त करता रहा है। और बात चीन भर की नहीं है। जिस मैकमोहन लाइन को लेकर सीमा निर्धारण का विवाद है वह अँगरेजों की खींची हुई है और जिस पर पंडित नेहरू से लेकर अब तक की हमारी सरकारें मजबूती से अपना पक्ष नहीं रखती हैं। पहले अँगरेजों ने दरांग और लखीमपुर से कुछ-कुछ इलाके काटकर नॉर्थ ईस्ट फ्रंटियर एजेन्सी—नेफा बनाया जो लगातार आकार-प्रकार भी बदलता रहा। 1972 में यह केन्द्रशासित प्रदेश बना और 1987 में इसे पूर्ण राज्य का दर्जा मिला। तब से यहाँ की राजनीति दो संसदीय सीटों और साठ विधानसभा सीटों के माध्यम से चल रही है और पूर्वोत्तर के किसी भी अन्य राज्य की तुलना में यहाँ राष्ट्रीय राजनीति का प्रत्यक्ष दखल

ज्यादा है—भले ही केन्द्र की सरकार के हिसाब से यहाँ की सरकार बदलना भी काफी हुआ है।

पूर्वोत्तर के अन्य राज्यों की तरह अरुणाचल में ईसाई मिशनरियों का काम नहीं है सो सिर्फ धर्मान्तरण ही नहीं शिक्षा और स्वास्थ्य के मामले में भी अलग स्थिति दिखती है। यहाँ की बारह लाख आबादी में 70 फीसदी आदिवासी हैं। खुद को हिन्दू गिनवाने वालों का अनुपात 30 फीसदी, खुद को ईसाई बताने वाले 5 फीसदी, 14 फीसदी बौद्ध और 5 फीसदी आदिवासी धर्म वाले हैं। मीरी, वाचों, निशी, तागीं, नोकते, बंगनी, आदि गोलोंग, आदि मिनियोंग और आदि पद्म यहाँ की मुख्य जनजातियाँ हैं जो काफी हद तक कबीलाई निष्ठा को ऊपर रखकर वोट देती हैं। और यह भी देखने में आया है कि नेता के पाला बदलने पर उसके मतदाता भी पार्टी बदलकर वोट देते हैं। अरुणाचल पहला प्रदेश है जहाँ धर्म स्वतंत्रता कानून लागू है अर्थात जहाँ धर्मान्तरण नहीं कराया जा सकता। पर कई तरह से यह काम हो रहा है। और माना जाता है कि ईसाइयों की गिनती भले कम दिखती हो असल में उनकी संख्या अब काफी हो चुकी है और वे चुनाव को प्रभावित करने की स्थिति में हैं।

पर अरुणाचल के लोगों के लिए चुनाव का अनुभव भी अपेक्षाकृत नया है—1977 के पहले यहाँ वोटिंग नहीं होती थी। रेजिडेंट कमिश्नर के माध्यम से शासन होता था। मंत्री परिषद मनोनीत होता था। पी.के. थुंगन राज्य के पहले मुख्यमंत्री थे लेकिन जैसे ही जनता पार्टी सरकार गिरी उनकी सरकार भी गिर गई। तब से जोड़-तोड़ और केन्द्र की सत्ता के साथ बदलाव एक नियम-सा बन गया है। अरुणाचल की आमदनी का मुख्य स्रोत लकड़ी है। पर उसकी तस्करी, वनों की अवैध कटाई और केन्द्र से मिलने वाली राशि की लूट यहाँ सबसे चर्चित विषय हैं और कई बार इसी नाम से सरकारें बदली हैं। पर कबायली निष्ठा निशी समुदाय के नेताओं को सबसे आगे रखती है क्योंकि वह सबसे बड़ा आदिवासी समूह है और उसके विधायक भी सबसे ज्यादा होते हैं। गेगांग अपांग ने मुख्यत: इसी बल पर राज्य में सबसे लम्बा शासन किया। अब मुकुट मिठि उस रिकॉर्ड को दोहराने का प्रयास कर रहे हैं। लेकिन हाल में ईसाइयों का बढ़ता प्रभाव और विश्व हिन्दू परिषद जैसे संगठनों की बढ़ती सक्रियता ने चुनावी रंग बदला है। अब चर्च भी खुलकर भाजपा के विरोध की राजनीति करता है। और शायद उसकी सक्रियता वजह हो संघ परिवार गैर ईसाई मतों को इस तरह गोलबन्द करने में सफल रहा है कि भाजपा ने पिछले विधानसभा चुनाव में दो-तिहाई बहुमत पाया और लोकसभा की दोनों सीटों पर कब्जा कर लिया।

सन्दर्भ

1. *लोकतंत्र का नया लोक,* सम्पा. अरविन्द मोहन, वाणी प्रकाशन, नई दिल्ली में अमरनाथ का आलेख; 'पूर्वोत्तर : लोकतांत्रिक विविधता का इन्द्रधनुष'।
2. 'कास्ट फैक्टर फोरेज इनटू नॉर्थ-ईस्ट', *हिन्दुस्तान टाइम्स,* 12 मई, 2011
3. जगपाल सिंह, 'कास्ट, स्टेट एंड सोसाइटी', रटलेज, दिल्ली, 2021

दक्षिण

आन्ध्र प्रदेश : सारी राजनीति पर हावी जाति

आन्ध्र प्रदेश हमारा ऐसा राज्य है जिसके चुनाव में जाति का बोलबाला तो रहता ही है लेकिन दूसरी चीजों का प्रभाव भी कम देखने को नहीं मिला है। भाषावार प्रान्तों के गठन की लड़ाई का अगुआ रहा आन्ध्र शुरू से क्षेत्रीय अलगाव का अखाड़ा भी रहा है जिसने अन्ततः तेलंगना को अलग करा ही दिया। तेलंगना मुल्क में कम्युनिस्ट वर्ग संघर्ष की प्रयोगस्थली बना और इस इलाके को अब तक उसका दंश झेलना पड़ता है। आन्ध्र पहला राज्य है जिसमें खुलकर प्रान्तीय स्वाभिमान (तेलुगु बिड्डा) के नाम पर चुनाव किया और केन्द्र के राजनीतिक और प्रशासनिक प्रभुत्व को खुली चुनौती दी। यह चुनौती हिंसक न थी जैसा पूर्वोत्तर के कई प्रदेशों की थी या सांस्कृतिक भी न थी। यह शुद्ध रूप से चुनावी लोकतंत्र का मुद्दा बना जहाँ लोगों ने अपनी पसन्द मतदान-पत्रों के जरिये जाहिर की। आन्ध्र देश में लोक-लुभावन राजनीति की झमाझम शुरुआत करने वाला प्रान्त भी है जहाँ दो रुपये किलो चावल से लेकर अनेक लुभावनी घोषणाओं ने चुनावी नतीजा पलटा और फिर इन घोषणाओं पर अमल भी हुआ। ये बदलाव महत्त्वपूर्ण हैं और इनके चलते राज्य की राजनीति राष्ट्रीय दलों की पहुँच से बाहर हो गई है। आन्ध्र ही नहीं उससे निकले तेलंगना में भी कथित राष्ट्रीय पार्टियों की स्थिति बुरी है और बीच में ठीक-ठाक हैसियत में आ गई भाजपा ने तो गठबन्धन राजनीति के चक्कर में अपने पैरों पर कुल्हाड़ी मार ली लेकिन राज्य में काफी मजबूत जड़ वाली कांग्रेस भी धीरे-धीरे हाशिये पर आ गई और मजबूत कम्युनिस्ट आन्दोलन का नामोनिशान मिट गया।

पर पचहत्तर साल में हुए इन सारे बदलावों में जाति की भूमिका महत्त्वपूर्ण रही है और कई बार तो शुद्ध जातीय गोलबन्दियों के बीच ही मुकाबला दिखा। इस क्रम में आन्ध्र की राजनीति बदली है लेकिन उस स्तर तक नहीं कि हम कह दें कि अगड़ों की जगह पिछड़ों का राज आ गया है, रेड्डियों का जमाना गया और अब कम्मा या कापू राजनीति शीर्ष पर बैठ चुकी है। आन्ध्र के खाते में तो देश का पहला दलित मुख्यमंत्री देने का रिकॉर्ड भी है। 1960 से 1962 के बीच मुख्यमंत्री

N
ANDHRA PRADESH
CHHATTISGARH
TELANGANA
KARNATAKA
Parvathipuram
Manyam
Srikakulam
Vizianagaram
Visakhapatnam
Anakapalli
Alluri
Sitharama
Raju
Eluru
NTR
Guntur
Kakinada
East Godavari
Palnadu
Krishna
Konaseema
West
Godavari
Kurnool
Prakasam
Bapatla
Nandyal
Anantapur
YSR
Nellore
Sri
Sathyasai
Annamayya
Tirupati
Bay
of
Bengal
KARNATAKA
Chittoor
TAMIL NADU

रहे दामोदरम संजीवैय्या कोई सांकेतिक या नाममात्र के मुख्यमंत्री नहीं थे। उन्होंने तब भारी विरोध झेलकर भी शिक्षा और रोजगार में पिछड़ों को आरक्षण दिया था। इसकी उनको खुद कीमत चुकानी पड़ी लेकिन आगे फिर कांग्रेस को इसका लाभ मिला और लम्बे समय तक मिलता रहा बल्कि 1967 और 1977 में जब कांग्रेस अनेक राज्यों में हारी तब आन्ध्र में उसका प्रदर्शन बहुत बढ़िया रहा जिसका कारण इस फैसले का प्रभाव ही माना जाता है। लेकिन इससे कोई ऐसा पिछड़ा या दलित ध्रुवीकरण नहीं हो पाया जो प्रदेश की राजनीति को सदा के लिए बदल दे। इसकी तुलना में बड़ा और प्रभावी बदलाव 1980 के दशक में तेलुगु देशम पार्टी और उसके नेता एन.टी. रामाराव ने कर दिया जो कभी भी खुलकर जाति की राजनीति नहीं करते थे। उनके उत्तराधिकारी चन्द्रबाबू नायडू भी जाति की राजनीति नहीं करते थे लेकिन बहुत सारे कांग्रेसी नेताओं से ज्यादा बढ़िया शासक और संगठनकर्ता साबित हुए।

आन्ध्र में ब्राह्मणों की आबादी राज्य की कुल आबादी की दो से तीन फीसदी है और हर प्रदेश की तरह यहाँ भी शासन और राजनीति में उनका दबदबा इस अनुपात से बहुत ज्यादा था। अब निश्चित रूप से वह स्थिति नहीं है क्योंकि मध्य जातियों का उभार यहाँ भी एक सच है। वैश्य जातियों की संख्या भी आबादी की दो से तीन फीसदी ही है और अब नये कारोबारों की मिल्कियत या शेयरहोल्डिंग को देखें तो बदलाव दिखेगा क्योंकि पहले लगभग सारे राज्य का व्यवसाय और कारोबार इसी छोटी जमात के पास था। अपने को क्षत्रिय मानने वाली राजू जाति के लोग मुख्य रूप से उत्तरी और मध्य तटीय क्षेत्रों में हैं पर इनका आबादी में हिस्सा एक फीसदी से भी कम है। राज्य में सत्ता की राजनीति का खेल अब मुख्य रूप से रेड्डी, कम्मा, कापु और वेलमा जातियाँ खेलती हैं और बड़े नेताओं पर गौर करेंगे तो इससे बाहर का शायद ही कोई दिखाई देगा। बल्कि वेलमा संख्या में कम होकर भी लगातार अपनी राजनीतिक हैसियत में विस्तार करते गए हैं। इन जातियों के पास जमीन है, गाँव की सत्ता है। एम.एन. श्रीनिवास जैसे समाजशास्त्री इन्हें 'प्रभुत्ववादी जातियाँ' (डॉमिनेटिंग कास्ट्स) मानते थे।

रेड्डी आन्ध्र के लिए सबसे प्रभावशाली और शक्तिशाली जाति है और इनकी मौजूदगी राज्य के सभी इलाकों में है। आजादी के बाद इनकी राजनीतिक ताकत बढ़ती गई है। बीच में इनको कापु और कम्मा जातियों के उभार से गम्भीर चुनौती मिली जरूर लेकिन ब्राह्मणों या राजू लोगों की तरह इनकी ताकत का अवसान नहीं हुआ। इन्होंने उतनी ही मजबूती से वापसी की है। तेलंगना के इलाकों में इनकी स्थिति मजबूत है लेकिन गुंटूर, प्रकाशम और नेल्लोर जैसे जिलों में भी इनका दबदबा है। गाँव, मंडल, विधानसभा और संसद सभी जगह इनका प्रतिनिधित्व इनकी आबादी के अनुपात से ज्यादा है। और कांग्रेस में तो इनका दबदबा एक जमाने तक था लेकिन कम्युनिस्ट पार्टियों में भी इनका नेतृत्व रहा है। बल्कि जिन मध्य जातियों के प्रभुत्व

वाली पार्टियों ने कांग्रेस और रेड्डियों की सत्ता को चुनौती दी खुद उनके यहाँ भी रेड्डी कम नहीं थे। नरसारावपेट, ओंगल, वेल्लोर, तिरुपति, चित्तूर, राजमपेट और कुडप्पा संसदीय क्षेत्रों में इनकी मौजूदगी 15 फीसदी तक या उससे भी अधिक है। सिर्फ संख्या की जगह आर्थिक, सामाजिक और सांस्कृतिक दबदबा होने के चलते इनका राजनीतिक प्रभाव इस संख्या बल से भी ज्यादा हुआ करता है।

वेलमा संख्या में कम हैं और अब तो तेलंगना वाले हिस्से में उनकी मौजूदगी ज्यादा है। लेकिन आन्ध्र की राजनीति में उनका दखल उनके एक या दो फीसदी संख्या बल से बहुत अधिक था। प्रसिद्ध स्वतंत्रता सेनानी एन.जी. रंगा कृषिकार लोक पार्टी के माध्यम से कांग्रेस को चुनौती देते थे तब उनका मुख्य राजनीतिक आधार वेलमा ही थे। राजू लोगों की संख्या भी इतनी ही या इससे कुछ कम होगी लेकिन उन्होंने चुनावी राजनीति में वेलमा या अन्य जातियों की तरह भागीदारी नहीं की। अगड़ों में वैश्य आबादी भी दो-तीन फीसदी होगी और वे राज्य के सभी इलाकों में हैं, पर व्यापार में उनकी मुख्य रुचि रही है, राजनीति में कम। लेकिन अभी तक उनको सत्ता में अपनी आबादी के अनुपात से ज्यादा हिस्सा ही मिलता रहा है।

कापु संख्या के हिसाब से रेड्डियों से ज्यादा होंगे। उनका आबादी में 10 से 12 फीसदी हिस्सा है। अनेक उपजातियों में बँटे कापु पहले तो आपस में शादी-ब्याह से भी बचते थे लेकिन चुनावी राजनीति ने उनके बीच एकता पैदा की है और अब वे तेलगा, मुत्तुरा, ओंतारी, तुरपु जैसी उप जातीय पहचान की जगह कापु कहलाना ज्यादा पसन्द करते हैं। वैसे इन विभाजनों का ज्यादा मतलब न था। जैसे गोदावरी के पूरब के कापु तुरपु कहलाते थे जिसका अर्थ पूरबी ही है। कापु मुख्य रूप से खेतिहर जाति है और इनकी मौजूदगी राज्य के सभी इलाकों में है। और एक वक्त ऐसा आया था जब कापु और रेड्डियों के बीच हिंसक टकराव शुरू हो गया था। और इस चलते उस समय एन.टी. रामाराव की राजनीतिक स्थिति एकदम कमजोर हो गई थी जो राज्य में सबसे बड़े बदलाव का वाहक बने थे।

कम्मा आबादी कापुओं और रेड्डियों से काफी कम है और इनके अधिक असर वाले ज्यादातर इलाके तटीय और रायलसीमा में हैं। इस सघनता और इससे भी ज्यादा अपने मिजाज के चलते कम्मा अपनी 4-5 फीसदी आबादी से ज्यादा राजनीतिक हैसियत रखते हैं। असल में ये खुद को ऐसा क्षत्रिय मानते हैं जिन्होंने हल उठा लिया था। ये सैनिक जाति के माने भी जाते हैं। वैसे कम्मा का शाब्दिक अर्थ आभूषण होता है। नेल्लोर, खम्मम, अनन्तपुर और चित्तूर इनके असली प्रभाव के इलाके हैं। ये चौधरी और नायडु कहलाते हैं और भगवान वेंकटेश्वर इनके कुल देवता हैं।

आन्ध्र में मुसलमानों की आबादी अब ज्यादा नहीं रह गई है। करीब आठ फीसदी आबादी वाले मुसलमानों का ज्यादातर हिस्सा तेलंगना में रह गया है। शेष मुसलमान चुनावी राजनीति को ज्यादा प्रभावित करने की स्थिति में नहीं हैं लेकिन

उनके चलते राज्य में ऐसा साम्प्रदायिक ध्रुवीकरण भी नहीं है जो चुनाव पर असर डाले। लगभग तीन फीसदी आबादी ईसाई लोगों की भी है लेकिन वे चुनावी राजनीति की गिनती में बहुत महत्त्व नहीं पाते हैं और अगर उनका कोई नेता महत्त्व पा भी रहा है तो अपने हिन्दू मूल के टाइटल के चलते।

असर के हिसाब से इनकी तुलना में आदिवासी आबादी ज्यादा महत्त्व वाली है लेकिन सिर्फ अपने-अपने इलाकों में या सुरक्षित क्षेत्रों में ही। आज की तुलना में उनका पहले ज्यादा महत्त्व था जब उनके रजवाड़े थे, खासकर कोया लोगों के। आज आदिवादी अपने को आदि आन्ध्र कहलाना पसन्द करते हैं लेकिन कोया, यानाडि, सुगाली और लम्बाड़ी (चरवाहा पेशा वाले) कबीले के लोगों का अपना-अपना प्रभाव क्षेत्र है। पर दुर्भाग्य से उनका न तो दलितों समेत कमजोर जातियों से मेल बना है, न अभी तक वे निर्णायक राजनीति में मुख्य भूमिका में आए हैं।

उनकी तुलना में सौ से ज्यादा छोटी-छोटी जातियों का पिछड़ा समूह ज्यादा कुछ हासिल कर गया है और इसने अपनी राजनीतिक हैसियत भी बढाई है। पुरानी जातिवार जनगणना के आधार पर इनका हिस्सा 35 से 40 फीसदी तक माना जाता था लेकिन राज्य में गठित दूसरे पिछड़ा वर्ग आयोग ने इसे 44 फीसदी बताया। उसे अब भी ज्यादा मान्यता नहीं मिली है। लेकिन मुख्यत: काश्तकार और शिल्पकार जातियों के इस समूह की कुछ जातियों के लोगों ने अपनी उद्यमशीलता से न सिर्फ अपनी सामाजिक-आर्थिक हैसियत बेहतर की है बल्कि राजनीति में भी बड़ी भूमिका निभाने लगे हैं। यादव, गौडा, थोरुपु, कलिंगा, पद्मशाली, बोया और बोता ऐसी ही जातियाँ हैं जिनका काम मुख्यत: खेती और पशुपालन से जुड़ा है। पहले पिछड़ा वर्ग आयोग ने इन्हें चार उप समूहों में बाँटकर इनके लिए शैक्षिक और सरकारी नौकरियों में आरक्षण का प्रबन्ध किया था। इसी फैसले के चलते संजीवैय्या का नाम अब भी बहुत श्रद्धा से लिया जाता है।

लेकिन डी. संजीवैय्या ऐसा कोई बड़ा काम दलितों के लिए नहीं कर गए जिनकी आबादी राज्य की आबादी की लगभग सोलह फीसदी है और इसमें भी खास बात यह है कि सिर्फ दो जातियाँ, माला और मडिगा का दलित आबादी में नब्बे फीसदी हिस्सा है। माला शब्द मालाड से बना है जिसका अर्थ पहाड़ होता है और ये खुद को शिव का रक्षक मानते हैं। देश के कई भागों की कई दलित जातियों वाली कथा इनके यहाँ भी चलती है कि भूल से गाय मारने के चलते उनका सामाजिक दर्जा नीचे हो गया। माडिगा समाज कई उप जातियों में बँटा है—अरुन्धातिया, जांबवालु वगैरह मुख्य उपजातियाँ हैं जिनका काम चमड़े का रहा है। राज्य के बँटने पर माडिगा प्रभाव वाले कुछ बड़े हिस्से तेलंगना में चले गए हैं क्योंकि तिरुपति, कर्नूल, पेडपल्ली, हम्मामकोंडा और आदिलाबाद जैसे संसदीय क्षेत्रों में उनकी आबादी 15 से 25 फीसदी तक रही है। अफसोस यह है कि समाज और आर्थिक जीवन

में हाशिये पर रहने वाला दलित समुदाय वोट के बल पर अपनी ताकत ज्यादा नहीं बढ़ा पाया है। दो प्रमुख जातियों में भी मेल नहीं है और ना ही उन्होंने पिछड़े और कमजोर जमातों के साथ राजनीतिक तालमेल से अपनी ताकत बढाई है। जबकि उत्तर प्रदेश जैसे राज्य में बसपा ने ऐसा किया। एक बार बसपा के उभार के समय दलितों में उत्साह बनता लगा था लेकिन उसके राजनीतिक नतीजे शून्य ही रहे।

आन्ध्र की सामाजिक-जातीय राजनीति पर वहाँ की बनावट और बिखराव या दूसरे बड़े मुद्दों का भी पर्याप्त असर रहा है और अब भी दिखाई देता है। राज्य का पुनर्गठन 1956 में हैदराबाद रियासत के तेलंगना क्षेत्र के नौ जिलों और रायलसीमा के चार जिलों तथा पुराने आन्ध्र के उन सात जिलों को लेकर हुआ था जो तेलुगुभाषी होने के चलते मद्रास प्रेसिडेंसी से अलग करके 1953 में ही एक नया प्रान्त बनाने का आधार बने थे। इतना गिनवाने का सीधा-सा मतलब यह है कि मद्रास वाले इलाके में ब्राह्मण वर्चस्व ज्यादा था, सामाजिक ही नहीं आर्थिक और प्रशासनिक स्तर पर भी। ऐसा गाँव के प्रशासन से लेकर सरकारी नौकरियों और प्रतिनिधित्व के सदनों, सब जगह था। लेकिन निजाम वाले इलाकों में ऐसा न था। एक विभाजन रायलसीमा, तटीय और तेलंगना क्षेत्रों का भी था। आजादी की लड़ाई का भी असर अलग-अलग स्तर का था क्योंकि निजाम के इलाके में कांग्रेस का जोर वैसा न था जैसा मद्रास वाले क्षेत्र में था।

लेकिन जब तीनों इलाकों की चुनावी राजनीति एक हुई, वे एक प्रशासन के अधीन आने लगे तब सबसे पहला बदलाव ब्राह्मणों की सत्ता का घटना हुआ। विधानसभा में उनकी हिस्सेदारी गिरती गई। ऐसा लगातार दस विधानसभाओं में हुआ और अब तो लगभग सफाया हो गया है। ब्राह्मणों ने भी वापसी करने की कोशिश की जगह सत्ता और साधन के दूसरे अवसरों का ध्यान दिया और आज भले ही आन्ध्र और तेलंगना, दोनों की सरकारें ब्राह्मण कल्याण की दर्जनों योजनाएँ चला रही हैं, ब्राह्मण मुख्यत: अकादमिक और प्रशासनिक क्षेत्र में अपनी मौजूदगी बनाए हुए हैं। यह माना जाता है कि करीब दर्जन भर शहरी सीटों पर अब भी ब्राह्मण निर्णायक स्थिति में हैं लेकिन वहाँ भी वे संगठित होकर जीत का प्रयास नहीं करते। अभी दोनों विधानसभाओं में मात्र दो ब्राह्मण विधायक हैं और कोई मंत्री नहीं है। वैश्य और राजू समुदाय की स्थिति भी कमोबेश यही है लेकिन उनकी मौजूदगी ब्राह्मणों से बेहतर है, जबकि शुरू में भी वे ब्राह्मणों की तरह कोई ज्यादा बड़ी संख्या में न थे। अब भी ये दोनों समाज आबादी में अपनी हिस्सेदारी से ज्यादा हिस्सा विधानसभाओं और संसद में रखते हैं।

आजादी की लड़ाई और फिर कम्युनिस्ट आन्दोलन में रेड्डी समाज की भागीदारी ब्राह्मणों के साथ-साथ हुई और थोड़े दिनों में इसने नेतृत्व अपने हाथ में ले लिया। समाज के संख्या बल के साथ ही जमीन और आर्थिक ताकत और शिक्षा ने भी

उनकी मदद की। और तब से लगातार रेड्डियों की ताकत को सीमित करने की कोशिश चलती रही है लेकिन राजनीतिक रूप से कभी कमी नहीं आई है। अगर कई बार सांसद और विधायकों या मंत्रियों की संख्या कुछ कम होती है तो अगली बार फिर बढ़ जाती है। विधानसभा में रेड्डियों की हिस्सेदारी 25 से 35 फीसदी तक आराम से रही है जबकि आबादी का हिस्सा तो आठ-नौ फीसदी से ऊपर नहीं जाता। मुख्यमंत्रियों और मंत्रियों की गिनती में उनका अनुपात इससे भी ज्यादा रहा है। मजेदार बात यह है कि 1983 के जिस चुनाव को आन्ध्र में युग परिवर्तन वाला माना जाता है उस विधानसभा में भी रेड्डी विधायकों की संख्या कम्मा विधायकों से करीब बीस अधिक थी। उनकी संख्या 75 तक जाती रही है। और फिर इसका असर शासन-प्रशासन के हर अंग पर दिखता है। इसकी स्वाभाविक प्रतिक्रिया को रामाराव ने एक राजनीतिक लहर का रूप दे दिया।

एन.टी. रामाराव की जीत आन्ध्र में ही नहीं, देश की राजनीति में खास थी क्योंकि इस तरह सिनेमा से आकर कोई व्यक्ति जननेता नहीं बना था। और इस काम को केवल रेड्डी बनाम कम्मा या अन्य नहीं माना जा सकता। तब तक केन्द्र के दखल पर देश-भर में, और खास तौर से आन्ध्र में मुख्यमंत्री बदलने का फैसला कांग्रेस करती रही थी। रामाराव ने इसकी जगह तेलुगु बिड्डा (स्वाभिमान) का असरदार नारा भी दिया। 1977 के चुनाव से ही कांग्रेस को चेत जाना चाहिए था क्योंकि तब पहली बार जनता पार्टी की जीत ऐसी थी कि आन्ध्र विधानसभा में उसे विपक्ष का आधिकारिक पद मिल गया था। रामाराव ने दो रुपये किलो चावल समेत गरीबों को लुभाने वाले अनेक वायदे भी किए थे। अपने सांसदों-विधायकों से लेकर खुद के कपड़ों का रंग बदलकर उन्होंने विपक्षी राजनीति में नई शुरुआत की क्योंकि लोग सफेद खादी के धोती-कुर्ता-टोपी से भी ऊब चुके थे। फिर उन्होंने यह भी किया कि इन्दिरा गांधी की हत्या के बाद हुए लोकसभा चुनाव में जब कांग्रेस को 413 सीटें मिलीं और विपक्ष हाशिये पर चला गया तो तेलुगु देशम पार्टी को मुख्य विपक्ष बनाने का प्रयास किया। उन्होंने अपने एक एक सांसद को वैसे प्रदेश का प्रतिनिधि घोषित किया जहाँ से विपक्ष एक भी सीट नहीं जीत पाया था। तब लगा कि रामाराव कुछ बड़ा करने की सोच रहे हैं। लेकिन जल्दी ही उनका व्यक्तिवाद और जातिवाद हावी होने लगा और कांग्रेस ने विधानसभा अध्यक्ष भास्कर राव के माध्यम से बगावत कराके उनका तख्ता पलट दिया।

रामाराव ने तब राजनीतिक लड़ाई लड़ी और जीते। लेकिन इस जीत ने उनका अभिमान और बढ़ा दिया और जो बीमारियाँ देश नहीं देख पाया था उन्हें सबने देखा। परिवार के लोगों को सत्ता में हिस्सा देना, जीवनीकार से शादी और फिर उसे उत्तराधिकारी बनाने का प्रयास ही नहीं हर किस्म की कमजोरी दिखने लगी। सबसे ज्यादा नंगा नाच जातिवाद का हुआ। मंत्री बनाने से लेकर अधिकारियों के प्रमोशन

और पोस्टिंग तक में यह हुआ। तटीय जिलों में कई जगहों पर कम्मा और कापु लोगों की हिंसक भिड़ंत भी हुई। 1988 में विजयवाड़ा में एक कांग्रेसी कापु नेता की हत्या के बाद तो कृष्णा जिले में जाति के दंगे हो गए। आन्ध्र में कम्मा और कापु समाज की इस नई दुश्मनी ने चुनावी राजनीति को एक और रंग दे दिया और जिस रेड्डी और कांग्रेस विरोध के नाम पर रामाराव सत्ता में आए थे वही रेड्डी फिर से वापस सत्ता में आ गए। लेकिन इस बीच एक बड़ा बदलाव तो हो चुका था। रामाराव ने एक और काम किया। जमाने से गाँव के प्रशासन और रिकॉर्ड रखने का काम ब्राह्मणों और अगड़ों के पास था। उन्होंने इसे समाप्त करके उनकी सत्ता का आधार भी हिला दिया। जिन कम्मा लोगों का राजनीतिक प्रशिक्षण कम्युनिस्ट आन्दोलन ने किया था उनको तब नेतृत्व में स्थान नहीं मिलता था। रामाराव राज ने उनको सीधे-सीधे सत्ता पर काबिज कराया और आगे के लिए भी दावेदार बना दिया और उसके बाद रेड्डियों की तरह कम्मा और एक हद तक कापु और वेलमा सत्ता के दावेदार बन गए—आन्ध्र में भी और नये बने तेलंगना में भी।

अब आन्ध्र की राजनीति का केन्द्र वे सौ से ज्यादा पिछड़ी जातियाँ बन गई हैं जिनका राजनीतिक हिस्सा अभी तक दूसरे ही खाते रहे हैं और जो सिर्फ वोट देने भर का काम करती रही हैं। असल में रामाराव का आना और आन्ध्र की राजनीति को सदा के लिए बदल देना जितना नाटकीय और धमाकेदार था, पिछड़ों का उभार उतना ही सुस्त और फीका। पर सच कहें तो पिछड़ों की राजनीतिक ही नहीं, सामाजिक और आर्थिक स्थिति में बदलाव ही आन्ध्र प्रदेश के विकास की असली कहानी है और इसी ने रायलसीमा और तटीय आन्ध्र का रंग-रूप बदल दिया। वहाँ के उद्यमी न सिर्फ इस प्रदेश पर बल्कि देश-विदेश में छा गए हैं। आईटी क्रान्ति में यहाँ के उद्यमियों की भूमिका बहुत बड़ी रही है। और बदलाव लाने का श्रेय प्रथम पिछड़ा वर्ग की सिफारिश पर डी. संजीवैय्या द्वारा आरक्षण का फैसला बहुत पहले ही करना (साठ के दशक में ही) और भूमि सुधार को जाता है। कहना न होगा कि लोकतांत्रिक व्यवस्था और सार्वभौम वयस्क मताधिकार ने भी उतनी ही बड़ी भूमिका निभाई है। मध्य जातियों में भी गौड, यादव और पद्मशाली जैसी जातियों का ध्रुवीकरण और राजनीतिकरण ज्यादा हुआ है तथा अब उनको सत्ता में हिस्सा भी मिलने लगा है। अगर आगे के लिए किसी भी पार्टी की रणनीति जानेंगे तो ओबीसी में काम करना जरूर शामिल मिलेगा। विधायकों और सांसदों में भी उनका हिस्सा लगातार बढ़ता गया है। लेकिन सब कुछ होने के बावजूद आबादी में उनका जितना हिस्सा है उसका आधा भी अनुपात विधानसभा में पूरा नहीं हुआ है।

और यह भी साफ दिखता है कि उन्हें लुभाने की होड़ में पार्टियाँ कोई सीमा नहीं रखना चाहती हैं। संजीवैय्या ने पहले पिछड़ा वर्ग की रिपोर्ट के आधार पर पिछड़ों के लिए नौकरियों और शैक्षिक संस्थाओं में 25 फीसदी आरक्षण का इन्तजाम किया।

इससे हंगामा मचा और उनकी विदाई हुई। लेकिन हर किसी को आरक्षण का लाभ दिखने लगा। सो तुरन्त दूसरा पिछड़ा वर्ग आयोग बना जिसने पिछड़ी जातियों की संख्या पचास से बढ़ाकर सीधे 112 कर दी। हाईकोर्ट ने इसे खारिज कर दिया क्योंकि इसमें आर्थिक और सांस्कृतिक पिछड़ेपन का विचार नहीं हुआ था। एनटीआर सरकार ने आरक्षण की सीमा 44 फीसदी कर दी जिसे अदालत ने नहीं माना क्योंकि यह संविधान द्वारा तय पचास फीसदी का उल्लंघन था। लेकिन पिछड़ों को साथ लेने और राजनीतिक सत्ता में हिस्सेदार बनाने की होड़ शुरू हुई जो अभी जारी है। लेकिन आबादी में सबसे बड़ा हिस्सा लेकर भी पिछड़े अभी तक सत्ता के हाशिये पर ही हैं।

उनसे भी ज्यादा बुरी स्थिति दलितों और आदिवासियों की है। आदिवासी तो अपने इलाकों में राजा भी रहे हैं और अब भी अकड़ से रहते हैं लेकिन उनका जरा भी असर बाहर नहीं गया है। आज तक एक भी दलित और आदिवासी उम्मीदवार अनारक्षित क्षेत्र से चुनाव नहीं जीत पाया है और न कभी निर्णायक स्थिति में रहा है। बसपा ही नहीं, महाराष्ट्र की दलित आधार वाली पार्टियाँ या फिर रामविलास पासवान जैसे लोगों के दल इस मामले में कहीं आगे रहे हैं जबकि आन्ध्र में माडिगा आबादी दसेक फीसदी तक है जो उत्तर प्रदेश की जाटव आबादी के अनुपात के बराबर ही होगी। जिसे लोक लुभावन कहा जाता है, दलित उसी तक सीमित हो गए हैं। इससे ऊपर की महत्त्वाकांक्षा उन्होंने नहीं दिखाई है। 2000 के आसपास जरूर बसपा की तर्ज पर दलित गोलबन्द होने लगे लेकिन चुनाव में एक भी सीट न जीतने से तुरन्त बिखराव भी हो गया। लेकिन इतना साफ लगता है कि अगड़ी, मध्य और पिछड़ी जातियों की गोलबन्दी जितनी बराबरी वाली बनती जा रही है उसमें सोलह फीसदी दलित और सात फीसदी आदिवासी गोलबन्द हो जाएँ तो न सिर्फ अपनी मनवाने में कामयाब होंगे बल्कि राजनीति का पलड़ा भी अपनी तरफ कर सकेंगे। देखना यह है कि यह अवसर पहला दलित मुख्यमंत्री देने वाले राज्य में कब आता है।

सन्दर्भ

1. *लोकतंत्र का नया लोक,* सम्पा. अरविन्द मोहन, वाणी प्रकाशन, नई दिल्ली में के.सी. सूरी का आलेख; 'लोक-लुभावन राजनीति से परिणामवाद का सफर'।
2. एन्नी वगिए चटर्जी; 'टू डॉमिनेंट कास्ट्स : द सोसिओ-पॉलिटिकल सिस्टम इन आन्ध्र प्रदेश', *राइज ऑफ़ दि प्लेबियन्स,* रटलेज, नई दिल्ली।
3. वी. हनुमन्त राव, *पार्टी पॉलिटिक्स इन आन्ध्र प्रदेश,* 1956-83, हैदराबाद, 1983
4. एन. चन्द्रबाबू नायडू और सेवन्ती नैनन, *प्लेन स्पीकिंग,* वाइकिंग पेंगविन, नई दिल्ली, 2000
5. के.आर. आचार्य, द *क्रिटिकल इलेक्शन,* 1978, रमेश पब्लिशर्स, हैदराबाद, 1979।
6. के.सी. सूरी, *कास्ट पॉलिटिक्स एंड कास्ट स्ट्रक्चर इन इंडिया : द केस ऑफ़ आन्ध्र प्रदेश,* दीप एंड संस, नई दिल्ली, 1996

तेलंगाना : जाति और चालाकी की जंग

तेलंगना का इतिहास पर्याप्त पुराना है—तेलंगना प्रदेश का नहीं। और इसी इतिहास ने उसे एक पहचान, एक संस्कृति और एक हैसियत दी थी जिसके चलते 1956 में राज्य के पुनर्गठन के बाद से ही तेलंगना को अलग राज्य बनाने की चर्चा शुरू हो गई थी। बल्कि 1953 में जब इसकी चर्चा चली तब उसका विरोध हुआ था। लेकिन उसके बाद का इतिहास तो कई बार भारी उबाल और तूफान वाला भी है। 1969 में उस्मानिया विश्वविद्यालय, हैदराबाद के छात्रों ने अलग राज्य का आन्दोलन शुरू किया जो निरन्तर मजबूत होता गया। छात्र अपने क्षेत्र के पिछड़ते जाने और राजनीतिक रूप से कमजोर पड़ने की शिकायत कर रहे थे। माहौल देखकर कांग्रेसी नेता चेन्ना रेड्डी ने तेलंगना प्रजा समिति नाम से आन्दोलन को आगे बढ़ाया। भारी हिंसक आन्दोलन हुआ और जगह-जगह पुलिस द्वारा गोली चलाने से करीब तीन सौ लोग मारे गए। इससे पहले कम्युनिस्ट आन्दोलन के हिंसक आन्दोलन का केन्द्र भी यही इलाका था और तब तो और लोग मारे गए थे क्योंकि पुलिस ही नहीं, फौज को भी उनके खिलाफ लगाया गया था।

पर आन्ध्र के रायलसीमा और तटीय इलाके आर्थिक रूप से आगे बढ़ते गए और तेलंगना पिछड़ता गया। इसके कारणों में जाने की जरूरत नहीं है लेकिन इससे इस इलाके के लोगों में लगातार नाराजगी बनी रही और सबसे समृद्ध और ऐतिहासिक शहर हैदराबाद को लेते हुए अलग प्रान्त बनाने की चर्चा हर स्तर पर होती रही। जब प्रसिद्ध मीडिया उद्यमी रामोजी राव ने हैदराबाद से लगा अपना विशाल फिल्म सिटी बनाया तो वह भी जलन बढ़ाने वाला हुआ। और बात इतनी बढ़ी कि रामाराव की राजनीति से पिटी कांग्रेस ने भी 1999 में अलग तेलंगना के पक्ष में आन्दोलन छेड़ दिया। इस आन्दोलन को तेलंगना राष्ट्र समिति के चन्द्रशेखर राव का समर्थन मिला। बहुत ही तेज-तर्रार राव कभी युवक कांग्रेस में थे और लोगों को विदेश भेजने का कारोबार करते थे। वहाँ की गड़बड़ियों को लेकर उनकी बदनामी भी थी। लेकिन कांग्रेस से तेलुगु देशम् पार्टी में आने और एक बार मंत्री बनने और

TELANGANA
N
MAHARASHTRA
CHHATTISGARH
KARNATAKA
ANDHRA PRADESH
ADILABAD
Adilabad
KUMURAM BHEEM
Asifabad
NIRMAL
Nirmal
MANCHERIAL
Mancherial
JAGTIAL
Jagtial
NIZAMABAD
Nizamabad
PEDDAPALLI
Peddapalle
JAYASHANKAR BHOOPALPALLY
Bhupalpally
RAJANNA SIRCILLA
Sircilla
KARIMNAGAR
Karimnagar
MULUG
Mulugu
KAMAREDDY
Kamareddy
Siddipet
SIDDIPET
HANAMKONDA
Hanamkonda
Warangal
WARANGAL
MEDAK
Medak
SANGAREDDY
Sangareddy
JANGAON
Jangaon
BHADRADRI KOTHAGUDEM
Kothagudem
MEDCHAL MALKAJGIRI
Shamirpet
MAHABUBABAD
Mahabubabad
Bhuvanagiri
YADADRI BHUVANAGIRI
HYDERABAD
Hyderabad
Vikarabad
VIKARABAD
Shamshabad
RANGAREDDY
Khammam
KHAMMAM
Suryapet
SURYAPET
Nalgonda
NALGONDA
Narayanpet
Mahabubnagar
NARAYANPET
MAHBUBNAGAR
Nagarkurnool
NAGARKURNOOL
Wanaparthy
WANAPARTHY
Gadwal
JOGULAMBA GADWAL

दुबारा न बनाए जाने से नाराज राव ने पार्टी छोड़ी और तेलंगना आन्दोलन को ही अपना मुख्य एजेंडा बना लिया। दिन-रात काम करते हुए उन्होंने इसे नई तेजी दी और खास तौर पर युवाओं और दलितों को आन्दोलन से जोड़ा। इसके लिए बड़े वायदे भी किए गए और यह भी घोषणा की गई कि अगर कांग्रेस अलग तेलंगना का समर्थन करती है तो वे अपनी पार्टी का कांग्रेस में विलय कर देंगे। इसमें से कुछ भी नहीं हुआ।

लेकिन जून 2014 में तेलंगना अलग राज्य बन गया 119 विधायकों वाली विधानसभा और लोकसभा की 17 सीटों के साथ। के. चन्द्रशेखर राव मुख्यमंत्री बने और फिर न उस्मानिया विवि का कद बढ़ा, न हर दलित परिवार में एक व्यक्ति को सरकारी नौकरी मिली, न रामोजी राव स्टूडियो की जमीन उसके मूल किसानों को वापस हुई, न हर भूमिहीन दलित परिवार को तीन-तीन एकड़ जमीन मिली। और पति-पत्नी के लिए पाव भर चावल और एक कटोरी दाल भर की जरूरत बताने वाले (क्योंकि तब बच्चे विदेशों में थे) राव साहब ने अब अपनी भव्य कोठी बनवाई है, सचिवालय जाते नहीं हैं, बाल-बच्चे, भतीजा-भतीजी तरह-तरह से शासन पर काबिज हैं और एक मध्यावधि चुनाव कराके तेलंगना राज्य रैयत समिति और बड़े बहुमत से सत्ता में आ चुकी है। मुख्यत: चन्द्रबाबू नायडू और आईटी कम्पनियों द्वारा विकसित नया हैदराबाद इतनी आर्थिक ताकत वाला है (इसे साइबराबाद भी कहा जाता है) कि मजे से नये राज्य का सारा बोझ उठाता जा रहा है, जबकि राज्य के विकास के सूचकों में आठ साल में ज्यादा अन्तर नहीं आया है।

और दो विधानसभाओं के ऐसे आँकड़े भी नहीं हैं जो यह बतला दें कि राज्य की चुनावी राजनीति में कोई बड़ा सामाजिक बदलाव आया है या आने लगा है। हाँ एक बदलाव जरूर दिख रहा है कि आन्ध्र की राजनीति में संख्या बल के हिसाब से कम होने के चलते अक्सर हाशिये पर रहने वाली वेलमा जाति का मुख्यमंत्री न सिर्फ पूरी मजबूती से सत्ता पर काबिज है बल्कि आबादी में दस-दस फीसदी तक की हिस्सेदारी वाली जातियों को दरकिनार किए हुए है और सबसे ताकतवर रेड्डी भी उसकी काट ढूँढ़ पाने में सक्षम नहीं लगते। आन्ध्र से अलग होने पर तेलंगना के सामाजिक समीकरण में फर्क आया है क्योंकि आन्ध्र वाले हिस्से में कापु, माला और कम्मा जैसी जातियाँ ज्यादा बड़ी संख्या में रहती हैं और तेलंगना में कम्मा तो नाममात्र के हैं, माडिगा अनुपात बढ़ा है। कापु में भी मुन्नुरु कापु ज्यादा है जिस पर भाजपा की नजर है। उसने एक मुन्नुरु कापु को प्रदेश अध्यक्ष भी बनाया है। यहाँ यादव, मुदिराज और गौड आबादी का अनुपात भी आन्ध्र की तुलना में ज्यादा है। विश्वकर्मा, रजक, वेस्था, गोंड, वाडाराजु आबादी भी विधानसभा की कई सीटों को सीधे प्रभावित करने वाली है इसलिए तेलंगना में ओबीसी को पटाने की राजनीति कुछ ज्यादा ही तेज है।

लेकिन तेलंगना की राजनीति का सबसे चर्चित मुद्दा राव साहब द्वारा नया राज्य बनने पर दलित मुख्यमंत्री बनाने का वायदा करना है। इसका सबसे बड़ा कारण तो दलितों और खास तौर से माडिगा आबादी का ज्यादा होना है। राज्य में एक जाति सबसे बड़ी वही है। फिर रेड्डियों का नम्बर आता है। यादव, गौड और मुदिराज पाँच-छह फीसदी तक पहुँचते हैं जो आन्ध्र से भिन्न स्थिति है। कम्मा बहुत कम हैं और कापु भी मुख्यत: एक ही उपजाति के लोग हैं। मुख्यमंत्री की अपनी जाति वेलमा के लोग आन्ध्र के अनुपात में यहाँ कुछ ज्यादा हैं लेकिन ऐसी स्थिति नहीं है कि वे बहुत सारे अपने लोगों को चुनाव जितवा लें। उनकी तुलना में रेड्डी अब भी बहुत बड़ी संख्या में हैं और अपने लोगों को जितवा लेते हैं। लेकिन दलित मुख्यमंत्री का शिगूफा तो शर्मनाक साबित हुआ है क्योंकि के. चन्द्रशेखर राव ने मुख्यमंत्री बनने के साथ एक दलित टी. राजैय्या को उप-मुख्यमंत्री बनाने की घोषणा की। ऐसा हुआ भी लेकिन कुछ महीने के बाद ही राजैय्या को भ्रष्टाचार के आरोप में पद से हटा दिया गया। उसके बाद कोई दलित उप मुख्यमंत्री तो नहीं ही आया है। राजैय्या पर भी आज तक कोई मामला दर्ज नहीं हुआ है। बल्कि यह सारा प्रकरण ही लोग भूल चुके हैं।

कायदे से दलितों को यह प्रसंग नहीं भूलना चाहिए और राव साहब न सही खुद से या दूसरे दलों और गठबन्धनों की तरफ से दलित मुख्यमंत्री की दावेदारी को ज्यादा मजबूती से आगे बढ़ाना चाहिए। उनके लिए कई चीजें आन्ध्र से ज्यादा अनुकूल हैं। यहाँ माडिगाओं के सघन पॉकेट के साथ आदिवासी, मुसलमान और अति पिछड़ी जातियों के भी मजबूत पॉकेट उभरे हैं।

मुसलमानों की आबादी तो राज्य में नौ फीसदी तक है और हैदराबाद, सिकन्दराबाद, आदिलाबाद, निजामबाद, महबूबनगर, करीमनगर, कर्नूल जैसे लोकसभा क्षेत्रों में उनकी आबादी दस फीसदी से ऊपर है—कहीं-कहीं तो बीस से भी ऊपर। अगर कमजोर समूहों का एक राजनीतिक-सामाजिक गठबन्धन बने तो यह नतीजा हासिल करना मुश्किल नहीं है।

तेलंगाना के लिए भाजपा भी जोर लगाए हुए है और उसने तो हैदराबाद नगर निगम का ही चुनाव जिस तरह लड़ा उससे लगा कि राष्ट्रीय चुनाव हो रहे हैं। पर इसमें उसे असदुद्दीन ओवैसी की पार्टी एमआईएम के सामने होने से मदद मिली। इन दोनों की तलवारबाजी से इनका तो कोई नुकसान न हुआ पर भारी साम्प्रदायिक ध्रुवीकरण में कांग्रेस और टीडीपी उड़ गए। राज्य के चुनाव में ऐसा ध्रुवीकरण सम्भव नहीं है—न ऐसी भाजपा की ताकत है, न ओवैसी की। पर इधर राव साहब ने एक नया खेल शुरू किया है—प्रधानमंत्री बनाने का। इसके लिए उन्होंने सबसे पहले तो अपनी पार्टी तेलंगाना राज्य समिति का नाम और झंडा बदला है और उसमें राष्ट्रीय जोड़ लिया है। उनको लगता है कि गैर भाजपा और गैर कांग्रेसी दलों का

बहुमत हो सकता है और इस जमात में उनके नाम पर सहमति बन जाएगी। इसके लिए उन्होंने खूब दौरे भी शुरू किए हैं।

सन्दर्भ

1. आर. रविकान्त रेड्डी, 'कास्ट इंजीनियरिंग इन तेलंगाना', *हिन्दू*, 8 जून, 2022
2. वी.वी. बालाकृष्ण, *न्यू इंडियन एक्सप्रेस,* 22 नवम्बर, 2018
3. *लोकतंत्र का नया लोक,* सम्पा. अरविन्द मोहन, वाणी प्रकाशन, नई दिल्ली में के.सी. सूरी का आलेख; 'लोक-लुभावन राजनीति से परिणामवाद का सफर'।
4. एन्नी वगिए चटर्जी; 'टू डॉमिनेंट कास्ट्स : द सोसिओ-पॉलिटिकल सिस्टम इन आन्ध्र प्रदेश', *राइज ऑफ़ दि प्लेबियन्स,* रटलेज, नई दिल्ली।
5. वी. हनुमन्त राव, *पार्टी पॉलिटिक्स इन आन्ध्र प्रदेश,* 1956-83, हैदराबाद, 1983

कनार्टक : जाति बनाम सम्प्रदाय

दक्षिण में सबसे आखिर तक कांग्रेस का गढ़ रहा। कर्नाटक चुनाव अध्ययन के इस सिद्धान्त का शायद सबसे बढ़िया उदाहरण यह है कि जाति और सम्प्रदाय की राजनीति एक-दूसरे को काटती है। यह उदाहरण दूसरे कई राज्यों में या कई दौर में दिखता है लेकिन कर्नाटक जैसी साफ और समझ आने वाली परिघटना शायद ही कहीं दिखाई देती है। लोकतंत्र और सबको मताधिकार वाली व्यवस्था के चलते कर्नाटक के समाज, शासन और राजनीति में भी वह बदलाव दिखने लगा था जो आम तौर पर पूरे देश में दिखता है। लेकिन जैसे ही राज्य के कुछ इलाकों में एक हद तक प्रभावी अल्पसंख्यक आबादी के खिलाफ हिन्दुत्ववादी राजनीति खड़ी होने लगी और राज्य में साम्प्रदायिक तनाव बढ़ा शासन और राजनीति में दिखने लगा बदलाव अर्थात पिछड़ों और दलितों के मजबूत होने के प्रमाण पीछे चले गए और शासन पर वापस वही अगड़ी ताकतें प्रभावी हो गईं। जाहिर तौर पर इसमें उनका संख्या बल भी एक कारक रहा है (जो अनेक राज्यों की अगड़ा आबादी से बहुत ज्यादा है) लेकिन पिछड़ों को उनके अनुपात से सत्ता में भागीदारी का सपना तो बीच में ही अटक गया। अब कब यह रुका चक्र चलेगा, यह बताना मुश्किल है लेकिन जाति के 'डिस्कोर्स' पर साम्प्रदायिक 'डिस्कोर्स' का प्रभावी होना तो बहुत पुरानी परिघटना नहीं है जबकि यह तथ्य सर्वविदित है कि दक्षिण में इस्लाम का प्रचार-प्रसार अलग तरीके से हुआ था और उसी चलते वहाँ उत्तर जैसी कड़वाहट नहीं रही है।

भाषावार राज्य बनाने के क्रम में 1956 में पुराने हैदराबाद राज के कन्नड़भाषी इलाकों को पुराने मैसूर में मिला दिया गया। पुरानी बॉम्बे प्रेसिडेंसी के कन्नड़भाषी इलाके भी इसमें जोड़े गए (ज्यादा तीखी साम्प्रदायिक और भाषायी लड़ाई इसी इलाके में है) और मद्रास प्रेसिडेंसी के कुछ इलाकों और कुर्ग को जोड़कर आधुनिक कर्नाटक बना। यह बाद का इलाका तटीय भी है। बॉम्बे प्रान्त से आया एक जिला भी समुद्र से लगता है। भाषा वाला झगड़ा भी पूरी तरह समाप्त नहीं हुआ है। इधर फिर से यह उग्र हुआ है—सम्भवत: आने वाले चुनाव के मद्देनजर कुछ लोग

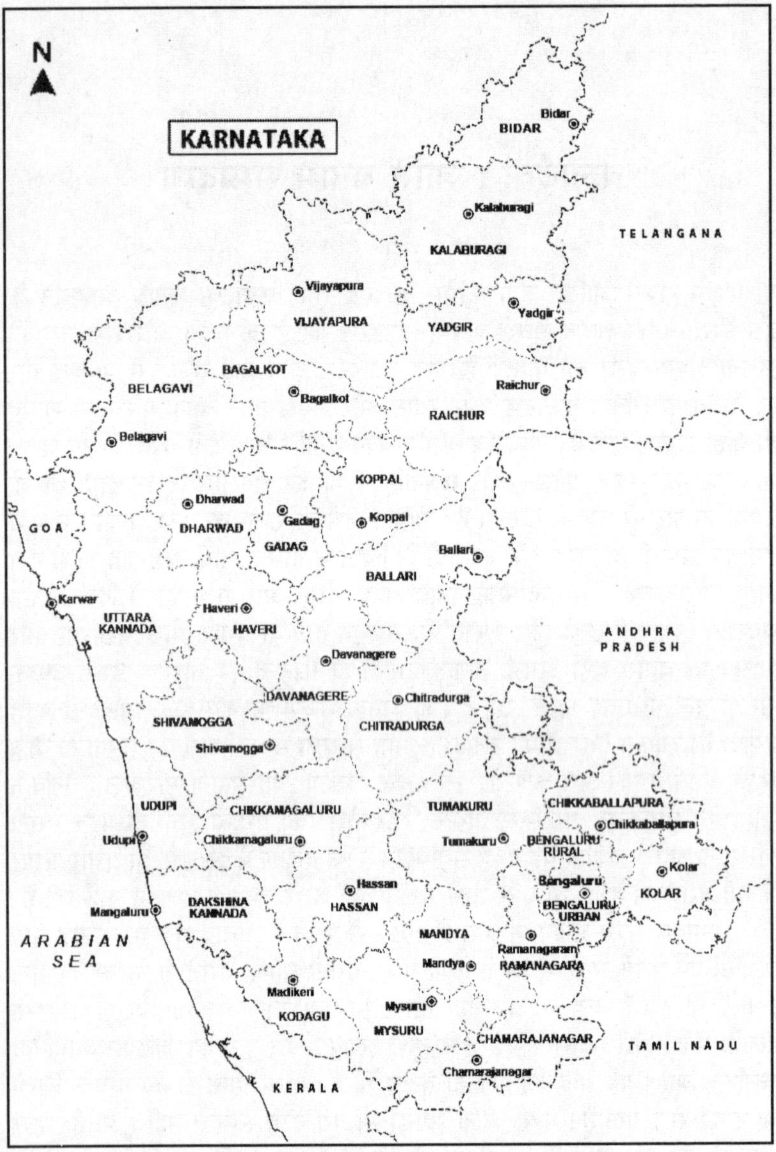
N
KARNATAKA
BIDAR
Bidar
Kalaburagi
KALABURAGI
TELANGANA
Vijayapura
VIJAYAPURA
YADGIR
Yadgir
BAGALKOT
BELAGAVI
Bagalkot
Raichur
RAICHUR
Belagavi
KOPPAL
Dharwad
Gadag
Koppal
GOA
DHARWAD
GADAG
Ballari
BALLARI
Karwar
UTTARA KANNADA
Haveri
HAVERI
ANDHRA PRADESH
Davanagere
DAVANAGERE
Chitradurga
SHIVAMOGGA
CHITRADURGA
Shivamogga
CHIKKABALLAPURA
UDUPI
CHIKKAMAGALURU
TUMAKURU
Chikkaballapura
Udupi
Chikkamagaluru
Tumakuru
BENGALURU RURAL
Kolar
Hassan
Bangaluru
KOLAR
Mangaluru
DAKSHINA KANNADA
HASSAN
BENGALURU URBAN
ARABIAN SEA
MANDYA
Ramanagaram
Mandya
RAMANAGARA
Madikeri
Mysuru
KODAGU
MYSURU
CHAMARAJANAGAR
TAMIL NADU
Chamarajanagar
KERALA

इसका लाभ लेना चाहते हैं। बीच में कई बार यह उग्र रूप भी ले चुका है। नदियों के पानी के बँटवारे का भी विवाद रहा है और साम्प्रदायिक टकराव नया शुरू हुआ है जबकि तथ्य यही है कि एक राज्य में जल प्रबन्धन पर बड़ा निवेश हुआ है जबकि दूसरा सिर्फ उसका लाभ लेता है। राज्य की आबादी में हिन्दुओं की आबादी 85 फीसदी है और मुसलमान 12 फीसदी के करीब हैं। यहाँ साम्प्रदायिक टकराव हिन्दू और मुसलमान का ही नहीं, हिन्दुओं और ईसाइयों का भी है जिनकी आबादी डेढ़-दो फीसदी होगी। पर मुसलमान और ईसाई मुख्यत: शहरों में हैं और कुछ ही शहरों में, इसलिए उनकी तरफ से भी जवाब आता है और उनका 'खतरा' दिखाकर हिन्दुओं को गोलबन्द करना सम्भव हो पाता है। कई पॉकेट जैन आबादी के भी हैं।

हिन्दुओं में अगड़ों का अनुपात तो तीन साढ़े तीन फीसदी का माना जाता है लेकिन जमाने तक उनका शासन पर पूरा नियंत्रण था। तब लिंगायत और वोक्कालिगा को भी 'छोटी जाति' ही माना जाता था लेकिन जमीन और आर्थिक हैसियत से मजबूत इन जातियों में बदलाव की प्रक्रिया शुरू हो चुकी थी। शैव मत मानने वाले लिंगायत समाज में शिक्षा और दूसरे सुधार तेजी से हुए और इनमें लिंगायत मठों की भी बहुत धनात्मक भूमिका रही। लिंगायतों का ज्यादा दबदबा पुराने हैदराबाद और पुराने बॉम्बे प्रान्त से कटकर आए इलाकों में था और मैसूर इलाके में वोक्कालिगा का प्रभाव ज्यादा था। लिंगायत कुल मिलाकर 15-16 फीसदी हैं तो वोक्कलिगा करीब ग्यारह फीसदी। वोक्कालिगाओं की आबादी बंगलोर और आसपास के इलाकों में केन्द्रित है इसलिए उनकी राजनीति आसानी से दबने वाली नहीं है। और जमाने तक राज्य की राजनीति को दो ध्रुवीय माना जाता था।

अनुसूचित जातियों की आबादी 16 फीसदी से अधिक है तो छह फीसदी से ज्यादा आदिवासी भी हैं। पर सबसे दबे वे 32-33 फीसदी ओबीसी लोग हैं जिनमें किसी एक जाति की गिनती दो-तीन फीसदी से ज्यादा नहीं है और जो उस तरह गोलबन्द भी नहीं दिखते जैसा उत्तर भारत में मंडल रिपोर्ट लागू करने के बाद पिछड़े गोलबन्द हुए थे। मराठा, इडिगा (जिस जाति के मुख्यमंत्री एस. बंगरप्पा थे), आरसु/अर्स (देवराज अर्स की बिरादरी), कुरुबा (जिस जाति के सिद्धारमैय्या हैं) जैसी जातियाँ कुछ ज्यादा संख्या में हैं और कहीं-कहीं मजबूत स्थिति में हैं लेकिन वे न तो लिंगायत/वोक्कालिगा ताकत का मुकाबला करने की स्थिति में हैं न उनके पास संख्या बल ही है।

बहुत होशियार सिद्धारमैय्या और देवराज अर्स जरूर पिछड़ों के नाम से और अपनी-अपनी काबिलियत से मुख्यमंत्री की कुर्सी तक पहुँचे लेकिन वे पिछड़ा गोलबन्दी नहीं करा पाए और न ही पिछड़ों के उभार को किसी नतीजे तक पहुँचा पाए। सिद्धारमैय्या ही नहीं दलित मल्लिकार्जुन खड़गे राज्य ही नहीं देश की राजनीति के महत्त्वपूर्ण चेहरा हैं लेकिन कर्नाटक में कोई पिछड़ा या दलित या फिर दलित-

पिछड़ा संयुक्त आन्दोलन नहीं खड़ा कर पाए। अब कुल संख्या बल देखेंगे तो वे सबसे ज्यादा हैं और हर प्रदेश की राजनीति में पिछड़ों की ताकत लगातार बढ़ी है। वे आम तौर पर किसी मजबूत पिछड़ी जाति या नेता के पीछे गोलबन्द भी हुए हैं। तभी बिहार में कर्पूरी ठाकुर जैसे नेता का आगे आना असम्भव हुआ है जिनकी नाई जाति के लोग तो बिहार ही क्या मुल्क में कहीं भी मजबूती से चुनाव लड़ने की स्थिति में भी नहीं होंगे, जीतने और नेतृत्व करने की बात तो दूर है। ऐसा ही कुछ कर्नाटक में होता लग रहा था जहाँ लोकतंत्र का अनुभव काफी पुराना रहा है और इसकी शुरुआत का श्रेय मैसूर के वाडियार राजाओं को जाता है।

दिलचस्प यह है कि वाडियार राजा भी आरसु माने जाते हैं और उनको क्षत्रिय की पदवी भी मिली हुई है। इसी वंश से दूर से सम्बन्धित देवराज अर्स ने कांग्रेस के अन्दर पिछड़ों की राजनीति को आगे बढ़ाया। यह वह दौर था जब पाँच सबसे ताकतवर कैबिनेट मंत्रियों में खुद अर्स को मुश्किल से स्थान मिल पाता था वरना लिंगायत और वोक्कलिगा दबदबे के आगे किसी की गिनती नहीं होती थी। और इस ऊपरी लड़ाई का लाभ लेकर ही 1972 में देवराज अर्स मुख्यमंत्री बने। उन्होंने कांग्रेस विभाजन के समय निजलिंगप्पा और वीरेन्द्र पाटिल जैसे कर्नाटक के दिग्गजों का साथ छोड़कर इन्दिरा गांधी का साथ दिया। वे 1979 तक मुख्यमंत्री रहे। बाद में इन्दिरा जी से मतभेद के चलते वे अलग हुए, अपनी पार्टी बनाई लेकिन दिन-ब-दिन कमजोर होकर विदा हो गए।

लेकिन देवराज अर्स ने दो काम किए। एक तो अपनी कार्यकुशलता से उन्होंने कर्नाटक को लाभ देने के साथ इस मिथ को भी तोड़ा कि पिछड़े कुशल प्रशासन देने में सक्षम नहीं हैं। दूसरा लाभ यह हुआ कि जिस 32 फीसदी आबादी को सत्ता का स्वाद भी नहीं मिलता था अब उसके मन में भी राजनीतिक महत्त्वाकांक्षा जगी। अर्स ने ही पिछड़ों के साथ दलितों और अल्पसंख्यकों का गठजोड़ करने की रणनीति बनाई थी जिसकी चर्चा बाद तक होती रही। और हाल तक हर विधानसभा में पिछड़े विधायकों की संख्या बढ़ती गई थी।

लेकिन कभी भी पिछड़ा प्रतिनिधित्व उनकी आबादी के अनुपात के आधे तक अर्थात 15-16 फीसदी तक भी नहीं पहुँचा। दस या उससे कम प्रतिशत विधायक ही पिछड़े समाज से आते रहे हैं जिनमें देवराज अर्स और एस. बंगरप्पा जैसे लोग भी थे। और उनकी विदाई के बाद से सिद्धारमैय्या जनता परिवार और फिर कांग्रेस और प्रदेश की राजनीति में दमदार होकर उभरे लेकिन ओबीसी ताकत नहीं बढ़ी। वैसे तो तुलुवा वीरप्पा मोइली भी दो साल मुख्यमंत्री रहे और कांग्रेस की केन्द्रीय राजनीति में भी प्रमुख हैसियत रखते हैं लेकिन उनकी देवडिगा जाति चुनावी राजनीति की गिनती और गणित को प्रभावित करने की स्थिति में नहीं रही है (बिहार में कर्पूरी ठाकुर की जाति की तरह)। भाजपा में भी ईश्वरप्पा (कुरुबा) जैसे नेता मुख्यमंत्री

पद का दावा करते रहे हैं लेकिन अभी तक उनको अवसर नहीं मिला है। बल्कि कर्नाटक में यह भी हुआ है कि देवराज अर्स के दौर के बाद से लिंगायत और वोक्कलिगा विधायकों का अनुपात बढ़ा है—पैसे वालों का जोर बढ़ना भी साथ-साथ ही हुआ है। मजेदार तथ्य यह भी है कि इसी दौर में अगड़ा विधायकों का अनुपात भी गिरता गया है।

आज मल्लिकार्जुन खड़गे कर्नाटक और देश की राजनीति का एक बड़ा नाम बन चुके हैं। आज कांग्रेस के राष्ट्रीय अध्यक्ष हैं और कभी कर्नाटक में मुख्यमंत्री पद के सशक्त उम्मीदवार थे लेकिन प्रदेश में अब तक न कोई दलित मुख्यमंत्री बन पाया है, न अपवाद छोड़कर दलित सामान्य सीट से लड़ने की हिम्मत कर पाए हैं। विधानसभा में उनका प्रतिनिधित्व उनके रिजर्व कोटे के आसपास ही 16 से 18 फीसदी के बीच रहा है।

लेकिन पिछड़ों से भी ज्यादा दुर्गति मुसलमानों और अल्पसंख्यकों की रही है। कोई जॉर्ज फर्नांडीस या आस्कर फर्नांडीस दिल्ली की राजनीति में तो फहरा सकता है लेकिन कर्नाटक की राजनीति में नहीं। अब्दुल नजीर साब और जाफर शरीफ जैसे कुशल प्रशासक तो कर्नाटक के मुसलमान समाज से आ सकते हैं लेकिन राज्य की राजनीति में मुसलमानों की पूछ लगातार कम हुई है। उनकी आबादी 12 फीसदी है लेकिन कभी भी विधानसभा में मुसलमानों का प्रतिनिधित्व 6 फीसदी से ऊपर नहीं हुआ है और इसका हिसाब कई बार तीन फीसदी तक भी पहुँच गया है।

अपवादों को छोड़ दें तो पहले मुसलमान दिखाने या गिनाने की 'चीज' थे। लेकिन जब से कर्नाटक और मुल्क में भाजपा का उभार हुआ है वे हिन्दुओं को डराने और उनको अपनी सामाजिक हैसियत से बेपरवाह करके गोलबन्द करने में उपयोग होने लगे हैं। और इसी उभार के साथ बी.एस. येदियुरप्पा का उभरना कर्नाटक की राजनीति में एक युग परिवर्तन का सूचक है। बहुत सामान्य परिवार से आए येदियुरप्पा का राष्ट्रीय स्वयंसेवक संघ से रिश्ता रहा है तो लिंगायत मठों से भी और खनन माफिया सरगना रेड्डी बन्धुओं से भी। और उनके चार बार मुख्यमंत्री बनने में उनकी, संघ परिवार की, लिंगायत मतदाताओं की और अनेक विवादास्पद लोगों की मदद रही है तो चारों बार उन्हें इसी संघ, इसी भाजपा नेतृत्व, इसी अदालत व्यवस्था और सदन के प्रावधानों के चलते वक्त से पहले पद छोड़ना पड़ा या विश्वास मत हासिल नहीं हुआ। वे अब भी सक्रिय हैं, सत्ता से बाहर हैं, बेटे को आगे बढ़ाना चाहते हैं। लेकिन उन्होंने कर्नाटक की राजनीति को सदा के लिए बदल दिया है। एक तो भाजपा का दक्षिण में आना और जमना ही बड़ा बदलाव है तो लिंगायतों की सत्ता को सबसे मजबूत स्थिति में लाना भी उनकी 'उपलब्धि' है। अक्सर उनकी जगह लेने के लिए भी लिंगायत या अगड़ा नेता ही ढूँढ़ना पड़ा है। उन्होंने कर्नाटक की राजनीति और चुनाव को बहुत महँगा भी बना दिया है और

रेड्डी बन्धुओं का चुनावी खर्च देश-भर में चर्चा का विषय रहा है। उसी बारे में लगे आरोपों में येदियुरप्पा को एक बार कुर्सी भी गँवानी पड़ी थी।

पर उनके और भाजपा के उभार के साथ राज्य की दो ध्रुवीय राजनीति ने तीन कोण वाली लड़ाई का रूप ले लिया। भाजपा मुख्यत: लिंगायत और हिन्दू नाम पर गोलबन्द मतों के सहारे राजनीति करती है तो पुराने मैसूर इलाके में प्रभावी वोक्कालिगाओं की राजनीति अब भी देवेगौड़ा परिवार के पास है जबकि शेष सामाजिक समूहों और इलाकों में कांग्रेस भी मजबूत है। बल्कि अगर बहुत गोलबन्द होकर सामाजिक समूह मतदान न करते तो एक इन्द्रधनुषी सामाजिक गठबन्धन बाकी कांग्रेस, जिसमें ओबीसी, दलित, अल्पसंख्यक और कुछ-कुछ वोक्कलिगा और लिंगायत मत उसे आगे कर ही देते हैं। जनता दल परिवार की असंख्य नामधारी पार्टियों के अभार और मजबूत रहने वाले दौर में भी राजनीति दो ध्रुवीय ही बनी रही थी। कहना न होगा कि भाजपा और येदियुरप्पा का उभार राज्य में साम्प्रदायिक ध्रुवीकरण कराने वाला भी साबित हुआ और दक्षिण भारत में इस तरह का ध्रुवीकरण पहली बार हुआ जबकि यह कहा जाता था कि इस्लाम के अलग तरीके से आने के चलते दक्षिण में उत्तर जैसी साम्प्रदायिकता सम्भव नहीं है।

सन्दर्भ

1. *लोकतंत्र का नया लोक,* सम्पा. अरविन्द मोहन, वाणी प्रकाशन, नई दिल्ली में सन्दीप शास्त्री और अन्य का आलेख; 'कर्नाटक : आखिर कमल खिलो'।
2. सन्दीप शास्त्री; 'लेजिस्लेचर्स इन कर्नाटक' *राइज ऑफ़ दि प्लेबियन्स,* रटलेज, नई दिल्ली।
3. सन्दीप शास्त्री, 'इमरजेन्स ऑफ़ बाई-पोलर एलायन्स सिस्टम इन कर्नाटक', *ईपीडब्ल्यू,* 34, 2440-48
4. आर.एल. पाटील और सन्दीप शास्त्री, 'कर्नाटक : ए प्रोफाइल ऑफ़ मेजर इशूज एंड एलेक्टराल सीन', *इंडियन जर्नल ऑफ़ पॉलिटिकल साइंस,* 1994, अंक 55

केरल : सन्तुलित जातिवाद

अच्छी राजनीति, सच्ची राजनीति, अच्छे राजनेता और अच्छी सरकारी नीतियों का क्या फल होता है यह देखना-समझना हो तो अपने देश में केरल से बढ़िया उदाहरण कोई नहीं है। और केरल ने इसके लिए कोई अलग रास्ता अपनाया हो ऐसा भी नहीं है। बल्कि शुरुआत में इस प्रदेश ने जबर्दस्त अनिश्चितता और अस्थिरता की स्थिति देखी, केन्द्र का दखल और विभिन्न वैचारिक आन्दोलनों की गहमा-गहमी देखी। लेकिन हर प्रयोग में एक खास स्तर की ईमानदारी बरतने के चलते केरल आज इस मुकाम पर पहुँचा है कि हर समुदाय, हर जाति, हर क्षेत्र सत्ता में अपने-अपने हिस्से से सन्तुष्ट है और केरल में शायद ही कोई भूमिहीन है, शायद ही कोई मलयाली भूखा सोता हो। और इसी समाज में सत्ता से जरा-सी नाराजगी या समाज के एक छोटे समूह द्वारा मन बदलकर दूसरे पाले को वोट देने से सरकार बदलती रही है। और साम्प्रदायिक राजनीति करने वाला संघ परिवार अपना सबसे व्यवस्थित काम चलाकर भी आज तक केरल में भाजपा को विधानसभा की एक सीट दिलवाने से ज्यादा सफल नहीं हो सका है। अब हिन्दू साम्प्रदायिक राजनीति न चली हो तो ईसाई और मुसलमान राजनीति न चली हो यह नहीं कहा जा सकता। लेकिन जिस तरह जातियों में विभक्त होकर हिन्दू मतदान करते हैं वैसा ही विभाजन बाकी दोनों समुदायों में दिखता है लेकिन हिन्दुओं से कम। यह दिलचस्प जिसे 'फ्लोटिंग वोट' कहते हैं वह कुछ ब्राह्मण, कुछ दलित और ज्यादातर जाति की परवाह कम करने वाले नौजवानों से बनाता है और अक्सर वही निर्णायक साबित होते हैं। केरल देश में विकास की गिनती में, विदेशी निवेश में या इस जैसे मानकों पर सबसे ऊपर हो या नहीं हो लेकिन शिक्षा में, साक्षरता में, स्वास्थ्य के सभी पैमानों पर, खुशहाली में और मानव विकास के ज्यादातर मानकों पर देश में अव्वल है।

और है कहना भी गलत होगा, क्योंकि वही आगे रहा है और उसने अधिकांश चीजों में राह दिखाई है। बल्कि यह कहना गलत नहीं होगा कि केरल आजाद भारत में ही नहीं पिछले 150-175 साल से शासकों द्वारा बरती गई नीतियों के चलते

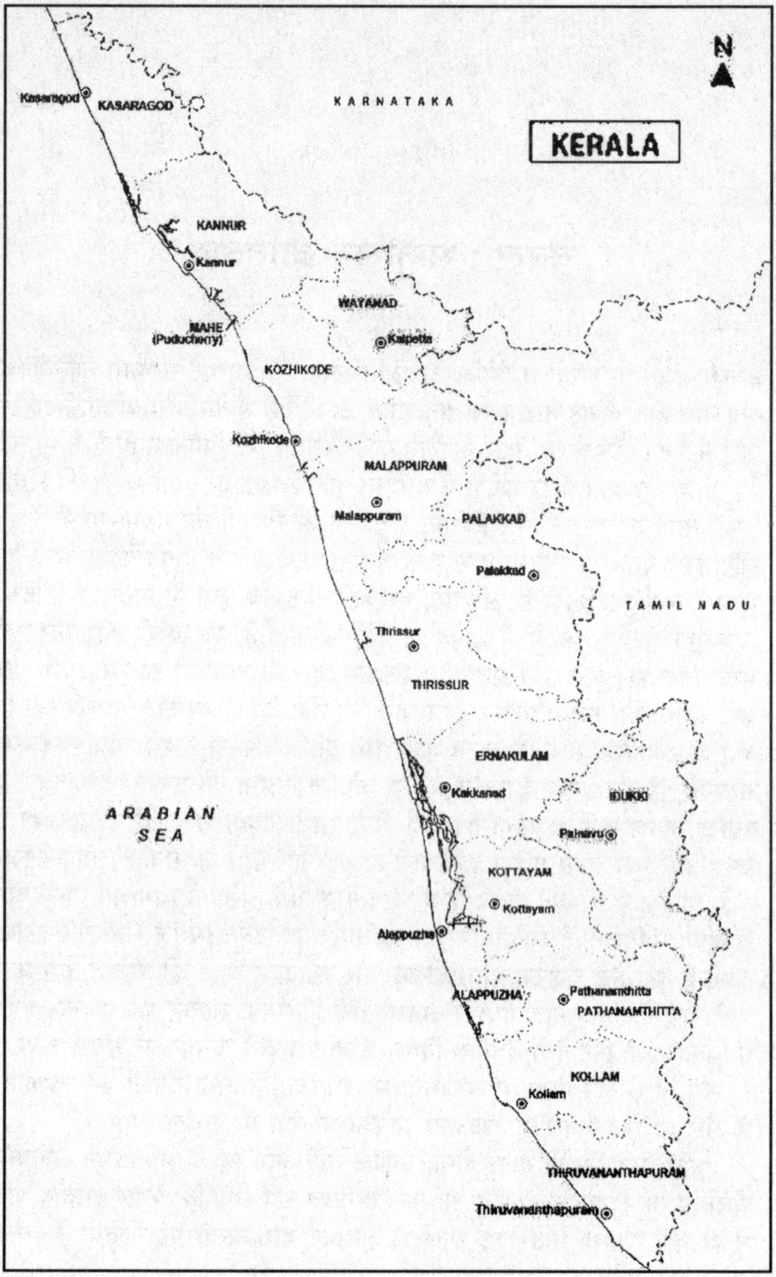
KERALA
N
KARNATAKA
TAMIL NADU
ARABIAN SEA
KASARAGOD
Kasaragod
KANNUR
Kannur
MAHE (Puducherry)
WAYANAD
Kalpetta
KOZHIKODE
Kozhikode
MALAPPURAM
Malappuram
PALAKKAD
Palakkad
Thrissur
THRISSUR
ERNAKULAM
Kakkanad
IDUKKI
Painavu
KOTTAYAM
Kottayam
Alappuzha
ALAPPUZHA
Pathanamthitta
PATHANAMTHITTA
KOLLAM
Kollam
THIRUVANANTHAPURAM
Thiruvananthapuram

ज्यादा उदार बना है, ज्यादा लोकतांत्रिक हुआ है, लोगों के बीच भेदभाव कम हुआ है और जाति-धर्म को मानते हुए किस स्वस्थ ढंग से जीवन चलेगा इसका उदाहरण बना है। देश में ई.एम.एस. नम्बूदिरीपाद, ई.के. नयनार, ए.के. एंटनी, वी.एस. अच्युतानन्तन जैसे विलक्षण और ईमानदार नेताओं के ज्यादातर उदाहरण भी केरल ने ही पेश किये हैं बल्कि अभी इस गिनती से बाहर माने जाने वाले ओमान चांड़ी भी जब साफ-सुथरी लेकिन फटी कमीज पहनकर सार्वजनिक तौर पर दिखे तब भी बड़ी चर्चा हुई। नम्बूदिरीपाद ने तो साइकिल पर चलना और सचमुच दो बक्सों में अपना सब कुछ होने (एक में कपड़े और दूसरे में किताबें) का रिकॉर्ड बनाया जिसकी नकल कई लोग करते हैं। और उन्होंने भूमि सुधार और आरक्षण के सवाल पर भारी विरोध का सामना करते हुए अपना काम जारी रखा, सरकार गँवाकर भी शान्त न हुए, राह न बदली तो इससे केरल और खुद उनकी पार्टी को बहुत लाभ हुआ। सादगी, ईमानदारी और दमदार फैसलों पर अड़ने का इतिहास अकेले नम्बूदिरीपाद का नहीं है। ऐसे मुख्यमंत्रियों की सूची बहुत बड़ी है।

लेकिन इसके बावजूद केरल को सबसे साफ जातीय और साम्प्रदायिक आधार पर मतदान करने वाला प्रदेश मान सकते हैं। यहाँ चुनाव और टिकट ही नहीं, मंत्रीपद, मंत्रालयों का बजट, खर्च का बँटवारा भी जाति और मजहब देखकर किया जाता है और कभी भेदभाव या बेईमानी का आरोप नहीं लगता। केरल देश में मुस्लिम विश्वविद्यालय बनवाने वाला दूसरा प्रदेश है लेकिन यह राजनीति का मुद्दा नहीं बना। केरल में ही सबसे पहले मोहम्मद साहब की जयन्ती पर छुट्टी का प्रावधान हुआ पर उसे लेकर राजनीति नहीं हुई। केरल में साझा सरकार बनाने और चलाने का तथा दो मोर्चों वाली राजनीति के चलने का मजबूत हिसाब बन गया है लेकिन फैसलों को लेकर कभी छोटे दलों और साझीदारों के असन्तोष की कहानी नहीं सुनने को मिलती है। आश्चर्य नहीं कि संयुक्त मोर्चे की सरकार बनने पर बार-बार शिक्षा मंत्री मुस्लिम लीग का ही होता है। और सचाई यह भी है कि केरल में जातीय दमन का सबसे क्रूर इतिहास रहा है, मोपला विद्रोह के नाम पर सबसे हिंसक ढंग से मोपिलिस्तान बनाने का खेल भी हुआ, दमन भी हुआ। लेकिन समाज सुधार के आन्दोलन भी दमदार हुए, फिल्म देखने और किताब पढ़ने वालों के क्लब भी कस्बा-कस्बा में खुले। संख्या में कम होकर भी मलयाली समाज जितनी किताबें पढ़ता-खरीदता है, पत्र-पत्रिकाएँ खरीदता-पढ़ता है वह हैरान करने वाला है।

यह सब कुछ आजाद भारत में ही नहीं हुआ है। बहुत तरह की सामाजिक जकड़न और बँटवारे वाले केरल में सुधार की प्रक्रिया बहुत पहले शुरू हो गई थी—राजाओं द्वारा भी, मन्दिरों द्वारा भी और श्री नारायण गुरु जैसे समाज सुधारकों द्वारा भी। और फिर राज्य के पुनर्गठन से लेकर लोकतांत्रिक व्यवस्था और चुनाव वगैरह हर चीज ने धनात्मक बदलाव में अपनी-अपनी भूमिका निभाई है। नायर

सोसाइटी सिर्फ सामाजिक-राजनीतिक रूप से ही नहीं, धन से भी बहुत मजबूत है—उत्तर भारत के डीएवी सोसाइटी की तरह इसके भी स्कूल-कॉलेज और दूसरी संस्थाएँ समाज निर्माण में अपना योगदान दे रही हैं। सिर्फ धनात्मक बदलाव में ही नहीं ऋणात्मक बदलाव रोकने में भी क्योंकि वैसी ताकतें भी लगी हुई हैं और आज भी सक्रिय हैं। राज्य को साम्प्रदायिक आधार पर बाँटने की कोशिशें अब भी चल रही है। दूसरी तरफ नेतृत्व वर्ग से भी गलतियाँ हुई हैं। लेकिन ऐसी गलतियों का नुकसान उठाते हुए भी केरल के समाज ने कोई गलत दिशा नहीं पकड़ी है। बल्कि लोकतांत्रिक राजनीति में उस केरल में औरतों के साथ बहुत अन्याय हुआ है जहाँ के समाज का एक बड़ा हिस्सा मातृप्रधान व्यवस्था में जीता है। लेकिन इसके बावजूद औरतों की तरफ से कोई ऐसी प्रतिक्रिया नहीं आई है जो बनी चीजों को बिगाड़ दे।

केरल का मौजूद स्वरूप 1956 का है जब मद्रास प्रान्त के कुछ हिस्सों को त्रावणकोर और कोचीन से जोड़कर इसे बनाया गया। उस वक्त त्रिवेन्द्रम के चार तालुके और क्विलोन का षेणकोट्टा तालुका बाहर हो गया और मद्रास से मालाबार जिला और कसारगोड तालुका मिल गए। लेकिन त्रिशंकु विधानसभा और जोड़-तोड़ की सरकार, केन्द्र का दखल और सरकार बदलने का खेल उससे पहले भी चल चुका था। और आज भी भाषा से ज्यादा क्षेत्रीय बनावट और आर्थिक कारोबार के लिहाज से यह प्रान्त बँटा लगता है। पर उससे भी साफ विभाजन धर्म का है। यहाँ 22 फीसदी मुसलमान और 21 फीसदी ईसाई आबादी है और खुद इनके बीच भी जाति से ज्यादा सम्प्रदायों वाला बँटवारा है। चेरुमान मुसलमानों का मूल चेर प्रदेश माना जाता है तो सीथियन समेत ईसाई मत के कई ऐसे सम्प्रदाय के लोग यहाँ हैं जिनका इतिहास कई सौ साल का है। दो-तीन ऐसे सेक्ट के ईसाई केरल में मौजूद हैं जो दुनिया में सबसे पुराने माने जाते हैं। यह उल्लेख करना जरूरी है कि केरल समुद्र व्यापार का पुराना केन्द्र है और मसालों के व्यापार के लिए दुनिया-भर में नामी था। इसलिए यहाँ विदेश से सम्पर्क और बाहरी मतों से सम्पर्क सबसे पहले हुआ और तलवार के जोर की जगह व्यापार और साधु-सन्तों के माध्यम से आने के चलते मजहबी जमातों का स्वभाव भी अलग है।

धर्म के साथ इलाके का बँटवारा जुड़ा हुआ है। मालाबार मुसलमान दबदबे का इलाका है तो एरनाकुलम और कोट्टायम जिला ईसाई प्रभाव का है। त्रिवेन्द्रम के आसपास के इलाके नायरों के प्रभाव वाले हैं तो इडवा या तईय्यर पालघाट में मजबूत हैं। और इस ब्योरे के आधार पर आप चुनाव नतीजों तक का अन्दाजा लगा सकते हैं क्योंकि मुसलमानों में वाम दल मुश्किल से बहुत कम वोट पाते हैं तो नायरों में कांग्रेस दूसरों को ज्यादा घुसने नहीं देती। नायरों की अपनी संस्थाएँ भी कांग्रेसी लोगों से भरी हैं। इडवा वोट आम तौर पर कम्युनिस्ट पार्टियों को जाते हैं तो अभी तक किसी इडवा को मुख्यमंत्री न बनाने देना वाम दलों की गलती मानी

जाती है। और दलों वाली यही निष्ठा सभी समूहों में पहले से रही हो ऐसा नहीं है। कभी कम्युनिस्ट ए.के. गोपालन ने नेहरू जी को पत्र लिखकर शिकायत की थी कि सारे चर्च कांग्रेस के दफ्तर जैसा व्यवहार करने लगे हैं तो मुसलमानों का समर्थन कांग्रेस को मिलता ही न था। तब मुस्लिम लीग से हाथ मिलाना कांग्रेस को अपनी धर्मनिरपेक्षता के खिलाफ लगता था। बल्कि शुरू के लम्बे समय तक पट्टम थानु पिल्लई के चलते ज्यादातर नायर वोट और मुसलमान वोट समाजवादियों को मिलता था जिन्हें मुस्लिम लीग से हाथ मिलाने में परेशानी न थी। तब कम्युनिस्ट भी समाजवादियों के साथ मिलकर लड़ते थे। और आज बहुतों को यह बात हैरान कर सकती है कि खुद ई.एम.एस. नम्बूदिरीपाद भी सोशलिस्ट पार्टी में थे। खैर।

हिन्दुओं में नम्बूदिरी ब्राह्मण बहुत कम संख्या में होकर भी समाज और जमीन पर बहुत मजबूती से काबिज रहे हैं। और यह दिलचस्प है कि उनके कब्जे को कमजोर करने में सबसे आगे एक नम्बूदिरी मुख्यमंत्री (ई.एम.एस. नम्बूदिरीपाद) ही रहा। बल्कि उस फैसले का विरोध करते-करते इडवा कम्युनिस्ट समर्थक बने और नायर कांग्रेस की ओर गए। इसी प्रकार प्राइवेट स्कूलों के खिलाफ उठाए उनके कदमों से अधिकांश ईसाई मिशन कम्युनिस्ट विरोध का केन्द्र बने। बाकी अगड़ों की गिनती बहुत कम है—बनिया नामक जाति लगभग गायब है। और आज की गिनती वाले दलित दस फीसदी हैं लेकिन केरल समाज में सबसे बड़ा समूह—इडवा भी लगभग दलितों वाली स्थिति में रहा है। अब तो उनकी स्थिति काफी सुधरी है और इसमें अपनी 20 फीसदी के आसपास की आबादी के वोट और वोट की राजनीति की बहुत बड़ी भूमिका है। पर अब भी नेतृत्व में उनको जो स्थान मिलना चाहिए था वह नहीं मिला है। वे काफी हद तक मार्क्सवादी कम्युनिस्ट पार्टी समेत वाम मोर्चे को समर्थन करते हैं लेकिन अपने को प्रगतिशील बताने वाली इस जमात ने इडवाओं को नेतृत्व में जगह नहीं दी (महिलाओं को भी जबकि गौरीअम्मा जैसी दमदार नेता मौजूद थीं)। समाज और राजनीति में ज्यादा अच्छी स्थिति नायरों की है जिनकी आबादी पन्द्रह फीसदी होगी। वे अपने को क्षत्रिय बताते हैं। वे मोटे तौर पर कांग्रेस के साथ रहे हैं। कांग्रेस या उसके नेतृत्व वाले संयुक्त मोर्चे को ज्यादातर ईसाइयों और मुसलमानों का वोट मिलता है।

यह बँटवारा क्षेत्र के हिसाब से भी है। मालाबार मुसलमानों का गढ़ है तो पोन्नानी और मंजेरी संसदीय क्षेत्र उनके अजेय किले। बल्कि यहाँ इतनी मुसलमान राजनीति चलती है कि केरल की जगह उत्तर प्रदेश वाले धर्मगुरुओं का निर्देश ज्यादा प्रभावी है। और लाख चाहकर भी माकपा या वाम मोर्चा इन सीटों पर अच्छा प्रदर्शन नहीं कर पाते। बडगरा, अडूर, कालीकट, कन्नानोर, कसारगोड, मंजेरी (56%), पोन्नानी (66%) की सीटों पर मुसलमानों का विरोध सहकर चुनाव जीतना मुश्किल है। यही हाल अल्लेप्पी, एरनाकुलम, कोट्टायम, मावेलीकेरा, मुकुन्दपुरम,

मुवातुपुझा, त्रिशूर और त्रिवेन्द्रम में ईसाइयों का है। उनकी आबादी कई जगह 46 फीसदी तक है। इडवा लगभग पूरे प्रदेश में बँटे हैं लेकिन कई जगह उनकी अबादी 36 फीसदी तक है और वे बहुत संगठित ढंग से वोट देते हैं। पिल्लै, मेनन, थाम्बी, पणिक्कर, उन्नीथन, नाम्बियार और कुरुप टाइटल वाले नायर राज्य की राजनीति ही नहीं, सामाजिक-आर्थिक जीवन में सबसे ज्यादा प्रभावी भूमिका वाले लोग हैं। इनकी आबादी भी सभी जगह है लेकिन त्रिवेन्द्रम, क्विलोन, मावलीकेर, कोट्टायम, कसारगोड, चिरांचिकल, कन्नूर, अडूर वगैरह में उनकी चलती है। और सच कहें तो समाज सुधार आन्दोलनों, खासकर श्रीनारायण गुरु और उनके नाम से चल रही संस्थाओं (एसएनडीपी योगम) के कामकाज का सर्वाधिक लाभ इसी समाज को मिला है। बल्कि यह कहना ज्यादा अच्छा होगा कि इसी समाज ने इस अभियान की अगुआई की है और इसको एक मुकाम तक पहुँचाया है जिसने औरत-मर्द, ऊँच-नीच और हिन्दू-मुसलमान जैसे भेदभाव की भावना को काफी कम किया है।

पुराने समय में ये विभाजन केरल में बहुत ज्यादा थे और कम संख्या के बावजूद ब्राह्मणों का दबदबा अत्याचार जैसा था। ब्राह्मण उस जमाने में बहुत प्रभावी थे लेकिन अब उनकी आबादी अल्लेप्पी, कालीकट, एरनाकुलम, पोन्नानी, मंजेरी और मुवातुपुझा में कुछ पॉकेटों में रह गई है (तीन से चार फीसदी तक) और वे ज्यादा चुनावी प्रभाव नहीं रखते। और अच्छी बात यह है कि उनके व्यवहार में सत्ता जाने की कड़वाहट कम से कम दिखती है।

सीएसडीएस के चुनाव अध्ययनों में इधर बार-बार यह तथ्य सामने आया है कि अब भी केरल विधानसभा और लोकसभा चुनाव के नतीजों में समाज की सभी जमातों का हिस्सा उनकी आबादी के हिस्से के आसपास नहीं आ पाया है। इसमें मुसलमानों का अनुपात थोड़ा कम है तो ईसाइयों का, जो कई बार छोटी-छोटी पार्टियों (केरल कांग्रेस नामधारी) और मोर्चों पर बँटकर कुछ ज्यादा कुशलता से वोट देते हैं, थोड़ा ज्यादा है। आम तौर पर हर राज्य में अगड़ा आबादी कम होने के बावजूद विजयी सांसदों/विधायकों में उनका अनुपात गिरने के बावजूद काफी रहा करता है। यह 39 फीसदी से गिरकर 24-25 फीसदी तक आ गया है लेकिन अब भी बहुत है। केरल में अन्य राज्यों से बेहतर स्थिति है। और अगड़ों का अनुपात गिरने का काम बहुत पहले ही शुरू हो गया था। केरल के बारे में इस चीज को भी रेखांकित करना जरूरी है कि अच्छी संख्या में होने और शिक्षा से लेकर सारे मानकों पर बहुत अच्छी तरक्की करने वाले दलितों को उनके क्षेत्र से बाहर कुछ कर पाने का ज्यादा मौका नहीं मिला है। यही नहीं, केरल से आए राष्ट्रपति के.आर. नारायणन देश के सबसे काबिल राष्ट्रपतियों में रहे हैं लेकिन उनको यह पद राज्य की राजनीति की जगह अकादमिक कामकाज और राजनयिक सफलताओं ने दिलाया।

केरल में चुनावी राजनीति की शुरुआत समाजवादियों और कम्युनिस्टों के आगे होने से हुई और इस चलते कांग्रेस की केन्द्रीय सरकार की नजरें उसके प्रति तिरछी रहीं। लेकिन विधानसभा के मौजूदा स्वरूप में आने के बाद भी कभी कांग्रेस तो कभी कम्युनिस्ट शासन का सिलसिला चला जो आज भी चलता जा रहा है। यहाँ सचमुच दो दलीय या मोर्चों वाली व्यवस्था बन गई है जहाँ एकाध फीसदी वोट बदलने से भी सरकारें बदली हैं। और यही कारण है कोई भी ज्यादा हंगामेदार फैसले करके नाजुक सन्तुलन को बिगाड़ना नहीं चाहता। कई राज्यों की सरकार के गठन के समय विभागों, खासकर मलाईदार मंत्रालयों के बँटवारे को लेकर झगड़े की खबरें आती हैं। कई बार गठबन्धन के दलों या सत्ता के दावेदार दो धड़ों के बीच ही विभागों का बँटवारा उनके बजट के अनुमान के हिसाब से होता है। यह काम केरल में बहुत पहले से हो गया है लेकिन मजाल है कि कोई अपने विभाग, या उसकी पार्टी के हिस्से में आए विभागों के बजट में ज्यादा इधर-उधर कर सके। और मुख्यमंत्री समेत बड़े लोग इस बात की निगरानी करते हैं, विपक्ष तो चौकस रहता ही है। सौभाग्य से केरल को जितने अच्छे मुख्यमंत्री मिले हैं वह शायद अन्य राज्यों के साथ नहीं हुआ है।

और इस लेखक जैसे बहुत लोग हैं जो मानते हैं कि नम्बूदिरीपाद, नयनार, अच्युतानन्तन और एंटनी जैसे लोग आगे बढ़कर प्रधानमंत्री की गद्‌दी सँभालते तो मुल्क के लिए बेहतर नतीजे आए होते। केरल में त्रावणकोर महाराज ने जरूर बहुत पहले से छुआछूत हटाने और दलितों को विशेष अवसर देने का काम शुरू किया था। बाद में सिर्फ सामाजिक और धार्मिक आन्दोलन ही नहीं हुए, राजनीतिक और किसान आन्दोलनों ने भी नम्बूदिरी अत्याचार को कम करने में मदद की। और मुख्यमंत्रियों ने जमींदारी उन्मूलन से लेकर आरक्षण जैसे फैसले बहुत पहले लिए जिनका सामाजिक-आर्थिक बदलाव में बहुत असर हुआ। राज्य 1956 में बना और 1957 में ही प्रादेशिक सेवा आयोग ने पिछड़ों के लिए 39 फीसदी आरक्षण का प्रावधान कर दिया। ऐसा अकादमिक और प्रशासनिक दोनों क्षेत्रों में हुआ और अनुसूचित जातियों के आरक्षण के साथ जोड़ने पर केरल में पचास फीसदी आरक्षण की व्यवस्था तब से ही चल रही है। और सबको वोट डालने के अधिकार की तरह इस प्रावधान ने भी राज्य के गरीब और कमजोर लोगों को ज्यादा तेजी से आगे बढ़ने में मदद की। एक और बात का जिक्र जरूरी है। केरल के उद्यमी और पढ़े-लिखे श्रमिक जमात ने खाड़ी देशों में आए रोजगार और कमाई के अवसरों का लाभ भी सबसे ज्यादा लिया।

एक चर्चित प्रसंग के जिक्र के साथ इस कथा को विराम देना उचित होगा। आशुतोष वार्ष्णेय साम्प्रदायिक हिंसा का अध्ययन करने वाले दुनिया के नामी विद्वान हैं। वे अलीगढ़ के पास के हैं और अमेरिका में रहते हैं और भारत के छह शहरों

के दंगे के इतिहास का उन्होंने बहुत ही दिलचस्प और बढ़िया अध्ययन किया है। उन्होंने एक अनुभव लिखा है कि जब उन्होंने अपने कुछ रिसर्च सहायकों को एक प्रश्नावली के साथ अलीगढ़ से कुछ डाटा इकट्ठा करने के लिए भेजा तो 'जागरण' समेत कई अखबारों ने यह खबर छापी कि सीआईए अलीगढ़ में दंगा कराने के लिए सक्रिय है और इसी काम के लिए आँकड़े जुटवा रहा है। जाहिर है बिना तथ्य जाने और अध्येताओं का पक्ष जाने बगैर, इतनी गैर जिम्मेवार पत्रकारिता से वे बहुत दुखी हुए। लेकिन यही आशुतोष जब मालाबार के मोपला विद्रोह के एक जीवित बचे बुजुर्ग के इंटरव्यू के लिए वहाँ के एक कस्बे में पहुँचे तो यह देखकर बहुत खुश हुए कि वहाँ के अखबारों ने शीर्षक दिया था, 'हिस्टोरियन मीट्स हिस्ट्री'। कहना न होगा कि यह छोटी-सी चीज हमारे उत्तर प्रदेश और केरल के समाज के बदलावों और प्रगति को बताती है। और इसे पूरे केरल के सभी लोग ले आए हैं।

सन्दर्भ

1. *लोकतंत्र का नया लोक,* सम्पा. अरविन्द मोहन, वाणी प्रकाशन, नई दिल्ली में जी. गोप कुमार का आलेख; 'केरल : दो गठजोड़ों का स्थिर चुनावी होड़'।
2. जी. गोप कुमार; 'सोशिओ इकोनॉमिक बैकग्राउंड ऑफ़ लेजिस्लेचर्स इन केरला', *राइज ऑफ़ दि प्लेबियन्स,* रटलेज, नई दिल्ली।
3. के.के. जार्ज, 'लिमिट्स ऑफ़ केरला मॉडल ऑफ़ डेवलपमेंट', *सेंटर फार डेवलपमेंट स्टडीज,* तिरुवनन्तपुरम, 1993
4. गोप कुमार, 'कोएलिशन एक्सपेरीमेंट्स इन केरला', *जर्नल ऑफ़ इन्टीग्रेटर स्टडीज,* 1999

लक्षद्वीप : सबसे छोटे राज्य का बड़ा दिल

सागर तट से 200 से लेकर 4,440 किमी दूरी पर स्थित दो दर्जन से ज्यादा द्वीपों वाला समूह लक्षद्वीप पहले लक्कादीव-मिनिकाय-अमीनिदिवि द्वीप नाम से जाना जाता था। यह भारत का सबसे छोटा राज्य है—केन्द्र शासित प्रदेशों में भी सबसे छोटा। यह मात्र 32 वर्ग किमी. का है। यह केन्द्रशासित है और सिर्फ एक सांसद के जनप्रतिनिधि वाली व्यवस्था से चलता है। केरल हाईकोर्ट इसके कानूनी मामलों की निगरानी करता है और जब 65 हजार के करीब ही आबादी हो तो लड़ाई-झगड़े और विवाद की स्थिति कम ही रहती है। लेकिन पिछले दिनों यह भारी उथल-पुथल से गुजरा। यहाँ के मुख्य प्रशासक के पद पर गुजरात की राजनीति से दरकिनार हुए पूर्व मंत्री प्रफुल्ल खोड़ा पटेल ने आते ही अपनी दकियानूसी सोच की राजनीति शुरू की और ऐसे-ऐसे फैसले लिए कि एकदम शान्त रहने वाला यह द्वीप समूह खदबदाने लगा। उन्होंने दनादन आँगनबाड़ी बन्द की, कर्मचारियों की छँटनी की, कोविड प्रोटोकाल में छूट, मछुआरों के शेड तुड़वाए (जिससे नौकाएँ खराब होने लगीं), गुंडा एक्ट लागू किया (जबकि यहाँ अपराध का कोई लम्बा-चौड़ा रिकॉर्ड ही नहीं रहा है), अपने गुजराती अमूल दूध को ले आए और स्थानीय डेयरी का निजीकरण कर दिया।

भाजपा और संघ से जुड़े पटेल साहब ने यह सब क्यों किया इसका एक अन्दाजा उनके लगातार आने वाले विवादास्पद बयानों से भी लगता है। वे सम्भवत: अपने रिटायरमेंट वाली पोस्टिंग से खुश नहीं हैं और भाजपा के केन्द्रीय नेताओं की नजर में चढ़ना चाहते हैं। पर वे नहीं जानते कि यह प्रदेश मुसलमान-बहुल है जहाँ की आबादी में उनका हिस्सा 96 फीसदी है। यहाँ हिन्दू मात्र तीन फीसदी और ईसाई आधा फीसदी से भी कम हैं। सिर्फ राजधानी करावत्ती में हिन्दुओं की मौजूदगी भर का अहसास होता है। मुसलमानों में जरूर कोया, मालसी, मँजाचारी, रावरी और ठाकरण जैसे विभाजन हैं। मालसी मिनीकॉय और किलतान द्वीप के अलावा सभी जगह हैं। संख्या सबसे ज्यादा कोया लोगों की होगी जिन्हें खोजा, ताराबाड़ी या

कर्णावत भी कहा जाता है। रावरी सम्भवत: ताड़ से जुड़े व्यवसाय वाले लोग हैं तो ठाकरण अपने को आटोल अड़ू का वंशज मानते हैं। पर सबसे ज्यादा उन लोगों की तादाद है जो खुद को नम्बूदिरी और नायरों का वंशज मानते हैं। माना जाता है कि उबैदुल्लाह द्वारा इन द्वीपों के मूल निवासियों को धर्मान्तरित किया गया। इसलिए यहाँ केरल की संस्कृति ही नहीं, राजनीति का भी बहुत असर रहा है। इस बार भी पटेल के फैसलों के विरोध आन्दोलन को केरल से मदद मिली।

वैसे भी यहाँ के नेताओं का जुड़ाव केरल से रहता है। यहाँ मलयालम बोली जाती है। अभी ही जो मोहम्मद फैजल यहाँ से दो बार सांसद हुए हैं उनकी सारी पढ़ाई-लिखाई केरल से हुई है, राजनीतिक जीवन वहीं शुरू हुआ। वे कांग्रेस के हैं जिसका यहाँ एकाधिकार-सा है। यह चुनाव क्षेत्र अनुसूचित जनजाति के लिए आरक्षित है। यहाँ करीब पचास हजार वोटर हैं। मतदान भरपूर होता है और हार-जीत का अन्तर कम रहता है। 1967 से यहाँ चुनाव की शुरुआत हुई है, वरना उससे पहले राष्ट्रपति ही यहाँ के प्रतिनिधि का मनोनयन करते थे और तब से ही पी.एम. सईद और उनके परिवार का कब्जा-सा रहा है। सईद साहब यहाँ से दस बार जीते थे और केन्द्र में मंत्री भी रहे। उनके पुत्र मुहम्मद हमादुला सईद भी एक बार जीते थे। अब जाकर बदलाव हुआ है। एक बार 2004 में जनता दल के पुकुन्ही कोया भी जीते थे। तब बड़े सईद साहब मात्र 71 वोट से हारे थे।

तमिलनाडु : ठहरी हुई जाति-क्रान्ति

अगर समाज सुधार के जरिये अछूतों और औरतों समेत सबसे कमजोर लोगों के लिए कुछ बदलाव करने की पहल हो या सामाजिक कुरीतियों से लड़ने की तो महाराष्ट्र और बंगाल का नम्बर आगे आएगा लेकिन जब बात पिछड़े और कमजोरों के लिए राजनीतिक लड़ाई की हो तो तमिलनाडु का नम्बर मुल्क में सबसे पहला हो जाएगा। और इसका श्रेय किसी पुरानी धार्मिक सामाजिक परम्परा की जगह अँगरेजी हुकूमत से जुड़ता लगेगा। अँगरेजी शिक्षा आने के साथ और उसके सहारे अँगरेजी हुकूमत में बढ़िया पोजीशन पाने वाले ब्राह्मणों की बढ़त की प्रतिक्रिया में जो आन्दोलन पिछड़ों और दलितों ने शुरू किया वह आज एक मुकाम से बहुत आगे निकाल चुका है। सचमुच राज्य से ब्राह्मण नेतृत्व ही नहीं बहुत सारे ब्राह्मणों को निकाल दिया गया है या निकलने के लिए मजबूर कर दिया गया है। लेकिन इसके साथ ही अछूतों और कमजोरों का राज आ गया हो ऐसा नहीं है। उनको कुछ लाभ जरूर मिले हैं लेकिन राजनीतिक सत्ता अब भी उनसे दूर है। और निकट भविष्य में उनकी स्थिति सुधारने की कोई सम्भावना भी नहीं दिखती। दूसरी ओर देश में सामान्य तौर पर चलने वाली वोट की राजनीति भी तमिलनाडु में आ कर अजीब मोड़ ले चुकी है और इसमें जातियों के संख्या बल और वोट की राजनीति में उसके महत्त्व वाला हिसाब भी ठीक से काम करता नहीं लगता।

तमिलनाडु की राजनीति भी अकेले आज भर के तमिलनाडु की नहीं थी—उसका स्वरूप भी एकदम बदल गया है। यह राजनीति पूरे दक्षिण भारत को उत्तर से अलग बताने और इस आधार पर गोलबन्द करने की थी—आर्य बनाम द्रविड का बँटवारा ऐतिहासिक हो न हो तमिलनाडु के शुरुआती नेताओं ने इसे वैसा बना दिया और उस आधार पर अलग राजनीति करने की कोशिश की। जब देश चीन से लड़ाई में लगा था तब यहाँ अलग तमिल प्रदेश की माँग भी उठ चुकी थी। यह अलग बात है कि आज वह इलाका मोटे तौर पर पाँच प्रदेशों में बाँट गया है और इस मुहिम

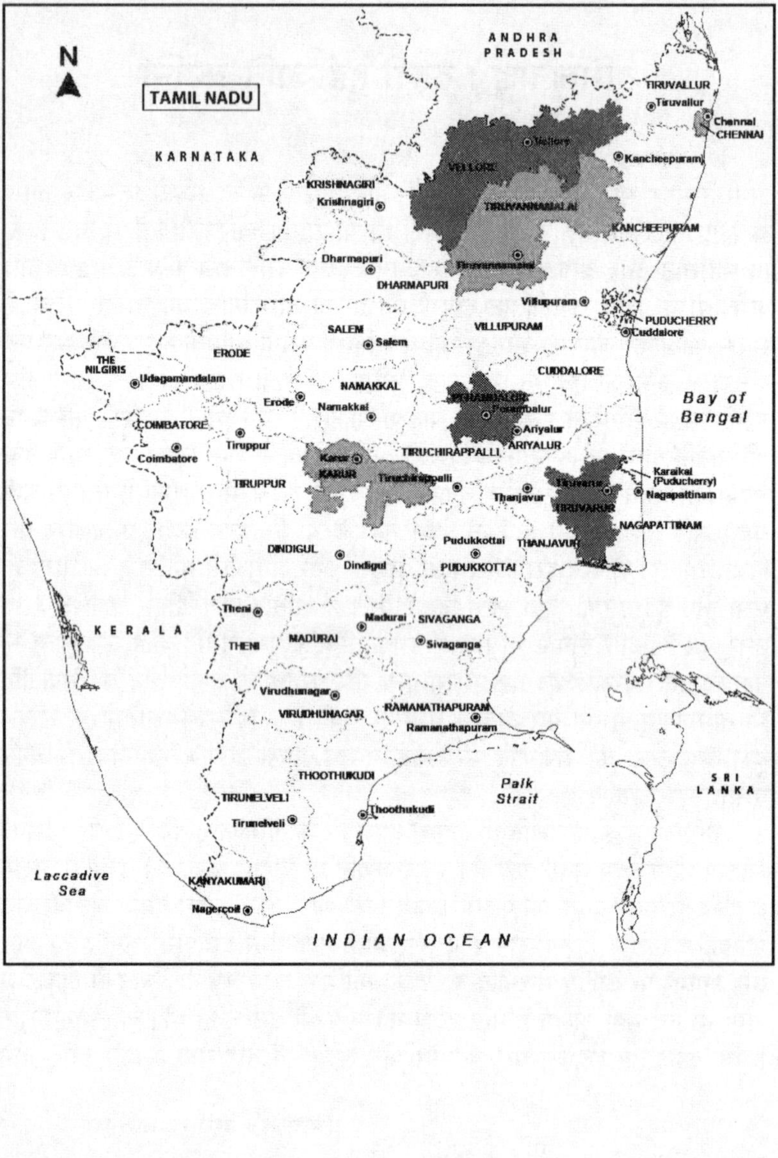
N
TAMIL NADU
ANDHRA
PRADESH
KARNATAKA
TIRUVALLUR
Tiruvallur
Chennai
CHENNAI
VELLORE
Kancheepuram
KRISHNAGIRI
Krishnagiri
TIRUVANNAMALAI
KANCHEEPURAM
Dharmapuri
DHARMAPURI
Villupuram
PUDUCHERRY
Cuddalore
SALEM
Salem
VILLUPURAM
THE
NILGIRIS
ERODE
Udagamandalam
CUDDALORE
NAMAKKAL
Erode
Namakkal
Perambalur
Bay of
Bengal
COIMBATORE
Ariyalur
Tiruppur
ARIYALUR
Coimbatore
TIRUCHIRAPPALLI
Karur
KARUR
Tiruchirappalli
Karaikal
(Puducherry)
TIRUPPUR
Thanjavur
Nagapattinam
TIRUVARUR
NAGAPATTINAM
DINDIGUL
Pudukkottai
THANJAVUR
Dindigul
PUDUKKOTTAI
Theni
KERALA
Madurai
SIVAGANGA
THENI
MADURAI
Sivaganga
Virudhunagar
VIRUDHUNAGAR
RAMANATHAPURAM
Ramanathapuram
THOOTHUKUDI
Palk
Strait
SRI
LANKA
TIRUNELVELI
Thoothukudi
Tirunelveli
Laccadive
Sea
KANYAKUMARI
Nagercoil
INDIAN OCEAN

की विरासत को आगे बढ़ाने का दावा करने वाले लोग आज बहुत सुविधा से इस बात को भुला देते हैं। दूसरे यह आन्दोलन सिर्फ द्रविड पहचान को मजबूत करने, अलग द्रविड प्रदेश बनाने भर का नहीं था यह रेशनलिज्म/विवेक को सर्वोपरि बताने का भी था। ऐसा ब्राह्मणवाद विरोध और उसे पोंगापंथी से जुड़ा बताने की रणनीति से भी हुआ था। संस्कृत और उसका 'एजेंट' बनाए गए ब्राह्मणों को घेरने के लिए भी आन्दोलन ने ऐसा तेवर रखा। सो आज बृहद द्रविड प्रदेश ही नहीं छूटा है, रेशनलिज्म की बात भी गायब हो गई है और हिन्दुस्तान के हर प्रदेश के नेतृत्व की तरह तमिल नेता भी पर्याप्त अन्धविश्वासी और कर्मकांडी बन गए हैं। सबसे लम्बे समय तक इसका नेतृत्व करने वालों में एक करुणानिधि के बारे में यह माना जाता है कि वे बिना ज्योतिषी की सलाह के कुछ भी नहीं करते थे। जयललिता के धार्मिक अनुष्ठान चर्चित थे। पिछड़ों और दलितों में सेल्फ-रेसपेक्ट आन्दोलन का असर हुआ लेकिन एक जगह आकार ठहर गया लगता है। कुछ ही जातियों पर इसका लाभ दिखाता है।

तमिलनाडु के इस पूरे इतिहास को बताना तो बहुत जगह घेरेगा लेकिन इसके बुनियादी चरित्र और कुछ तथ्यों को याद करना जरूरी है। जैसे यह संख्या या अनुपात बताना जरूरी है कि 1921 में राज्य के अँगरेजी पढ़े-लिखे वर्ग में ब्राह्मणों का हिस्सा 71-72 फीसदी था जबकि उनकी आबादी मात्र तीन फीसदी थी। तब डिप्टी कलेक्टरों में उनका हिस्सा 55 फीसदी था। उनके सांस्कृतिक और आर्थिक प्रभुत्व की बात भी ऐसी ही थी और फिर ये आँकड़े उन लोगों की राजनीति के लिए सहायक हुए जो ब्राह्मणों को हर मर्ज के लिए जिम्मेवार बताते थे। जिस अँगरेजी राज ने ब्राह्मणों की सत्ता, जो पूजा-पाठ और सरकारी दफ्तरों में ही नहीं लगभग हर गाँव का रेवेन्यू रिकॉर्ड और दस्तावेज सँभालने तक पर कायम थी, को मजबूत किया, उसी की शिक्षा व्यवस्था और सम्भवत: हल्के इशारे ने (हर जगह अँगरेजों ने फूट डालो और राज करो के लिए ऐसे खेल किए) ब्राह्मणों के खिलाफ लोगों को गोलबन्द करने में मदद की। और तमिलनाडु में तो मामला सिर्फ जाति का ही नहीं था, धरम-करम, भाषा और इससे भी ऊपर 'नस्ल' का भी बनाने की कोशिश हुई। नतीजा क्या हुआ यह कोई नहीं जाँचता क्योंकि ज्यादातर चीजें नकली साबित हुईं और बात तमिलनाडु के ब्राह्मणों पर आ गई। राज्य बँटे तब कोई द्रविडिस्तान किसी को याद नहीं रहा। भाषावार राज्य बने तब यह याद नहीं रहा। रेशनलिज्म सुविधा से भुला दिया गया और दलितों तथा कमजोरों के खिलाफ जुल्म बढ़ गए। महाराष्ट्र में तो गांधी हत्या में ब्राह्मण गोडसे के शामिल होने से लोगों का गुस्सा चितपावन ब्राह्मणों और बाकी के खिलाफ भी फूटा लेकिन तमिलनाडु से तो ब्राह्मण भागे और भगाए गए। दलितों पर जुल्म की घटनाएँ लगातार तमिलनाडु से सबसे ज्यादा आई हैं।

अब इन सबके लिए जिम्मेवार आन्दोलन कैसे चला और किस तरह पिछड़े और कमजोर लोग एकजुट हुए, जैसे राजनीतिक रूप से कांग्रेस से लड़ने में कामयाब हुआ (क्योंकि कांग्रेस इन सिद्धान्तों को नहीं मानती थी और न वह घोषित रूप से जाति, मजहब या नस्ल की राजनीति के साथ जा सकती थी), यह बहुत विस्तार की माँग करता है। पर यह बताना न्यूनतम जरूरी है कि पिछली सदी की शुरुआत से ही आन्दोलन का स्वरूप उभरने लगा था जो साउथ इंडिया पीपुल्स फेडरेशन के गठन के बाद सबकी नजरों में आ गया। फेडरेशन ने 1916 में *जस्टिस* नाम से अखबार निकाला जो बहुत बाद तक इस समूह की राजनीतिक पहचान रहा और उस नाम से पार्टी भी बनी। जब 1919 में मोंट-फोर्ड सुधारों के तहत सीमित मतदाताओं वाला पहला चुनाव हुआ तब कांग्रेस ने उसका बायकाट किया था। जस्टिस पार्टी ने इसका फायदा लिया और वह जीतने के बाद सरकार की ज्यादा करीबी बन गई। लेकिन कांग्रेस का विरोध झेलने के साथ इसे अपने अन्दर के अधिक रैडिकल जमात का विरोध भी झेलना पड़ा जो सेल्फ-रेसपेक्ट आन्दोलन के नाम से जाना गया। रामास्वामी नायकर इसके नेता थे। तभी यह शिकायत शुरू हो गई थी कि पूरे पिछड़ों और दलितों के नाम पर जो लड़ाई शुरू हुई है और सरकार ने जिसके दबाव में बदलाव किए हैं उसका सारा लाभ कुछ जातियों और इलाकों तक सीमित होता जा रहा है। वही सब कुछ हथिया लेते हैं। बाद में मेलमिलाप और टकराव का दौर जारी रहा। पर उसे दौर में भारत से भी आजादी का नारा लगाने के चलते यह जमात कुछ अलग-थलग भी हुआ। पर यह उल्लेखनीय है कि आरक्षण की माँग भी इसी आन्दोलन ने सबसे पहले उठाई, पर 1949 में अन्नादुराई की अगुआई में द्रविड मुनेत्र कषगम (डीएमके) की स्थापना की।

इसके बाद का दौर तमिलनाडु की राजनीति में कांग्रेसी प्रभुत्व और उसमें ब्राह्मण-पिछड़ा टकराव तथा उससे भी बढ़ाकर कांग्रेस-कम्युनिस्ट और समाजवादी आन्दोलन के टकराव का था। आज बहुतों को हैरानी होगी लेकिन जमाने तक यहाँ कम्युनिस्टों की ताकत बहुत थी और अगर कांग्रेस ने पहले आम चुनाव के बाद राज्यपाल की 'सेवाओं' का दुरुपयोग नहीं किया होता तो यहाँ से ही गैर-कांग्रेसवाद की शुरुआत होती। फिर यह याद करना भी जरूरी है कि कांग्रेस में चक्रवर्ती राजगोपालाचारी और कामराज नाडार जैसे दिग्गज थे। नाडार ने ही पहली बार सरकार की अगुआई करने के लिए राजाजी को राजी किया, वनियारों की पार्टी का कांग्रेस में विलय कराया और बाद में राजाजी को हटाने का खेल भी कुशलता से किया। वैसे यह उल्लेखनीय है कि पहले आम चुनाव में ही वनियारों की पार्टी ने शुद्ध जाति के नाम पर वोट माँगा और पच्चीस सीटें जीती थीं। कहा जाता है कि राजाजी इन सबके लिए तैयार नहीं हो रहे थे तब कामराज ने उनके पैर पकड़े थे, और बाद में गिरेबान पकड़ लिया। पर इन दोनों की सरकारें बहुत कुशल थीं।

राजाजी ने ही देश में पहली बार सेल टैक्स लगाया। वे कामकाजी लोगों की साक्षरता का अभियान चलाने में जाति को बढ़ाने और हिन्दी लादने के आरोप का शिकार हुए। यह बताना जरूरी है कि राजाजी ब्राह्मण थे। पर यह बताना भी जरूरी है कि बीस साल की चुनावी राजनीति मोटे तौर पर कांग्रेस की आन्तरिक लड़ाई और एक हद तक कम्युनिस्टों के निरन्तर कमजोर होने की कहानी है। यह तथ्य आज खुद कम्युनिस्टों को भी चौंका सकता है कि 1952 में उसके 62 विधायक यहाँ जीते थे। इस बीच 1956 के राज्यों के पुनर्गठन में इसके मालाबार और कसारगोड केरल में चले गए और इसे बदले में त्रावणकोर और कोचीन के चार जिले मिले। 1969 में इसका नया नाम मिला। पहले इसे मद्रास राज्य ही कहा जाता था।

पर यह साल राज्य की राजनीति में बदलाव के नये युग की शुरुआत करता है। लेकिन उसकी चर्चा से पहले प्रदेश के सामाजिक समीकरण की चर्चा जरूरी है क्योंकि तब तक राज्य की राजनीति में ब्राह्मण प्रभावी नहीं रहे (अन्य क्षेत्रों में उनका प्रभाव अपने अनुपात से ज्यादा आज भी बना है) और विचारों की जगह जातियों का समीकरण सत्ता के लिए सर्वाधिक महत्त्वपूर्ण बन गया। राज्य में मुसलमानों की आबादी कुल जनसंख्या के पाँच फीसदी के करीब है तो ईसाई आबादी छह फीसदी और इनके अपने-अपने प्रभाव क्षेत्र हैं जिनमें इनको कोई नजरअन्दाज नहीं कर सकता। लेकिन इनके नाम पर हिन्दू ध्रुवीकरण भी सम्भव नहीं हुआ है। संघ और भाजपा ने पर्याप्त प्रयास किए हैं—खासकर संघ ने जमीनी स्तर पर काफी काम किया है। वह बेकार हुआ हो ऐसा नहीं है लेकिन अब तक वह ज्यादा असरदार नहीं हुआ है। अनुसूचित जाति की आबादी लगभग 18-19 फीसदी है जिसमें आदि द्रविड नौ फीसदी और पल्लार तीन फीसदी हैं। दलितों में सबसे बड़ा समूह परैयार है। आदि द्रविड रामास्वामी नायकर का दिया नाम है जो असल में जाति से ज्यादा एक वैचारिक पहचान की कोशिश थी।

वेलामा और वनियार सबसे बड़ी जातियाँ हैं जो 12-13 फीसदी के आसपास होंगी। अँगरेजी राज द्वारा जरायमपेशा घोषित रहे थेवर आजकल ओबीसी श्रेणी में हैं और बहुत संगठित हैं। पनीरसेलवम के दो बार मुख्यमंत्री बनने के बाद उनका राजनीतिक महत्त्व सब मानने लगे हैं। उनकी आबादी आठेक फीसदी है। वैश्यों में मुख्यत: चेट्टियार हैं जिनकी आर्थिक ताकत बहुत है पर संख्या-बल काम है। गवांडीयर, नाडर, इडाइयाँ (जिससे करुणानिधि थे) और यादव भी ठीक-ठाक संख्या में हैं और चुनाव को प्रभावित करते हैं। अभिनेता विजयकान्त तो सिर्फ गवांडीयर आधार पर दसेक फीसदी वोट पाकर ही चुनावों में बड़ी भूमिका निभाते रहे। पर सामाजिक रूप से सबसे शानदार तरक्की नाडारों/षणार की है जो मूलत: ताड़ी निकालने के पेशे वाले हैं। पर फौज और बन्दरगाहों के काम के सहारे उन्होंने तरक्की की और अब खुद को क्षत्रिय बताते हैं। इस तरह का दावा तो बहुत जातियाँ करती

हैं लेकिन नाडारों ने मीडिया, सिनेमा और लेखन जैसे सारे बौद्धिक कामों और इससे जुड़े व्यवसाय में बड़ी पकड़ बना ली है। ब्राह्मणों की आबादी तीनेक फीसदी है।

पर रेशनलिस्ट आन्दोलन का असर हो या राज्य का खास स्वभाव या फिर संख्याबल के खिलाफ होने का डर तमिल नेता अपनी जाति जाहिर नहीं करते या उसको एकजुट करने या उसमें ही आधार बनाने का प्रयास नहीं करते। अपवाद वनियार नेता रहे हैं या अब पनीरसेलवम और पलानीस्वामी रहे हैं और यह शायद नये युग की शुरुआत भी है। पर यह नया युग भी एक परम्परा से जुड़ा है जिसमें नेताओं की अपनी जाति का महत्त्व नहीं रहा है, जिसमें फिल्मों का असर जरूरत से ज्यादा रहा है, जो कहने को विवेक की प्रमुखता स्थापित करना चाहता है लेकिन जिसमें सबसे ज्यादा भावनात्मक उभार का सहारा लिया गया (नेताओं की हल्की बीमारी पर भी आत्महत्या करना आम है) और जहाँ भ्रष्टाचार की परम्परा ही बन गई है और अपने नेता का भ्रष्टाचार किसी को नहीं दिखता। तमिलनाडु की राजनीति का दूसरा बहुत ही ऋणात्मक पक्ष दलितों की राजनीतिक ताकत में खास बदलाव न होना है। ऐसा मुल्क के लगभग हर प्रदेश में हुआ है कि सिर्फ वोट देने के अधिकार और संख्या बल के चलते दलितों की राजनीतिक हैसियत बदली है कई जगह तो वे निर्णायक स्थिति में भी आते-जाते रहे हैं। लेकिन तमिलनाडु का सारा रेशनलिज्म, सारा द्रविड़वाद और सारी बागी राजनीति दलितों को अपने साथ नहीं रख पाई, उनको सम्मानजनक स्थान नहीं दे पाई और सर्वाधिक दलित विरोधी मुहिम यहीं चले हैं। यहाँ दलितों ने धर्मान्तरण से खुद को बचाने की कोशिश भी की है। दूसरी तरफ तथ्य यह भी है कि तमिलनाडु में 1919 के चुनाव में ही दलितों को आरक्षण मिला था—मद्रास प्रेसिडेंसी की 98 सीटों में 28 सीटें अनुसूचित जातियों के लिए आरक्षित थीं।

तमिलनाडु की राजनीति के नायक पेरियार थे या राजगोपालाचारी या फिर कामराज नाडार यह विवाद का विषय हो सकता है लेकिन अन्नादुराई द्वारा 1965 के हिन्दी विरोधी आन्दोलन की अगुआई के सहारे 1967 में द्रमुक को जीत दिलाने के साथ प्रदेश की राजनीति में युग परिवर्तन कर दिया। उनके पीछे पुराने आन्दोलन, खासकर जस्टिस पार्टी के आन्दोलन का आधार था लेकिन खुद उनके सिनेमाई व्यक्तित्व के करिश्मे और पिछड़ों की एकजुटता बनाने में सफलता का योगदान भी महत्त्वपूर्ण था। हिन्दी विरोध के नाम पर उत्तर विरोधी भावना का लाभ भी मिला। करुणानिधि के रूप में उन्हें अच्छा सहायक मिला था जो फिल्मों में बढ़िया स्क्रिप्ट लिखने के लिए प्रसिद्ध थे। खुद अन्ना की या करुणानिधि की जाति का पता बहुत दिन तक नहीं था। बाद में जाहिर हुआ कि अन्ना बुनकर थे और करुणानिधि भी इसी की एक उप जाति से थे। अन्ना खुद को मध्यवर्गी बताते थे तो करुणानिधि बाद तक अपनी जाति स्कॉलर बताते थे। अन्नादुराई का जन्म श्रीलंका में हुआ था और

उनका परिवार कर्नाटक से था। अन्ना के एक और उत्तराधिकारी एम.जी. रामचन्द्रन तो तमिल भी नहीं थे। वे मलयाली थे लेकिन उन पर जान देने वाले तमिलों की संख्या अपार थी और उन्होंने द्रमुक को तोड़कर भी अपनी अन्नाद्रमुक को जबर्दस्त चुनावी जीत दिलाई। उनकी उत्तराधिकारी और जमाने तक करुणानिधि के समान्तर ताकत रहीं जयललिता भी फिल्मी थीं और एमजीआर से उनका सम्बन्ध फिल्मों के जरिये ही बना। और यह इतना गहरा हुआ कि एमजीआर के पत्नी जानकी भी जयललिता का ज्यादा कुछ नहीं बिगाड़ पाईं। जयललिता तो ब्राह्मण थीं और सारा राजनीतिक आधार पिछड़ों का रहा जिसमें दलितों जैसी स्थिति वाले थेवर सबसे ठोस रूप से उनके समर्थक रहे। और जब वे भ्रष्टाचार के आरोप में जेल गईं तब उन्होंने पनीरसेलवम को ही सत्ता सौंपी जिन्होंने खड़ाऊं राज चलाया और जयललिता को वापस सत्ता सौंप दी। जयललिता की सहयोगी शशिकला भी थेवर थीं।

लेकिन 1967 के बाद की राजनीति में जातियों की ऐसी गिनती लोग भूले ही रहे। सत्ता में आने पर द्रमुक सरकार ने जरूर आरक्षण का कोटा बढ़ाया और गाँवों में रिकॉर्ड रखने या लिखा-पढ़ी का काम ब्राह्मण कर्मचारी से ले लिया। कोटा बढ़ते-बढ़ते पचास फीसदी की सीमा से निकाल गया और राज्य की पार्टियाँ तथा केन्द्र सरकार भी हिम्मत नहीं कर सकी कि वह पचास फीसदी की सीमा को लागू कराए। पर यह भी हुआ कि इस सवाल पर सबसे ज्यादा मजबूती दिखाने के बाद जयललिता चुनाव हार गईं और एम.जी. रामचन्द्रन सरकार द्वारा पिछड़ों में क्रीमी लेयर अलग करने की कोशिश भी मुँह के बल गिरी। बाद में पिछड़ों में दो श्रेणियाँ बनाकर अति पिछड़े वर्ग की शिकायत को कुछ काम करने की कोशिश हुई। यहीं से ऐसा बँटवारा देश के अन्य राज्यों में गया और क्रीमी लेयर की चर्चा बन्द हुई। हाँ, करुणानिधि सरकार ने आदिवासियों के लिए एक फीसदी आरक्षण जरूर लागू किया। लेकिन इन सबका नतीजा ओबीसी जमात की राजनीतिक भागीदारी बढ़ाना, उनका गोलबन्द होना तो हुआ लेकिन कुछ जातियों के बहुत आगे बढ़ाने और ज्यादातर के पीछे ही रह जाने की असलियत किसी से छुपी नहीं है। इससे अन्दर ही अन्दर तनाव बना हुआ है। 1980 के दशक से उभरे वनियार संगठन पीएमके की वनियार आरक्षण की माँग की सुनवाई नहीं हो रही है जबकि वह केन्द्र तक की सत्ता में भागीदार रह चुकी है। संसद और विधानसभा में आने वाले अति पिछड़ों की संख्या गिनती की रह गई है, न उनका कोई बड़ा नेता ही उभर पाया है। इसकी तुलना में अगड़ों और ताकतवर पिछड़ा जमात ही सारा लाभ ले रहा है—वनियारों का प्रतिनिधित्व पहले चुनाव से अब तक सबसे ज्यादा और आबादी के अपने अनुपात से ज्यादा है। पर अब आरक्षण से छेड़छाड़ की चर्चा भी नहीं होती, न निजी क्षेत्र में आरक्षण या अल्पसंख्यकों को आरक्षण जैसी चर्चा उठती है। महिलाओं के लिए आरक्षण की बात भी भुला दी गई है।

बाकी चीजें सिनेमाई करिश्मा, भावनात्मक उभार और धीरे-धीरे लोक लुभावन कार्यक्रमों की होड़ से सँभालने की कोशिश होती रही है। इस बीच द्रमुक के भी कई टुकड़े हुए लेकिन मुख्यत: द्रमुक और अन्नाद्रमुक ही सत्ता के प्रतिद्वन्द्वी रहे—लगभग पचास साल। और 1967 के बाद हर विधानसभा में इन दोनों के पास सत्तर फीसदी से ज्यादा सीटें रही हैं—भले पलड़ा कभी एक दल की तरफ रहा कभी दूसरे की तरफ। और सचमुच जयललिता की लहर में एक बार द्रमुक को मात्र दो सीटें ही मिली थीं। दोनों के नेता भ्रष्टाचार में लिप्त रहे हैं और करुणानिधि परिवार ने तो इसी दौर में अपना व्यावसायिक साम्राज्य भी खड़ा कर लिया है। जयललिता ने भी बहुत पैसा जमा किया था लेकिन अभी उनकी मौत के बाद उनकी सम्पत्ति का विवाद जारी है। अब भ्रष्टाचार के मामले तो कहाँ आगे बढ़ेंगे लेकिन सम्पत्ति विवाद में उनके भाई के परिवार और उनकी सहयोगी शशिकला का टकराव चल ही रहा है। राजनीतिक विरासत की लड़ाई भी चल रही है पर वह दूसरे लड़ रहे हैं। सब भ्रष्टाचार का हाल जानते हैं पर न तो इससे लोकप्रियता पर असर पड़ा, न उनकी पार्टियों की छवि पर। करुणानिधि परिवार में ही फूट हो गई है जो पैसों के लिए ज्यादा है।

इन सब चक्करों में दोनों ने राज्य के विकास की कोई नई तस्वीर बनाने की कोशिश नहीं की (और तमिलनाडु लगातार पुरानी मजबूत स्थिति से कमजोर हुआ है जबकि दूसरे पड़ोसी राज्य आगे बढ़ गए हैं) पर उन्होंने जनता को अपने पक्ष में रखने की तरह-तरह की लुभावनी योजनाएँ सोची और लागू की हैं। इसमें जनता को लाभ हुआ। दोपहर का भोजन (सबसे पहले यहीं शुरू हुआ था), बेटी की शादी पर नकदी मदद मिली, सोना मिला, गैस चूल्हा और टीवी मिला। अम्मा की रसोई और अम्मा मिनरल वाटर ही नहीं, अम्मा सीमेन्ट जैसी योजनाएँ बनीं और चलीं जो गरीब और कमजोर लोगों के काम आईं। आँकड़े यह भी बताते हैं कि इससे स्वास्थ्य, शिक्षा और बाल स्वास्थ्य वगैरह पर बहुत अच्छा असर पड़ा लेकिन विकास की दीर्घकालिक योजनाओं की कमी ने राज्य को पीछे किया। यह चुनावी राजनीति का नया अध्याय था जो बाद में देश की राजनीति में भी प्रभावी ढंग से आ गया है। हाँ इन्दिरा गांधी और राजीव गांधी की हत्या (जो तमिलनाडु में ही हुई थी) के बाद के चुनावों में कांग्रेस को कुछ भावनात्मक वोटों का सहारा मिला पर वह भी सिर्फ सीटें बढ़वाने और राज्य की राजनीति में जिन्दा रहने भर के लिए मददगार हुआ। भाजपा भी पिछले तीसेक सालों से बहुत मेहनत कर रही है लेकिन लोकसभा की एकाध सीट, और वह भी गठबन्धन के सहारे ही, जीत पाई है। कम्युनिस्ट आज भी इतनी ही हैसियत रखते हैं। इस बीच वनियारों की पार्टी फिर से उभरी और अच्छा सौदा करने में सफल रही। लेकिन वह न तो निर्णायक हैसियत की तरफ बढ़ती दिखी, न उसमें ऐसी कोई महत्त्वाकांक्षा है।

इस सबके बीच जो चीज रह गई वह है लगभग बीस फीसदी उन छोटी जातियों की स्थिति जो गोलबन्द होकर चुनाव को प्रभावित करने की स्थिति में नहीं हैं, न ही उनको कोई नेतृत्व मिला है। इस जमात को सरकारी योजनाओं का 'लाभार्थी' बनाने का अवसर तो मिला है लेकिन सत्ता में हिस्सेदार होने का नहीं। संयोग से भाजपा द्वारा चलाया जाने वाला यह पद मुसलमानों के लिए भी ऐसा ही व्यवहार लाता है। पर गिनती में उनके लगभग बराबर लेकिन बसावट के हिसाब से उत्तर तमिलनाडु में काफी अच्छी स्थिति वाले दलितों की स्थिति भी इस सौ साल से ज्यादा पिछड़े राजनीति वाले प्रदेश में खास नहीं बदली है। श्रीपेरयम्बदूर, आराकोटम, टिंडिवनम, चेंगलपेट्टू, कडूलोर, तिनकासी जैसे संसदीय क्षेत्रों में तो उनकी आबादी 15 से 25 फीसदी तक है। फिर भी उनका असर सिर्फ अपने संसदीय या विधानसभा सीटों तक सीमित है और सरकारों के अन्दर भी उनकी स्थिति कभी मजबूत नहीं लगी। द्रमुक, अन्ना द्रमुक के सामाजिक आधार में हल्का फर्क है कि अन्ना द्रमुक अति पिछड़ों में ज्यादा मजबूत है। लेकिन दलितों के मामले में दोनों का रवैया लगभग एक-सा है। हाल के वर्षों में बसपा की देखादेखी तमिलनाडु में भी दलितों के दो कुछ उग्र संगठन उभरे हैं—पुटिया तमिलगन और दलित पैन्थर्स। इन्होंने चुनाव भी बड़े जोश से लड़ा लेकिन अभी तक गिनती की सीटें, वह भी आरक्षित, छोड़कर ये ज्यादा प्रभाव नहीं डाल पाए हैं। हाँ एक बदलाव 1977 के बाद से लगातार दिख रहा है जो स्वागत योग्य तो है लेकिन बहुत ही कमजोर लगता है। यह है सामान्य सीटों से दलित उम्मीदवारों के जीतने का। राज्य में दलित-आदिवासी आरक्षण वाली 39 सीटें हैं पर 1977 के बाद इनके विजयी लोगों की संख्या 40 से 45 तक आती रही है। लेकिन इस प्रवृत्ति में भी कोई ज्यादा मजबूती आती नहीं दिखती।

और यह मानने वाले कम नहीं हैं कि जब तक दलितों की भागीदारी चुनाव के बाद सत्ता में नहीं होती या सत्ता का संचालन उनके हाथ में नहीं होता तब तक तमिलनाडु में शुरू हुई राजनीतिक-सामाजिक बदलाव की असली परिणति सही नहीं मानी जा सकती। यह सच है कि राज्य में (पूरे देश की तरह) कमजोर और गरीब लोगों का चुनावों में हिस्सा लेना अधिक ऊर्जा और उत्साह से हो रहा है जबकि अगड़े, अमीर और ज्यादा पढ़े-लिखे जमात का उत्साह काम होता गया है। लेकिन जब तक सत्ता की भागीदारी और सम्मान का सवाल हल नहीं होता तब तक बदलाव को पूरा नहीं माना जा सकता। लेकिन अभी तक जो बदलाव हुए हैं और जिन समूहों/जातियों की स्थिति में तेज बदलाव हुआ है वह भी कम नहीं है। राज्य में अन्धविश्वास और साम्प्रदायिकता का प्रवेश वर्जित-सा है। कई जातियों के बौद्धिक और सांस्कृतिक कामों में आगे आने से कुछ अप्रत्याशित परिणाम निकले हैं। मद्रास फिल्म उद्योग और तमिल सिनेमा समेत दक्षिण भारतीय फिल्मों ने दुनिया-भर में अपनी अलग जगह बनाई है। लोक-लुभावन कार्यक्रमों से स्वास्थ्य

और शिक्षा के मामले में काफी फर्क आया है। निजी शैक्षिक संस्थाओं का भी जाल बना है जिसमें से ज्यादातर के संचालक वे लोग हैं। पर उनमें नया क्षत्रिय (काँचा इलैया द्वारा दिया पद) या नव ब्राह्मण वाले दुर्गुण भी हैं। सबसे कमजोर लोगों की परेशानियाँ इससे भी बढ़ी हैं। दूसरी ओर ब्राह्मण और अगड़े राजनीतिक सत्ता गँवाने के बाद भी प्रशासन, कला, संस्कृति और निजी क्षेत्र के महत्त्वपूर्ण पदों पर अब भी काबिज हैं।

सन्दर्भ

1. *लोकतंत्र का नया लोक,* सम्पा. अरविन्द मोहन, वाणी प्रकाशन, नई दिल्ली में जी. कोटेश्वर प्रसाद का आलेख; 'सामाजिक शक्तियों का पुन:संयोजन या राजनीतिक बिखराव'।
2. ज्याँ-लुक रेसिन; 'कास्ट एंड बियॉन्ड इन तमिल पॉलिटिक्स', *राइज ऑफ़ दि प्लेबियन्स,* रटलेज, नई दिल्ली।
3. पी. राधाकृष्णन, 'बैकवर्ड क्लासेज इन तमिलनाडु', *ईपीडब्ल्यू,* 25 (10), 1990
4. 'हाऊ तमिल वोटेड', *हिन्दू,* 19 मई, 2006
5. एस. विश्वनाथन, *दलित्स इन द द्रविडियन लैंड,* नवयाना पब्लिशिंग, पांडिचेरी, 2004

पुद्दुचेरी : नाजुक इतिहास, बर्बर वर्तमान

हम उत्तर भारतीयों के लिए पुद्दुचेरी अर्थात पुराने पांडिचेरी की राजनीति का मतलब तमिलनाडु की राजनीति का एक छोटा विस्तार ही रहा है—उसे तमिल राजनीति का पुछलग्गा माना जाता रहा है जो चुनावी नतीजों से जो भी संकेत दे लेकिन गलत धारणा है। लेकिन भाजपा के हमारे कर्ता-धर्ता लोगों के लिए तो यह उससे भी छोटा या हल्का 'लक्ष्य' था जब उन्होंने इसे 'जीतने' के लिए इस नाजुक बनावट और जटिल इतिहास वाले प्रदेश की राजनीति को तहस-नहस कर दिया। उन्होंने अच्छा-भला चुनाव जीती पार्टी की सरकार गिरवा दी। भाजपा ने ऐसा ही अभियान सात-आठ अन्य राज्यों में किया और अपनी सरकार बना ली, अपनी हार को जीत में बदल लिया। लेकिन ज्यादातर जगह उसका कोई आधार रहा था जबकि पुद्दुचेरी में भाजपा विधानसभा की एक भी सीट नहीं जीत पाई थी। उसने नाजुक प्रतिनिधित्व वाली व्यवस्था के दुरुपयोग से सरकार गिराने का खेल शुरू किया जो इस मुश्किल और जटिल इतिहास तथा बिखराव में एकता वाले प्रदेश में उसे सँभालने के लिए बनाई गई थी। बल्कि जानकार मानते हैं कि भाजपा ने जम्मू-कश्मीर से भी ज्यादा भद्दा खेल पुद्दुचेरी में खेला।

पुद्दुचेरी पुराना फ्रांसीसी उपनिवेश रहा है और अब भी यहाँ के निवासियों को फ्रांस में भी वोट डालने का विकल्प है। करीब साढ़े बारह लाख आबादी का यह प्रान्त चार स्थानों पर स्थित शहरों/गाँवों को मिलाकर बना है जो एक-दूसरे से सैकड़ों किमी. दूरी पर हैं। और बंगाल की खाड़ी से लगे इन चारों की अवस्थिति उनसे लगी मुख्य भूमि अर्थात तमिलानाडु, केरल और आन्ध्र प्रदेश से न सिर्फ भौगोलिक जुड़ाव की है बल्कि भाषा और संस्कृति वाली भी है। इनके साथ ही यहाँ फ्रांसीसी भाषा और संस्कृति का भी बहुत साफ असर है। बल्कि भारत में फ्रांसीसी कब्जा एक और नगर, चन्द्रनगर पर था जिसे अब बंगाल का हिस्सा बना दिया गया है। ये इलाके ब्रिटिश उपनिवेश वाले दौर के साथ ही फ्रांसीसी कब्जे में गए थे और लगातार बने रहे। इनके लिए लड़ाइयाँ हुई, समझौते हुए,

कई बार भेंट में इन्हें सौंपा गया पर फ्रांसीसी कब्जा ही रहा। इसका एक लाभ तो महर्षि अरविन्द जैसों ने उठाया कि अँगरेजी जुर्म से बचाने के लिए उन्होंने अपना ठिकाना पांडिचेरी बना लिया। इन इलाकों के रहने और मिलने की औपचारिकताएँ तय होने में लम्बा समय लगा।

जब मुल्क आजाद हुआ तो ये इलाके गोवा में कायम पुर्तगाली तानाशाही की तरह फ्रांसीसी कब्जे में नहीं रहे। लेकिन ये एक बार में भारत में नहीं आए और न आकर सीधा विलय किया। 1948 में इन पाँच बस्तियों के निवासियों को अपना भविष्य चुनने का विकल्प दिया गया और इन्होंने भारत का साथ चुना। पर इनके मिलने और प्रशासनिक स्वरूप के चुनाव में ज्यादा वक्त लगा तो गोवा मुक्ति का आन्दोलन चलाने वाले समाजवादियों ने यहाँ भी 31 मार्च, 1954 को केतमपक्कम थाने पर हमला किया। तब लाल बहादुर शास्त्री गृह मंत्री थे और उन्होंने बहुत कायदे से विलय और प्रशासनिक व्यवस्थाओं का स्वरूप तय कराया। संसद में भी इसे लेकर बहुत बात हुई। आज तो केन्द्रशासित प्रदेशों में दिल्ली में भी विधानसभा है, तब अकेले पांडिचेरी को यह व्यवस्था दी गई। और समाज का कोई वर्ग प्रतिनिधित्व से छूट न जाए इसके लिए तीन मनोनीत सदस्यों का प्रावधान भी हुआ। यह सम्भवत: यहाँ बस गए फ्रांसीसियों या भारतीयों से उनके विवाह से उत्पन्न सन्ततियों को ध्यान में रखकर किया गया। सो अगर मुख्य भूमि के साथ तमिलनाडु की राजनीति ज्यादा असर करती रही है तो केरल, आन्ध्र प्रदेश और फ्रांसीसी असर को भी बचाने का प्रयास किया गया था। 2006 में इस प्रदेश का नाम पांडिचेरी से बदलकर पुद्दुचेरी किया गया जिसका अर्थ होता है नया गाँव/बस्ती।

भाजपा ने चुनाव हारने के बाद इसी मनोनयन वाली व्यवस्था से पहले अपने तीन विधायक बनाए और फिर साधनों, पद के लोभ और अपने बनाए राज्यपाल की मदद से चुनी हुई सरकार गिरा दी। और भाजपा चुनाव में हारी यह कोई अप्रत्याशित न था क्योंकि पचहत्तर साल के इतिहास में उसका यहाँ कोई नामलेवा न था जबकि राज्य की राजनीति और यहाँ के राजनेताओं का आचरण लोग उदाहरण के तौर पर याद करते थे। पहले मुख्यमंत्री एडुआर्ड गाउबर्ट तो कामचलाऊ व्यवस्था वाले थे लेकिन उनके बाद बने वी. वेंकट सुब्बा रेड्डीयर से लेकर अब के नारायण सामी तक सभी लोकप्रिय और कुशल प्रशासक थे। मुख्य मुकाबला कांग्रेस और द्रमुक/अन्नाद्रमुक का रहा लेकिन तेलुगु देशम से लेकर कम्युनिस्ट पार्टियों की मौजूदगी भी रही है। लोगों के बीच उठाना-बैठना और सादगी का उदाहरण ज्यादातर मुख्यमंत्रियों ने पेश किया और कभी भी तमिल धौंस वाली स्थिति न बने इसका भी खयाल रखा। अब सीधे दिल्ली की धौंस से पाला पड़ा है तो क्या होगा यह कहना मुश्किल है।

इसके पहले की राजनीति में पास के राज्यों वाला सामाजिक समीकरण हावी रहता रहा है लेकिन फ्रांसीसी प्रभाव भी हर चुनाव को खास बनाता है—यही हाल फ्रांसीसी चुनाव में पुद्दुचेरी के खास होने का है। और इधर तो चर्च के आर्चबिशप की नियुक्ति में दलितों की अनदेखी का सवाल इस जटिल समाज में नये तरह के सूत्र उभरने का प्रमाण दे रहा था। बाजाप्ता दलित क्रिश्चियन्स लिबरेशन मूवमेंट भी शुरू हो गया है। पर भाजपा का शीर्ष नेतृत्व ज्यादा जल्दी में लगता है। मुश्किल यह है कि नाजुक राजनीतिक मामलों में यह जल्दबाजी नुकसानदेह बन जाती है।

अंडमान निकोबार द्वीपसमूह : कम असर वाला चुनाव

अँगरेजी जमाने में कालापानी नाम से कुख्यात और अब भी अपनी जेल वाली विरासत लिए मौजूद अंडमान और निकोबार द्वीप समूह लगभग 500 द्वीपों वाला केन्द्रशासित प्रदेश है जिसके 36 द्वीपों पर मानव आबादी है। हिन्द महासागर में स्थित ये द्वीप जबर्दस्त प्राकृतिक सौन्दर्य वाले तो हैं ही, यहाँ बसने वाले कई आदिवासी समूहों का जीवन भी खास तरह का है, यहाँ की बोलियाँ और भाषाएँ भी खास हैं। और कई मानव प्रजातियाँ विलुप्त होने के कगार पर हैं। एक ओर इनके संरक्षण और बचाव का प्रयास हो रहा है तो दूसरी ओर विकास के नाम पर यहाँ की प्रकृति से छेड़छाड़ हो रही है। अभी ही केन्द्र सरकार ने सैकड़ों एकड़ के जंगल साफ करने की योजनाएँ लाने की तैयारी की है। सारा जोर पर्यटन बढ़ाने पर है। दूसरी खबर अंडमान के पूर्व मुख्य प्रशासानिक अधिकारी के सेक्स सम्बन्धी 'पर्यटन' का है। और अधिकारियों की ताकत 1994 में स्थानीय काउंसिल भंग किए जाने से और बढ़ गई है। जीतेन्द्र नारायण नामक इस पूर्व अधिकारी के कुकर्म भी इसी बेरोकटोक अधिकार के चलते बढ़ते गए थे। यह माना जाता है कि भाजपा के पूर्व सांसद विष्णुपद राय ने जब केन्द्रीय गृह मंत्री को सप्रमाण शिकायत की तो उनका तबादला भर किया गया था। पीड़ित महिलाओं की शिकायत आने के बाद अब वे जेल में हैं।

1956 में केन्द्रशासित प्रदेश बना अंडमान निकोबार द्वीपसमूह काफी समय तक राष्ट्रपति द्वारा मनोनीत लोगों से ही अपना प्रतिनिधित्व पाता था। 1967 से यहाँ लोकसभा के लिए सांसद का सीधा चुनाव शुरू हुआ। यहाँ से जीते नेताओं में कांग्रेस के के.आर. गणेश और मनोरंजन भक्त प्रमुख हैं जिनका नाम केन्द्रीय राजनीति में भी आदर से लिया जाता है। अभी यहाँ से कांग्रेस के कुलदीप शर्मा सांसद हैं। समुद्र मार्ग से कोलकाता से लगभग तेरह सौ और चेन्नई से लगभग बारह सौ किमी. दूरी पर स्थित पोर्ट ब्लेयर यहाँ की राजधानी है और कोलकाता के थोड़ी दूर होने के बावजूद विमान मार्ग से सबसे ज्यादा आवाजाही है। इसी के चलते यहाँ बंगाली असर सबसे ज्यादा है। यह प्रदेश राष्ट्रपति द्वारा नियुक्त प्रशासक ही चलाते हैं और यह

कोलकाता हाईकोर्ट की निगरानी में चलता है। स्थानीय स्तर की राजनीति भी चलती है लेकिन उन संस्थाओं के पास खास अधिकार नहीं हैं। और यहाँ विधानसभा भी नहीं है। सो करीब 3.20 लाख मतदाताओं का एकमात्र ताकतवर प्रतिनिधि वहाँ का सांसद ही रह गया है। उल्लेखनीय है कि स्थानीय कबीलाई समाज में तो महिलाओं की स्थिति बहुत अच्छी है लेकिन चुनाव में महिलाएँ हाशिये पर ही रहती हैं। पिछली बार दो महिलाएँ उम्मीदवार बनीं भी तो उनकी जमानत जब्त हो गई।

और उस चुनाव में कांग्रेस, भाजपा, आप, दोनों कम्युनिस्ट पार्टियों के अलावा बसपा, एनसीपी और तेलुगु देशम सक्रिय रहते हैं। और जो अंडमान 1857 से 1942 तक अपने खूँखार जेलों के लिए कालापानी नाम से बदनाम था वहाँ अब पर्याप्त लोकतांत्रिक सक्रियता है। मतदान का प्रतिशत आराम से सत्तर पार हो जाता है। जोड़-तोड़ और चुनावी गहमागहमी कम नहीं होती और इसमें मुख्य भूमि वाले सामाजिक समीकरण भी प्रमुख हो गए हैं। यहाँ की आबादी में 26 फीसदी ईसाई और 9 फीसदी मुसलमान हैं। ज्यादातर आदिवासी ईसाई बन चुके हैं। इनमें जारवा आदिवासी तो एकदम अलग-थलग रहते हैं लेकिन बाकी तीन प्रमुख समूह सबके साथ घुलते-मिलते हैं। पर अंडमानी और ओंगी जैसे ये समूह भी अल्पसंख्यक बन गए हैं और बाहर से आकर बसे लोग हर क्षेत्र में आगे हो गए हैं। और भाजपा ने धर्मान्तरण को आधार बनाकर ही हिन्दू ध्रुवीकरण शुरू किया। कुछ केन्द्र से जुड़ने की इच्छा भी थी और पिछली बार भाजपा का सांसद जीता लेकिन इस बार कांग्रेस ने दो हजार के अन्तर से यह सीट जीती।

अंडमान की राजनीति में मनोरंजन भक्त आठ बार सांसद हुए, केन्द्र में मंत्री रहे लेकिन मन्दिर आन्दोलन के परवान चढ़ने के बाद भाजपा के विष्णुपद राय ने उनका अच्छा मुकाबला किया। वे तीन बार हारे तो तीन बार जीते भी। बीच में माकपा ने भी मजबूत टक्कर दी थी। इस बार भाजपा ने विशाल जौली को खड़ा किया था।

लेखक परिचय

अरविन्द मोहन का जन्म 18 जनवरी, 1960 को बेतिया, चम्पारण, बिहार में हुआ। कुमारबाग स्कूल के बाद आगे की पढ़ाई बिहार और राँची विश्वविद्यालय से हुई। दिल्ली विश्वविद्यालय से 'आधुनिक भारत का इतिहास' विषय में एम.ए. किया। वे पिछले चालीस साल से ज्यादा समय से पत्रकारिता के क्षेत्र में सक्रिय हैं। 'जनसत्ता', 'इंडिया टुडे', 'हिन्दुस्तान' और 'अमर उजाला' के बाद वे 'एबीपी न्यूज' से जुड़े रहे हैं। तीन साल तक सीएसडीएस (सेंटर फॉर द स्टडी ऑफ डेवलपिंग सोसायटीज़) में सम्पादक रह चुके हैं। इसी दौरान समाज विज्ञान के विषयों पर भी काम किया है। लगभग दर्जन भर किताबों के अनुवाद किए हैं और इतनी ही किताबों का सम्पादन भी किया है। उनका मुख्य अध्ययन महात्मा गांधी पर केन्द्रित है। चुनाव और जाति के सम्बन्धों पर उनकी खास दिलचस्पी रही है। उन्होंने दिल्ली विश्वविद्यालय में अतिथि अध्यापक के रूप में मीडिया के छात्रों को पढ़ाया भी है। फ़िलहाल 'इंडिया न्यूज चैनल' के सम्पादकीय सलाहकार हैं।

ई-मेल : arvindmohan2000@yahoo.com